ESTADO SOCIAL E FEDERALISMO

A institucionalização dos sistemas de
políticas públicas no Brasil

COLEÇÃO FÓRUM
DIREITO E POLÍTICAS PÚBLICAS

Coleção Fórum
DIREITO E POLÍTICAS PÚBLICAS

GABRIELA AZEVEDO CAMPOS SALES

Prefácio
Sebastião Botto de Barros Tojal

Apresentação
Maria Paula Dallari Bucci

ESTADO SOCIAL E FEDERALISMO

A institucionalização dos sistemas de
políticas públicas no Brasil

| 7 |

Belo Horizonte

FÓRUM

2023

COLEÇÃO FÓRUM
DIREITO E POLÍTICAS PÚBLICAS

© 2023 Editora Fórum Ltda.

É proibida a reprodução total ou parcial desta obra, por qualquer meio eletrônico, inclusive por processos xerográficos, sem autorização expressa do Editor.

Conselho Editorial

Adilson Abreu Dallari	Floriano de Azevedo Marques Neto
Alécia Paolucci Nogueira Bicalho	Gustavo Justino de Oliveira
Alexandre Coutinho Pagliarini	Inês Virgínia Prado Soares
André Ramos Tavares	Jorge Ulisses Jacoby Fernandes
Carlos Ayres Britto	Juarez Freitas
Carlos Mário da Silva Velloso	Luciano Ferraz
Cármen Lúcia Antunes Rocha	Lúcio Delfino
Cesar Augusto Guimarães Pereira	Marcia Carla Pereira Ribeiro
Clovis Beznos	Márcio Cammarosano
Cristiana Fortini	Marcos Ehrhardt Jr.
Dinorá Adelaide Musetti Grotti	Maria Sylvia Zanella Di Pietro
Diogo de Figueiredo Moreira Neto (*in memoriam*)	Ney José de Freitas
Egon Bockmann Moreira	Oswaldo Othon de Pontes Saraiva Filho
Emerson Gabardo	Paulo Modesto
Fabrício Motta	Romeu Felipe Bacellar Filho
Fernando Rossi	Sérgio Guerra
Flávio Henrique Unes Pereira	Walber de Moura Agra

FÓRUM
CONHECIMENTO JURÍDICO

Luís Cláudio Rodrigues Ferreira
Presidente e Editor

Coordenação editorial: Leonardo Eustáquio Siqueira Araújo
Aline Sobreira de Oliveira

Rua Paulo Ribeiro Bastos, 211 – Jardim Atlântico – CEP 31710-430
Belo Horizonte – Minas Gerais – Tel.: (31) 99412.0131
www.editoraforum.com.br – editoraforum@editoraforum.com.br

Técnica. Empenho. Zelo. Esses foram alguns dos cuidados aplicados na edição desta obra. No entanto, podem ocorrer erros de impressão, digitação ou mesmo restar alguma dúvida conceitual. Caso se constate algo assim, solicitamos a gentileza de nos comunicar através do *e-mail* editoraforum@editoraforum.com.br para que possamos esclarecer, no que couber. A sua contribuição é muito importante para mantermos a excelência editorial. A Editora Fórum agradece a sua contribuição.

Dados Internacionais de Catalogação na Publicação (CIP) de acordo com ISBD

S163e	Sales, Gabriela Azevedo Campos
	Estado social e federalismo: a institucionalização dos sistemas de políticas públicas no Brasil / Gabriela Azevedo Campos Sales. Belo Horizonte: Fórum, 2023.
	(Coleção Fórum Direito e Políticas Públicas, 7).
	441 p. 14,5x21,5cm
	ISBN: 978-65-5518-575-1
	ISBN da coleção: 978-65-5518-447-1
	1. Direito e políticas públicas. 2. Estado social. 3. Federalismo. 4. Políticas sociais. 5. Sistemas de políticas públicas. 6. Políticas públicas de saúde. 7. Assistência social. 8. Educação. I. Título.
	CDD: 342
	CDU: 342

Ficha catalográfica elaborada por Lissandra Ruas Lima – CRB/6 – 2851

Informação bibliográfica deste livro, conforme a NBR 6023:2018 da Associação Brasileira de Normas Técnicas (ABNT):

SALES, Gabriela Azevedo Campos. *Estado social e federalismo*: a institucionalização dos sistemas de políticas públicas no Brasil. Belo Horizonte: Fórum, 2023. 441 p. ISBN 978-65-5518-575-1. (Coleção Fórum Direito e Políticas Públicas, 7).

Para os meus avós, Jeslaine e José, com amor e saudades.

AGRADECIMENTOS

Estudar é sempre uma empreitada coletiva. Há as pessoas que incentivam, as que compartilham sonhos e as que criam condições, materiais e imateriais, para que outra pessoa estude. Por isso, há sempre muito a agradecer, ainda que sob o risco de injustos lapsos.

Este trabalho é fruto de minha tese de doutorado, desenvolvida na Faculdade de Direito da Universidade de São Paulo e intitulada "A institucionalização dos sistemas de políticas públicas no Brasil: uma comparação entre saúde, assistência social e educação". As alterações em relação ao texto original refletem, em boa medida, as contribuições recebidas na sessão de defesa da tese, cuja banca examinadora foi presidida por meu orientador, Sebastião Botto de Barros Tojal, e integrada pelos professores Maria Paula Dallari Bucci, Fernando Aith, Carolina Stuchi, Clarice Duarte e Murilo Gaspardo. Portanto, os primeiros agradecimentos são dirigidos à Universidade de São Paulo, pela oportunidade de cursar o doutorado, e à banca examinadora, pela rica discussão do trabalho e pelo estímulo à continuidade da pesquisa.

Ainda ao professor Sebastião Tojal, um agradecimento que começa há mais de 20 anos, quando aceitou me orientar em pesquisa de iniciação científica, e que não se encerra por aqui. Suas intervenções, sempre precisas e leves, influenciaram muitas de minhas decisões. Sua confiança foi crucial para as perspectivas que construí para mim nestes anos

Novamente à professora Maria Paula Dallari Bucci, agradeço pelo incentivo entusiasmado ao estudo dos sistemas de políticas públicas e à publicação deste trabalho, bem como pela generosidade com que me acolheu em aulas, em grupos de estudos, no pós-doutorado e em todas as oportunidades de diálogo.

Diversos capítulos deste texto contaram com a leitura criteriosa e afetuosa de meus amigos Hildegard Gouvêa Diehl e Frederico Diehl. Mario Thadeu Leme de Barros Filho, José Roberto Franco Xavier e Isabela Ruiz estiveram presentes em momentos cruciais. E a versão original da tese contou com a cuidadosa revisão técnica de Carlos Coelho. Sou imensamente grata a todos eles.

Tive ainda presença, afeto e acolhimento constantes de Alessandra Araújo, Cíntia Paz, Cristina Jabardo, Daniela Antoniassi, Denise Banci, Denise Vaz, Érika Pires de Campos, Fernanda Fernandes, João Lovo e Nádia Bochi. Para tanta amizade, não há palavras que cheguem.

Pelo cotidiano de trabalho de muita solidariedade e contínuas indagações sobre o que significa implementar direitos sociais, agradeço a Isadora Afanasieff, João Cabrelon, Larissa Sahium e Audrea Marques. Pelas mesmas razões, agradeço a Caroline Frasson, que acompanhou boa parte dessa jornada. Pelas parcerias em transformações individuais e coletivas, agradeço às amigas que a Ajufe Mulheres me trouxe: Camila Pulin, Célia Bernardes, Clara Mota, Priscilla Corrêa e Tani Wurster. E, não menos importante, agradeço o apoio institucional do Tribunal Regional Federal da 3ª Região, que me permitiu maior dedicação à pesquisa.

Aos meus avós, Jeslaine e José, sou grata porque aprendi a gostar da vida, mesmo nas situações mais difíceis. Aos meus pais, Jussara e Ademar, pelo amor e pelos esforços incansáveis para que pudéssemos estudar. Aos meus tios, Janete e Acácio, pela parceria no esforço familiar de cuidar e de educar a mim e a minha irmã. À minha irmã Juliana, que me vê como eu gostaria de ser, pela presença amorosa, constante e indispensável.

A Allison, com quem aprendo a gostar de grandes empreitadas, desde nossas viagens intermináveis de ônibus entre Santana e o Crusp, pela vida compartilhada e pelo amor que aprende e se transforma.

LISTA DE ABREVIATURAS E SIGLAS

ACO	–	Ação Cível Originária
ADCT	–	Ato das Disposições Constitucionais Transitórias
ADI	–	Ação Direta de Inconstitucionalidade
ADO	–	Ação Direta de Inconstitucionalidade por Omissão
ADPF	–	Arguição de Descumprimento de Preceito Fundamental
AIH	–	Autorização de Internação Hospitalar
AIS	–	Ações Integradas de Saúde
ANC	–	Assembleia Nacional Constituinte
Asselba	–	Associação dos Servidores da LBA
BNCC	–	Base Nacional Comum Curricular
BNDES	–	Banco Nacional de Desenvolvimento Econômico e Social
BPC	–	Benefício de Prestação Continuada
CadÚnico	–	Cadastro Único para Programas Sociais do Governo Federal
CAN	–	Câmara de Apoio Normativo
CAQ	–	Custo Aluno-Qualidade
CAQi	–	Custo Aluno-Qualidade inicial
CEB/CNE	–	Câmara de Educação Básica do Conselho Nacional de Educação
Cebas	–	Certificado de Entidade Beneficente de Assistência Social
Cepedisa	–	Centro de Pesquisas e Estudos sobre Direito Sanitário
CF	–	Constituição Federal
CFE	–	Conselho Federal de Educação
CFESS	–	Conselho Federal de Serviço Social
CIB	–	Comissão Intergestores Bipartite
Cibe	–	Comissões Intergestores Bipartites da Educação
CIR	–	Comissão Intergestores Regional
CIT	–	Comissão Intergestores Tripartite
Cite	–	Comissão Intergestores Tripartite da Educação
CNAS	–	Conselho Nacional de Assistência Social
CNDE	–	Campanha Nacional pelo Direito à Educação
CNE	–	Conselho Nacional de Educação
CNRS	–	Conselho Nacional da Reforma Sanitária
CNS	–	Conselho Nacional de Saúde
CNSS	–	Conselho Nacional de Serviço Social
CNTE	–	Confederação Nacional dos Trabalhadores em Educação
Coap	–	Contrato Organizativo da Ação Pública da Saúde
COE-nCoV	–	Centro de Operações de Emergências em Saúde Pública

Coegemas	–	Colegiado Estadual de Gestores Municipais de Assistência Social
Cofins	–	Contribuição Social para Financiamento da Seguridade Social
Conae	–	Conferência Nacional de Educação
Conasems	–	Conselho Nacional de Secretarias Municipais de Saúde
Conass	–	Conselho Nacional de Secretários de Saúde
Coned	–	Congresso Nacional de Educação
Congemas	–	Colegiado Nacional dos Gestores Municipais da Assistência Social
Conseb	–	Conselho de Secretários de Educação do Brasil
Consed	–	Conselho Nacional de Secretários de Educação
CPMF	–	Contribuição Provisória sobre Movimentação Financeira
Cras	–	Centro de Referência da Assistência Social
Creas	–	Centro de Referência Especializado da Assistência Social
DRU	–	Desvinculação de Receitas da União
EC	–	Emenda Constitucional
Espii	–	Emergência de Saúde Pública de Importância Internacional
Espin	–	Emergência de Saúde Pública de Importância Nacional
FAE	–	Fator de Apoio ao Estado
Faec	–	Fundo de Ações Estratégicas e Compensação
FAM	–	Fator de Apoio ao Município
FAT	–	Fundo de Amparo ao Trabalhador
Fenen	–	Federação Nacional de Estabelecimentos de Ensino
FNAS	–	Fundo Nacional de Assistência Social
FNDE	–	Fundo Nacional de Desenvolvimento da Educação
FNE	–	Fórum Nacional de Educação
FNS	–	Fundo Nacional de Saúde
FSE	–	Fundo Social de Emergência
Fonseas	–	Fórum Nacional de Secretários Estaduais da Assistência Social
Funabem	–	Fundação Nacional do Bem-Estar do Menor
Fundeb	–	Fundo de Manutenção e Desenvolvimento da Educação Básica e de Valorização dos Profissionais da Educação
Fundef	–	Fundo de Manutenção e Desenvolvimento do Ensino Fundamental e de Valorização do Magistério
GED	–	Grupo Executivo de Descentralização
IAP	–	Instituto de Aposentadorias e Pensões
ICMS	–	Imposto sobre Circulação de Mercadorias e Serviços
Ideb	–	Índice de Desenvolvimento da Educação Básica
IGD	–	Índice de Gestão Descentralizada
IGD-PBF	–	Índice de Gestão Descentralizada do Programa Bolsa-Família
IGD-Suas	–	Índice de Gestão Descentralizada do Suas

Inamps	–	Instituto Nacional de Assistência Médica da Previdência Social
Inan	–	Instituto Nacional de Alimentação e Nutrição
Inas	–	Instituto Nacional de Assistência Social
INPS	–	Instituto Nacional de Previdência Social
IPCA	–	Índice Nacional de Preços ao Consumidor Amplo
Ipea	–	Instituto de Pesquisa Econômica Aplicada
IPI	–	Imposto sobre Produtos Industrializados
IPNE	–	Instâncias permanentes de negociação, cooperação e pactuação nos estados
IPNF	–	Instância Permanente de Negociação e Cooperação entre União, estados, Distrito Federal e municípios
IPTU	–	Imposto Predial e Territorial Urbano
IPVA	–	Imposto sobre Propriedade de Veículos Automotores
ISS	–	Imposto sobre Serviços
ITBI	–	Imposto sobre Transmissão de Bens Imóveis
ITCMD	–	Imposto sobre Transmissão Causa Mortis e Doação
ITR	–	Imposto Territorial Rural
LBA	–	Legião Brasileira de Assistência
LDB	–	Lei de Diretrizes e Bases
LOS	–	Lei Orgânica da Saúde
Loas	–	Lei Orgânica da Assistência Social
MEC	–	Ministério da Educação
MI	–	Mandado de Injunção
MCid	–	Ministério da Cidadania
MPAS	–	Ministério da Previdência e Assistência Social
MS	–	Ministério da Saúde
MTPE	–	Movimento Todos pela Educação
Neppos/UnB	–	Núcleo de Estudos e Pesquisas em Política Social da Universidade de Brasília
Noas	–	Norma Operacional da Assistência à Saúde
NOB	–	Norma Operacional Básica
OCDE	–	Organizaçao para a Cooperação e Desenvolvimento Econômico
OMS	–	Organização Mundial da Saúde
PAB	–	Piso da Atenção Básica
Paif	–	Serviço de Proteção e Atendimento Integral à Família
PAR	–	Plano de Ações Articuladas
PBF	–	Programa Bolsa-Família
PCF	–	Programa Criança Feliz
PDE	–	Plano de Desenvolvimento da Educação
PDI	–	Plano Diretor de Investimento
PDR	–	Plano Diretor de Regionalização
PEC	–	Proposta de Emenda à Constituição
Peti	–	Programa de Erradicação do Trabalho Infantil
PIB	–	Produto Interno Bruto

Pisa	–	Programa Internacional de Avaliação de Estudantes (*Programme for International Student Assessment*)
PLP	–	Projeto de Lei Complementar
PNAD	–	Pesquisa Nacional por Amostra de Domicílios
PNAS	–	Política Nacional de Assistência Social
PND	–	Plano Nacional de Desenvolvimento
PND-NR I	–	Primeiro Plano Nacional de Desenvolvimento da Nova República
PNE	–	Plano Nacional de Educação
PPI	–	Programação Pactuada e Integrada da Atenção em Saúde
PSEC	–	Plano Setorial de Educação e Cultura
PSPN	–	Piso Salarial Profissional Nacional
PUC-SP	–	Pontifícia Universidade Católica de São Paulo
RCA	–	Recursos para Cobertura Ambulatorial
RCL	–	Receita Corrente Líquida
Renases	–	Relação Nacional de Ações e Serviços de Saúde
Saeb	–	Sistema Nacional de Avaliação da Educação Básica
SAS	–	Secretaria de Assistência Social
Sase	–	Secretaria de Articulação com os Sistemas de Ensino
Sinpas	–	Sistema Nacional de Previdência e Assistência Social
SNAS	–	Secretaria Nacional de Assistência Social
SNC	–	Sistema Nacional de Cultura
SNCTI	–	Sistema Nacional de Ciência, Tecnologia e Inovação
SNE	–	Sistema Nacional de Educação
STF	–	Supremo Tribunal Federal
Seas	–	Secretaria Especial de Assistência Social
Suas	–	Sistema Único de Assistência Social
Suds	–	Sistema Unificado e Descentralizado de Saúde
SUS	–	Sistema Único de Saúde
Susp	–	Sistema Único de Segurança Pública
TCU	–	Tribunal de Contas da União
UCA	–	Unidade de Cobertura Ambulatorial
Undime	–	União Nacional dos Dirigentes Municipais de Educação
Vaaf	–	Valor anual por aluno
Vaar	–	Valor anual por aluno decorrente da complementação
Vaat	–	Valor anual total por aluno

LISTA DE QUADROS

Quadro 1 – Tipos de mudança institucional: processos e resultados 66
Quadro 2 – Tipos de mudança gradual 67
Quadro 3 – Papéis do direito nas políticas públicas 74
Quadro 4 – Quadro de Referência de uma Política Pública 76
Quadro 5 – Quadro de Problemas de Políticas Públicas 79
Quadro 6 – Atores básicos no processo de implementação e os seus comportamentos 84
Quadro 7 – Interações-padrão durante a implementação em sequência "lógica" 88
Quadro 8 – Institucionalização dos sistemas de políticas públicas 91
Quadro 9 – Panorama do funcionamento da Assembleia Nacional Constituinte 106
Quadro 10 – Relações entre federalismo e políticas sociais 122
Quadro 11 – Emendas constitucionais em matéria de saúde 131
Quadro 12 – Emendas constitucionais em matéria de assistência social... 135
Quadro 13 – Emendas constitucionais em matéria de educação 138
Quadro 14 – Cenário das políticas públicas de saúde prévio à Constituição de 1988 152
Quadro 15 – Trajetória de institucionalização do SUS 197
Quadro 16 – Quadro de referência do Sistema Único de Saúde 201
Quadro 17 – Cenário das políticas públicas de assistência social prévio à Constituição de 1988 219
Quadro 18 – Seguranças afiançadas pela proteção social 241
Quadro 19 – Trajetória de institucionalização do Suas 264
Quadro 20 – Quadro de referência do Sistema Único de Assistência Social 267
Quadro 21 – Cenário das políticas públicas de educação prévio à Constituição de 1988 285
Quadro 22 – Trajetória de institucionalização do regime de colaboração da educação básica 329
Quadro 23 – Quadro de referência da organização da educação básica pública nacional 332
Quadro 24 – Transformações jurídico-institucionais nas políticas sociais 352

Quadro 25 – Grade de análise: tipos de coordenação nas políticas públicas 368
Quadro 26 – Referencial de análise da institucionalização de um sistema de política pública 384
Quadro 27 – Quadro comparativo da institucionalização de sistemas...... 385

SUMÁRIO

APRESENTAÇÃO DA COLEÇÃO 21

PREFÁCIO
Sebastião Botto de Barros Tojal 23

APRESENTAÇÃO
Maria Paula Dallari Bucci 27

INTRODUÇÃO 31
1   Sistemas de políticas públicas: importância do tema 33
2   Hipóteses 38
3   Esclarecimentos metodológicos 40
4   Estrutura da obra 41
5   Conceitos fundamentais 42

CAPÍTULO 1
ABORDAGEM JURÍDICO-INSTITUCIONAL DAS POLÍTICAS
PÚBLICAS E A CONTRIBUIÇÃO DO INSTITUCIONALISMO
HISTÓRICO 49
1.1   O neoinstitucionalismo e suas vertentes 51
1.2   O institucionalismo histórico 55
1.2.1   Conjunturas críticas e formação institucional 58
1.2.2   Desenvolvimento institucional: fontes de permanência e mudança 58
1.2.2.1   Processos de autorreforço 61
1.2.2.2   Pontos de veto 63
1.2.2.3   Problemas de coordenação 64
1.2.3   Mudanças institucionais 65
1.3   O estudo das políticas públicas à luz da Teoria do Estado: a contribuição do institucionalismo histórico 68

1.4	Da perspectiva institucional à perspectiva jurídico-institucional	71
1.5	De volta ao método	75
1.5.1	Pontos de partida e de chegada: o Quadro de Problemas e o Quadro de Referência de uma Política Pública	75
1.5.2	O percurso: o modelo político de implementação de políticas públicas	81
1.5.2.1	Atores e comportamentos no processo de implementação	83
1.5.2.2	Interações-padrão no processo de implementação	84
1.5.3	A institucionalização dos sistemas de políticas públicas: modelo analítico	89

CAPÍTULO 2
O ESTADO SOCIAL NO BRASIL E AS BASES CONSTITUCIONAIS DOS SISTEMAS DE POLÍTICAS PÚBLICAS ... 93

2.1	Estado social e regimes de bem-estar social	94
2.2	O Estado social no Brasil antes de 1988	103
2.3	Assembleia Nacional Constituinte	106
2.4	O Estado social brasileiro segundo a Constituição de 1988	111
2.5	A federação brasileira e a Constituição: distribuição de competências e relações intergovernamentais nas políticas sociais	113
2.6	Relação entre arranjos federativos e políticas sociais	120
2.7	Uma nota acerca da morfologia da Constituição	126
2.8	Saúde, assistência social e educação na Constituição	128
2.8.1	A constitucionalização da saúde	128
2.8.2	A constitucionalização da assistência social	133
2.8.3	A constitucionalização da educação básica	135
2.9	Colocando em marcha uma nova lógica de provisão de bem-estar social	139

CAPÍTULO 3
A INSTITUCIONALIZAÇÃO DO SISTEMA ÚNICO DE SAÚDE ... 145

3.1	Políticas públicas de saúde anteriores à Constituição de 1988	146
3.2	A saúde na Assembleia Nacional Constituinte	153
3.3	De 1988 a 1992: definição da base normativa e resistências à descentralização	160
3.4	De 1993 a 1995: espaços deliberativos, municipalização e crise de financiamento	164

3.4.1	O aprimoramento da estrutura institucional do SUS e da municipalização	165
3.4.2	Impasses e instabilidade no financiamento	167
3.5	De 1996 a 1999: criação da CPMF e incremento da municipalização	169
3.5.1	A Contribuição Provisória sobre Movimentação Financeira	169
3.5.2	Implementando a municipalização: NOB nº 1/1996 e suas alterações	170
3.6	De 2000 a 2005: vinculação de recursos e regionalização	173
3.6.1	Em busca da estabilização no financiamento: Emenda Constitucional nº 29/2000	174
3.6.2	Em busca da regionalização: as Normas Operacionais da Assistência à Saúde	177
3.7	De 2006 a 2014: novos mecanismos jurídicos de articulação no SUS	179
3.7.1	Pactos pela saúde	179
3.7.2	Contratos Organizativos da Ação Pública da Saúde	182
3.8	De 2015 a 2019: a retração do financiamento e da coordenação federal	185
3.8.1	Emenda Constitucional nº 86/2015	185
3.8.2	Emenda Constitucional nº 95/2016	187
3.8.3	O encolhimento da coordenação exercida pela União	188
3.9	De 2020 a 2021: o teste do pacto federativo no SUS	190
3.9.1	O SUS e a gestão da pandemia de Covid-19	191
3.9.2	A PEC nº 186/2019 e a preservação dos pisos de investimentos	195
3.10	Quadro de institucionalização e quadro de referência do SUS	197
3.11	Síntese analítica	204

CAPÍTULO 4
A INSTITUCIONALIZAÇÃO DO SISTEMA ÚNICO DE ASSISTÊNCIA SOCIAL 213

4.1	Políticas públicas de assistência social anteriores à Constituição de 1988	214
4.2	A assistência social na Assembleia Nacional Constituinte	220
4.3	De 1988 a 1996: definição da base normativa e início da implantação da Loas	226
4.3.1	O percurso de aprovação da Loas e suas tensões	226
4.3.2	A Lei nº 8.742/1993: a construção de uma nova institucionalidade para a assistência social	230
4.3.3	O lento início de implementação da Loas	233

4.4	De 1997 a 2002: a reorganização do quadro institucional	235
4.5	De 2003 a 2011: concepção e organização do Suas	239
4.5.1	O Sistema Único de Assistência Social: PNAS/2004 e NOB-Suas/2005	239
4.5.2	Ampliando a coesão do sistema	244
4.5.3	O aprimoramento da gestão estadual do Suas	246
4.5.4	Mudanças na regulação das entidades socioassistenciais	248
4.5.5	Lei nº 12.435/2011: a incorporação do Suas à Loas	249
4.6	De 2012 a 2015: a aprovação da NOB-Suas/2012 e o aprimoramento do sistema	251
4.7	De 2016 a 2019: a desidratação do Suas	254
4.7.1	Emenda Constitucional nº 95/2016	255
4.7.2	O enfraquecimento das instâncias de deliberação e discussão do Suas	256
4.8	De 2020 a 2021: a resposta do Suas à pandemia de covid-19	260
4.9	Quadro de institucionalização e quadro de referência do Suas	264
4.10	Síntese analítica	269

CAPÍTULO 5
A INSTITUCIONALIZAÇÃO DO SISTEMA NACIONAL DE EDUCAÇÃO: UM CAMINHO A SER PERCORRIDO 277

5.1	Políticas públicas de educação básica anteriores à Constituição de 1988	278
5.2	A educação básica na Assembleia Nacional Constituinte	286
5.3	De 1988 a 2006: definição da base normativa e início da implantação de um novo arcabouço jurídico-institucional	291
5.3.1	Ainda a "Torre de Babel"	291
5.3.2	A Lei de Diretrizes e Bases da Educação Nacional: uma oportunidade a menos para criação do SNE	293
5.3.3	De volta à Constituição: a EC nº 14/1996 e a criação do Fundef	296
5.3.4	O Plano Nacional de Educação 2001-2010	301
5.4	De 2006 a 2008: um novo compromisso da União	303
5.4.1	O Fundeb: o reforço ao modelo de financiamento	303
5.4.2	O Plano de Desenvolvimento da Educação e o Plano de Ações Articuladas	306
5.5	De 2009 a 2015: um novo pacto federativo no horizonte da educação básica	309
5.5.1	A Emenda Constitucional nº 59/2009	309
5.5.2	O Plano Nacional de Educação 2014-2024	311
5.6	De 2016 a 2019: entre estagnações e retrocessos	313

5.6.1	A Emenda Constitucional nº 95/2016	314
5.6.2	Paralisia como instrumento de gestão da política	315
5.7	De 2020 a 2021: a perenização do Fundeb e a manutenção das vinculações constitucionais	318
5.7.1	A Emenda Constitucional nº 108/2020	318
5.7.2	A PEC nº 186/2019 e a preservação dos pisos de investimentos	322
5.8	Propostas de regulamentação do SNE	323
5.9	Quadro de institucionalização do regime de colaboração e quadro de referência da organização da educação básica pública nacional	329
5.10	Síntese analítica	335

CAPÍTULO 6
OS FIOS DEVOLVIDOS À MEADA: ANÁLISE CONJUNTA DOS SISTEMAS DE POLÍTICAS PÚBLICAS 345

6.1	A construção do Estado social e seu arcabouço jurídico-institucional	346
6.2	A formação de sistemas de políticas públicas: diferentes percursos e seus resultados	353
6.2.1	Legado pré-constitucional das políticas sociais: o pioneirismo na ocupação do espaço da política pública	353
6.2.2	Base constitucional das políticas sociais	356
6.2.3	Estruturas tripartites de pactuação federativa	361
6.2.4	Instrumentos de coordenação nacional de políticas públicas	364
6.3	A resiliência dos sistemas de políticas públicas: ninguém solta a mão de ninguém	372
6.4	A institucionalização dos sistemas de políticas públicas: um referencial de análise	378
6.4.1	Base normativa	380
6.4.2	Estruturas de pactuação federativa	380
6.4.3	Instrumentos de coordenação nacional das políticas públicas	382
6.4.4	Dimensão econômico-financeira	383
6.4.5	Quadro de análise da institucionalização de um sistema	384
6.4.6	Aplicação do quadro de análise às políticas de saúde, assistência social e educação	385
6.5	Palavras finais: o Estado social como ponto de partida e de chegada do estudo dos sistemas	389

CONSIDERAÇÕES FINAIS 393

REFERÊNCIAS 399

APRESENTAÇÃO DA COLEÇÃO

A *Coleção Fórum Direito e Políticas Públicas* tem o objetivo de apresentar ao leitor trabalhos acadêmicos inovadores que aprofundem a compreensão das políticas públicas sob a perspectiva jurídica, com triplo propósito.

Em primeiro lugar, visa satisfazer o crescente interesse pelo tema, para entender os avanços produzidos sob a democracia no Brasil depois da Constituição de 1988. É inegável que as políticas públicas de educação, saúde, assistência social, habitação, mobilidade urbana, entre outras estudadas nos trabalhos que compõem a coleção, construídas ao longo de várias gestões governamentais, mudaram o patamar da cidadania no país. Certamente, elas carecem de muitos aperfeiçoamentos, como alcançar a população excluída, melhorar a qualidade dos serviços e a eficiência do gasto público, assegurar a estabilidade do financiamento e, no que diz respeito à área do Direito, produzir arranjos jurídico-institucionais mais consistentes e menos suscetíveis à judicialização desenfreada. O desmantelamento produzido pela escalada autoritária iniciada em meados dos anos 2010, no entanto, explica-se não pelas deficiências dessas políticas e sim pelos seus méritos – não tolerados pelo movimento reacionário. Compreender a estrutura e a dinâmica jurídica das políticas públicas, bem como a legitimação social que vem da participação na sua construção e dos resultados, constitui trabalho importante para a credibilidade da reconstrução democrática.

O segundo objetivo da coleção é contribuir para o desenvolvimento teórico sobre as relações entre Direito e Políticas Públicas. Publicando trabalhos oriundos de teses e dissertações de pós-graduação, constitui-se um acervo de análises objetivas de programas de ação governamental, suas características recorrentes e seus processos e institucionalidade jurídicos. Neles estão documentados os impasses inerentes aos problemas públicos de escala ampla, e estudadas algumas soluções ao mesmo tempo jurídicas e políticas, presentes em práticas de coordenação e articulação, seja na alternância de governo, nas relações federativas, ou na atuação intersetorial. Assim, sem perder a multidisciplinaridade característica dessa abordagem, valendo-se da bibliografia jurídica em cotejo com a literatura especializada, publica-se material de pesquisa empírica (não quantitativa) da qual se extraem os conceitos e relações que numa organização sistemática dão base para a teorização jurídica da abordagem Direito e Políticas Públicas. Com essa preocupação, a coleção também publicará trabalhos de alguns dos raros autores estrangeiros com obras específicas na área.

Finalmente, o terceiro objetivo da coleção é contribuir para a renovação teórica do direito público brasileiro, fomentando o desenvolvimento de uma tecnologia da ação governamental democrática, engenharia jurídico-institucional para o avanço da cidadania do Brasil. Isso permitirá ampliar a escala de experiências bem-sucedidas, inspirar melhores desenhos institucionais pela comparação com experiências similares, além de avançar na cultura da avaliação, agora positivada na Constituição Federal.

São Paulo, 22 de agosto de 2022.

Maria Paula Dallari Bucci
Professora da Faculdade de Direito da Universidade de São Paulo. Coordenadora da *Coleção Fórum Direito e Políticas Públicas*.

PREFÁCIO

A compreensão da institucionalização de políticas públicas sob a forma de sistemas únicos, tal como experimentado pelo Brasil na esteira da Constituição de 1988, mesmo que, em alguns casos, ainda não totalmente concluída, suas vicissitudes e conquistas e, especialmente, o que essa trajetória poderá nos legar para futuras iniciativas era uma investigação por ser feita.

Com efeito, há muito revelou-se como absolutamente necessário conhecer melhor a institucionalidade jurídica dos sistemas que cuidam de promover as políticas sociais, identificar seu virtuosismo mas também seus gargalos, especialmente na perspectiva do federalismo nacional, cuja experiência sempre foi plasmada por crises e dificuldades de articulação.

Estado social e federalismo: a institucionalização dos sistemas de políticas públicas no Brasil, de autoria de Gabriela Azevedo Campos Sales, que ora vem a público, originalmente sua tese de doutoramento, *A institucionalização dos sistemas entre saúde, assistência social e educação*, tese esta, aliás, indicada pela Faculdade de Direito da Universidade de São Paulo (USP) para concorrer ao prêmio de melhor tese jurídica do ano de 2022 promovido pela CAPES, atende essa demanda e traz substancial contribuição para o enfrentamento do tema.

A tese foi defendida por sua autora no ano de 2022, perante banca integrada pelos eminentes professores Maria Paula Dallari Bucci, Fernando Mussa Aith, Carolina Gabas Stuchi, Murilo Gaspardo e Clarice Seixas Duarte, todos unânimes em apontar a excelência do trabalho e recomendar enfaticamente sua publicação.

As melhores referências acompanham, portanto, a publicação, todas amplamente justificadas.

Gabriela Azevedo Campos Sales, juíza federal e hoje pós-doutoranda pela Faculdade de Direito da USP, é dotada de profundo senso analítico e dele se valeu para conduzir sua investigação científica, cuja versão comercial vem a público. Seu rigor metodológico muito contribuiu para o sucesso de sua empreitada, permitindo a elaboração de um texto de enorme densidade teórica, acompanhado de farta pesquisa documental. Seu modelo teórico, isto é, a matriz jurídico-institucional manejada sob a orientação do institucionalismo histórico, permitiu-lhe discutir suas hipóteses de trabalho atendendo às exigências de considerar a imanência histórica das soluções institucionais e sua importância para a concretização dos direitos sociais, notadamente os sistemas únicos ou nacionais.

Aqui, impõe-se uma observação de caráter epistemológico. É que, na perspectiva da teoria do conhecimento, a sede epistemológica da investigação conduzida é a Teoria Geral do Estado, cuja preocupação que define sua identidade científica está precisamente na compreensão das instituições do Estado como expressão da relação entre política e direito. Compreender o processo político, o poder, para dele visualizar a formação de políticas públicas voltadas à concretização de direitos sociais, especialmente decifrar as soluções jurídico-institucionais que sejam capazes de dar vida ao Estado social, não é propriamente uma tarefa fácil. É inequívoco, no entanto, que a empreitada se torna mais exitosa na exata medida do socorro proporcionado pelo institucionalismo histórico.

E tal circunstância não passou despercebida a Gabriela Azevedo Campos Sales, que soube explorar seu modelo de análise com rara maestria. Este, definitivamente, não é um trabalho que se encerra nos meandros da dogmática constitucional, nem tampouco da legislação infraconstitucional que deu existência aos sistemas únicos analisados. Não se cuida, por conseguinte, de um exercício hermenêutico.

Muito ao revés, seu mérito reside justamente em ultrapassar os limites formais do exame de um regime jurídico para avaliar a institucionalização jurídica de uma dada política pública considerando o processo político, os atores envolvidos, as articulações que se promovem no âmbito do federalismo nacional que lhe dão causa e sentido.

Nesse sentido, *Estado social e federalismo: a institucionalização dos sistemas de políticas públicas no Brasil* veicula também uma importante contribuição para a afirmação da identidade científica da Teoria Geral do Estado, apartando-a de um conhecimento jurídico-formal, vazio de vida política ou, como preferiu enunciar José Joaquim Gomes Canotilho, de uma "Teoria do não Estado".

Gabriela Azevedo Campos Sales produz um exame comparativo nos três processos de institucionalização de política sociais, o Sistema Único de Saúde (SUS), o Sistema Único de Assistência Social (Suas) e o Sistema Nacional de Educação (SNE), demonstrando, ao fim e ao cabo, como os elementos jurídico-institucionais envolvidos determinaram as diferenças de resultados no processo de efetivação dos direitos sociais, seja no plano das soluções encontradas e expressas nos diferentes sistemas, seja na perspectiva da resiliência, como pela autora denominado, dos próprios sistemas, vale dizer, na sua capacidade de conferir estabilidade e, consequentemente, contribuir para a própria continuidade das políticas voltadas para a concretização dos direitos sociais. Importante frisar, nesse passo, como deixa claro a autora, que a investigação levada a efeito não teve o condão de apurar se a resiliência é própria dos sistemas. O que se pretendeu foi identificar e estudar a resiliência dos arranjos sistêmicos analisados.

Outra grande contribuição presente no trabalho está justamente no enfrentamento da tensão entre federalismo e Estado Social, especialmente decorrente das dificuldades de implementação dos arranjos intergovernamentais.

Como concluiu a própria Gabriela Azevedo Campos Sales,

> sem negar esses impasses nem as insuficiências que uma fotografia atual do Estado brasileiro expõe, o filme da construção dos três sistemas avaliados mostra transformações e aprendizados significativos de 1988, incidindo sobre as quatro dimensões das políticas públicas. Na dimensão substantiva, houve ampliação do acesso e da cobertura oferecida pelas políticas sociais, com o progressivo estabelecimento de padrões de oferta pública de ações e serviços. Na dimensão estruturante, destaca-se a reconfiguração das relações federativas por meio da descentralização-municipalização, do fortalecimento da função coordenadora da União e da criação de estruturas de pactuação federativa. Na dimensão instrumental, os instrumentos de articulação se diversificam e passaram a ser aplicados de forma contínua, não apenas em programas limitados no tempo. Na dimensão legitimadora, ampliaram-se os canais de participação e controle social, com a instalação de conselhos e realização de conferências.

Um último registo impende ser feito. É que a obra ora lançada traz, ao seu final, o que a autora denomina de "um referencial de análise de institucionalização desses sistemas", isto é, um quadro ou roteiro de análise de institucionalização de um sistema cuja utilidade ultrapassa os limites dos sistemas de saúde, educação e assistência social. Na verdade, esse referencial de análise se apresenta como uma ferramenta de enorme utilidade para todo aquele que tenha por preocupação conhecer o Estado social, federalismo e políticas públicas voltadas para a concretização dos direitos sociais.

Enfim, *Estado social e federalismo: a institucionalização dos sistemas de políticas públicas no Brasil* integra aquele rol absolutamente único de produções científicas que dignificam a pesquisa acadêmica.

Sebastião Botto de Barros Tojal
Professor de Teoria Geral do Estado da Faculdade de Direito da Universidade de São Paulo (USP).

APRESENTAÇÃO

O livro de Gabriela Campos Sales já nasce clássico sobre o Estado social pós-Constituição de 1988 e o papel da institucionalidade jurídica em sua construção. É bibliografia de referência para entender como se estruturou, ao longo de três décadas, o federalismo cooperativo brasileiro em matéria das políticas sociais. Não bastasse isso, ele apresenta um método de análise original, bastante promissor para a abordagem Direito e Políticas Públicas, que traz uma brisa de renovação também para a Teoria do Estado. Essas qualidades me levaram a recomendar sua indicação ao Prêmio Capes de Melhor Tese na banca de doutorado que lhe deu origem.

A proposta do livro é de grande envergadura; seu eixo central é a comparação entre as políticas públicas estruturantes, organizadas na forma de sistemas únicos, que compõem a base do Estado social contemporâneo no Brasil: o Sistema Único de Saúde (SUS) e o Sistema Único de Assistência Social (Suas). O panorama é completado pelo exame das bases nacionais da educação, que, à falta de sistema – cuja proposta tramita vagarosamente no Congresso Nacional, apesar do esgotamento do prazo previsto no Plano Nacional de Educação (Lei nº 13.005/2014, art. 13) –, tem se organizado a partir dos fundos, atualmente o FUNDEB.

Essa empreitada, por si só bastante ambiciosa, foi realizada com uma incursão metodológica pelos textos de um pesquisador redescoberto há poucos anos, um dos raros autores com produção específica sobre Direito e Políticas Públicas, William Clune, professor aposentado da Universidade de Wisconsin. A apresentação dele ao leitor brasileiro tem contado com a contribuição de Gabriela Campos Sales, não apenas para traduzi-lo do inglês,* mas também para fazê-lo acessível a outros

---

* Gabriela coordenou o trabalho coletivo de tradução do artigo: CLUNE, William H. Um modelo político de implementação e suas implicações para as políticas públicas: a pesquisa e a mudança dos papéis do direito e dos juristas. Tradução de Gabriela Azevedo Campos Sales, Bruno de Almeida Passadore, Elisa Martinez Giannella e Kadra Regina Zeratin Rizzi. *Revista Brasileira de Políticas Públicas*, Brasília, v. 11, n. 1, 2021, p. 19-81. Além disso, em seu projeto de pós-doutorado atualmente em curso na Faculdade de Direito da Universidade de São Paulo, tem se dedicado à organização e revisão das traduções de cerca de uma dezena

pesquisadores menos familiares com sua linguagem irônica e cifrada. O livro extrai das complexas formulações de Clune um modelo útil de documentação e análise longitudinal da relação dinâmica entre direito e política. A leitura baseia-se no *ebb and flow*, isto é, nos fluxos e refluxos das forças políticas que produzem atos e medidas jurídicas, e que, por sua vez, sofrem as repercussões destes. Isso ocorre desde o momento inicial da luta pela introdução de um problema na agenda pública, continua durante o processo de produção da norma e permanece em tensão ao longo das etapas de aplicação da lei e da implementação da política. Captar os padrões sistemáticos dessas relações, conferindo a elas uma representação que permite a comparação entre os três sistemas estruturantes das principais políticas sociais no Brasil, é uma contribuição notável.

Isso não apenas em razão do que esses sistemas representam na provisão de direitos sociais e seu impacto na coesão da sociedade, mas também como inspiração para o presente-futuro em reconstrução no momento atual. O livro traz argumentos consistentes sobre a capacidade do país de superar desafios de grande magnitude, realizando coletivamente alguns dos objetivos da Constituição.

> Sem negar (...) as insuficiências que uma fotografia atual do Estado brasileiro expõe, o filme da construção dos três sistemas avaliados mostra transformações e aprendizados significativos desde 1988, incidindo sobre as quatro dimensões das políticas públicas. Na dimensão substantiva, houve ampliação do acesso e da cobertura oferecida pelas políticas sociais, com o progressivo estabelecimento de padrões nacionais de oferta pública de ações e serviços. Na dimensão estruturante, destaca-se a reconfiguração das relações federativas por meio da descentralização-municipalização, do fortalecimento da função coordenadora da União e da criação de estruturas de pactuação federativa. Na dimensão instrumental, os instrumentos de articulação se diversificaram e passaram a ser aplicados de forma contínua, não apenas em programas limitados no tempo. Na dimensão legitimadora, ampliaram-se os canais de participação e controle social, com a instalação de conselhos e realização de conferências. Portanto, usando as palavras de Clune (...), apesar da atmosfera de desventura associada à implementação de políticas públicas, resultados impressionantes foram obtidos nas diversas áreas.

---

dos artigos do Prof. Clune, com vista à publicação de livro inédito do autor, somando esforços com Isabela Ruiz na coordenação desse projeto.

Isso se fez graças a uma elaborada construção institucional, combinando múltiplas dimensões e atores sociais. Como observa Gabriela, o pacto de solidariedade social formulado em 1988 demandou "a reorganização da tríade Estado-mercado-família para universalizar direitos sociais, implementar políticas sociais de caráter desmercadorizante e mitigar a estratificação social". E isso exigiu um segundo pacto, firmado entre os entes federativos, que se comprometeram a articular-se "de forma estável e cooperativa para a consecução de objetivos comuns e superação de desigualdades sociais e regionais". O que o livro demonstra é que os efeitos dessa articulação podem transcender os sistemas onde elas se originaram, passando a compor um "repertório de arranjos e soluções" para as políticas públicas brasileiras.

> O modelo institucional, inicialmente restrito à política sanitária, ganhou escala e, dessa forma, vem alterando o cenário de políticas sociais regidas por lógicas particulares em prol de um repertório mais abrangente de arranjos e de soluções para a estruturação de políticas sociais brasileiras. Usando a dicotomia proposta por Unger (2017), o espraiamento do modelo de sistemas por diversas políticas sociais converte soluções desviantes ou excepcionais em soluções dominantes de provisão de políticas de bem-estar social no Brasil. A convergência de desenhos jurídico-institucionais favorece o desenvolvimento de capacidades estatais análogas em distintas áreas de políticas públicas. Conforme essa nova institucionalidade das políticas setoriais estruturantes se expande e se sedimenta, também se reconfigura a capacidade global do Estado para promover transformações em múltiplas esferas.

Esse modelo pode ser inspirador para organização federativa de sistemas menos estruturados, igualmente submetidos ao regime das competências comuns do artigo 23 da Constituição Federal, proporcionando e consolidando avanços sociais em áreas que envolvam relações intergovernamentais, tais como o meio ambiente, a cultura ou a ciência, tecnologia e inovação, entre outras. Mesmo numa área crítica como a segurança pública – que, sem figurar nesse regime, já o emulou no Sistema Único da Segurança Pública (Lei nº 13.675/2018), ainda incipiente quanto à implementação –, o repertório de soluções dos sistemas estruturantes pode ser de grande valia para a pactuação de uma segurança cidadã.

A análise sistemática das inovações jurídico-institucionais que puseram de pé os sistemas estruturantes do nosso Estado de bem-estar social ganha relevância na montagem da caixa de ferramentas de políticas públicas. Ela se compõe dos procedimentos de organização e articulação federativa, das normas operacionais (as famosas "NOBS"), das transferências fundo a fundo, das conferências e conselhos e de uma série de iniciativas da operação cotidiana dos sistemas, que podem passar despercebidas a um olhar menos treinado, mas que formam o "tecido conjuntivo" do acesso e da fruição dos direitos fundamentais.

Tocando em todas essas dimensões, a estrutura metodológica do livro amarra de forma inédita informações e argumentos sobre o processo de construção do Estado social pós-Constituição de 1988. Ela combina uma forma de trabalho empírico não quantitativo – a documentação e o mapeamento dos arranjos jurídico-institucionais de cada sistema – com um quadro teórico que analisa o Brasil segundo a tipologia dos países retardatários dessa espécie de Estado.

O livro fortalece, ainda, a perspectiva sendo desenvolvida no âmbito da abordagem Direito e Políticas Públicas, de produção e aplicação de quadros analíticos[*] voltados a captar as dimensões multidisciplinares das políticas públicas, em particular as conexões entre elementos jurídicos e políticos. Essa linha de trabalho indica caminhos de renovação dos métodos da Teoria do Estado, para enfrentar questões como a superação da descontinuidade administrativa na troca de gestões políticas, a resiliência de programas num quadro político adverso, além dos padrões para a institucionalização satisfatória da política, num processo de realimentação da legitimação da democracia.

Não se deve duvidar do potencial transformador das ideias trazidas por essa juíza federal miúda e cheia de animação cívica.

São Paulo, 28 de julho de 2023.

Maria Paula Dallari Bucci
Professora da Faculdade de Direito da Universidade de São Paulo (USP).

---

[*] Os quadros analíticos são apresentados de forma sintética no seguinte artigo: BUCCI, Maria Paula Dallari. A abordagem DPP no Brasil. *Revista Campo de Públicas: Conexões e Experiências*, Belo Horizonte: Fundação João Pinheiro; Escola de Governo. v. 2, n. 1, p. 93-127, jan./jun. 2023.

INTRODUÇÃO

O surgimento do Estado social[1] trouxe consigo a demanda pelo atendimento das mais diversas necessidades sociais, colocando o tema das políticas públicas no centro da ação governamental. Essa centralidade persiste quando transformações econômicas e demográficas levam à reconfiguração das formas originárias de provisão dessas necessidades. A experiência dos Estados sociais retardatários (KERSTENETZKY, 2012), como o Brasil, nos quais se entrecruzam dinâmicas de expansão e de retração de políticas sociais, desperta novos dilemas a propósito da ação estatal para efetivação de direitos sociais. Por fim, e sem que estejam resolvidos os dilemas anteriores, a pandemia de Covid-19 renovou as discussões acerca do papel do Estado na provisão social.

Instrumentalizado para o atendimento dos objetivos estabelecidos pelas mais diversas políticas públicas, o Direito é profundamente impactado e passa por transformações não lineares, tampouco isentas de ambiguidades. A coexistência de racionalidades jurídicas distintas, as disputas quanto ao papel do conhecimento jurídico e dos operadores do direito, bem como as indagações acerca da contribuição específica que a perspectiva jurídica pode trazer ao tema das políticas públicas são emblemáticas desses impactos (CLUNE, 1983, 1993, 2011). Os desafios teóricos e práticos que envolvem o Direito nas políticas públicas refletem-se em uma agenda de pesquisa densa e bastante sofisticada.[2]

---

[1] Emprega-se o termo Estado social como sinônimo de Estado providência, Estado de bem-estar social ou *Welfare State* (BUCCI, 2018, p. 51, nota de rodapé 82).

[2] Os temas que compõem essa agenda podem ser classificados de acordo com as três vertentes para a estruturação de uma matriz de método na abordagem Direito e políticas públicas proposta por Bucci (2019a, p. 818-824), a saber: a) vertente do direito material, na qual se situa a presente obra, voltada ao estudo da institucionalização de direitos, especialmente

Porém, a complexidade e a diversidade de que se revestem as mais diversas políticas setoriais podem dar azo a uma atomização de abordagens que limita ganhos analíticos mais amplos para o estudo jurídico das políticas públicas. Como alerta Bucci (2019a, p. 792), "(...) a falta de um tratamento sistemático ou estruturado tende a reverberar a dispersão de ângulos de visão e temáticas, o que dificulta o aproveitamento coletivo do conhecimento acumulado". Sendo assim, estudos que se proponham a extrair conclusões mais abrangentes relativamente ao amálgama das várias políticas ou ensaiar elaborações conceituais, como a construção de categorias e de tipologias (MACHADO, 2017, p. 363), podem trazer uma nova contribuição para o campo das políticas públicas.

Visando contribuir para a criação desses elos, este trabalho propõe-se a investigar o desenvolvimento das políticas públicas organizadas sob a forma de sistemas únicos ou sistemas nacionais, identificadas neste trabalho pelo termo sistemas de políticas públicas.[3] Por meio do estudo da institucionalização do Sistema Único de Saúde (SUS) e do Sistema Único de Assistência Social (Suas), bem como da tentativa de institucionalização do Sistema Nacional de Educação (SNE), busca-se identificar: a) os fatores jurídico-institucionais que explicam os diferentes percursos e resultados alcançados pelo Estado brasileiro na tentativa de implantar o modelo de sistemas em distintas áreas; e b) a resiliência desenvolvida por esses arranjos. O estudo conjunto desses três sistemas (SUS, Suas e SNE), com distintas trajetórias e configurações, oferece uma compreensão mais ampla quanto aos desafios e às possibilidades de estruturação de políticas sob a forma de sistemas e, por consequência, quanto ao funcionamento do Estado brasileiro.

Duas são as perguntas que guiam essa empreitada.

Primeira: os diferentes percursos e resultados alcançados pelo Estado brasileiro, na tentativa de institucionalizar políticas sociais sob a forma de sistemas únicos ou sistemas nacionais, podem ser explicados por fatores ligados ao desenho jurídico-institucional das políticas públicas implementadas em cada área?

---

os de cunho social; b) a vertente do controle jurídico das políticas públicas; c) a vertente das interações com as disciplinas jurídicas.

[3] Justifica-se o emprego do termo sistema de políticas públicas pela sua adoção em outros trabalhos dedicados a esses mesmos arranjos institucionais, em especial Franzese (2010), Abrucio, Franzese e Sano (2010) e Grin (2016).

Segunda: políticas públicas institucionalizadas sob a forma de sistemas desenvolvem alguma forma comum de resiliência institucional?

Estabelecidas essas perguntas, pretende-se, por meio do estudo de três políticas públicas, contribuir para o conhecimento sistematizado acerca das trajetórias e dos arranjos jurídico-institucionais que marcam a construção do Estado social brasileiro sob a égide da Constituição de 1988. O pressuposto da seleção do tema é o de que o modelo dos sistemas únicos ou sistemas nacionais representa uma inovação institucional que tem potencial para lidar com os desafios da implantação de políticas sociais de alcance nacional e com as vicissitudes do federalismo brasileiro, mas cuja construção e conservação têm aspectos críticos que precisam ser colocados em evidência, até para permitir aperfeiçoamentos.

1   Sistemas de políticas públicas: importância do tema

A Constituição de 1988 elege como um dos objetivos fundamentais da República "(...) erradicar a pobreza e a marginalização e reduzir as desigualdades sociais e regionais (...)" (art. 3º, III). Além disso, enuncia um amplo rol de direitos sociais (art. 6º e ss.) que inclui saúde, assistência aos desamparados[4] e educação – direitos cuja efetivação está diretamente relacionada ao cumprimento dos objetivos insculpidos no citado art. 3º, III. O Título VIII – Da Ordem Social, que se inicia a partir do art. 193, indica parte das estratégias por meio das quais o Estado brasileiro cumprirá esses compromissos constitucionais.

Passadas mais de três décadas de vigência da Constituição e promulgadas mais de uma centena de emendas constitucionais, ainda é difícil visualizar o percurso entre a constitucionalização e a efetivação da agenda de políticas sociais inaugurada em 1988. Pode-se questionar de que forma a "sala de máquinas"[5] do Estado tem sido acionada para universalizar o acesso a esses direitos. Ou, antes, pode-se indagar se há uma "sala de máquinas" apropriada para converter normas constitucionais em melhorias concretas nas condições de vida da população. É esse interesse que instiga a avaliação dos arranjos institucionais concebidos

---

[4]   O art. 6º da Constituição emprega o termo assistência aos desamparados, em vez de assistência social, o que denota concepções de assistência ainda ligadas à caridade e à filantropia.
[5]   A expressão é de Gargarella (2014, 2015).

para efetivar os compromissos constitucionais atribuídos à União, aos estados, ao Distrito Federal e aos municípios.

Aqui vêm à tona as políticas públicas voltadas à efetivação de direitos sociais e organizadas sob a forma de sistemas únicos ou sistemas nacionais.[6]

No que concerne à saúde, a Constituição estabelece que suas ações e serviços serão organizados sob a forma de um sistema único (art. 198), o Sistema Único de Saúde (SUS). A Lei nº 8.080/1990 iniciou a regulamentação do SUS, ao que se seguiram outras normas legais e infralegais que respondem por parcela expressiva da construção desse sistema. Em paralelo, uma sucessão de emendas constitucionais continuou a definir os contornos do SUS, especialmente quanto ao seu financiamento.

Esse modelo de atenção à saúde representa uma inegável mudança de paradigma em relação ao sistema anterior. O SUS foi responsável por programas de saúde de amplo alcance,[7] melhoria de indicadores de saúde da população e aumento do número de estabelecimentos de saúde no território nacional (VIACAVA; OLIVEIRA; CARVALHO; LAGUARDIA; BELLIDO, 2018; VIEIRA, 2020). A despeito de dificuldades operacionais, incertezas e subfinanciamento, a implantação do sistema ocorreu e foi central para a efetivação do direito à saúde da população brasileira, com ações a cargo de todos os entes federativos. Não por outro motivo, a experiência inspirou políticas públicas homólogas.

A assistência social, embora com regramento constitucional mais singelo do que aquele dedicado à saúde, passou por uma transformação significativa, ao ser reconhecida como direito fundamental, em contraposição a um histórico vinculado à filantropia e ao assistencialismo. Além da afirmação do direito social, a Constituição ainda tratou da distribuição de competências, dos objetivos dessa política e de uma de suas prestações, o benefício de prestação continuada (BPC).

---

[6] Além do SUS, do Suas e do SNE, o ordenamento jurídico prevê sistemas únicos ou sistemas nacionais para a organização de diversas áreas de ação governamental – não restritas a políticas sociais. Na Constituição de 1988, estão previstos o sistema nacional de gerenciamento de recursos hídricos (art. 21, XIX), o sistema nacional de viação (art. 21, XXI), o sistema nacional de emprego e condições para o exercício de profissões (art. 22, XVI), o Sistema Nacional de Cultura (art. 216-A) e o Sistema Nacional de Ciência, Tecnologia e Inovação (art. 219-B). Com previsão em leis ordinárias, estão o Sistema Nacional do Meio Ambiente (Lei nº 6.938/1981), anterior à Constituição, e o Sistema Único de Segurança Pública (Lei nº 13.675/2018).

[7] Um exemplo é a Estratégia de Saúde da Família, maior programa de saúde comunitária do mundo (ROCHA, 2019).

A regulamentação infraconstitucional da assistência social ocorreu em ritmo mais lento e conturbado, incluindo um veto presidencial ao primeiro projeto de lei orgânica e o acionamento do Supremo Tribunal Federal (STF) contra omissões legislativas na regulamentação da matéria. Somente em 1993 promulgou-se a Lei Orgânica da Assistência Social (Loas) (Lei nº 8.742/1993), ao passo que a primeira Política Nacional de Assistência Social remonta a 1998 (Resolução CNAS nº 207/1998), medidas ainda insuficientes para erradicar dispersões e ambiguidades nas ações de assistência social.

A partir de 2004, houve uma inflexão nesse histórico. A segunda Política Nacional de Assistência Social (Resolução CNAS nº 145/2004) previu a articulação entre ações e serviços de assistência social, em todos os níveis federativos, sob a forma de um Sistema Único de Assistência Social. No ano seguinte, a NOB/Suas 2005 fixou as bases operacionais do sistema. Em 2011, a Lei nº 12.435 incorporou a previsão do Suas à Loas. A implantação do sistema avançou e, segundo dados de 2018, 99,5% dos 5.570 municípios brasileiros executavam algum serviço socioassistencial (RUIZ, 2021, p. 103), prestando atendimento a cerca de 50 milhões de pessoas (BRASIL, 2018a, p. 14-15).

Na política de educação, diferentemente do sistema único previsto para a saúde, a Constituição previu um regime de colaboração entre todos os entes federativos (art. 211). Passos importantes na convergência federativa em prol da educação básica pública foram dados com a criação do Fundo de Manutenção e Desenvolvimento do Ensino Fundamental e de Valorização do Magistério (Fundef) e do Fundo de Manutenção e Desenvolvimento da Educação Básica e de Valorização dos Profissionais da Educação (Fundeb). A Emenda Constitucional nº 59/2009, a seu turno, alterou o artigo 214 da CF, para dispor que "(...) a lei estabelecerá o plano nacional de educação, de duração decenal, com o objetivo de articular o sistema nacional de educação em regime de colaboração".

Aprovado por unanimidade e promulgado sem vetos sob a Lei nº 13.005/2014 (DUARTE, 2019, p. 942), o Plano Nacional de Educação (PNE) previu o prazo de dois anos para que o Sistema Nacional de Educação (SNE) fosse instituído por lei específica. Embora não faltem indicativos da necessidade de promover um salto qualitativo na oferta da educação nacional[8] e de que o SNE seja um caminho para esse resultado,[9] passaram-se muito mais de dois anos sem que o sistema fosse instituído. Esse cenário sugere que, a um consenso inicial em relação ao Plano, seguem-se impasses e dissensos ainda não superados para a institucionalização do sistema nacional.

O contraste entre as trajetórias dos três sistemas de políticas públicas desperta atenção. De um lado, a replicação do modelo de sistema único (ou sistema nacional) em diversas áreas de políticas sociais, ainda que "(...) por um mecanismo informal de emulação, sem um crivo racional muito apurado" (BUCCI, 2021, p. 236),[10] sugere a emergência de um padrão de organização nacional de políticas sociais com potencial para responder às necessidades postas ao Estado brasileiro em matéria de coordenação federativa em políticas públicas. De outro lado, as diferenças em relação à época em que cada sistema foi previsto pelo ordenamento jurídico, às transformações jurídico-organizacionais de cada área e aos resultados alcançados indicam que a mimetização de arranjos institucionais para organizar setores com trajetórias e características variadas pode levar a resultados muito diversos.

Essas observações e questionamentos preliminares levaram a uma primeira indagação: os diferentes percursos e resultados alcançados pelo Estado brasileiro, na tentativa de institucionalizar políticas sociais sob a forma de sistemas únicos ou sistemas nacionais, podem ser explicados por fatores ligados ao desenho jurídico-institucional das políticas públicas implementadas em cada área?

Porém, a eclosão da pandemia de Covid-19 trouxe outros pontos de interesse para o estudo das políticas sociais. A pandemia colocou no centro do debate nacional o papel do SUS na efetivação do direito à saúde da população, as expectativas quanto ao papel coordenador da União na política sanitária e os efeitos de uma "Torre de Babel federativa".

---

[8] Os resultados do Programa Internacional de Avaliação de Estudantes (Pisa), divulgados em 2019, mostram o Brasil na 57ª posição no *ranking* de educação, em um universo de 79 países e territórios.

[9] No Relatório de Acompanhamento Anual do PNE 2014-2024, lavrado sob o Acórdão nº 1.048/2020, do Plenário do TCU, assevera-se que: "A educação brasileira está sendo profundamente afetada pela pandemia de Covid-19. Nesse cenário, temas como o Sistema Nacional de Educação e o Regime de Colaboração se mostram ainda mais urgentes, pois há ainda maior necessidade de ações coordenadas e assertivas por parte dos atores educacionais a fim de mitigar os danos causados por essa crise que afetou o mundo" (BRASIL, 2020k).

[10] Bucci (2021) faz essa observação tomando como exemplo exatamente o caso dos sistemas únicos.

Simultaneamente, o atendimento às necessidades sociais de milhões de pessoas impossibilitadas de obter o próprio sustento e de prover o sustento de seus familiares por meio do trabalho colocou a assistência social como ponto nodal do enfrentamento da crise sanitária. Na educação, ao mesmo tempo em que a suspensão de aulas presenciais ampliou iniquidades de acesso e permanência na escola, um importante passo na redução de desigualdades foi dado com a conversão do Fundeb em mecanismo permanente de financiamento do ensino básico e ampliação do aporte federal de recursos (EC nº 108/2020).

Em meio a esses acontecimentos, entender o percurso e o desenho jurídico-institucional das políticas selecionadas já não importava apenas para entender as causas dessas diferentes construções institucionais e os desafios à implantação de sistemas únicos ou sistemas nacionais nas diversas áreas. Importava também identificar a capacidade desses arranjos de se manterem fiéis ao paradigma de bem-estar social que norteou sua criação[11] e de preservar sua institucionalidade mínima,[12] a despeito de choques exógenos (v.g., pandemia) e de mudanças de concepção do Poder Executivo federal quanto ao papel do Estado na provisão social e quanto às relações entre os diversos níveis federativos. Emergiu, assim, uma segunda pergunta: políticas públicas institucionalizadas sob a forma de sistemas desenvolvem alguma forma comum de resiliência institucional?

Descrito o objeto de estudo e as questões que o norteiam, encerra-se este tópico, explicitando a premissa que organiza a reflexão e a abordagem conjunta aqui empreendida: a concepção dessas políticas como núcleo-duro do Estado social, do qual são produto, mas também fonte de resiliência e legitimidade. A institucionalização de políticas que efetivem os direitos sociais à saúde, à assistência social e à educação vai além de um aprimoramento setorial. Trata-se de elemento crucial da conformação do regime de bem-estar social instituído pela Constituição de 1988, que prevê políticas públicas de acesso universal, compartilhamento de competências legislativas e materiais entre todos os níveis federativos, bem como a diretriz de descentralização desses programas. Portanto, estudar a institucionalização dos sistemas de políticas públicas é estudar a própria formação e funcionamento do Estado social brasileiro.

---

[11] Cf. infra 2.1 e 2.4.
[12] Cf. infra Introdução, tópico 5.

2 Hipóteses

As perguntas apresentadas anteriormente miram aspectos distintos da institucionalização de políticas públicas sob a forma de sistemas: a primeira volta-se para a construção desses sistemas; a segunda tem em atenção as fontes de resiliência que conferem estabilidade e condições de continuidade a essas políticas.

Em relação à primeira pergunta, a hipótese investigada é a de que os diferentes resultados alcançados pelo Estado brasileiro na tentativa de institucionalizar sistemas de políticas públicas para provisão de direitos sociais podem ser explicados, ao menos em parte, por fatores ligados à trajetória de formação do desenho jurídico-institucional de cada área.

A elaboração dessa hipótese parte da premissa de que "(...) no campo das políticas públicas, não é indiferente ou aleatória para o Estado a escolha dos caminhos e arranjos adotados para a concretização da decisão política" (BUCCI; COUTINHO, 2017). Disso decorre que as semelhanças e as diferenças observadas nas diferentes áreas de políticas públicas podem ser atribuídas, ainda que não exclusivamente,[13] a suas conformações jurídico-institucionais, atuais e pretéritas. É, portanto, na apreciação longitudinal das três políticas selecionadas para estudo que se poderia encontrar a resposta à primeira indagação formulada.

A ênfase às trajetórias dessas políticas – e não apenas às suas configurações atuais – justifica-se porque a institucionalização de uma política pública ocorre por meio de sucessivas rodadas de disputas, negociações e decisões. Cada uma dessas rodadas lida com o legado das ações já implementadas e baliza as transformações subsequentes. O legado de cada área, a sequência com que se processam transformações jurídicas e organizacionais e o desenho adotado em cada política ao longo do tempo podem favorecer alguns cursos de ação em detrimento de outros.

Em relação à segunda pergunta, a hipótese é a de que políticas públicas estruturadas sob a forma de sistemas desenvolvem uma capacidade de resiliência comum, decorrente da interdependência entre os

---

[13] Usando as palavras de Gomes (2008, p. 13), pode-se esperar "(...) uma combinação de condições que, se ocorrerem, provavelmente (e não certamente) produzirão um determinado resultado". Mas, além do desenho jurídico-institucional, pode-se cogitar de outros elementos que concorram para os diferentes resultados entre as políticas observadas, como fatores econômicos, culturais etc. Por isso, a ênfase à afirmação de que os elementos jurídico-institucionais explicam, ao menos em parte ou ainda que não de forma exclusiva, os diferentes resultados observados.

três níveis federativos na organização da provisão social, de acordo com padrões nacionais. Com apoio no institucionalismo histórico, projeta-se que a institucionalização de uma política pública induz dinâmicas de autorreforço, cria pontos de veto à mudança institucional e torna cada vez mais difícil a coordenação em torno de outro modelo institucional. O componente jurídico torna-se central para a produção desses efeitos, por organizar essa institucionalidade, modelar a interdependência e, assim, criar proteções contra comportamentos unilaterais que coloquem em risco a estrutura do sistema.

Em linha com o referencial teórico adotado nesta obra e com trabalhos que analisam políticas sociais em sistemas federativos,[14] considera-se quatro fatores explicativos do êxito na institucionalização de sistemas, do tempo e do modo pelo qual esse processo ocorre, bem como da estabilidade alcançada por esses arranjos.[15] O primeiro é o legado pré-constitucional das políticas públicas em estudo, justificado pela influência da herança institucional de programas anteriores nos processos de reforma de programas sociais (ARRETCHE, 2011, p. 30), com especial atenção à distribuição de competências prévia a 1988. O segundo é a base constitucional das políticas sociais, responsável por definir o paradigma de bem-estar social e as características estruturais da intervenção jurídica[16] em cada área, desencadeando dinâmicas específicas de efetivação, transformação e eventual revisão dessa mesma base. O terceiro fator são as estruturas tripartites de pactuação federativa,

---

[14] *Vide*, a propósito, Almeida (1995); Arretche (2011); Grin (2016); Jaccoud (2020a); Palotti (2012); Palotti e Machado (2014).

[15] Em razão da complexidade do objeto, cabem três esclarecimentos acerca das escolhas e dos recortes efetuados. Primeiro: a pesquisa se atém à macro-organização nacional das políticas públicas sob análise, razão pela qual fatores locais ou regionais, conquanto possam interferir no resultado de políticas de alcance nacional (cf. Gomes, 2008; Lício e Pontes, 2020b; Lício, Bartholo, Campos Filho e Passos, 2020; e Jaccoud, 2020a), não integram o objeto deste estudo. Segundo: como forma de situar as medidas mais importantes e as inflexões nas políticas públicas, a pesquisa percorre diversos mandatos presidenciais e faz referências aos mandatários, mas a comparação de seus programas governamentais não é objeto de investigação. Terceiro: analisa-se, prevalentemente, como arranjos jurídico-institucionais voltados à efetivação de direitos sociais modificaram e foram modificados pela ação e pela interação entre distintos níveis federativos. Procura-se compreender a construção do pacto federativo setorial por meio do qual diferentes níveis de governo delimitam suas responsabilidades, entabulam relações jurídicas e desenvolvem capacidades estatais que levam à efetivação dos direitos sociais de forma isonômica em território nacional. Essa opção não diminui a relevância da interação entre Estado e sociedade civil como lente de análise da formulação de políticas públicas e da legitimidade da ação estatal; mas as delimitações necessárias à pesquisa excluem esse tema da investigação.

[16] A expressão é de Clune (2021, p. 48).

espécies de mecanismos de articulação voltados à interlocução federativa e à tomada de decisões conjuntas sobre temas que afetam todos os níveis federativos. O quarto fator são os instrumentos de coordenação nacional das políticas públicas, mecanismos de articulação cuja mobilização pode influenciar e alinhar a ação dos diversos níveis de governo em prol de agendas consideradas prioritárias e de parâmetros mínimos de provisão de políticas sociais e redução de desigualdades regionais (BICHIR; SIMONI JUNIOR; PEREIRA, 2020, p. 2).[17]

3 Esclarecimentos metodológicos

O desenvolvimento deste trabalho se deu pelo estudo comparativo da construção dos sistemas de políticas públicas[18] nas áreas de saúde, assistência social e educação,[19] opção que suscita dois grandes desafios. O primeiro deles é o que Clune (2021, p. 46-48) chama de desafio das descrições longitudinais, isto é, o desafio de descrever juridicamente os processos de formulação e implementação de políticas públicas sem perder de vista seu contexto político e organizacional e sem restringir a descrição às "grandes questões jurídicas". O segundo é o desafio de apresentar as três trajetórias em exame de forma a torná-las comparáveis.

Visando dar conta desses desafios, adota-se um modelo de análise composto por: a) uma síntese das políticas de saúde, assistência social e educação no período que antecede a promulgação da Constituição de 1988 e dos debates de cada uma dessas áreas na Assembleia Nacional Constituinte (ANC); b) o estudo das transformações jurídico-institucionais ocorridas nas áreas em estudo, a partir da promulgação da Constituição

---

[17] A propósito da conceituação de mecanismos, estruturas e instrumentos, cf. infra 1.5.1.
[18] Poucos estudos comparativos cuidam especificamente dos sistemas de políticas públicas. Entre os trabalhos que realizam esse cotejo, destacam-se Franzese (2010), Abrucio, Franzese e Sano (2010) e Menezes (2012). Os primeiros analisam o significado dos sistemas de políticas públicas para o federalismo brasileiro; o último compara a institucionalização do SUS e do Suas. De outro giro, embora sem tratar especificamente do modelo institucional dos sistemas, estudos sobre políticas sociais em Estados federais, como os de Almeida (1995) e Arretche (1999, 2002, 2004a, 2010, 2011), trazem comparações valiosas entre políticas sociais de áreas diversas.
[19] Pode-se questionar a comparabilidade entre as políticas selecionadas, que inclui um sistema ainda carecedor de estruturação (SNE) ao lado de dois sistemas institucionalizados (SUS e Suas). Nesse passo, enfatiza-se que esta obra mira as transformações, sustentadas por normas jurídicas, que propiciam ou obstam a institucionalização de um sistema. Portanto, mesmo sem a concretização do SNE, pode-se investigar o sentido das mudanças introduzidas na organização da educação nacional e as perspectivas de concretização desse sistema na forma prevista pela Constituição.

de 1988; e c) a apresentação do atual desenho jurídico-institucional do Sistema Único de Saúde, do Sistema Único de Assistência Social e da organização nacional da educação.[20]

4 Estrutura da obra

Esta obra conta com seis capítulos, além desta introdução e das considerações finais.

O capítulo 1 estabelece o marco teórico e as ferramentas de análise adotadas. Apresenta-se o institucionalismo histórico, vertente do neoinstitucionalismo, e destacam-se os subsídios que essa vertente oferece para estudos da Teoria do Estado e estudos jurídicos de políticas públicas. Em seguida, especifica-se a abordagem jurídico-institucional das políticas públicas e as contribuições que um estudo jurídico das políticas públicas pode oferecer. Finalmente, expõem-se os recursos analíticos utilizados para reconstruir o processo de institucionalização dos sistemas.

O capítulo 2 explora as bases constitucionais dos sistemas de políticas públicas. Parte-se da discussão sobre o Estado social e os diversos regimes de bem-estar. Em seguida, examina-se a configuração do Estado social brasileiro antes de 1988 e o processo de elaboração da Constituição de 1988. Passa-se ao exame da Constituição como divisora de águas do Estado brasileiro no tocante à provisão social e ao arranjo federativo, esmiuçando-se as relações entre federalismo e políticas sociais, relevantes para a efetivação da agenda social constitucionalizada. Tendo ainda em atenção os aspectos que podem influir na concretização das disposições constitucionais, discutem-se algumas características do

---

[20] Na definição do marco temporal final da pesquisa para esta obra, procurou-se alcançar uma conjuntura em que a resiliência das políticas sociais em estudo foi colocada à prova. Para tanto, o termo final da pesquisa sobre as transformações jurídico-institucionais incidentes sobre as três políticas em estudo recaiu em março de 2021, mês de promulgação da EC nº 109, em cuja tramitação se discutiu a supressão das aplicações mínimas de recursos públicos em educação e saúde. Este foi um importante teste das políticas sociais de saúde e educação no período mais recente, apto a demonstrar a resistência dos mecanismos de financiamento dessas políticas. O mês de março de 2021 foi igualmente adotado como marco temporal para o levantamento das propostas de regulamentação do SNE em discussão no Congresso Nacional. Porém, a tramitação dessas propostas foi atualizada até dezembro de 2021, com o intuito de trazer um retrato mais recente das discussões em curso no Poder Legislativo e de captar eventuais ajustes decorrentes da EC nº 108/2020. Essa atualização até dezembro não prejudica a comparabilidade entre as três áreas, pois a análise de projetos de lei é específica da educação, exatamente pelo que essa política tem de destoante em relação às outras.

próprio desenho de Constituição adotado. Em seguida, perquirem-se as disposições constitucionais específicas sobre saúde, assistência social e educação. O capítulo encerra-se com a discussão quanto aos desafios à efetivação do Estado social então constitucionalizado.

Os capítulos 3, 4 e 5 seguem uma estrutura análoga, dedicados, respectivamente, ao estudo da institucionalização do SUS; da institucionalização do Suas; e do desenvolvimento do regime de colaboração na educação básica, incluindo a tentativa de institucionalização do SNE. Apresenta-se um panorama da política social em exame no período que antecede a Constituição. Segue-se a explanação sobre o modo como cada uma dessas políticas percorreu os meandros da Assembleia Nacional Constituinte, de forma a identificar as disputas que marcaram a disciplina constitucional das áreas sob investigação e as questões não resolvidas naquele foro. Em seguida, reconstitui-se a trajetória pós-constitucional das políticas de saúde, assistência social e educação, rumo à institucionalização de seus respectivos sistemas. No caso da educação, comparam-se ainda as propostas de lei complementar que visam à instituição do SNE. Ao final de cada capítulo, apresentam-se quadros que retratam as transformações observadas, a configuração atual das políticas em estudo e um balanço do percurso descrito.

O capítulo 6 efetua uma análise conjunta das políticas estudadas. Parte-se da visão geral da evolução das políticas sociais após 1988 e dos tipos de transformação jurídico-institucional predominantes em cada fase. Em seguida, discorre-se a respeito dos fatores que influenciaram a formação de sistemas de políticas públicas nas três áreas analisadas e da capacidade de resiliência desses arranjos. Propõe-se ainda um referencial de análise da institucionalização desses sistemas. Em arremate, discute-se o significado dos sistemas para a reconfiguração do Estado social brasileiro pós-Constituição de 1988.

As considerações finais recapitulam as principais conclusões do estudo.

5 Conceitos fundamentais

Visando conferir clareza à exposição que se segue, encerra-se esta introdução com a fixação dos principais conceitos-chave manejados ao longo do trabalho.

A primeira categoria fundamental para desenvolvimento da obra é a de política pública, entendida como

(...) o programa de ação governamental que resulta de um processo ou conjunto de processos juridicamente regulados – processo eleitoral, processo de planejamento, processo de governo, processo orçamentário, processo legislativo, processo administrativo, processo judicial – visando coordenar os meios à disposição do Estado e as atividades privadas, para a realização de objetivos socialmente relevantes e politicamente determinados. (BUCCI, 2006, p. 39)

A política pública é gênero que abrange a política pública social (KERSTENETZKY, 2014, p. 2) ou, de forma concisa, a política social. Considera-se que a política social é a política pública cuja finalidade seja a promoção de bem-estar social. Sem ignorar estudos que fazem a distinção entre políticas públicas e políticas sociais (SOUZA, 2007), segue-se a linha de Bucci (2008, p. 255), para quem, "Do ponto de vista da estrutura e da dinâmica jurídicas, não há razão para segregar as políticas sociais".

Ainda no que se refere às espécies de políticas públicas, distinguem-se políticas estruturantes, "(...) cuja vocação de permanência é de maior duração, em virtude de seu caráter diretivo sobre outras políticas" (BUCCI, 2021, p. 237), e políticas contingentes, que não gozam dos referidos atributos.

A segunda categoria nuclear é a de instituição, da qual deriva o repertório de conceitos que funcionam como fios condutores deste estudo (arranjos institucionais, arranjos jurídico-institucionais, modelos institucionais, institucionalidade, institucionalização, institucionalizar e resiliência institucional).

A categoria instituição funciona como elo entre diversos campos de conhecimento dedicados ao estudo das políticas públicas, o que permite estabelecer profícuos diálogos interdisciplinares, mas também cria dificuldades para delimitação do conceito. Para os propósitos deste trabalho, entende-se por instituição o "(...) conjunto de estruturas jurídicas, políticas e sociais que o tornam um objeto definido, distinto do ambiente que o cerca, a partir de certa ordenação e unidade funcional sedimentada, que produz a reiteração de determinados comportamentos" (BUCCI, 2021, p. 232). Entre os traços caracterizadores das instituições estão a vocação de permanência e a agregação de seus diversos elementos em torno de uma ideia diretriz (HAURIOU, 2009) ou ideia-mestra (BERGEL, 2001), que permite recortar esses entes ou corpos sociais de seu entorno.

Marcados basicamente por uma diferença de densidade e estabilidade em relação às instituições, estão os arranjos institucionais, forma pela qual as políticas públicas materializam-se, assim descritos:

> *Arranjo institucional* é locução que conota o agregado de disposições, medidas e iniciativas em torno da ação governamental, em sua expressão exterior, com um sentido sistemático. (...) O arranjo institucional de uma política compreende seu marco geral de ação, incluindo uma norma instituidora (com o perdão da tautologia), da qual conste o quadro geral de organização da atuação do Poder Público, com a discriminação das autoridades competentes, as decisões previstas para a concretização da política, além do balizamento geral das condutas dos agentes privados envolvidos, tanto os protagonistas da política quanto os seus destinatários ou pessoas e entes por ela afetados, como empresas e consumidores, por exemplo.
> (...)
> Como quadro sistemático de ação, o arranjo institucional permite considerar tanto a dimensão objetiva, isto é, o conjunto organizado, como a dimensão subjetiva, ou seja, cada uma das posições de indivíduos ou grupos envolvidos na política pública. (BUCCI, 2021, p. 233, grifo da autora)

À face normativa do arranjo institucional de uma política pública corresponde, como explica Valente (2018, p. 51), seu arranjo jurídico-institucional, ao qual indiretamente são incorporadas as normas que conferem validade às normas de caráter infralegal ou de competência para realização de atos administrativos, de sorte que "(...) cada arranjo jurídico institucional de política pública contém, em última análise, todas as regras jurídicas pertinentes e hierarquicamente superiores que compõem a estrutura normativa autorizadora daquela política ou disciplinadoras das relações que ela promove". Segundo Bucci e Coutinho (2017, p. 324),

> Arranjos jurídico-institucionais não são algo distinto dos arranjos institucionais de que são feitas as políticas públicas, são sua institucionalidade jurídica peculiar, seu conjunto ou estrutura normativa (no mais das vezes formal, mas também informal). Elementos componentes dos arranjos jurídico-institucionais são, tipicamente, as normas e processos que definem e classificam os elementos estruturantes da política pública, bem como delimitam responsabilidades, funções e competências de entes e agentes públicos e privados, atribuem consequências e punições, criam incentivos, indicam outras fontes normativas e sistematizam a vigência

simultânea das normas referentes àquela política pública vis-à-vis outros programas de ação governamental.

Modelo institucional, a seu turno, designa "(...) um determinado padrão de arranjo institucional, passível de aplicação e replicação em contextos semelhantes" (BUCCI, 2021, p. 233).

A ideia de institucionalidade refere-se, pois, à coesão entre os diversos elementos que compõem um determinado arranjo, exibindo "(...) o aspecto sistemático das políticas públicas, o nexo de unidade dos vários elementos que compõem o programa de ação governamental" (BUCCI, 2021, p. 211).

Em continuidade, o termo institucionalização designa "(...) a objetivação e a organização por meio da ordenação jurídica" (BUCCI, 2021, p. 232-233) e descreve tanto um processo quanto as propriedades de um arranjo já instituído. A primeira acepção – que prevalece ao longo deste trabalho – denota o processo por meio do qual se estabelecem arranjos institucionais em consonância com um padrão organizacional juridificado. A segunda descreve o resultado desse processo, isto é, como esse padrão apresenta-se em um determinado momento.

De acordo com Bucci (2021, p. 232-233), quatro são as características da institucionalização. A primeira é a objetivação, isto é, o descolamento do programa em relação ao governante ou gestor que o institui. A segunda é a existência de um padrão de organização. A terceira é a juridificação desse padrão, por meio da formalização e dos elementos jurídicos que o definem, distribuindo posições e situações jurídicas subjetivas dos diversos atores, cujo exercício movimenta e confere vida concreta ao programa. A quarta consiste em uma ideia-diretriz, "(...) princípio referencial, que orienta todos os atores e atos envolvidos naquele arranjo, associado ao plano de ação" (BUCCI, 2021, p. 232-233).

A ação de institucionalizar, no sentido da ação governamental, é

> (...) a iniciativa de estabelecer um determinado padrão de organização – permanente e impessoal, formalmente desvinculado da pessoa do governante ou gestor que desencadeia a ação –, que atua como fator de unidade de vários centros de competência em articulação, visando à composição de distintos interesses, meios e temporalidades, em função da ideia-diretriz. (BUCCI, 2021, p. 232).

Passando à definição de resiliência institucional, adota-se o conceito bidimensional proposto por Almeida (2020, p. 6), que inclui tanto a capacidade de preservação quanto de adaptação de uma instituição à luz de seus objetivos. Segundo essa perspectiva, instituições não resilientes são aquelas cujas atividades são interrompidas ou, não obstante sua permanência formal, sofrem mudanças profundas em seus objetivos (ALMEIDA, 2020, p. 6).

Por fim, cabe estabelecer em que consiste o modelo institucional de sistema de políticas públicas no âmbito das políticas sociais.

O vocábulo sistema evoca a "(...) unidade de vários elementos intencionalmente reunidos, de modo a formar um conjunto coerente e operante" (SAVIANI, 2008,[21] p. 80, *apud* SAVIANI, 2010). Porém, pouco esclarece sobre o modelo específico em estudo. Então, à míngua de uma definição legal de sistema de política pública comum às diversas áreas selecionadas para estudo,[22] o conjunto de elementos definidores da institucionalidade mínima desse modelo é extraído dos trabalhos dedicados ao SUS, ao Suas e ao SNE.

Pois bem. Sistemas de políticas públicas são políticas públicas estruturantes, que pressupõem competências concorrentes e comuns a todos os níveis federativos em uma determinada área de ação governamental.[23] Esses sistemas têm como integrantes essenciais União, estados, Distrito Federal e municípios, que compartilham competências e responsabilidades pela formulação e implementação de determinadas políticas públicas.[24]

Em sua dimensão substantiva,[25] esses arranjos organizam, no território nacional, ações e serviços públicos (AITH, 2006) voltados à efetivação dos direitos sociais que lhes são correlatos. E o fazem em

---

[21] SAVIANI, Dermeval. *Educação brasileira*: estrutura e sistema. 10. ed. Campinas: Autores Associados, 2008.

[22] Há diferenças notáveis nas definições de sistema adotadas pelo ordenamento jurídico ao tratar do SUS e do Suas. A definição do SUS estrutura-se em torno de ações e serviços (CF, art. 198; Lei nº 8.080/1990, art. 4º), ao passo que a definição do Suas leva em conta os órgãos ou entes que atuam na formulação e/ou implementação das ações e serviços socioassistenciais (Lei nº 8.742/1993, art. 6º, §2º). Essas definições ressaltam aspectos diferentes do sistema: no caso dos SUS, tratam do conteúdo de suas provisões; no caso do Suas, dos agentes governamentais e não governamentais que desempenham funções nesse sistema.

[23] Ou, nas palavras de Abrucio, Franzese e Sano (2010, p. 198), "(...) normas constitucionais em prol da interdependência federativa".

[24] A definição essencial restrita aos entes federativos não exclui a possibilidade de que um sistema albergue entidades da administração indireta. E, quanto às entidades não governamentais, eventual prestação de ações e serviços públicos por parte delas não desnatura a titularidade estatal desses serviços, a responsabilidade pública pela oferta e o regime de direito público que lhe é aplicável.

[25] A propósito das dimensões substantiva e estruturante referidas neste tópico, cf. infra 1.4.

consonância com a definição nacional de padrões de provisão social, o que implica padronização de serviços e normatização de ofertas (JACCOUD; MENESES; STUCHI, 2020, p. 282), sem excluir a autonomia dos entes subnacionais para desenvolver programas em âmbito regional ou local.

Em sua dimensão estruturante, os sistemas se distinguem de outros modelos que supõem articulação federativa[26] porque sua institucionalidade mínima inclui estruturas (arenas) intergovernamentais de discussão e deliberação (ABRUCIO; FRANZESE; SANO, 2010, p. 199; GRIN; BERGUES; ABRUCIO, 2018, p. 3). Essas estruturas asseguram a participação de todos os níveis federativos no processo decisório da política (LÍCIO, 2020, p. 346) e conferem aos sistemas um de seus atributos centrais, a existência de uma institucionalidade voltada à cooperação em torno de uma agenda pactuada (GRIN, 2016, p. 180). Nesse sentido, Franzese (2010, p. 17) propõe a compreensão dos sistemas como um conjunto de relações intergovernamentais materializadas no cotidiano da gestão compartilhada de políticas públicas, construído sob a forma de pactuações realizadas em arenas de negociação federativa – e não apenas como regulamentação federal e transferências de recursos.

Ainda na dimensão estruturante, destaca-se a atribuição de responsabilidades específicas a cada nível de governo (LÍCIO, 2020, p. 345-346), na qual sobressaem a atuação coordenadora, redistributiva e supletiva da União (ABRUCIO; FRANZESE; SANO, 2010, RANIERI, 2020), a concentração das competências de execução nos entes subnacionais (RANIERI, 2020) e a estruturação desses arranjos sob a lógica do cofinanciamento (LÍCIO, 2020, p. 346). A articulação completa-se com o estabelecimento de formas de cooperação entre os entes federados.

Feitas essas considerações, pode-se descrever um sistema de política pública, no campo dos direitos sociais, como política pública estruturante que organiza ações e serviços públicos voltados à efetivação de direitos sociais que lhes sejam correlatos, congregando União, estados, Distrito Federal e municípios, e tem como características essenciais: a) a definição de padrões nacionais de provisão social; b) a articulação federativa promovida por meio de: b.1) estruturas de negociação e pactuação que assegurem a participação de todos os níveis federativos no

---

[26] Toma-se como articulação federativa o sentido que Abrucio (2005, p. 41) confere à locução coordenação intergovernamental, isto é, "(…) formas de integração, compartilhamento e decisão conjunta presentes nas federações (…)".

processo decisório da política; b.2) a especificação de responsabilidades de cada nível federativo; b.3) a atuação coordenadora, redistributiva e supletiva da União; b.4) a execução predominantemente descentralizada da política; b.5) o estabelecimento de relações de cooperação; e c) o cofinanciamento.

CAPÍTULO 1

ABORDAGEM JURÍDICO-INSTITUCIONAL DAS POLÍTICAS PÚBLICAS E A CONTRIBUIÇÃO DO INSTITUCIONALISMO HISTÓRICO

Este primeiro capítulo apresenta o referencial teórico adotado para a análise da institucionalização dos sistemas de políticas públicas no Brasil e especifica os recursos metodológicos a servirem de guia para a pesquisa. Adota-se uma abordagem jurídico-institucional que parte do institucionalismo histórico, vertente do neoinstitucionalismo, e incorpora temas e categorias próprios do campo jurídico. Por fim, apresentam-se os modelos e instrumentos de análise condizentes com a abordagem escolhida.

Desde logo, convém justificar o porquê do estudo das políticas públicas a partir do repertório conceitual das instituições. A formulação de políticas públicas tem em seu cerne a luta por poder e por recursos entre grupos sociais (SOUZA, 2007) e essa contenda é mediada pela configuração institucional dentro da qual ocorrem essas disputas (IKENBERRY, 1994, p. 7), que "(...) levam as políticas públicas para certa direção e privilegiam alguns grupos em detrimento de outros" (SOUZA, 2007, p. 83). E, além de marcadas pelas instituições que as produzem, as próprias políticas públicas são arranjos institucionais[27] que selecionam determinados tipos de atores ao longo do tempo, alteram a estrutura do debate político futuro, criam incentivos e induzem investimentos específicos em prol de um arranjo particular, o que lhes possibilita alterar as preferências futuras de atores sociais com relação a

---

[27] Cf. *supra* Introdução, tópico 5.

uma gama de questões políticas (PIERSON, 2006, p. 116-117). Portanto, tratar da elaboração e da implementação de políticas públicas é tratar do funcionamento das instituições.

Nessa toada, o neoinstitucionalismo tem sido uma das principais referências teóricas da pesquisa sobre políticas públicas desde a década de 1980 (ROCHA, 2005, p. 11-12), particularmente influente no Brasil a partir dos anos de 1990 (HOCHMAN; ARRETCHE; MARQUES, 2007). De forma sucinta, essa abordagem "(...) enfatiza a importância crucial das instituições/regras para a decisão, formulação e implementação de políticas públicas" (SOUZA, 2007) e o faz interessada em responder:

- Por que muitas políticas públicas não conseguem alterar padrões previamente estabelecidos, e/ou mesmo ultrapassar alguns obstáculos, de modo a não produzirem os resultados esperados por seus formuladores e tomadores de decisão, mesmo quando submetidas a processos de mudança jurídico-institucional?

E, ainda:

- Quando as políticas públicas conseguem alcançar mudanças substantivas, por que e como? (ARAÚJO; CUNHA, 2019, p. 172)

Dentre as diversas vertentes neoinstitucionalistas, o institucionalismo histórico provê um ponto de partida particularmente interessante para analisar a formação e o desenvolvimento de políticas públicas, conferindo ênfase às contingências históricas, ao contexto da tomada de decisões e aos condicionamentos impostos por opções pretéritas ao futuro das instituições. No entanto, uma perspectiva jurídico-institucional do tema das políticas públicas não prescinde da reflexão e do manejo de instrumentos próprios a um estudo jurídico, tampouco da investigação específica sobre o direito como motor e como produto desses mesmos arranjos. Por isso, a definição do referencial teórico do trabalho completa-se com a discussão sobre o papel do direito nas políticas públicas, as específicas contribuições de um estudo jurídico das políticas públicas e os recursos metodológicos que este estudo reclama.

A fim de apresentar todos esses temas, a seção 1.1 situa a emergência do neoinstitucionalismo na Ciência Política e aponta suas principais vertentes. A seção 1.2 expõe as principais características do institucionalismo histórico e os temas desenvolvidos por essa corrente, que contribuem para o desenvolvimento da presente pesquisa. A seção 1.3 discorre sobre a contribuição do institucionalismo histórico para o estudo das políticas na perspectiva da Teoria do Estado. A seção 1.4 avança na especificação da abordagem jurídico-institucional das políticas públicas. Finalmente, a seção 1.5 apresenta as ferramentas e os modelos de análise empregados na pesquisa acerca da institucionalização dos sistemas de políticas públicas.

1.1 O neoinstitucionalismo e suas vertentes

Empregado pela primeira vez em 1984, por March e Olsen (apud PETERS, 1999, p. 15), o termo neoinstitucionalismo (ou novo institucionalismo) designa abordagens teóricas que emergem a partir da década de 1970 e, na Ciência Política, tornam-se paradigmas predominantes na década de 1990.

A ascensão do pensamento neoinstitucionalista na Ciência Política veio da reação à abordagem comportamentalista (ou behaviorista), prevalente entre as décadas de 1940 e 1960 (PERES, 2008, p. 54), que tomava o comportamento político de indivíduos como dado básico da análise e da explicação de fenômenos do governo (IMMERGUT, 2006, p. 156). Ao considerar que os comportamentos eram determinados por normas informais e valores pessoais, o pensamento behaviorista tomava as instituições como "(...) uma espécie de 'cascos vazios' que permitiam aos indivíduos tomar decisões de acordo com seus valores e objetivos" (DEUBEL, 2015, p. 16).[28] Essa perspectiva suscitou a crítica institucionalista em relação a três aspectos: a premissa de que preferências são reveladas por comportamentos políticos, a explicação de decisões coletivas a partir da soma de preferências individuais e a correspondência entre essa soma de preferências e o interesse público, sem considerar os vieses que afetam esses resultados (IMMERGUT, 2006, p. 157-158).

Do contraste com a crítica ao behaviorismo, assomam as premissas básicas do novo institucionalismo,[29] a saber: a) preferências ou

---

[28] Salvo indicação em sentido diverso, todas as traduções foram feitas pela autora exclusivamente para o presente trabalho.
[29] Immergut (2006, p. 159-160) frisa que essas premissas não são propriamente inéditas, mas sim parte de uma tradição muito mais antiga na teoria social e política, e conclui que "(...) é provavelmente melhor abordar a tradição institucional, sem se concentrar tanto nas diferenças entre o institucionalismo 'antigo' e o 'novo'".

interesses expressos em ações não se confundem com "verdadeiras" preferências; b) métodos de agregação de interesses trazem inevitáveis distorções; e c) configurações institucionais podem privilegiar conjuntos específicos de interesses e, por isso, necessitar de reformas (IMMERGUT, 2006, p. 159-160).

Mas o que se identifica como novo institucionalismo corresponde a uma "(...) família de teorias que têm como ponto de contato a importância das instituições na compreensão dos processos sociais e políticos" (DEUBEL, 2015, p. 13) e, nesse diapasão, tomam as instituições (e não as preferências dos atores políticos) como as variáveis independentes mais importantes na análise de processos políticos (LIMONGI, 1994, p. 3). As várias correntes partilham da percepção de que o desenho institucional interfere em resultados políticos, impactam comportamentos, estratégias e formação de preferências e, ademais, favorecem alguns cursos de ação em detrimento de outros. Suas definições de instituições contêm ainda um núcleo comum: a noção de "(...) práticas codificadas [formais ou informais] como procedimentos operativos padrão" (LOWNDES,[30] 2010 *apud* FONTAINE, 2015, p. 88).

A par desses pontos comuns, as diferenças entre as várias escolas vão desde a definição de instituições, no que se extrapola o apontado núcleo comum, até a forma de pensar sobre seu desenvolvimento e funcionamento.

Três são as vertentes mais comumente identificadas nos trabalhos dedicados a essa perspectiva teórica: institucionalismo histórico, institucionalismo da escolha racional e institucionalismo sociológico ou da teoria das organizações (HALL; TAYLOR, 2003; IMMERGUT, 2006; STEINMO, 2008). Visando integrar essas três correntes sob a mesma lógica (FONTAINE, 2015, p. 64), Hall e Taylor (2003) analisam e diferenciam essas escolas, levando em conta: a) a definição de instituições; b) o modo pelo qual os atores se comportam; c) a relação entre instituição e comportamento, descrita a partir de uma perspectiva calculadora – instrumental e voltada a um cálculo estratégico – e de uma perspectiva cultural – limitada pela visão de mundo do indivíduo, ainda que também racional e finalisticamente orientada (HALL; TAYLOR, 2003, p. 197); e d) as explicações para o processo de surgimento e mudança

---

[30] LOWNDES, Vivien (2010). The Institutional Approach. *In*: STOKER, Gerry; MARSH, David (ed.). *Theory and Methods in Political Science*. Basingstoke: Palgrave Macmillan, 2010. p. 60-79.

institucional. Uma breve síntese dessas vertentes pavimenta o caminho para o posterior exame do institucionalismo histórico.

Em primeiro lugar, o institucionalismo da escolha racional, originado do campo da economia (ARAÚJO; CUNHA, 2019, p. 173), define instituições como:

> (...) prescrições que os seres humanos usam para organizar quaisquer formas de interações repetitivas e estruturadas, incluindo as que se desenvolvem no interior das famílias, bairros, mercados, empresas, associações desportivas, igrejas, associações privadas, e governos em todos os níveis. (OSTROM,[31] 2005, p. 3 *apud* DEUBEL, 2015, p. 22)

Essa vertente pressupõe atores que se conduzem de forma utilitária e visam à satisfação de suas preferências, padrão comportamental que norteia suas estratégias e cálculos. O propósito de maximizar a satisfação de preferências individuais também estaria presente nas ações constitutivas da vida política, ainda que sob o risco de produção de resultados coletivos subótimos (HALL; TAYLOR, 2003, p. 205). Sob essa perspectiva calculadora, as instituições afetam comportamentos, "(...) ao influenciarem a possibilidade e a seqüência de alternativas na agenda, ou ao oferecerem informações ou mecanismos de adoção que reduzem a incerteza no tocante ao comportamento dos outros, ao mesmo tempo que propiciam aos atores 'ganhos de troca'" (HALL; TAYLOR, 2003, p. 206). A obediência às regras serve, então, para maximizar ganhos pessoais ou individuais (STEINMO, 2008, p. 126).

Nesse diapasão, as instituições oferecem soluções funcionais ou utilitárias para atender interesses de atores racionais (IKENBERRY, 1994, p. 5) e desempenham funções de coordenação para criar ou manter equilíbrios (THELEN, 1999, p. 371). Sua origem, portanto, liga-se ao atendimento de interesses de grupos afetados (DEUBEL, 2015, p. 38) e sua manutenção está atrelada aos benefícios que elas oferecem, em contraste com outros arranjos concorrentes (HALL; TAYLOR, 2003, p. 206). A mudança institucional, a seu turno, ocorreria para proporcionar equilíbrios mais competitivos e reduzir custos de transação (DEUBEL, 2015, p. 26).

De outra senda, o institucionalismo histórico define instituições como:

---

[31] OSTROM, Elinor. *Understanding Institutional Diversity*. Princeton: Princeton University Press, 2005.

(...) procedimentos, protocolos, normas e convenções oficiais e oficiosas inerentes à estrutura organizacional da comunidade política ou da economia política. Isso se estende-se (sic) das regras de uma ordem constitucional ou dos procedimentos habituais de funcionamento de uma organização até às (sic) convenções que governam o comportamento dos sindicatos ou as relações entre bancos e empresas. (HALL; TAYLOR, 2003, p. 196)

Essa vertente concebe que os indivíduos são tanto seguidores de regras quanto atores racionais autointeressados; os comportamentos variam conforme o indivíduo, o contexto e as regras (STEINMO, 2008, p. 126). A relação entre instituições e comportamentos individuais é estabelecida em termos bastante gerais, o que dá azo à aplicação das perspectivas calculadora e cultural em suas explicações (HALL; TAYLOR, 2003, p. 196, 199). Em contraste com as elucidações oferecidas pela escolha racional, os institucionalistas históricos explicam o desenvolvimento institucional a partir das noções de dependência da trajetória (*path dependence*), conjunturas críticas e consequências imprevistas (HALL; TAYLOR, 2003, p. 196; DEUBEL, 2015, p. 33).

Por fim, o institucionalismo sociológico ou da teoria das organizações concebe instituições como "(...) regras, procedimentos ou normas formais, mas também os sistemas de símbolos, os esquemas cognitivos e os modelos morais que fornecem 'padrões de significação' que guiam a ação humana" (HALL; TAYLOR, 2003, p. 209).

Nessa vertente, indivíduos não são vistos como seres puramente racionais e autointeressados; ao contrário, suas ações seriam guiadas por uma perspectiva culturalista e por uma "lógica de adequação" – e não de maximização de interesses próprios (STEINMO, 2008, p. 126). Entende-se que as instituições influenciam comportamentos porque apontam os caminhos possíveis em um dado cenário, fornecendo esquemas, categorias e modelos cognitivos indispensáveis à ação, inclusive como forma de interpretar o mundo e o comportamento dos outros atores (HALL; TAYLOR, 2003, p. 210). A naturalização de comportamentos de origem cultural seria, ela própria, produto das instituições (DEUBEL, 2015, p. 35). Desse modo, o surgimento e a transformação de organizações e práticas institucionais estariam relacionados com sua legitimidade social (HALL; TAYLOR, 2003, p. 211-212).

Tomadas as diversas vertentes em seu conjunto, o neoinstitucionalismo oferece, na síntese de Deubel (2015, p. 37), uma perspectiva renovada a propósito do papel e das consequências das normas formais e informais (as instituições) sobre o comportamento humano (individual e coletivo) e a formação dessas mesmas normas. E, como alertam Thelen e Steinmo (1992, p. 9),

> (...) as instituições não são apenas outra variável, e a reivindicação institucionalista é mais do que apenas a de que "as instituições também importam". Ao moldar não apenas as estratégias dos atores (como na escolha racional), mas também seus objetivos e mediar suas relações de cooperação e conflito, as instituições estruturam situações políticas e deixam suas próprias impressões nos resultados políticos. Os atores políticos, é claro, não desconhecem o impacto profundo e fundamental das instituições, razão pela qual as batalhas pelas instituições são tão travadas. Reconfigurar instituições pode salvar os atores políticos do problema de travar a mesma batalha repetidamente.

Sem descurar dos pontos fortes e das possibilidades de conexão entre as várias vertentes,[32] encontra-se no institucionalismo histórico uma perspectiva teórica particularmente interessante para a análise comparativa de processos de formação e implementação de políticas públicas, como demonstram os tópicos a seguir.

1.2 O institucionalismo histórico

O termo institucionalismo histórico surgiu de um *workshop* realizado nos Estados Unidos em 1989 (STEINMO, 2008, p. 136) e designa trabalhos que vinham sendo produzidos desde a década de 1970. Narra Steinmo (2008, p. 122-123, 125) que essa vertente nasceu quando cientistas políticos começaram a se indagar sobre o porquê da variação de resultados políticos "do mundo real" e, por meio da investigação empírica, deram-se conta dos efeitos das estruturas institucionais na definição de estratégias, resultados e preferências.

Como a denominação sugere, uma primeira e notável característica dessa vertente é a relevância atribuída à dimensão histórica das análises institucionais, que Steinmo (2008, p. 127-128) justifica por meio de três argumentos. O primeiro é o de que eventos políticos ocorrem em um contexto histórico que afeta decisões e outros eventos, tornando

---

[32] Há estudos que promovem intersecções entre as várias vertentes, como forma de suprir insuficiências de cada uma delas e alcançar explicações mais amplas. A esse respeito, *vide* Thelen (1999).

o contexto relevante para a determinação de resultados. O segundo é o de que o aprendizado proporcionado pela experiência cria uma imbricação entre escolhas passadas e presentes. O terceiro é o de que expectativas são moldadas por eventos pretéritos.

Nessa ordem de ideias, as instituições são vistas como artefatos da história (IMMERGUT, 2006, p. 160), isto é, como legados de "(...) conflitos e constelações históricas específicas" (THELEN, 1999, p. 382), e não como produto da escolha de atores racionais. Os resultados institucionais, a seu turno, não necessariamente refletem objetivos de um grupo específico; ao contrário, podem ser o resultado não intencional do conflito ou de compromissos ambíguos entre os atores que logram coordenar os meios, ainda que com objetivos divergentes (MAHONEY; THELEN, 2010, p. 7).

Em segundo lugar, sob o tema da dependência da trajetória (*path dependence*), essa vertente toma como premissas a existência de condicionamentos impostos pelo processo histórico e a importância da sequência de eventos na determinação de resultados. Embora empregada com sentidos e graus de especificidade bastante diversos (BERNARDI, 2012, p. 139), uma acepção ampla de dependência da trajetória designa a significativa influência de opções institucionais adotadas no passado para a trajetória presente e futura das instituições (PRADO, 2013, p. 74). Uma acepção mais restrita desse conceito, todavia, não só destaca a relevância causal de estágios anteriores em uma sequência temporal (PIERSON, 2015, p. 339), como aponta um sentido específico desses condicionamentos: aprofundar decisões tomadas em conjunturas críticas e influenciar as possibilidades de reformas institucionais. Esse afunilamento ocorreria porque "(...) decisões em um ponto do tempo podem restringir as possibilidades futuras encaminhando políticas públicas por caminhos específicos, ao longo dos quais se desenvolvem ideias e interesses e, da mesma forma, instituições e estratégias se adaptam" (WEIR, 1992, p. 192). De forma sintética,

> Um modelo simples de dependência da trajetória enfatizaria três características de um arranjo: (i) um conjunto inicial de escolhas ou eventos aleatórios que determinam a posição inicial; (ii) o subsequente reforço dessas escolhas ou eventos por meio de "efeitos de *feedback*"; e (iii) o grau em que os custos de conversão [*switching costs*] podem impedir que boas alternativas sejam exploradas no longo prazo. (PRADO; TREBILCOCK, 2009, p. 12)

A terceira característica distintiva dessa vertente diz respeito ao reconhecimento do impacto das configurações institucionais para a formação de preferências, para a definição de estratégias e objetivos, e para a formação de coalizões. Isso porque esses arranjos contribuem para moldar a percepção e a definição de interesses por grupos e indivíduos, incentivam algumas organizações e coalizões – ao mesmo tempo em que desincentivam outras – e, por fim, estruturam a própria definição de questões políticas e dos grupos e setores em disputa (IKENBERRY, 1994, p. 23). Em outras palavras, as preferências e objetivos não são definidos de maneira exógena aos arranjos institucionais e tampouco a influência destes últimos limita-se ao campo da formação de estratégias.

Em quarto lugar, o institucionalismo histórico enfatiza as assimetrias de poder presentes no desenvolvimento e no funcionamento das instituições (HALL; TAYLOR, 2003, p. 196, 199). As instituições são vistas como produto de lutas entre atores desiguais (PIERSON; SKOCPOL, 2008, p. 19), que podem engendrar assimetrias de poder, passíveis de amplificação ao longo do tempo. Portanto, diferentemente do que concebe a vertente da escolha racional, instituições não são respostas de equilíbrio e coordenação entre atores em disputa.

O quinto traço que contribui para o poder explicativo das pesquisas conduzidas sob essa vertente – e que, ao mesmo tempo, aumenta a complexidade de suas análises – são as formulações calcadas em interações entre múltiplos fatores. Estruturas institucionais são tratadas como parte das explicações de resultados políticos (IKENBERRY, 1994, p. 11), uma vez que oferecem o contexto estratégico para a ação de atores políticos (IMMERGUT, 1996, [p. 27]). Porém, as instituições não são a única explicação para esses resultados, o que conduz a explicações multicausais.

Por fim, e de forma coerente com a compreensão do desenvolvimento institucional pela lente da história, esses estudos se debruçam sobre as consequências de longo prazo de escolhas políticas e conflitos anteriores (PIERSON; SKOCPOL, 2008, p. 22), razão pela qual adotam horizontes temporais extensos. Além disso, atentam para o contexto e para a sequência com que eventos políticos têm lugar, bem como para consequências não previstas ou não buscadas.

Apresentadas as características distintivas do institucionalismo histórico, passa-se à exposição de suas explicações para a formação, a preservação e a mudança institucional.

1.2.1 Conjunturas críticas e formação institucional

Ao tratar da formação institucional, o institucionalismo histórico volta sua atenção para as conjunturas críticas, isto é, eventos exógenos fundantes de determinadas configurações institucionais ou responsáveis por transformações abruptas em seus percursos.

Produzidas pela interação entre distintas sequências causais que se unem em determinados pontos do tempo (PIERSON; SKOCPOL, 2008, p. 15), essas conjunturas críticas são responsáveis por definir os contornos básicos da vida social (PIERSON, 2015, p. 336) e modular sua evolução subsequente. Como assevera Pierson (2004, p. 53), uma conjuntura crítica caracteriza-se pelo processo de *feedback* positivo que ela desencadeia, e não por se tratar necessariamente de um evento de grandes proporções. O ponto central a se reter é a ideia de que essas ocasiões constituem cenários privilegiados de transformações institucionais cujos legados tendem a se reforçar com o passar do tempo.

Thelen (1999, p. 388) ressalta que a força da literatura sobre conjunturas críticas está na maneira como questões de sequenciamento e de tempo são incorporadas às análises, que examinam diferentes padrões de interação entre processos políticos e o efeito dessas interações nos resultados institucionais. A atenção a essas encruzilhadas lança luzes sobre os períodos que oportunizam grandes transformações institucionais e sobre as estratégias mobilizadas por diferentes atores para influenciar essas mudanças. No campo das políticas públicas, explorar essas conjunturas permite compreender o desenvolvimento de um programa a partir de seu estágio inaugural e mapear as respostas de diferentes áreas de ação governamental à mesma conjuntura. De outro lado, o modo como as transformações, operadas nesses momentos críticos, resultam em legados duradouros e as aberturas a mudanças proporcionadas fora dessas conjunturas são temas que dizem respeito às fontes de permanência e de mudança institucional, tratadas a seguir.

1.2.2 Desenvolvimento institucional: fontes de permanência e mudança

O caráter duradouro, insuscetível de mudanças fáceis ou instantâneas, afirmam Mahoney e Thelen (2010, p. 4), está presente em quase todas as definições de instituições. No institucionalismo histórico, esse aspecto fica patente pela ênfase conferida à dependência da trajetória, a indicar que, embora as políticas evoluam, sua lógica básica de organização é estabelecida em alguns momentos críticos e mudanças subsequentes tendem a ser variações ou extensões dessa mesma lógica (IKENBERRY, 1994, p. 16). Excetuadas as conjunturas críticas, as instituições teriam um grau de estabilidade que dificulta outras mudanças ou a alteração de rotas iniciadas.

Steinmo (2008, p. 129) relaciona a estabilidade das instituições a quatro fatores. O primeiro deles é a imersão de uma instituição em um conjunto maior de outras instituições, o que cria prováveis resistências a mudanças por parte dos beneficiários dos arranjos mais amplos. O segundo fator liga-se às expectativas moldadas por um conjunto de regras e instituições, bem como às dificuldades de prever efeitos de longo prazo de uma alteração. O terceiro decorre do investimento dirigido ao aprendizado de regras e aos custos que as mudanças institucionais podem ensejar. O quarto e último fator seria o costume, uma vez que as instituições afetam comportamentos e, com o tempo, podem moldar preferências por uma dada configuração institucional.

Ao mesmo tempo em que explicam a estabilidade das instituições, esses fatores suscitam indagações sobre a mudança institucional.[33] Nesse sentido, Immergut (1996, [p. 1]) pergunta: "(...) como as mesmas instituições podem explicar tanto a estabilidade quanto a mudança? Se as instituições limitam o escopo da ação que parece possível aos diferentes atores, por que estes podem às vezes escapar dessas restrições?".

Perspectivas dedicadas a responder às indagações sobre a mudança institucional encontram-se em Thelen (1999), Pierson (2004) e Mahoney e Thelen (2010). Reconhecendo que mudança e estabilidade são dois lados da mesma moeda (PIERSON, 2004, p. 141-142), Thelen (1999) e Pierson (2004) constroem explicações que não dissociam fatores de continuidade e de mudança. Mahoney e Thelen (2010, p. 8) prosseguem na discussão sobre reprodução e transformação institucional, rejeitando a ideia de arranjos automáticos ou autoperpetuados e apontando um componente dinâmico no funcionamento das instituições, a despeito de seu caráter relativamente duradouro.

Thelen (1999) argumenta que as aberturas políticas que propiciam transformações variam de acordo com os mecanismos de reprodução que sustentam cada arranjo institucional. As interações e colisões politicamente consequentes seriam as que interferem nos mecanismos de

---

[33] Acerca das várias construções do novo institucionalismo voltadas à explicação das mudanças nas políticas públicas, *vide* Araújo e Cunha (2019).

reprodução em funcionamento em cada caso particular. E conclui: "(...) instituições diferentes se apoiam em fundações diferentes e, portanto, os processos que provavelmente as perturbarão também serão diferentes, embora previsíveis" (THELEN, 1999, p. 397).

Ao tratar dos mecanismos aptos a explicar tanto a manutenção quanto a mudança institucional, Pierson (2004) oferece como resposta as fontes de resiliência institucional. Essas fontes atuariam para bloquear ou dificultar revisões, influenciar as condições que possibilitam reformas, favorecer algumas modalidades de reformas frente a outras e, finalmente, tornar "(...) a reforma em ambientes altamente institucionalizados um processo incrivelmente incremental" (PIERSON, 2004, p. 144). As fontes apontadas pelo autor seriam: *feedbacks* positivos, especificidade de ativos (*asset specificity*), pontos de veto e problemas de coordenação.

Ainda que de forma não exclusiva, as fontes de resiliência tratadas por Pierson estão atreladas à conformação jurídica de cada arranjo institucional.[34] Nessa medida, compreender os fatores que levam à reprodução ou à mudança permite analisar de forma mais acurada a base normativa dos arranjos que consubstanciam as políticas públicas. E, em sentido inverso, observar, descrever e operacionalizar a base normativa de uma política pública permite apontar, no desenho jurídico-institucional, as aberturas à transformação, as formas de mudanças mais prováveis e os esteios que conferem estabilidade a esses arranjos.

As seções a seguir discorrem sobre as fontes de resiliência institucional, identificadas a partir de Pierson (2004), mas com a incorporação de outras referências que contribuem para seu melhor entendimento. Em primeiro lugar, analisam-se *feedbacks* positivos, custos de conversão e especificidade de ativos (*asset specificity*). Em seguida, examina-se o tema dos pontos de veto e sua relação com desenhos institucionais. Por último, trata-se dos problemas de coordenação implicados na mudança institucional.

---

[34] Como afirma Schapiro (2018, p. 572), "A resiliência institucional está presente, entre outros, na doutrina jurídica, na aplicação das regras jurídicas pelos tribunais e também na sua mobilização pelos grupos de interesse".

1.2.2.1 Processos de autorreforço

Processos dependentes de trajetórias assentam-se sobre mecanismos de *feedback* positivo e custos de conversão. O *feedback* positivo[35] eleva os benefícios relativos de uma ação ao longo do tempo, em comparação com opções anteriormente possíveis, o que aumenta os custos de transição para alternativas previamente plausíveis (PIERSON, 2015, p. 340). Essas dinâmicas, sustenta Pierson (2015), não só prevalecem nos processos políticos, como também são mais intensas.

Pierson (2015) explica a prevalência dessas dinâmicas a partir de quatro atributos dos processos políticos. O primeiro é a natureza coletiva da ação política, que torna as consequências da ação de um ator altamente dependentes das ações de outros (PIERSON, 2015, p. 359) e incentiva ajustes de comportamentos em conformidade com expectativas sobre as ações de outrem, o que induz a apostas na alternativa da maioria (BERNARDI, 2012, p. 152). O segundo é a densidade institucional da política, que restringe mudanças de comportamentos, fixa relações de autoridade e obsta ou dificulta alternativas de saída. O terceiro são as assimetrias de poder que, ampliadas com o tempo, possibilitam que desigualdades inicialmente modestas sejam reforçadas e enraizadas em organizações, instituições e modelos de entendimento político dominantes (PIERSON; SKOCPOL, 2008, p. 13). O quarto são a complexidade e opacidade da política, que leva à dificuldade de determinar os elementos responsáveis pelo mau funcionamento de um sistema e os ajustes que levariam a melhores resultados (PIERSON, 2015, p. 365).

A maior intensidade dos processos de retornos crescentes na política, de forma a obstar inversões de rumos em trajetórias políticas, é explicada por três razões. A primeira delas é que, diferentemente dos ambientes econômicos, os ambientes políticos raramente dão lugar à concorrência entre instituições políticas – ainda que com desempenho ineficaz – e, ademais, a complexidade da política limita os processos de aprendizagem e autocorreção (PIERSON, 2015, p. 368-369). Soma-se a isso o horizonte temporal de curto prazo comumente adotado por atores políticos, que reduz a disposição desses atores para suportar

---

[35] Pierson (2015, p. 335) adota uma concepção restrita de *path dependence*, como "processo social baseado na dinâmica de retornos crescentes" e afirma que "(...) processos de retornos crescentes também podem ser descritos como processos de autorreforço ou de *feedback* positivos" (PIERSON, 2015, p. 340), o que permite tratar os três termos como equivalentes. No presente trabalho, todavia, acolhe-se uma conceituação de dependência da trajetória mais ampla do que essa, que inclui, mas não se restringe a mecanismos de *feedback* positivo.

custos de transição e deixar ganhos para um horizonte de longo prazo e eventualmente para outros agentes (PIERSON, 2015, p. 369-372). Por fim, as dificuldades para mudança decorrem do viés *pro status quo* geralmente incrustado nas instituições políticas, derivadas de regras protetivas de ajustes prévios e de estruturas de incentivos que favorecem a associação e a assunção de compromissos entre agentes políticos. Assim, "Para restringir a si mesmos e aos outros, os planejadores criam grandes obstáculos à mudança institucional" (PIERSON, 2015, p. 373).

As razões elencadas acima levam ao tema dos custos de conversão. Dinâmicas de autorreforço criam barreiras à alteração de rumo de uma política preestabelecida, impondo crescentes custos de reversão da trajetória escolhida. Quanto mais altos os investimentos para operar sob um específico arranjo institucional, maiores as resistências a mudanças. Por isso, a especificidade de ativos (*asset specificity*) constitui fator de inibição a mudanças e contribui para que alternativas políticas outrora possíveis venham a se tornar irrecuperáveis (PIERSON; SKOCPOL, 2008, p. 13).

O conceito de dependência da trajetória e os mecanismos de *feedback* que sustentam esses processos trazem ganhos para compreender a formação e a implementação de políticas públicas. O principal ponto enfatizado nessa temática é o de que, iniciado um curso de ação, há uma tendência à manutenção desses rumos, com consequências na transformação de capacidades estatais,[36] na constituição das identidades, na formação de interesses de grupos e indivíduos (IKENBERRY, 1994, p. 23-24; ROCHA, 2005, p. 17-18). Esses fatores modulam as possibilidades para iniciativas futuras, pois propostas que visem instituir ou reconfigurar uma política pública necessariamente terão de lidar com o legado já estabelecido e com os custos de sua modificação.

Por fim, outro aspecto que o tema do *feedback* positivo traz à baila é a possibilidade de influenciar políticas análogas em outras áreas distintas[37] ou, na hipótese de resultados negativos, obstar a reprodução de políticas similares (ROCHA, 2005, p. 18). Esses *feedbacks* podem, portanto, originar o que Clune (2021, p. 45-46) descreve como prescrições

---

[36] Skocpol (1985, p. 9) define capacidade estatal como a capacidade dos Estados de implementarem seus objetivos oficiais, especialmente diante da oposição real ou potencial de grupos sociais poderosos.

[37] No caso dos sistemas de políticas públicas, a replicação do modelo do SUS para outros setores tem relação direta com os resultados alcançados pelo modelo pioneiro e pelas estratégias desenvolvidas para atender aos ditames constitucionais da saúde.

sistêmicas, isto é, formulações a respeito de como estruturar e gerir uma política para que ela seja efetiva ou, inversamente, do que não deveria ser tentado no futuro (prescrições sistêmicas negativas).[38] Portanto, os processos de autorreforço são pertinentes para elucidar tanto o desenvolvimento de uma política pública quanto a difusão do mesmo modelo para outras áreas.

1.2.2.2 Pontos de veto

As análises do neoinstitucionalismo sobre formação, preservação e transformação institucionais valem-se ainda da identificação de pontos de veto (*veto points*), entendidos como "(...) pontos no processo político em que a mobilização da oposição pode impedir a inovação política" (THELEN; STEINMO, 1992, p. 7). A existência e o posicionamento dos pontos de veto determinam as aberturas estratégicas passíveis de serem exploradas com objetivos de reforma institucional e, igualmente, com objetivo de impedi-las (MELO, 1997, [p. 1]; THELEN; STEINMO, 1992, p. 7). Já os atores (individuais ou coletivos) cuja concordância é necessária para a tomada de uma decisão política são os atores de veto (*veto players*) (TSEBELIS, 1997, [p. 2]).

Embora oportunidades de veto resultem tanto de regras formais quanto de arranjos informais, esse fator é fortemente ligado ao arcabouço jurídico que sustenta um arranjo institucional. Uma base normativa mais complexa e densa forma um sistema de "normas aninhadas"[39] que eleva o número de pontos de veto e as exigências à sua transposição em eventuais reformas, de maneira que a mudança de posicionamento de um único ator pode ser insuficiente para provocar mudanças em toda a política (TSEBELIS, 1997). Nesse aspecto, o trabalho de Immergut (1996), a propósito de oportunidades de veto,[40] é de particular relevância

---

[38] Cabe notar, porém, que a abordagem das prescrições sistêmicas não responde se programas bem-sucedidos podem ter suas características emuladas em outros programas nem considera que um fracasso total pode depender de poucas condições manipuláveis para alcançar sucesso substancial (CLUNE, 2021, p. 45-46).

[39] A expressão é de Goodin (1996, p. 23 apud PIERSON, 2004, p. 145). Cf. GOODIN, Robert E. "Institutions and Their Design". In: GOODIN, Robert E (eds.). *The Theory of Institutional Design*. Cambridge: Cambridge University Press, 1996. p. 1-53.

[40] O tema das oportunidades de veto foi tratado por Immergut (1996), em pesquisa dedicada à formação dos sistemas de saúde pública na Suíça, na França e na Suécia. A autora mostra como diferentes desenhos de instituições políticas resultaram em regras do jogo também diversas e alteraram significativamente as posições estratégicas ocupadas por grupos de interesse no processo de formulação da política sanitária. O estudo evidencia que a variação

para uma leitura jurídica do processo de formação e implementação de políticas públicas, pela adoção de uma perspectiva formal das instituições, com ênfase às regras constitucionais, aos resultados eleitorais e ao processo legislativo (IMMERGUT, 1996, [p. 8]). A autora justifica:

> As decisões políticas não são atos singulares tomados em determinado momento do tempo; ao contrário, são o resultado final de uma seqüência de decisões tomadas por diferentes atores situados em distintas posições institucionais. Em termos mais simples, isso significa dizer que a aprovação de uma lei exige que tenha havido uma sucessão de votos afirmativos em todas as instâncias de decisão (*decision points*). Se examinarmos a estrutura formal dessas instâncias, assim como as vinculações partidárias daqueles que decidem em cada uma dessas posições, poderemos entender a lógica do processo de tomada de decisão. (IMMERGUT, 1996, [p. 8])

O exame dos pontos de veto mostra que arranjos institucionais podem ser mais ou menos propícios à estabilidade ou à mudança de um curso de ação política. E, muito embora a existência de pontos de veto não implique o surgimento automático de atores de veto, a presença desses pontos habilita diferentes atores a influenciarem esse processo, determina lógicas distintas de atuação e impacta a correlação de forças entre diferentes grupos, o que se reflete na estabilidade de uma política.

1.2.2.3 Problemas de coordenação

Os problemas de coordenação constituem uma derradeira fonte de resiliência institucional. Em poucas palavras, "(...) as formidáveis dificuldades envolvidas na coordenação de múltiplos atores em torno de uma possível alternativa institucional dificultam as perspectivas de revisão" (HARDIN,[41] 1989 *apud* PIERSON, 2004, p. 142). Além dos custos potencialmente envolvidos na recoordenação de múltiplos atores (LIMA, 2011, p. 46), deve-se considerar a dificuldade de articular atores potencialmente numerosos e heterogêneos em torno de uma proposta de reforma institucional e de estabelecer expectativas confiáveis

---

no número e na localização de oportunidades de veto ao longo da cadeia de formulação e aprovação das políticas sanitárias – e não o poder da classe médica isoladamente – acabou por moldar o resultado final das políticas adotadas.

[41] HARDIN, Russell. "Why a Constitution?" *In*: GROFMAN, Bernard; WITTMAN, Donald (ed.). *The Federalist Papers and the New Institutionalism*. New York: Agathon, 1989. p. 100-120.

a respeito do comportamento dos demais (PIERSON, 2004, p. 143) em uma nova configuração.

As dificuldades ligadas à coordenação são um ponto central para entender a formação de sistemas de políticas públicas. A construção desses sistemas passa pela reunião de todas as esferas federativas – com significativas diferenças entre si – em torno de uma política de abrangência nacional, o que exige desenhos jurídico-institucionais aptos a criar ou reformular a articulação vertical e horizontal preexistente. Por outro lado, uma vez implementada uma política pública, essa mesma dificuldade pode se constituir em uma fonte de estabilidade do arranjo adotado.

1.2.3 Mudanças institucionais

O reconhecimento de um componente dinâmico no desenvolvimento institucional e de múltiplas possibilidades de combinação entre fontes de resiliência leva a um último questionamento: mudanças significativas em um arranjo institucional estão restritas às conjunturas críticas?

Novamente com apoio em Pierson, responde-se negativamente a essa questão. Em suas palavras:

> Instituições específicas podem servir a muitos propósitos. Como resultado, o que, em um sentido formal, pode parecer continuidade institucional pode disfarçar mudanças bastante consideráveis no funcionamento institucional. Além disso, como o significado das regras formais deve ser interpretado, e frequentemente múltiplas interpretações são plausíveis, o papel substantivo de um conjunto de regras pode mudar mesmo na ausência de revisão formal. (PIERSON, 2004, p. 138)

Nessa linha, Streeck e Thelen (2005) refutam uma correlação automática entre mudanças incrementais e continuidade ou entre mudanças abruptas e descontinuidades, enfatizando que essa associação sequer explicaria as principais formas de evolução institucional ao longo do tempo. Argumentam ainda que a equiparação entre mudanças incrementais e mudanças menores (reprodutivas e adaptativas) e, em oposição, entre mudanças maiores (sobretudo por causas exógenas) e quebra de continuidade pode criar elevadas exigências para o reconhecimento de transformações e, em compensação, reduzir transformações a meros ajustes voltados à estabilidade (STREECK; THELEN, 2005, p. 8). Em conclusão, processos incrementais ou abruptos podem levar aos dois resultados, isto é, continuidade e descontinuidade.

Quadro 1 – Tipos de mudança institucional: processos e resultados

		Resultados da mudança	
		Continuidade	Descontinuidade
Processos de mudança	Incremental	Reprodução por adaptação	Transformação gradual
	Abrupto	Sobrevivência e retorno	Ruptura e substituição

Fonte: Streeck e Thelen (2005, p. 9).

Dando continuidade à discussão sobre a mudança incremental e seus resultados, Mahoney e Thelen (2010) identificam distintas formas de transformação institucional gradual.[42] A primeira é a substituição (*displacement*), que ocorre quando regras antigas são substituídas por novas regras, em um processo abrupto ou lento. Nesse último caso, novas instituições são introduzidas e competem com as instituições existentes. A segunda é a estratificação (*layering*), hipótese em que novas regras são acopladas às regras existentes – por meio de emendas, revisões ou acréscimos –, mudando o modo pelo qual as regras originais estruturam o comportamento. A terceira mudança se dá por redirecionamento (*drift*),[43] situação em que as regras permanecem formalmente as mesmas, mas têm seu impacto alterado por mudanças nas condições externas. A quarta forma é a conversão (*conversion*), na qual as regras permanecem formalmente as mesmas, mas são interpretadas de maneiras novas,

---

[42] A proposta de Streeck e Thelen (2005) vai além da categorização das formas de mudança institucional. Os autores discorrem sobre as mudanças institucionais, a um só tempo incrementais e transformadoras, associadas aos processos de liberalização das economias políticas avançadas. Para tanto, discutem o conceito de instituição, propõem uma teorização da mudança institucional e uma tipologia de mudança transformativa gradual das instituições. Em Mahoney e Thelen (2010), desenvolve-se uma Teoria da Mudança Institucional Gradual, na qual características do contexto político e das instituições se refletem no tipo predominante de agentes de mudança e determinam tipos específicos de mudança institucional. Para os objetivos da presente pesquisa, atenho-me à descrição das formas de mudança institucional sistematizadas nas duas obras (STREECK; THELEN, 2005; MAHONEY; THELEN, 2010), funcionais a uma análise voltada para o papel do Direito nas políticas públicas, sem aprofundar os demais temas teorizados nessas obras.

[43] A tradução de *drift* como redirecionamento é feita por Menezes (2012). Em Lima (2011), o termo é traduzido como descompasso.

por atores que exploram as ambiguidades das instituições, de forma a redirecioná-las para funções e efeitos que lhes sejam mais favoráveis.⁴⁴

Quadro 2 – Tipos de mudança gradual

	Substituição	Estratificação	Redirecionamento	Conversão
Remoção das regras antigas	Sim	Não	Não	Não
Negligenciamento das regras antigas	-	Não	Sim	Não
Alteração no impacto/aplicação das regras antigas	-	Não	Sim	Sim
Introdução de novas regras	Sim	Sim	Não	Não

Fonte: Mahoney e Thelen (2010, p. 15).

A análise da institucionalização de políticas públicas beneficia-se tanto da percepção de que transformações institucionais graduais podem levar a transformações profundas quanto das diferentes formas que essas mudanças podem assumir.

Reformas institucionais tendem a ocorrer de forma modular, por meio de soluções de compromisso e de sucessivas rodadas de negociação até o preenchimento dos vazios da conformação da política (BUCCI, 2021, p. 267). Esse processo modular não decorre apenas da evolução da política e de seus *feedbacks*, mas também dos obstáculos que reformas integrais podem encontrar, fazendo das reformas fragmentadas ou sequenciais as únicas opções por vezes disponíveis (PRADO, 2013, p. 82). Porém, frisando que "(...) a sequência em que as reformas fragmentadas são realizadas é um aspecto importante da estratégia de mudança institucional" (PRADO, 2013, p. 81), Prado (2013, p. 74) alerta para o risco de reformas-armadilha, nas quais conquistas iniciais dificultam, paradoxalmente, melhorias institucionais futuras. Portanto, compreender as possibilidades de reformas graduais e seus riscos é uma chave para avaliar resultados alcançados na implantação de políticas públicas e, da mesma forma, para a prospecção de caminhos possíveis.

---

⁴⁴ Em Streeck e Thelen (2005), há uma quinta possibilidade, a exaustão (*exhaustion*). No entanto, como os próprios autores reconhecem, a exaustão não é forma de mudança, mas sim de colapso institucional (STREECK; THELEN, 2005, p. 29). Por esse motivo, adota-se a tipologia do trabalho mais recente, que trata apenas de mudanças propriamente ditas.

Ademais, compreender o potencial de transformações graduais e seus caminhos é fulcral para analisar reformas de políticas de bem-estar social em cenários de austeridade permanente. Se a inclusão de *outsiders* concorre para a expansão dessas políticas (ARRETCHE, 2018) e cria bloqueios a eventuais transformações, tornando ataques frontais ao Estado de bem-estar social politicamente suicidas (PIERSON, 2002, p. 374), é de se ter em conta que eventuais retrações dessas políticas percorrerão caminhos mais sinuosos do que a pura e simples desconstituição de programas sociais. Isso implica adotar estratégias indiretas de redução de políticas, com consequências sentidas no longo prazo (MENICUCCI, 2007), incluindo pacotes de reforma excessivamente complexos, que difundem a responsabilidade por iniciativas de contenção impopulares e reduzem a visibilidade pelos cortes de benefícios (OBINGER; LEIBFRIED; CASTLES, 2005, p. 5).

Apresentados os principais postulados do institucionalismo histórico e suas explicações para a formação, o desenvolvimento e as mudanças institucionais, analisa-se a contribuição dessa vertente para o estudo das políticas públicas no âmbito da Teoria do Estado.

1.3 O estudo das políticas públicas à luz da Teoria do Estado: a contribuição do institucionalismo histórico

Uma das tarefas da Teoria do Estado é refletir sobre os problemas de formação do direito público a partir de tensões e conflitos do poder e de suas crises (BUCCI, 2018, p. 31). Pelas lentes dessa disciplina, pode-se compreender a formação de políticas públicas a partir das disputas de poder e sua conversão em formas jurídicas. Favorece-se também o entendimento do que Clune (2021, p. 58) descreve como o processo aluvial de formação do Estado, no qual o Direito do Estado resulta da soma de "(...) estruturas e interações contínuas deixadas como depósitos por uma infinidade de implementações separadas", sem supor o encaixe das várias peças institucionais em um todo coerente (PIERSON; SKOCPOL, 2008, p. 19).

Para o desempenho dessas tarefas, o aporte teórico do institucionalismo histórico proporciona saltos de compreensão expressivos.

A partir da reorientação proposta por Skocpol (1985, p. 9), coube a essa vertente posicionar o Estado no centro das análises sobre políticas públicas, reconhecendo sua autonomia para formular e buscar objetivos que não constituam mero reflexo de demandas e interesses de grupos ou classes sociais. A ênfase à autonomia e às capacidades estatais, bem como suas variações – ao longo do tempo, entre Estados e entre diversas áreas do mesmo Estado – abre caminho para estudos voltados ao exame da natureza e do alcance dos mecanismos institucionais à disposição de um Estado para alcançar objetivos específicos, isto é, de seus instrumentos de ação política (SKOCPOL, 1985, p. 18). Fomenta ainda uma perspectiva que não coloque a ação estatal apenas "a reboque" de influências provenientes da sociedade.

Outra valiosa contribuição do institucionalismo histórico advém dos estudos que tratam do Estado social, do federalismo e das relações entre federalismo e políticas sociais, temas caros à Teoria do Estado.

O conceito de dependência da trajetória e sua importância na formação de legados institucionais aparece como um dos fatores explicativos da origem, do desenvolvimento e das perspectivas do Estado social. Nesse sentido, a contribuição de Esping-Andersen (1991) acerca das distintas configurações de bem-estar social[45] tem como um de seus pontos de sustentação exatamente o legado histórico da institucionalização dos regimes de bem-estar, destacando-se como as medidas iniciais desses Estados moldaram preferências de classe e definiram diferentes formas de lealdade ao tipo de regime implantado (ESPING-ANDERSEN, 1991). De igual maneira, as transformações do Estado social, após os seus "anos dourados", são objeto de atenção de trabalhos vinculados ao institucionalismo histórico, como é o caso de Pierson (2002), que analisa a capacidade de resistência das instituições sociais em cenários de austeridade permanente, e de Streeck e Thelen (2005), que sistematizaram as transformações institucionais graduais, tendo em mira processos de liberalização das economias políticas avançadas.

Ainda como inovação própria da abordagem do institucionalismo histórico, Franzese e Abrucio (2013) destacam a valorização da sequência temporal de eventos como fator explicativo da relação entre federalismo e políticas públicas e o entendimento de uma relação de reciprocidade entre ambos. É o caso da discussão sobre o impacto do arranjo federativo no desenvolvimento de políticas sociais, proposta por Pierson (1995), e da investigação sobre como características específicas de cada arranjo federativo operam nas fases de consolidação e de retração de políticas sociais, conduzida por Obinger, Leibfried e Castles (2005), que reafirmam a utilidade analítica do institucionalismo histórico e sublinham temas como a dependência da trajetória e a sequência entre introdução de políticas sociais e descentralização

---

[45] Cf. *infra* 2.1.

federativa em suas análises. Na produção científica brasileira, Franzese (2010) e Franzese e Abrucio (2013) dialogam com todos esses autores para destacar a influência recíproca entre federalismo e políticas sociais na formação dos sistemas de políticas públicas.

A perspectiva institucionalista histórica também proporciona ganhos para o manejo da dogmática jurídica como tecnologia de construção e operação de políticas públicas (COUTINHO, 2013; BUCCI, 2019a). As explicações elaboradas por essa vertente, a propósito da formação, da preservação e da transformação institucional, não são apenas um recurso para explicar resultados pretéritos. Ao contrário, conhecer as relações entre as configurações institucionais e seus efeitos, assim como os legados e as fontes de resiliências presentes em cada arranjo concreto, pode ser a chave para o êxito de uma política. Portanto, mais do que orientar uma análise descritiva e meramente retrospectiva, trata-se de um aporte teórico que contribui para guiar o trabalho de modelagem institucional em função de um regime de efeitos (BUCCI, 2021), isto é, com um olhar prospectivo em relação a um determinado arranjo.

Nessa trilha, Prado e Trebilcock (2009, p. 1) argumentam que a noção de dependência da trajetória pode iluminar falhas pretéritas e oferecer direcionamentos para futuras reformas. Defendem ainda que o desenho de reformas institucionais confira especial atenção aos aspectos de tempo, história e sequência (PRADO; TREBILCOCK, 2009, p. 31). E afirmam:

> A literatura sobre dependência da trajetória fornece uma riqueza de informações sobre mudanças institucionais que seria sensato que fossem levadas a sério por reformadores. Primeiro, os conceitos de mecanismos de autorreforço e de custos de conversão, por exemplo, podem ser importantes porque mostram que as reformas nos principais nós institucionais de qualquer sistema provavelmente falharão se não abordarem a natureza e a escala dos custos de conversão enfrentados por atores internos e externos envolvidos nessas instituições. Segundo, na medida em que instituições específicas se incorporaram, ao longo do tempo, a uma matriz mais ampla de interdependências institucionais que se reforçam mutuamente, é provável que uma reforma nodal que ignore essas interdependências seja ainda mais comprometida. Terceiro, seguindo North, reconhecemos as interconexões entre instituições formais e informais. Apesar de cruciais para reformas bem-sucedidas, as instituições informais são baseadas em normas culturais e dinâmicas sociais e, diferentemente das instituições formais, não podem ser alteradas por decreto. (PRADO; TREBILCOCK, 2009, p. 21)

Ao privilegiar a dependência da trajetória e identificar fontes de resiliência que podem interferir no resultado de uma dada política pública, o institucionalismo histórico permite ao operador do Direito avaliar, com mais acuidade, o "(...) arcabouço jurídico resultante do acúmulo em 'camadas geológicas' de instituições criadas em diferentes contextos e fases" (BUCCI; COUTINHO, 2017, p. 314).

A última contribuição do institucionalismo histórico a ser destacada neste tópico diz respeito à sua influência na definição da metodologia de pesquisa em políticas públicas. A opção por essa abordagem lança o desafio de reconstruir trajetórias de políticas públicas que tenham presentes seus contextos políticos e organizacionais, em horizontes temporais compatíveis com os processos incrementais que frequentemente marcam a institucionalização de uma política.

Vistas as razões pelas quais o institucionalismo histórico pode contribuir para um estudo jurídico de políticas públicas, no campo da Teoria do Estado, analisa-se a específica contribuição do Direito para a análise das políticas públicas.

1.4 Da perspectiva institucional à perspectiva jurídico-institucional

Tratar da existência e do funcionamento de instituições é tratar, também, da produção e da aplicação do direito, pois, "(...) é no direito que os arranjos institucionais de uma sociedade são estabelecidos e é no direito que eles são representados em relação aos ideais e interesses que lhes dão sentido" (UNGER, 2017, p. 25).

Assim como as regras que presidem comportamentos e processos decisórios, as configurações institucionais são delimitadas pelo direito positivo, em especial pelo direito público. As arenas onde as disputas políticas são travadas – Poder Executivo, Legislativo e Judiciário – têm igualmente suas competências, composição e procedimentos delineados por normas jurídicas. Os instrumentos que operacionalizam a consecução de objetivos preestabelecidos são atos ou negócios jurídicos. Os arranjos institucionais que constituem políticas públicas são vertidos em linguagem jurídica e plasmados em normas de diversas hierarquias. Portanto, o elemento jurídico permeia toda a formação e desenvolvimento das instituições e, por conseguinte, também das políticas públicas.

Apesar disso, a literatura institucionalista nem sempre se detém no papel específico desempenhado pelo direito na definição de estruturas e funcionamento das instituições.[46] A própria definição de instituição, que não distingue regras formais e informais,[47] pode nublar a percepção dos elementos jurídicos que estruturam uma política pública, regem seu funcionamento e intervêm sobre seus resultados. Diante disso, ainda que se valha do repertório do novo institucionalismo, uma abordagem jurídico-institucional das políticas públicas requer a incorporação de perguntas, categorias de análise e ferramentas próprias do Direito.

Desta feita, um passo inicial é apontar as contribuições que o conhecimento jurídico e, especificamente, o repertório da dogmática jurídica podem trazer para o estudo das políticas públicas. A primeira delas, bem captada por Valente (2018, p. 11), "(...) é a análise técnica do arcabouço normativo que conforma as políticas, por meio do qual o Estado comunica (...) o conteúdo e o sentido de suas ações, diretrizes e objetivos, bem como os incentivos e desincentivos a comportamentos". Além disso, há uma contribuição de cunho prescritivo, voltada à formulação e à proposição de soluções e ajustes que favoreçam a execução e o aperfeiçoamento dessas políticas (COUTINHO, 2013, p. 184), com ganhos de efetividade e de legitimidade para a ação estatal.

Para isso, as funções desempenhadas pelo direito nas políticas públicas devem estar bem estabelecidas. A esse respeito, Coutinho (2013) apresenta quatro dimensões do direito – que também podem ser descritas como funções do direito – na concepção, implementação e gestão desses programas: direito como objetivo, direito como arranjo

---

[46] Como destaca Bucci (2008, p. 247-248), "(...) é na verdade espantosa a ausência do elemento jurídico ou o seu pouco peso nas construções da Ciência Política de referência para as políticas públicas. No caso do neo-institucionalismo, especialmente nas vertentes organizacional e histórica, a omissão é gritante, especialmente se pensarmos no peso do elemento jurídico nos micro-processos envolvidos na formulação e implementação das políticas públicas". Exemplos de análises institucionais que conferem atenção às regras formais e possibilitam conexões profícuas com os estudos jurídicos podem ser encontrados em Immergut (1996) e em Streeck e Thelen (2005) (cf. supra 1.2.2.2 e 1.2.3).

[47] Prado e Trebilcock (2009, p. 9) tocam nesse aspecto ao discutir a definição de instituição, elaborada por Douglass North, como "(...) as regras do jogo de uma sociedade, ou, mais formalmente, os constrangimentos humanamente concebidos que estruturam as interações humanas. Eles são compostos de regras formais (lei estatutária, lei comum, regulamentação), restrições informais (convenções, normas de comportamento e códigos de conduta autoimpostos) e as características de aplicação de ambos". Dizem os autores que: "Ao menos pela perspectiva de um jurista, esta é uma definição estranha de instituições. Além da constituição de um país, juristas não pensam nas instituições como as regras do jogo. (...) Além disso, ao incluir restrições informais (convenções culturais, normas de comportamento e códigos de conduta autoimpostos) nessa definição de instituições, o conceito de instituições torna-se tão abrangente que inclui quase qualquer fator concebível que possa influenciar o comportamento humano e portanto, corre o risco de perder qualquer conteúdo operacional" (PRADO; TREBILCOCK, 2009, p. 10).

institucional, direito como caixa de ferramentas e direito como vocalizador de demandas. Vejamos cada uma delas.

Na dimensão substantiva, o direito como objetivo é responsável por formalizar metas e indicar os pontos de chegada das políticas públicas, funcionando como diretriz normativa que delimita o que a ação governamental deve buscar (COUTINHO, 2013, p. 194).

Na dimensão estruturante, cumprindo a tarefa de arranjo institucional, o arcabouço jurídico encarrega-se de estruturar arranjos complexos que tornem as políticas públicas eficazes (COUTINHO, 2013, p. 194). Essa dimensão alberga as estruturas, os processos e as normas jurídicas que conformam as instituições e influenciam seu desempenho (COUTINHO, 2013, p. 195). Segundo o autor,

> Entender o direito como parte da dimensão institucional de políticas públicas é supor que normas jurídicas estruturam seu funcionamento, regulam seus procedimentos e se encarregam de viabilizar a articulação entre atores direta e indiretamente ligados a tais políticas. Atributos do desenho institucional de políticas públicas – como seu grau de descentralização, autonomia e coordenação intersetorial e os tipos de relações públicas e público-privadas que suscitam, bem como sua integração com outros programas – de alguma forma dependem, em síntese, da consistência do arcabouço jurídico que as "vertebra". O direito visto como componente de um arranjo institucional, ao partilhar responsabilidades, pode, por exemplo, colaborar para evitar sobreposições, lacunas ou rivalidades e disputas em políticas públicas. Nesse sentido, o direito pode ser visto como uma espécie de "mapa" de responsabilidades e tarefas nas políticas públicas. (COUTINHO, 2013, p. 196)

Na dimensão instrumental, o direito como caixa de ferramentas incumbe-se de selecionar e formatar os meios a serem empregados para a persecução de objetivos predefinidos (COUTINHO, 2013, p. 196). Reúnem-se aqui: as diferentes possibilidades de modelagem jurídica de uma política, os instrumentos de direito administrativo mais adequados à luz dos fins perseguidos; o desenho dos mecanismos de indução, recompensa e sanção, o tipo de norma a ser utilizada, o grau de flexibilidade e de revisibilidade adotado pelo desenho da política pública;[48] e, finalmente, a margem de manobra para a experimentação e para a sedimentação de aprendizados (COUTINHO, 2013, p. 196-197).

---

[48] A flexibilidade corresponde à possibilidade de o arcabouço jurídico que estrutura uma política servir a mais de uma finalidade, ao passo que a revisibilidade é entendida como

Finalmente, na dimensão legitimadora, o direito como vocalizador de demandas trata da criação de mecanismos de participação e de *accountability* das políticas públicas. Essa dimensão cuida da provisão de mecanismos de deliberação, participação, consulta, colaboração e decisão conjunta, com o intuito de assegurar sua permeabilidade à participação e seu não insulamento em anéis burocráticos (COUTINHO, 2013, p. 197).

O quadro a seguir condensa essas quatro dimensões:

Quadro 3 – Papéis do direito nas políticas públicas

	Direito como objetivo	**Direito como arranjo institucional**	**Direito como caixa de ferramentas**	**Direito como vocalizador de demandas**
Ideia-chave	Direito positivo, cristaliza opções políticas e as formaliza como normas cogentes, determinando o que deve ser.	Direito define tarefas, divide competências, articula, orquestra e coordena relações intersetoriais no setor público e entre este e o setor privado.	Como "caixa de ferramentas", direito oferece distintos instrumentos e veículos para implementação dos fins da política.	Direito assegura participação, *accountability* e mobilização.
Perguntas-chave	Quais os objetivos a serem perseguidos por políticas públicas? Que ordem de prioridades há entre eles?	Quem faz o quê? Com que competências? Como articular a política pública em questão com outras em curso?	Quais são os meios jurídicos adequados, considerando os objetivos?	Quem são os atores potencialmente interessados? Como assegurar-lhes voz e garantir o controle social da política pública?
Dimensão	Substantiva	Estruturante	Instrumental	Legitimadora

Fonte: Coutinho (2013, p. 198).

---

a presença de mecanismos de ajuste e adaptação no próprio corpo jurídico da política pública (COUTINHO, 2013, p. 187). Esses dois atributos podem ser reconduzidos à noção de adaptabilidade de uma organização ou procedimento, isto é, sua aptidão para, ao longo do tempo, responder a mudanças ocorridas no meio e em suas funções (HUNTINGTON, 1975, p. 24-27). Ainda segundo Huntington (1975, p. 25), a adaptabilidade é um indicador de institucionalização de uma organização ou procedimento: "Quanto mais adaptável tanto mais altamente institucionalizada é uma organização ou procedimento".

A percepção das disputas e tensões que marcam a formulação e a implementação de políticas públicas, assim como o mapeamento das funções que o direito pode exercer nesse campo, reclamam um aparato metodológico apto a entregar a contribuição que se espera de um estudo jurídico sobre o tema. Esse esforço de construção e de refinamento do método transparece nos estudos jurídicos das políticas públicas e vem fomentando o desenvolvimento de modelos e ferramentas voltados a essa abordagem (BUCCI, 2016, 2019a, 2021; BUCCI; COUTINHO, 2017; CLUNE, 1983, 1993; COUTINHO, 2013; RUIZ; BUCCI, 2019). A seguir, são apresentados os instrumentos úteis a esta pesquisa.

1.5 De volta ao método

Estabelecido o marco teórico que subsidiará o estudo sobre a institucionalização de sistemas de políticas públicas, apresentam-se os recursos analíticos empregados para esquadrinhar o percurso de formação dos sistemas de políticas públicas.

O modelo de análise adotado foi elaborado a partir de três instrumentos. O primeiro desses recursos é o Quadro de Problemas de Políticas Públicas (RUIZ; BUCCI, 2019), empregado para identificar o cenário a partir do qual se institucionalizam as políticas públicas a serem examinadas. O segundo é o Quadro de Referência de uma Política Pública (BUCCI, 2016, 2019c), que permite retratar o resultado da institucionalização de uma política, descrevendo seu desenho jurídico-institucional. O terceiro é o modelo político de implementação de uma política pública (CLUNE, 1983, 2021), que permite rastrear o trajeto entre o Quadro de Problemas e o Quadro de Referência. Da conjugação entre essas ferramentas, acrescida de ajustes pertinentes ao objeto da pesquisa, tem-se o quadro de institucionalização dos sistemas de políticas públicas adotado no estudo das políticas de saúde, assistência social e educação.

1.5.1 Pontos de partida e de chegada: o Quadro de Problemas e o Quadro de Referência de uma Política Pública

A presente pesquisa tem como ponto de partida a identificação do cenário das políticas públicas de saúde, assistência social e educação, anteriores à Constituição de 1988. O ponto de chegada é a atual configuração jurídico-institucional dessas mesmas políticas. Para o registro dos pontos de partida e de chegada, adotam-se, respectivamente, o Quadro de Problemas de Políticas Públicas e o Quadro de Referência de uma Política Pública.

A explanação desses dois instrumentos começa com o Quadro de Referência, não só porque antecede cronologicamente a formulação do Quadro de Problemas, como porque este último foi elaborado para atender a situações não captadas pelo primeiro.

Desenvolvido por Bucci (2016), com o propósito de fazer frente à dificuldade de identificar e isolar os elementos específicos de uma política pública, o Quadro de Referência aponta "(...) os elementos principais que permitem compreender sua organização interna, a partir da base jurídica, identificando as ligações com aspectos políticos, econômicos e de gestão mais importantes" (BUCCI, 2016). Tem-se assim uma ferramenta que permite recortar e decompor uma política pública, com especial atenção à sua organização, aos papéis institucionais e à sua finalidade (BUCCI, 2016). Por medida de clareza, reproduz-se o quadro na íntegra, com seus elementos e descrições.

Quadro 4 – Quadro de Referência de uma Política Pública

(continua)

Elemento	Descrição
1. Nome oficial do programa de ação	Marca política do programa, identificação político-partidária.
2. Gestão governamental	Gestão que criou o programa; permite compreender seu sentido, considerando o espectro político-partidário.
3. Base normativa	Norma principal que institui o programa; disposições específicas mais importantes. Confere caráter sistemático ao programa, articulando seus elementos, em especial, os vários focos de competência dos quais depende o seu funcionamento. Pode ser de hierarquia variada, em geral lei ordinária ou decreto, embora possa ser também inferior ou superior. Em complemento, pode-se indicar outras normas não exclusivas do programa, nos quais se apoia o seu funcionamento.
4. Desenho jurídico-institucional (detalhado nos itens seguintes)	Organização do programa numa visão macro. Descreve em termos gerais seu núcleo de sentido e os papéis institucionais dos principais entes responsáveis pela sua implementação.

(conclusão)

Elemento	Descrição
5. Agentes governamentais	Identifica, a partir da base normativa, as competências, atribuições e responsabilidades reservadas a cada agente governamental, tanto os principais como os secundários, isto é, aqueles que administrarão efeitos da conduta dos primeiros.
6. Agentes não governamentais	Identifica os agentes situados fora do aparelho governamental que executam aspectos da política, em geral mediante financiamento ou indução de comportamentos.
7. Mecanismos jurídicos de articulação	Modos pelos quais a ação dos vários agentes se inter-relaciona, apoiada em mecanismos jurídicos, de gestão e de informação.
8. Escala e público-alvo	Magnitude pretendida pelo programa, indicada por dados quantitativos sobre beneficiários (diretos e indiretos), disponíveis em bancos de dados oficiais. A compreensão das ordens de grandeza recomenda a comparação com programas que possam servir de referência, tais como os de outros países e regiões ou programas mais antigos.
9. Dimensão econômico-financeira	Recursos financeiros vinculados ao programa, alocação orçamentária, que pode se dar na forma de investimento, custeio ou pessoal. A última, em regra, não é exclusiva do programa, pois os servidores públicos atendem a diversos serviços e programas.
10. Estratégia de implantação	Movimento pretendido pelo gestor que institui o programa. Combinam-se aqui o planejamento, a capacidade de comunicação e a legitimação do programa, levando em conta não apenas as condutas dos agentes governamentais, mas as reações esperadas dos demais agentes, especialmente os antagonistas do programa. Quando se trata de uma transformação significativa, o direito tem um grande potencial de conformar o processo de transição, ao definir a situação das relações jurídicas em curso, o direito intertemporal.
11. Funcionamento efetivo	Compreendido o desenho ideal do programa (itens 4 a 10), poderá o analista confrontá-lo com o seu funcionamento real. É importante basear-se em fontes diversas da governamental, para uma visão crítica.
12. Aspectos críticos do desenho jurídico-institucional	Análise em detalhe dos elementos jurídicos na estruturação da política, capazes de explicar, pelo menos em parte, as dificuldades de sua implementação.

Fonte: Bucci (2019c, p. 368-370), com acréscimo da primeira linha.

No quadro acima apresentado – e considerando contornos da pesquisa –, é oportuno dedicar maior atenção aos mecanismos de articulação, para esclarecer com que sentido o termo articulação é empregado e para estabelecer distinções entre os diversos mecanismos.

A articulação pode ser compreendida com o sentido que Alexander (1993, p. 331) confere ao termo coordenação, isto é, "(...) atividade deliberada adotada por uma organização ou por um sistema interorganizacional visando concertar decisões e ações de suas subunidades ou organizações constituintes". Essa acepção toma a articulação como gênero que abrange interações de distintas naturezas – v.g., interfederativas (verticais ou horizontais), intersetoriais, hierárquicas ou não hierárquicas –, por meio das quais dois ou mais agentes se ocupam coletivamente de um campo de trabalho compartilhado (ARIZNABARRETA, 2001, p. 5).

Já quanto aos mecanismos, ainda utilizando as definições de Alexander (1993), distinguem-se estruturas e instrumentos.[49] As estruturas representam as formas desenvolvidas, projetadas ou estruturadas de realização dessa coordenação (ALEXANDER, 1993, p. 339). São, segundo o autor, os mecanismos de ligação que transformam campos ou redes interorganizacionais não coordenadas ou pouco coordenadas em campos ou redes mais coordenadas. Entre outras tarefas, as estruturas podem condicionar a elaboração, o monitoramento ou a avaliação dos instrumentos. Nessa medida, elas criam as condições para dirimir divergências e produzir consensos que podem se refletir na configuração e no resultado dos instrumentos produzidos.

Os instrumentos (ou ferramentas), a seu turno, são os "(...) elementos específicos da ação, da interação ou do comportamento organizacional que possibilitam a coordenação interorganizacional" (ALEXANDER, 1993, p. 339). Na explicação de Jaccoud (2020a, p. 44), os instrumentos são elementos internos às estruturas, que ativam a coordenação e respondem a problemas básicos de orientação e controle. Segundo a autora, "(...) enquanto as estruturas se caracterizam

---

[49] Alexander (1993) distingue mecanismos de coordenação interorganizacional em estruturas, instrumentos e estratégias. Os dois primeiros (estruturas e instrumentos) são descritos como mecanismos estruturais formais ou informais; já as estratégias são processos ou comportamentos que se sobrepõem aos mecanismos (ALEXANDER, 1993, p. 339). Neste trabalho, considera-se como mecanismos de articulação apenas os mecanismos estruturais de Alexander (1993), ou seja, as estruturas e instrumentos, uma vez que as estratégias são tratadas em uma categoria distinta no Quadro de Referência desenvolvido por Bucci (2016).

como um tipo de interação entre organizações, as ferramentas constituem estratégias e meios acordados entre elas para alcançar objetivos comuns" (JACCOUD, 2020c, p. 44).

Dentro dessa conceituação de instrumentos, vale ainda especificar a função que exercem na institucionalidade de uma política pública. De um lado, há instrumentos jurídicos que são fontes de direitos e obrigações, como é o caso de normas, negócios jurídicos e atos jurídicos que regulam a ação dos vários agentes, estabelecem atribuições e prestações exigíveis. De outro lado, há instrumentos de gestão, informação e avaliação, os quais subsidiam a ação de agentes governamentais e não governamentais, nas diversas fases da formulação e implementação da política, oferecendo diagnósticos, diretrizes e dados para a avaliação desses programas.

O Quadro de Referência acima apresentado organiza o exame de uma política pública completa ou em processo de institucionalização (BUCCI, 2019a, p. 817), mas não se destina ao estudo de programas não estruturados ou em processo de estruturação (RUIZ; BUCCI, 2019, p. 1144). Essa percepção levou Ruiz e Bucci à elaboração do Quadro de Problemas de Políticas Públicas, que, como o título antecipa, volta-se ao isolamento de situações-problema relativas a programas de ação governamental (RUIZ; BUCCI, 2019, p. 1144). Esse Quadro de Problemas se compõe de 11 elementos, a saber:

Quadro 5 – Quadro de Problemas de Políticas Públicas

(continua)

Elemento	Descrição
Situação-problema	Situação fática que se pretende investigar como problema; problema público entendido coletivamente como relevante para ser tratado ou resolvido por meio de um programa de ação governamental; assunto relativo a uma política pública sobre o qual o pesquisador deseja se debruçar, associado a uma solução hipotética que diga respeito a uma política setorial, a determinado programa de ação governamental identificável, ou a uma ideia-diretriz de obra a se realizar em um grupo social.
Diagnóstico situacional	Caracterização do contexto político, econômico, social, cultural que permite verificar se o ambiente externo à arena institucional é propício ou não para decisões que determinem mudanças bruscas ou incrementais relativas à situação-problema.

(conclusão)

Elemento	Descrição
Solução hipotética	Idealização incipiente quanto a um instrumento, instituto ou procedimento, passível de ser regulado por meio de uma ou mais normas jurídicas, que presumivelmente seja capaz de solucionar a situação-problema identificada pelo analista; concepção inicial acerca de um programa de ação governamental; alternativa, proposta ou resolução que o pesquisador irá utilizar como parâmetro para analisar a situação-problema objeto de seu estudo.
Contexto normativo	Disposições normativas (constitucionais, legais e infralegais) que já regulam a política setorial na qual se insere a situação-problema; normas que criam e especificam o funcionamento das competências que estariam mais diretamente ligadas à solução hipotética da situação-problema; sistemas normativos que se relacionam à situação-problema (decisões já tomadas e materializadas sob a forma de normas que delimitam o contexto normativo no qual se insere a situação-problema).
Processo decisório	Processo juridicamente regulado, estruturante da atuação do poder público, que deverá ser primordialmente acionado para a solução hipotética da situação-problema (processo eleitoral, processo legislativo, processo administrativo, processo orçamentário, processo judicial).
Etapa atual do processo decisório	Estágio do processo decisório relativo à política pública no qual se insere a solução hipotética da situação-problema, que demanda uma decisão ou uma não decisão (formação da agenda, formulação de alternativas, tomada de decisão, implementação, avaliação).
Arena institucional	Espaço institucional no qual a controvérsia relativa à situação-problema e sua solução hipotética serão discutidas naquela etapa do processo decisório; desenho jurídico-institucional do ambiente de tomada de decisão (regras do jogo, que digam respeito às regras de articulação e coordenação dos diferentes agentes, distribuição de competências e responsabilidades).
Protagonistas	Agentes governamentais ou não governamentais, indivíduos ou grupos de interesse favoráveis a determinada decisão sobre o problema, suas competências, atribuições, responsabilidades e grau de discricionariedade.
Antagonistas	Agentes governamentais ou não governamentais, indivíduos ou grupos de interesse contrários a determinada decisão sobre o problema, suas competências, atribuições, responsabilidades e grau de discricionariedade.
Decisores	Responsáveis por tomar (ou não tomar) determinada decisão relativa à situação-problema; suas competências, atribuições, responsabilidades e grau de discricionariedade.
Recursos de barganha	Táticas e estratégias utilizadas por protagonistas e antagonistas para influenciar os decisores a tomar ou não tomar determinada decisão.

Fonte: Elaboração própria, a partir de Ruiz e Bucci (2019, p. 1153-1155).

Os quadros descritos acima proveem recursos para compreender políticas públicas em diferentes estágios de maturação. De forma sintética, o esforço despendido nos capítulos 3 a 5 deste trabalho é o de entender como um problema de política pública pode se converter em uma política estruturada e, por conseguinte, como o cenário apresentado no Quadro de Problemas é transformado em uma política estruturada e retratada pelo Quadro de Referência. Resta apresentar a ferramenta que capte as sucessivas transformações normativas e organizacionais que ligam esses dois marcos.

1.5.2 O percurso: o modelo político de implementação de políticas públicas

O propósito de analisar o percurso de institucionalização de sistemas de políticas públicas, que inclui compreender e tornar comparáveis as trajetórias de cada política, leva à adoção de mais um instrumento: o modelo político[50] de implementação de políticas públicas ("modelo de implementação") desenvolvido por Clune[51] (1983, 2021).[52] Este modelo descreve um processo de implementação "típico" a partir da identificação de seus atores básicos, da catalogação de seus comportamentos e das interações-padrão envolvidas em diferentes ciclos (CLUNE, 2021, p. 25). Antes de apresentar o modelo propriamente dito, é necessário fixar algumas premissas dessa elaboração e demonstrar sua compatibilidade com as demais referências trazidas neste capítulo.

Para Clune (2021, p. 21), a implementação abrange o desenho da política governamental, a escolha, a administração de instrumentos políticos para atender a finalidades sociais e o gerenciamento da política

---

[50] O modelo é adjetivado como político porque a elaboração e a implementação de políticas públicas envolvem conflitos e compromissos entre grupos em disputa, com a possibilidade de distintos equilíbrios de poder e diversas formas de jogo político (*politics*) (CLUNE, 2021, p. 25).

[51] William Clune é Professor Emérito da Faculdade de Direito da Universidade de Wisconsin. Entre as décadas de 1980 e 1990, produziu uma série de artigos tratando de direito e políticas públicas, nos quais analisa o papel do direito na implementação de políticas públicas e, entre outros temas, desenvolve modelos de análise para abordagens jurídicas das políticas públicas. A partir de 2021, sua obra começou a ser traduzida para o português.

[52] O modelo aqui apresentado foi extraído do artigo "A Political Model of Implementation and Implications of the Model for Public Policy, Research, and the Changing Roles of Law and Lawyers" (CLUNE, 1983), traduzido como "Um modelo político de implementação para as políticas públicas: os papéis do direito e dos juristas" (CLUNE, 2021). A exposição ora apresentada funda-se prevalentemente na Seção II do artigo, acrescida de referências pontuais a outros tópicos do texto.

governamental em um ambiente complexo e politizado, sob a forma de um processo interativo entre atores que produzem comportamentos (CLUNE, 2021, p. 25). Esse processo não é concebido de forma unidirecional, mas como um processo circular (ou recorrente), que muda ao longo do tempo e no qual as forças políticas que iniciam a implementação continuam interagindo em outros níveis de ação sociojurídica, o que inclui contínuas disputas a respeito da base jurídica dessa política (CLUNE, 2021, p. 42). Vê-se, pois, que a implementação não é reduzida à execução de um programa preestabelecido; ao contrário, inclui a formulação inicial da base normativa da política pública[53] e os *feedbacks* da implementação sobre o desenho desses programas.

Ao tratar do elemento jurídico das políticas públicas, Clune (2021, p. 25) não concebe o direito como elemento externo a essas interações. Trata-se, sim, do objeto e do resultado dessas disputas,[54] expressão do equilíbrio alcançado em algum estágio do processo de implementação.

As questões jurídicas centrais de uma implementação – e que correspondem à expressão jurídica de decisões tomadas em conjunturas críticas[55] – são classificadas em conflitos políticos, divisores de águas (*watershed decisions*) e evasivas (*punts*). Nos conflitos políticos, está presente a discussão sobre "(...) até onde o direito pode ir para alcançar o comportamento desejado e que combinação de incentivos legais será selecionada para encorajar o cumprimento" (CLUNE, 2021, p. 46). As resoluções desses conflitos são os divisores de águas, isto é, "(...) decisões de realizar ou não realizar determinados aspectos de uma intervenção jurídica, decisões que afetam, substancialmente, os resultados da intervenção vis-à-vis os propósitos sociais que a informam" (CLUNE, 2021, p. 56). Por fim, as evasivas são as alternativas aos divisores de águas, presentes quando decisões são relegadas a outro nível institucional ou quando o *status quo* é tacitamente aceito (CLUNE, 2021, p. 46).

Mas Clune propõe ir além dessas questões centrais, que representam momentos de inflexão de uma política. Embora pontue que os

---

[53] Vale a transcrição: "(...) por uma pluralidade de razões convincentes, a implementação inclui a obtenção e a especificação do comando jurídico. É difícil narrar qualquer parte da história de uma implementação sem referência aos limites legais existentes, e é absolutamente impossível narrar a história completa de uma implementação sem atenção substancial à formação das políticas" (CLUNE, 2021, p. 30).

[54] Ewald (1988) apresentará uma concepção semelhante ao discorrer sobre as práticas jurídicas do Estado social (cf. infra 2.1).

[55] Cf. *supra* 1.2.1.

divisores de águas afetam a natureza das interações que lhes seguem, ressalta que os níveis hierárquicos mais baixos e os estágios subsequentes ao estágio inaugural de uma política "(...) têm vida própria, e sua orientação exata em relação às questões jurídicas estruturais é *a priori* obscura" (CLUNE, 2021, p. 47). Em outras palavras: parte importante da tessitura de uma política pública ocorre fora das conjunturas críticas e dos grandes marcos jurídicos.

O pensamento de Clune dialoga com o repertório do institucionalismo histórico e com a visão jurídico-institucional das políticas públicas. Seus esquemas analíticos elucidam como reformas institucionais, assim como a formação de interesses e preferências, são influenciadas por decisões adotadas em conjunturas críticas e por *feedbacks* da própria implementação. Esse modelo se coaduna com os postulados do institucionalismo histórico ainda porque concebe resultados institucionais como frutos de conflitos e de compromissos ambíguos, distintos das preferências dos grupos que participam dessas disputas. Por fim, a estratégia de identificação dos atores e das interações em sucessivas etapas de conformação e implementação de uma política pública mantém a percepção do contexto político e organizacional em que essas ações se desenvolvem.

Feitos esses registros, as próximas seções detalham o modelo em referência.

1.5.2.1 Atores e comportamentos no processo de implementação

O modelo de implementação descreve os atores externos e internos que participam do processo de implementação de uma política e seus principais comportamentos. Os atores externos (*outsiders*) são os grupos de interesses que intervêm nas diversas etapas de elaboração e implementação de uma política, além da mídia. Já os atores internos (*insiders*) são as "(...) organizações que elaboram, aplicam e são o alvo da política do governo" (CLUNE, 2021, p. 26), aos quais correspondem comportamentos específicos.

Quanto aos atores internos, o primeiro grupo é integrado por organizações formuladoras de políticas públicas, responsáveis pela emissão de comandos jurídicos. O segundo é o das organizações reguladoras, competentes para aplicar a legislação diretamente à organização regulada, implantando incentivos legais. O terceiro e último grupo é o das organizações reguladas, que adotam comportamentos de conformidade ou de desconformidade frente ao regime de incentivos implantado. Esquematicamente:

Quadro 6 – Atores básicos no processo de implementação e os seus comportamentos

Atores externos	Atores internos	Comportamentos
(I) Grupos de Interesse e Mídia	(A) Organizações normatizadoras (formuladoras de políticas)	(1) Comandos jurídicos
	(B) Organizações reguladoras e suas ideologias[56]	(2) Incentivos legais
	(C) Organizações reguladas e suas ideologias	(3) Conformidade (incluindo desconformidade)

Fonte: Clune (2021, p. 26).

Conhecidos os atores e seus principais comportamentos, identificam-se em sequência as possibilidades de interações no curso da implementação de uma política.

1.5.2.2 Interações-padrão no processo de implementação

As interações-padrão travadas na implementação de uma política (CLUNE, 2021, p. 26-38) subdividem-se em ciclos descendentes (*top-down*) e ascendentes (*upward*). As interações do ciclo descendente orientam-se para a promoção de comportamentos de conformidade; as do ciclo ascendente tomam a forma de tentativas de alteração de normas, decisões judiciais ou sanções. A concorrência entre os dois ciclos leva a avanços e recuos na política, tornando a implementação comparável a uma campanha militar, com idas e vindas, e não a um processo de desenvolvimento calmo e ordenado (CLUNE, 2021, p. 28).

---

[56] Ideologia, neste ponto, aproxima-se da noção de cultura organizacional, isto é, "conjunto de modelos de ação coletivos" (HALL; TAYLOR, 2003, p. 221). Ao tratar desses atores internos, Clune (2021, p. 31) distancia-se de concepções que pressupõem atores guiados apenas por uma perspectiva calculadora, ao afirmar que "Organizações reguladas não são apenas maximizadoras de utilidade racional. Toda organização tem uma 'cultura' (próxima do que foi chamado de 'ideologia' das organizações reguladoras). Essa cultura pode distorcer a importância e a relevância dos incentivos em comparação com o que se poderia esperar com um cálculo de 'dólares e centavos'".

O ciclo descendente de implantação de uma política se decompõe em quatro interações típicas: começa com a emissão de um comando jurídico, passa pela implantação de incentivos legais, segue com os comportamentos de conformidade ou de desconformidade dos setores regulados e se encerra com as interações entre implantação e resposta das organizações reguladas.

A primeira interação consiste na obtenção e na especificação de um comando jurídico (CLUNE, 2021, p. 28), sob a forma de um estatuto, uma decisão judicial ou uma ordem executiva (CLUNE, 2021, p. 37). Há nessa etapa o primeiro ajuste fino entre os objetivos sociais subjacentes à política pública e à realidade social (CLUNE, 2021, p. 29), que pode ser descrito em termos de definição, no mínimo, das dimensões substantiva e estruturante de um programa (COUTINHO, 2013). Essa especificação inicial representa compromissos entre grupos de interesses conflitantes e condiciona as ações subsequentes, as forças em conflito nas novas etapas e as futuras modificações da base normativa (CLUNE, 2021, p. 29-30).

A segunda interação do ciclo descendente é a implantação de incentivos legais. Essa categoria inclui a imposição real ou provável de ações positivas ou negativas (CLUNE, 2021, p. 30-31) – ou seja, normas promocionais e repressivas –, bem como aspectos burocráticos que servem como incentivos informais. Pode-se situar nessa etapa o início de concretização do arcabouço normativo previamente estabelecido, com a implementação dos instrumentos jurídicos adequados aos objetivos da política (COUTINHO, 2013, p. 198).

A terceira interação envolve as respostas de conformidade ou de desconformidade das organizações reguladas frente aos incentivos previamente estabelecidos. Essas respostas variam de acordo com as condutas incentivadas, com os propósitos (formais e informais) organizacionais preexistentes e em desenvolvimento (CLUNE, 2021, p. 31) e com a cultura das organizações, fatores que podem afetar a relevância dos incentivos e a adaptabilidade das organizações. Um aspecto dessa interação que remete ao tema da construção de legados institucionais é a projeção de que as respostas a incentivos legais modifiquem as próprias organizações reguladas, promovendo algum grau de institucionalização de comportamentos de conformidade por parte destas (CLUNE, 2021, p. 32).

Em quarto e último lugar, estão as interações implantação-resposta, cuja essência é a negociação ou a construção do significado de conformidade, significado esse que não está definido de forma precisa pela norma jurídica, mas resulta de uma construção pelos envolvidos (CLUNE, 2021, p. 33-34). Essas interações incluem a aplicação de sanções formais e informais, visando induzir a cooperação por parte das organizações reguladas.[57] Além disso, podem abranger medidas de obstrução por parte das organizações reguladas, como ações judiciais e apelos políticos (CLUNE, 2021, p. 34), o que corresponde à mobilização de pontos de veto.[58]

Passando ao ciclo ascendente, tem-se as interações dirigidas às organizações reguladoras ou aos poderes legislativos com o intuito de promover alterações na política formal. Essas interações não diferem apenas em relação ao lócus em que se processam, mas também quanto ao tipo de transformação realizada. Explica-se.

A primeira forma de interação ascendente é fruto da "política burocrática" (CLUNE, 2021, p. 37). Promovida por organizações reguladas, atuando isoladamente ou associadas a aliados políticos externos, essas organizações visam influenciar a atividade de órgãos reguladores, administrativos ou judiciais. Aqui, as mudanças tendem a ser incrementais.

A segunda interação ascendente volta-se às transformações legislativas. Considera-se significativa a ação legislativa que estabeleça divisores de águas, adotada quando a mudança incremental normal já não atenda à demanda por mudanças drásticas (CLUNE, 2021, p. 38). Transcreve-se:

> Há uma razão estrutural para mudanças legislativas periódicas e drásticas. Implementações tendem a colocar forças sociais poderosas umas contra as outras. Quando o clima político sofre uma mudança fundamental de orientação, a mudança incremental normal pode não satisfazer a demanda por mudanças drásticas. Assim, quando forças sociais poderosas se opõem, grandes flutuações nas políticas públicas tornam-se prováveis conforme se alterne a predominância de cada

---

[57] A concepção de sanção empregada por Clune aproxima-se das medidas de desencorajamento, descritas por Bobbio (2007, p. 16) como "(...) a operação pela qual A procura influenciar o comportamento não desejado (não importa se comissivo ou omissivo) de B, ou obstaculizando-o ou atribuindo-lhe consequências desagradáveis". Bobbio (2007, p. 17, grifo do autor) aponta que, por meio do expediente da obstaculização, "(...) pode-se desencorajar um comportamento não desejado tanto ameaçando com uma *pena* (expediente de sanção), sempre que o comportamento vier a se realizar, quanto tornando o próprio comportamento mais *penoso*".

[58] Cf. *supra* 1.2.2.2.

um dos lados. Essas mudanças de predominância ocorrem de várias maneiras. Por exemplo, no curso de uma implementação, ouve-se um coro constante de críticas daqueles que discordam totalmente da lei. A implementação é sempre cara e seu sucesso é sempre problemático. Os críticos podem tirar proveito dos problemas divulgando-os. As críticas parecem retidas na política até que o eleitorado passe por uma mudança suficiente para "expulsar os malandros". O ciclo tende a se reverter quando os problemas sociais decorrentes da falta de implementações são trazidos à tona pelas pessoas que foram levadas pela oposição a prestar atenção apenas aos custos. (CLUNE, 2021, p. 38)

Vale notar que, mesmo reconhecendo a possibilidade de mudanças drásticas, Clune (2021) destaca a tendência dos programas já estabelecidos a sobreviverem a períodos de contenção, argumentando que,

(…) uma vez estabelecidos, os programas tendem a sobreviver a períodos de contenção, embora essa tendência não seja universal. As consequências políticas negativas da destruição total de um programa são muito maiores do que as consequências negativas de sua redução. Assim, se um programa serve a um propósito genuíno, qualquer instabilidade em seu conteúdo tende a se originar de mudanças periféricas e não de alterações no seu núcleo durável. (CLUNE, 2021, p. 38)

A passagem indica que a maior institucionalização de um programa tende a funcionar como mecanismo de resiliência contra transformações abruptas, ao mesmo tempo em que alerta para a possibilidade de mudanças a partir de aspectos marginais desses programas, inclusive por estratégias de menor visibilidade.[59]

As interações dos ciclos ascendente e descendente são sintetizadas neste quadro:

---

[59] Cf. *supra* 1.2.3.

Quadro 7 – Interações-padrão durante a
implementação em sequência "lógica"

I. O CICLO "DESCENDENTE" 1. Formação de políticas [(I) → (A) → (1) no quadro 6] 2. Implantação de incentivos legais [(1) → (B) → (2)] 3. Respostas das organizações reguladas [(2) → (C) → (3)] 4. Interações implantação-resposta [(2) → (3); (3) → (2)]
II. O CICLO "ASCENDENTE" 1. Influência nas políticas formais das agências reguladoras por *insiders* e alianças *insiders-outsiders* [(C) → (B) → (2); (C) / (I) → (B) → (2)] 2. Influência sobre as legislaturas por *insiders* e *outsiders* para obter mudanças na base jurídica [(C) / (I) → (A) → (1)]

Fonte: Clune (2021, p. 27), com adaptação da remissão ao quadro 6.

Ainda no tocante a essas interações, destacam-se quatro aspectos (CLUNE, 2021, p. 38-42). O primeiro é a simultaneidade entre as várias interações, que tendem a ocorrer em diversos níveis e de forma independente. O segundo é a variação nas interações de sentido descendente, pois, embora decisões políticas de um nível restrinjam as ações dos níveis inferiores, estes se reservam uma esfera de discricionariedade e a resistência ao controle de nível superior pode variar conforme o contexto legal e organizacional. Em terceiro lugar, apontam-se tendências longitudinais, por meio das quais ciclos ou feixes de interações de um estágio tornam-se o prelúdio de um novo tipo de interação que é o próximo estágio (CLUNE, 2021, p. 40).[60] O quarto aspecto a se reter é o de que a implementação pode mobilizar múltiplas instituições, ainda que o padrão típico seja o de uma agência governamental com responsabilidade primária por executar ou aplicar a legislação, e, independentemente da responsabilidade formal dessas agências, os recursos organizacionais e a eficácia dessas organizações podem variar (CLUNE, 2021, p. 41).

Examinado o modelo de implementação de uma política pública e demonstrados seus pontos de conexão com o marco teórico apresentado neste capítulo, apresenta-se o modelo de análise empregado nos capítulos dedicados às políticas públicas selecionadas para este estudo.

---

[60] Novamente, estabelece-se outro ponto de contato com a dinâmica de dependência da trajetória, reconhecendo-se que "(...) cada episódio ou estágio do desenvolvimento de uma política é condicionado por prévias controvérsias e resultados dessa política" (IKENBERRY, 1994, p. 23).

1.5.3 A institucionalização dos sistemas de políticas públicas: modelo analítico

O manejo conjunto do Quadro de Problemas, do Quadro de Referência e do modelo de implementação permite rastrear e comparar o histórico da construção dos sistemas de políticas públicas no Brasil, identificando seus pontos de partida, percursos e pontos de chegada. A clareza e a coesão dessa conjugação de recursos metodológicos se beneficiam da explicitação das associações entre eles, da compatibilização entre seus elementos e do uso de categorias diretamente ligadas ao tema da pesquisa.

Inicia-se estabelecendo correspondências entre os elementos do Quadro de Problemas e do Quadro de Referência com os atores básicos no processo de implementação e seus comportamentos.

O cotejo entre o Quadro de Problemas e o modelo de implementação permite correlacionar os protagonistas e antagonistas das decisões sobre problemas de políticas públicas aos atores externos e internos descritos por Clune. Aos dois primeiros grupos de atores internos apontados pelo autor, cabe também a função de decisores perante uma situação-problema. Os comandos jurídicos e as estruturas de incentivo podem ser reconduzidos ao contexto normativo e as condutas de conformidade ou de desconformidade, por sua vez, integram o diagnóstico situacional anteriormente descrito.

Na correspondência com o Quadro de Referência, a categoria dos agentes governamentais implicados pelo arranjo institucional de uma política pública abarca os dois primeiros grupos de atores internos identificados no modelo de implementação (organizações normatizadoras e organizações reguladoras). Seus comportamentos de comandos e incentivos correspondem à base normativa do arranjo institucional, aos mecanismos jurídicos de articulação e às estratégias de implementação do programa. Outra associação relevante entre os dois instrumentos refere-se ao grupo das organizações reguladas descritas por Clune, que inclui (ainda que não exclusivamente) os agentes governamentais e não governamentais cujas ações efetivam a política pública.[61]

---

[61] Esses agentes podem ser descritos ainda como destinatários instrumentais de uma política pública, isto é, os atores político-administrativos responsáveis por formular e implementar políticas públicas, cujas condutas têm o caráter de meio para a concretização das finalidades da política (CASTRO; MELLO, 2017, p. 14).

Passando às interações-padrão descritas anteriormente, a etapa de obtenção e especificação do comando jurídico (primeira etapa do ciclo descendente) será identificada, no modelo de análise aqui adotado, como etapa de *definição da base normativa*. Essa fase corresponde ao momento de introdução da reforma de uma política pública, circunscrita a mudanças no arcabouço legal, definição de novas regras e mudanças institucionais iniciais (DRAIBE, 2003, p. 67). Para os fins desta pesquisa, essa etapa se compõe da promulgação da Constituição de 1988, da legislação infraconstitucional que rege cada uma das três políticas (v.g., leis orgânicas e lei de diretrizes e bases) e das normas infralegais (v.g., decretos e normas operacionais).

A segunda interação do ciclo descendente, a de implantação de incentivos legais, será descrita como *implantação dos mecanismos de articulação*. No caso dos sistemas de políticas públicas, essa rubrica reúne a implementação das medidas voltadas a promover convergência de todos os níveis federativos em torno do modelo nacional da política pública. Além da definição de responsabilidades de cada nível federativo, essa etapa confere atenção à função coordenadora, redistributiva e supletiva da União.

A terceira interação descendente, consistente nas respostas de conformidade ou de desconformidade frente à implantação dos mecanismos de articulação, será apresentada como *respostas dos entes subnacionais*. Nos sistemas de políticas públicas, essa interação avalia o grau de conformidade dos governos subnacionais ao desenho jurídico-institucional definido nacionalmente.[62]

A quarta interação descendente é mantida tal como Clune (1983, 2021) a denomina: *interações implantação-resposta*. Essa interação expõe o funcionamento efetivo do programa, trazendo à tona os resultados das interações anteriores, com seus êxitos e aspectos críticos. No caso das políticas públicas sob a forma de sistemas, as interações implantação-resposta revelam, por exemplo, os diferentes graus de comprometimento das esferas subnacionais para com a estratégia traçada nacionalmente e as condições reais de que a União dispõe para induzir o comportamento de agentes governamentais ou não governamentais.

---

[62] A opção de avaliar apenas as interações que dizem respeito aos entes subnacionais – e não organizações não governamentais que exerçam suas atividades no âmbito de um sistema – decorre da identificação desses entes como integrantes essenciais de um sistema e das delimitações da pesquisa (cf. supra Introdução, tópicos 3 e 5).

As interações ascendentes, a seu turno, são mantidas como apresentadas no modelo de Clune.

Feitas as adaptações acima descritas e conectadas as ferramentas já tratadas, chega-se ao modelo de análise que orienta o estudo das políticas selecionadas neste trabalho, sintetizado no quadro abaixo:

Quadro 8 – Institucionalização dos sistemas de políticas públicas

(continua)

Etapa		Descrição
Cenário pré-constitucional da política pública		Descrição organizada conforme o Quadro de Problemas de Políticas Públicas (RUIZ; BUCCI, 2019).
I. Ciclo descendente	1. Definição da base normativa	Constituição de 1988: Assembleia Nacional Constituinte, texto original da Constituição e suas emendas; Regulamentação infraconstitucional: elaboração e promulgação das principais leis nacionais que estruturam a política pública; Normas infralegais: normas que conformam o desenho jurídico-institucional e operacionalizam as políticas públicas.
	2. Implantação dos mecanismos de articulação	Implementação do arcabouço jurídico voltado à organização e à oferta de ações e serviços em consonância com o desenho nacional da política pública, com especial atenção à definição de responsabilidades de cada nível federativo e à função coordenadora, redistributiva e supletiva da União.
	3. Respostas dos entes subnacionais	Funcionamento efetivo do programa: conformidade ou desconformidade dos entes subnacionais em relação à política nacional.
	4. Interações implantação-resposta	Funcionamento efetivo do programa e seus aspectos críticos: avaliação dos resultados alcançados pela implantação do arcabouço jurídico da política pública tendo em atenção fatores como a ampliação da cobertura proporcionada pela política, a adesão dos entes subnacionais aos parâmetros nacionais, a ampliação do gasto público por todos os níveis federativos, o acionamento de pontos de veto (v.g., judicialização), as consequências da inobservância da política nacional.

(conclusão)

Etapa		Descrição
II. Ciclo ascendente	1. Influência nas políticas formais das agências reguladoras por *insiders* e alianças entre *insiders-outsiders*	Influência voltada para revisões de normas infralegais.
	2. Influência sobre as legislaturas por *insiders* e *outsiders* para obter alterações na base normativa	Influência voltada ao emendamento constitucional e às inovações legislativas.
Desenho jurídico-institucional da política pública institucionalizada		Síntese da política pública institucionalizada, com ênfase aos elementos caracterizadores de um sistema, organizada com base no Quadro de Referência de uma Política Pública (BUCCI, 2016).

Fonte: Elaboração própria, com base em Bucci (2016), Clune (1983, 2021) e Ruiz e Bucci (2019).

O modelo que acaba de ser apresentado orienta a coleta, sistematização e análise de informações acerca da institucionalização dos sistemas. No entanto, a descrição desse processo perderia clareza e fluidez se a divisão dos capítulos fosse fragmentada para seguir rigidamente os ciclos descritos no quadro acima. Dessa forma, a periodização adotada em cada capítulo procura captar as principais características, inovações e resultados de cada fase para, ao final, condensá-las segundo o quadro proposto.

Apresentado o referencial teórico e o modelo de análise, passa-se ao estudo das bases constitucionais dos sistemas de políticas públicas.

CAPÍTULO 2

O ESTADO SOCIAL NO BRASIL E AS BASES CONSTITUCIONAIS DOS SISTEMAS DE POLÍTICAS PÚBLICAS

Este capítulo explora as bases constitucionais dos sistemas de políticas públicas no contexto da efetivação do Estado social brasileiro a partir da Constituição de 1988. Discute-se como a mudança da ordem constitucional alterou o paradigma de Estado social adotado no país e lançou os alicerces de uma nova institucionalidade, na qual se inserem as políticas organizadas sob forma de sistemas. A partir desse pano de fundo, examina-se o tratamento dispensado a cada uma das áreas em estudo, no que elas têm em comum e em suas especificidades.

Discutir a construção dos sistemas de políticas públicas como parte da materialização do Estado social após 1988 requer algumas compreensões prévias. Antes de tudo, há que se definir e "(...) procurar saber 'o que faz' um Estado de Bem-Estar 'se tornar' um regime de bem-estar e, consequentemente, 'se diferenciar' de outros Estados que não o são" (PEREIRA, 2009b, p. 54). É necessário ainda percorrer o desenvolvimento desse tipo de Estado no Brasil e os legados institucionais construídos antes da nova ordem constitucional, sem o que as transformações prescritas pela Constituição e seus desafios não são bem captados. E, dado que as normas constitucionais trazem a "impressão digital" de seu processo de elaboração, interessa avaliar como as regras de regência do processo de elaboração constitucional balizaram as propostas defendidas perante a Constituinte, a correlação de forças estabelecida naquela arena e o conteúdo final da Constituição.

Estabelecidos estes antecedentes, pode-se examinar como a Constituição redefiniu o referencial de bem-estar social vigente e o desenho federativo das políticas sociais. Essa dupla inflexão prescreveu a ampliação do escopo das políticas sociais e a responsabilização das três esferas federativas pela sua efetivação, mas também trouxe marcas das políticas sociais anteriores e das disputas não completamente resolvidas no processo constituinte. Assim, a implementação desse novo arcabouço teria de lidar com o legado das políticas anteriores, com as ambiguidades da Constituição e com dilemas de retração do Estado social.

Para tratar dos temas acima delineados, este capítulo conta com nove seções. A seção 2.1 discute o significado do Estado social e os diferentes regimes de bem-estar social. A seção 2.2 trata do desenvolvimento do Estado social no Brasil desde os anos 1930 até a mudança da ordem constitucional em 1988. A seção 2.3 examina a organização e o funcionamento da Assembleia Nacional Constituinte. Seguindo para o exame da Constituição de 1988, as seções 2.4 e 2.5 demarcam a mudança da ordem constitucional como divisora de águas do Estado brasileiro, no tocante à provisão social e ao arranjo federativo. A seção 2.6 esmiúça a relação entre federalismo e políticas sociais, ao discorrer sobre as dinâmicas e os dilemas de construção de um sistema de bem-estar social em bases federativas. A seção 2.7 faz uma pausa na análise da morfologia do Estado brasileiro para examinar o próprio desenho da Constituição, nos aspectos que podem influenciar a efetivação das disposições constitucionais. Apresentada a base comum às três políticas estudadas, a seção 2.8 examina as disposições constitucionais específicas sobre saúde, assistência social e educação e traz um inventário das emendas constitucionais que alteraram a base normativa dessas políticas públicas. A seção 2.9 encerra o capítulo, trazendo uma reflexão a respeito da lógica de atuação estatal na provisão de direitos sociais imposta pela Constituição e seus principais desafios.

2.1 Estado social e regimes de bem-estar social

As primeiras aproximações com o tema do Estado social se fazem pela compreensão do bem-estar social como direito e como responsabilidade pública. Sob a primeira perspectiva, Marshall (1967, p. 63-64) ensina que a noção de bem-estar social está assentada sobre direitos sociais e sobre o elemento social da cidadania, isto é, "(...) tudo o que vai desde o direito a um mínimo de bem-estar econômico e segurança ao direito de participar, por completo, na herança social e levar a vida de um ser civilizado de acordo com os padrões que prevalecem na sociedade". Sob a segunda perspectiva, Esping-Andersen (1991, p. 98) aponta que uma definição comum de manuais é aquela segundo a qual o *Welfare State* envolve responsabilidade estatal na garantia do bem-estar básico dos cidadãos. Essas duas considerações trazem esclarecimentos iniciais, mas não explicam a substância teórica do *Welfare State* (ESPING-ANDERSEN, 1991, p. 99).

Propondo uma ruptura epistemológica para a compreensão do Estado social, Ewald (1988, p. 40) argumenta que esse Estado não pode ser analisado sob a óptica do modelo liberal, tampouco como transição para um futuro Estado socialista. O Estado social seria qualitativamente diverso das formas que lhe antecederam porque apoiado em um específico contrato social: um pacto de solidariedade,[63] fundado na ideia de distribuição justa ou equitativa de encargos sociais e benefícios (EWALD, 1988, p. 43). Suas instituições e práticas tampouco devem ser analisadas apenas como um conjunto de medidas de correção de severidade e de injustiças do Estado liberal, mas como coordenadas de um novo tipo de espaço político, com uma lógica interna própria e um conjunto de práticas jurídicas específicas – o direito social (EWALD, 1988, p. 40).[64]

Essa nova racionalidade jurídica caracteriza-se por "(…) um 'processo de socialização', em que a sociedade atua nas relações entre os indivíduos, desempenhando papéis de regulação, mediação ou distribuição" (BUCCI, 2018, p. 52). Para tanto, defende Ewald (1988), o direito social se organiza em torno das noções de acordo – segundo a qual a lei não é tanto a expressão da vontade geral, mas a forma assumida pelos compromissos sempre renovados da sociedade – e de equilíbrio – juízo a partir do qual a sociedade busca uma adaptação a si mesma, visando restaurar a igualdade na distribuição individual de bens e males sociais, sem se prender a princípios apriorísticos ou à busca da "verdade", alinhada à ideia de justiça liberal (EWALD, 1988, p. 66-67). Nesse processo, inverte-se a relação conflito-norma: o direito

---

[63] Sobre a emergência do princípio da solidariedade e do direito social, segundo o pensamento de Ewald, *vide* Arretche (1995, p. 21-22).

[64] "A idéia tradicional de que direito social é apenas produto histórico das lutas dos trabalhadores leva a desconsiderar o fato de que, para que essas lutas tenham um efeito sobre o direito, uma transformação da própria racionalidade jurídica foi exigida, e deve ser repetida: o que caracteriza o direito social não é tanto a proliferação de medidas legislativas e regulamentares que vão mais ou menos além do direito comum, quanto o fato de que essas medidas foram tomadas e consideradas necessárias. É a racionalidade do direito social que explica o conteúdo da legislação social" (EWALD, 1988, p. 64).

deixa de ser um fator externo ao conflito, a moldura dentro da qual interações e confrontos ocorrem livremente, para se tornar o próprio objeto de disputas (EWALD, 1988, p. 46-48), sujeito a câmbios contínuos, o que inclusive abala o caráter do direito como fonte autônoma de valores e de segurança (CLUNE, 2021, p. 58).

O Estado social estaria, pois, assentado sobre um pacto de solidariedade social e munido de um sistema jurídico que assegura o direito à proteção social a partir de acordos entre grupos sociais que buscam equilibrar seus pontos de conflito. Seja pela possibilidade de variação entre acordos e equilíbrios, seja pelas diferenças de trajetória entre países ou entre áreas de ação governamental em um mesmo país, o Estado social não conta com uma forma institucional unívoca,[65] como tampouco são unívocas as expressões do direito social e de sua normatividade. Trata-se de um "(...) objeto histórico que se apresenta de modo variado, dentro de um espectro de configurações demarcadas por certas condições mínimas e máximas; estas, por sua vez, se alterando ao longo de períodos históricos" (KERSTENETZKY, 2012, p. xiv), heterogeneidade que levou a diversas teorias explicativas da origem, do desenvolvimento e das diferentes conformações de regimes de bem-estar.[66]

Dentre essas diversas teorias, o trabalho de Esping-Andersen (1991) constitui um marco na especificação teórica do Estado social e dos regimes de bem-estar. Sua principal contribuição, explica Kerstenetzky (2012, p. 96), foi a de formalizar as características institucionais centrais de cada um dos "mundos" de bem-estar social, documentá-los empiricamente a partir dessas características e fornecer uma hipótese teórica quanto à origem e ao desenvolvimento deles. Na América Latina, influenciou a mudança de análises de políticas públicas isoladas para abordagens mais atentas a fatores políticos, econômicos, institucionais,

---

[65] "Uma das principais dificuldades para se precisar o momento em que o *Welfare State* surgiu, e identificar os seus elementos definidores, reside no fato de ele não ser uma instituição unívoca. Suas características variam de país para país e seu desenvolvimento não se deu de modo uniforme. Mesmo no interior de cada país, sua trajetória não foi linear; ela conheceu altos e baixos, bem como avanços, estagnações e retrocessos. As prioridades políticas e os instrumentos adotados pelos distintos países para prover bem-estar a sua população, variaram consideravelmente entre o seguro social, a provisão direta em dinheiro ou em material, os subsídios, as parcerias com outras agências (incluindo entidades privadas mercantis e não mercantis) e ações sociais realizadas, ora por governos federais, ora por autoridades locais (Briggs)" (PEREIRA, 2009b, p. 45).

[66] Para comparações entre as diferentes teorias que explicam a emergência, o desenvolvimento e os diferentes modelos de bem-estar, *vide* Arretche (1995) e Pereira (2009b, p. 179-182).

bem como aos conflitos de interesses expressados e processados na disputa democrática (BARBOSA, 2020, [p. 4]).

Esping-Andersen parte da proposição de cidadania social de Marshall (1967), mas objeta que a compreensão do *Welfare State* não pode se dar apenas em termos de direitos e garantias (ESPING-ANDERSEN, 1991, p. 101), propondo então uma análise a partir de três dimensões. A primeira é a da relação público-privado na provisão social (DRAIBE, 2007), tomada como expressão do entrelaçamento dos papéis do Estado, do mercado e da família nessa provisão. A segunda é a da qualidade dos direitos sociais, no que toca à sua aptidão para produzir desmercadorização, isto é, para reduzir a dependência dos indivíduos em relação ao mercado.[67] A terceira dimensão é a da estratificação produzida pela política social, isto é, o papel desta como "(...) força ativa no ordenamento das relações sociais" (ESPING-ANDERSEN, 1991, p. 104), que pode ir desde a estigmatização de beneficiários até a atribuição de direitos semelhantes, independentemente de classe ou posição no mercado de trabalho, passando pela consolidação de divisões entre assalariados ou promoção de igualdade de *status* (ESPING-ANDERSEN, 1991, p. 103-106). Estabelecidas essas dimensões e observada a experiência de 18 países da Organização para a Cooperação e Desenvolvimento Econômico (OCDE), o autor avalia como a combinação público-privado leva a diferentes graus de desmercantilização e formas de estratificação social (KERSTENETZKY, 2012, p. 97), o que resulta na identificação de três regimes de bem-estar:[68] liberal, conservador-corporativista e social-democrata.

O regime liberal tende a estabelecer "(...) estreitos limites para a intervenção estatal e máximo escopo para o mercado na distribuição dos serviços" (ARRETCHE, 1995, p. 29). Predomina a assistência aos comprovadamente pobres, mediante reduzidas transferências universais ou modestos planos de previdência social. Esse modelo minimiza

---

[67] "(...) não é a mera presença de um direito social, mas as regras e pré-condições correspondentes, que dita a extensão em que os programas de bem-estar social oferecem alternativas genuínas à dependência em relação ao mercado" (ESPING-ANDERSEN, 1991, p. 103).

[68] Na formulação original, Esping-Andersen (1991) referia-se a "regimes de *Welfare States*", isto é, regimes de Estados de bem-estar social. O conceito foi posteriormente revisto para "regimes de bem-estar". Entendidos como "constelações de práticas que realocam recursos", esses regimes podem incluir Estados de bem-estar, mas não necessariamente o fazem (MARTÍNEZ FRANZONI, 2008, p. 68). A ideia subjacente ao conceito de regimes é a de que, "(...) mais que meramente o formato do pilar público (o regime de estado do bem-estar), é a forma como os três pilares básicos se combinam na provisão de bem-estar o aspecto distintivo das configurações" (KERSTENETZKY, 2012, p. 100).

a desmercadorização e amplia a estratificação, em "(...) uma mistura de igualdade relativa da pobreza entre os beneficiários do Estado, serviços diferenciados pelo mercado entre as maiorias e um dualismo político de classe entre ambas as camadas sociais" (ESPING-ANDERSEN, 1991, p. 108).

No regime conservador-corporativista, os direitos estão ligados à classe e ao *status*, com manutenção de diferenças e pouco impacto redistributivo.[69] Rege-se por um princípio de subsidiariedade, segundo o qual o Estado só interfere quando exaurida a capacidade da família de servir aos seus membros (ESPING-ANDERSEN, 1991, p. 109), e é comprometido com a dita "família tradicional", de forma que "A previdência social exclui tipicamente as esposas que não trabalham fora, e os benefícios destinados à família encorajam a maternidade" (ESPING-ANDERSEN, 1991, p. 109). Esse modelo produz alta estratificação do sistema de proteção social e baixo grau de desmercadorização, pois o acesso à proteção é restrito e ligado ao trabalho fora do âmbito doméstico (VAZQUEZ, 2007, p. 53).

Finalmente, nos regimes sociais-democratas, vigoram programas altamente desmercadorizantes e universalistas, extensivos às novas classes médias.[70] A política social busca promover a emancipação em relação ao mercado e à família tradicional, por meio da capacitação da independência individual, ao mesmo tempo em que se compromete com o pleno emprego. E destaca que a fusão entre serviço social e trabalho é uma das características mais notáveis do regime social-democrata: ao mesmo tempo que o direito ao trabalho e o direito de proteção à renda têm o mesmo *status*, a efetivação desse sistema é dependente do pleno emprego (ESPING-ANDERSEN, 1991, p. 110).

Ao explicar o porquê de diferentes respostas a um conjunto similar de riscos sociais (ESPING-ANDERSEN,[71] 2000 *apud* PEREIRA, 2009b, p. 179), o autor destaca os "efeitos de interações notáveis" entre

---

[69] Pereira (2009b, p. 187, 190-191) destaca que essas formas de *Welfare State* geralmente têm origem em regimes autoritários ou pré-democráticos, que se valem de políticas sociais para desmobilizar a classe trabalhadora e se utilizam do subsídio a instituições intermediárias (v.g. igrejas e organizações voluntárias) para que o bem-estar seja atingido.

[70] "Em vez de tolerar um dualismo entre Estado e mercado, entre a classe trabalhadora e a classe média, os social-democratas buscaram um *welfare state* que promovesse a igualdade com os melhores padrões de qualidade, e não uma igualdade das necessidades mínimas, como se procurou realizar em toda a parte" (ESPING-ANDERSEN, 1991, p. 109).

[71] ESPING-ANDERSEN, Gosta. *Fundamentos sociales de las economias postindustriales*. Barcelona: Editorial Ariel, 2000.

diversos fatores, três deles dotados de maior importância: a natureza da mobilização de classe (principalmente da classe trabalhadora), as estruturas de coalizão política de classe e o legado histórico da institucionalização do regime (ESPING-ANDERSEN, 1991, p. 111).

A despeito de sua importância, a tipologia dos regimes de bem-estar suscitou críticas, cujo registro é relevante para interpretar a trajetória brasileira. Parte dessas críticas concerne às próprias categorias de análise, que permitiriam classificar sob um mesmo regime países com grandes diferenças (VAZQUEZ, 2007, p. 54). Nesse tópico, ressalta-se que a crítica feminista ao subdesenvolvimento da perspectiva de gênero nessa formulação (KERSTENETZKY, 2012, p. 99) levou à revisão da tipologia original, com o acréscimo de uma nova dimensão de análise: a desfamiliarização, que diz respeito à extensão com que o bem-estar individual é vinculado à provisão familiar (PASSOS; KERSTENETZKY; MACHADO, 2019, p. 4).

Outra ordem de críticas trata da aplicabilidade dessa tipologia a situações não contempladas na formulação original, seja por diferenças de desenvolvimento econômico, seja por peculiaridades históricas (DRAIBE, 2007). À crítica "(...) ao insuficiente nível de desenvolvimento da sociedade, da economia ou do próprio sistema de proteção social, comparado 'ao desenvolvimento ótimo' alcançado nos regimes originais" (DRAIBE, 2007), a pesquisadora responde destacando evidências e comparações históricas que negam uma correlação estreita entre, de um lado, graus de modernização e, de outro, a emergência e a expansão do Estado de bem-estar social (DRAIBE, 2007). Ao contrário, muitos dos países pioneiros não só não eram desenvolvidos, como usaram políticas, programas e instituições do Estado do bem-estar para promover desenvolvimento econômico (KERSTENETZKY, 2012, p. xv).

Já a resposta às críticas acerca da especificidade (ou excepcionalismo) dos países e situações históricas que subsidiaram a formulação de Esping-Andersen, que comprometeria a aplicação da tipologia a contextos não contemplados na formulação original, passa pela definição do estatuto teórico atribuído ao conceito de regimes de bem-estar social (BARBOSA, 2020; DRAIBE, 2007). Se os regimes de bem-estar são tomados como tipos ideais, em tese passíveis de aplicação generalizada, a multiplicidade de casos que não se subsomem ao modelo pode levar à insubsistência da própria tipologia, ao passo que sua compreensão como categorias teóricas de nível intermediário[72] pode evitar generalizações e particularizações indevidas (DRAIBE, 2007). É justamente a adoção dessa segunda perspectiva e o reconhecimento da historicidade dessas categorias que permitem explorar as potencialidades dessa elaboração e avançar na construção de categorias "(...) mais sensíveis às peculiaridades históricas de países e regiões não bem enquadrados nas classificações estabelecidas" (DRAIBE, 2007).

É o caso da experiência da América Latina, região internamente bastante heterogênea e que desafia o modelo dos *Welfare States* pioneiros, tanto em relação às suas etapas quanto em relação à configuração de seus regimes.

Os países precursores na implantação de Estados de bem-estar social vivenciaram a fase formativa desses Estados entre o final do século XIX e o final da Primeira Guerra Mundial. Atravessaram uma fase de consolidação no período entreguerras e uma fase de expansão ("anos dourados") entre o final dos anos 1940 e meados dos anos 1970 (KERSTENETZKY, 2012, p. 16). Nas décadas de 1980 e 1990, passaram por reformas em reação à "(...) atmosfera de austeridade que se segue ao fim dos anos dourados, exigindo do estado do bem-estar um maior envolvimento com a 'ativação' da população e novos arranjos de provisão envolvendo o setor privado" (KERSTENETZKY, 2012, p. 60).

Na América Latina, esse processo seguiu outro curso. Os sistemas de bem-estar foram montados paralelamente aos processos de industrialização desses países, em variantes do modelo corporativo (KERSTENETZKY, 2012, p. 167-168). Nos anos 1980 e 1990, medidas de ajuste fiscal e reformas de políticas sociais levaram à retração da seguridade social tradicional, à introdução de esquemas privados de seguridade e à privatização de serviços (KERSTENETZKY, 2012, p. 168). Porém, ainda nos anos 1990, e sobretudo a partir dos anos 2000, houve expansão nos gastos sociais e reduções inéditas nas taxas de desigualdade e pobreza, resultado para o qual "(...) o fator explicativo mais importante não foi o crescimento econômico, mas a democracia, e

---

[72] Categorias teóricas de nível intermediário, explica Draibe (2007), "(...) não se confundem nem com categorias gerais e mais abstratas (por exemplo, a de Estado de bem-estar em geral) nem com conceitos particulares, referidos a casos ou situações concretas (por exemplo, o Estado de bem-estar francês). Ao contrário, (...) conceitos intermediários como os de regime, ao mesmo tempo que retêm os atributos gerais de um fenômeno dado, captam e retêm, por generalização, atributos próprios de um conjunto dado de casos particulares".

esta por meio da introdução de políticas redistributivas por coalizões de centro-esquerda" (KERSTENETZKY, 2012, p. 161).

Além das diferenças na época e na sequência com que esses sistemas de bem-estar social foram introduzidos, os regimes latino-americanos desafiam a tríade institucional Estado, mercado e família (BARBOSA, 2020, [p. 12]) em razão de seu elevado grau de informalidade nas relações de trabalho. Como afirma Kerstenetzky (2012, p. 42), "(...) as políticas sociais confinaram a proteção social apenas aos agentes protagonistas do projeto público de desenvolvimento: os trabalhadores industriais, os trabalhadores urbanos, os funcionários públicos". Em um modelo conservador-corporativista, a exclusão de grandes contingentes populacionais do mercado de trabalho formal tem como consequência a exclusão desses mesmos grupos das redes formais de proteção social, o que leva ao atendimento de suas necessidades sociais por mecanismos informais que tornam mais significativas as práticas não baseadas no mercado, como os laços familiares e comunitários (MARTÍNEZ FRANZONI, 2008, p. 68).

Em atenção a esse cenário, a caracterização dos regimes latino-americanos incorpora a dimensão da informalidade em suas análises.[73] Dentre elas, destaca-se a elaboração de Martínez Franzoni (2008), que procura captar a heterogeneidade entre os países da região,[74] já sob o influxo das reformas dos anos 2000. A autora dialoga com a formulação de Esping-Andersen, mas inclui a mercantilização como dimensão de análise, de modo a aferir a efetividade do mercado em incorporar e

---

[73] A ênfase a essa dimensão levou à elaboração de tipologias que tratam da informalidade como atributos dos regimes de bem-estar. Barrientos, por exemplo, qualifica os regimes latino-americanos como informais-conservadores até a década de 1980, quando teriam assumido um formato liberal-informal, em função de reformas institucionais e econômicas (BARRIENTOS, 2004 apud BARBOSA, 2020, [p. 12]). Cf. BARRIENTOS, Armando. Latin America: towards a liberal-informal welfare regime. In: GOUGH, Ian; WOOD, Geof (org.). Insecurity and welfare regimes in Asia, Africa and Latin America: social policy in development contexts. 3. ed. Cambridge: Cambridge University Press, 2004. p. 121-168. Segundo Martínez Franzoni (2008), a principal contribuição de Barrientos é ir além da retórica da legislação e das políticas públicas para explorar as suas reais práticas, ou, na terminologia empregada neste trabalho, ir além da base normativa das políticas sociais para investigar o funcionamento efetivo delas. Todavia, na linha apontada por Kerstenetzky (2012, p. 169), "A informalidade sugere mais a *falha* de algum pilar que propriamente uma alternativa abonável: ela indica apoio insuficiente no funcionamento regulamentado do 'mercado de trabalho' e no 'Estado' (...)", razão pela qual a autora não considera acertada sua inserção como predicado de um regime de bem-estar.

[74] A autora se valeu da comparação entre 18 países ao longo dos anos de 1999 a 2004.

remunerar a força de trabalho (MARTÍNEZ FRANZONI, 2008, p. 81).[75] Dessa forma, quatro eixos são considerados: mercantilização, desmercantilização, desfamiliarização e desempenho (mortalidade infantil e índice de desenvolvimento humano).

Identificam-se, então, três regimes de bem-estar na América Latina: bem-estar estatal produtivista, bem-estar estatal protecionista e regime familiarista não estatal (ou regime de bem-estar familiarista informal). Em comum, todos são informais em alguma medida, de forma que parte de suas populações depende de arranjos familiares e comunitários que assumam práticas cujas lógicas correspondam aos mercados e aos Estados (MARTÍNEZ FRANZONI, 2007, p. 23-24). Porém, nos dois primeiros, o Estado assume uma parcela importante do atendimento às necessidades sociais, ao contrário do que se passa no terceiro.

O regime de bem-estar estatal produtivista[76] é centrado no mercado e caracteriza-se por políticas públicas de apoio à mercantilização do trabalho e pela desmercantilização "pró-pobre", com educação e previdência privadas (KERSTENETZKY, 2012, p. 170). Aproxima-se, pois, do regime liberal da tipologia de Esping-Andersen.

O regime de bem-estar estatal protecionista,[77] que inclui o Brasil, tem políticas de proteção social ligadas ao *status* ocupacional e, portanto, menos focalizadas na população pobre. A desmercantilização favorece o trabalho formal e a mercantilização do trabalho é relativamente baixa. Por outro lado, a intervenção estatal é maior na prestação direta de serviços (MARTÍNEZ FRANZONI, 2007, p. 27), havendo seguridade social e educação públicas (KERSTENETZKY, 2012, p. 170).

O regime familiarista não estatal ou regime de bem-estar familiarista informal é aquele no qual a maior parte da população depende apenas de arranjos familiares e comunitários (MARTÍNEZ FRANZONI, 2007, p. 25), o que enseja elevados índices de trabalho feminino remunerado e não remunerado – este último como forma de compensar a falta de serviços públicos (PARADIS, 2019, p. 330). Sob esse regime,

---

[75] Como explica Kerstenetzky (2012, p. 171), "(...) uma baixa mercantilização tem como contrapartida uma alta informalidade/precarização do trabalho ou uma alta familiarização do bem-estar, duas situações de elevado risco social que são problemas a ser enfrentados pelo estado do bem-estar. Essas duas situações combinadas resultaram em fardo excessivo sobre as mulheres, especialmente, ainda que não exclusivamente, em países pobres e rurais da América Latina".

[76] Argentina e Chile.

[77] Brasil, Costa Rica, México, Panamá e Uruguai.

variando apenas quanto ao grau, estão dois conglomerados de países: um familiarista,[78] com as características que acabam de ser enunciadas, e outro altamente familiarista,[79] no qual a capacidade estatal é muito escassa e as organizações internacionais têm maior papel (MARTÍNEZ FRANZONI, 2007, p. 26).

Estabelecido o significado do Estado social, suas múltiplas manifestações e os traços que marcam a construção do bem-estar na América Latina, obtêm-se subsídios para analisar as opções realizadas pelo Estado brasileiro na definição de suas políticas sociais.

2.2 O Estado social no Brasil antes de 1988

O Brasil figura entre os países latino-americanos pioneiros na implantação de mecanismos de seguro social (KERSTENETZKY, 2012, p. 177) e, entre as décadas de 1930 e 1970, adquiriu características mínimas de um Estado de bem-estar social[80] (DRAIBE, 1994, p. 274). E, como ressalta Almeida (1995, [p. 1]), o nascimento, a expansão e a aquisição das feições características do sistema brasileiro de proteção social ocorreram ao longo de ciclos autoritários – a Era Vargas e a ditadura militar –, períodos em que a supressão democrática esteve acompanhada da redução do federalismo a uma característica meramente formal do Estado (SOARES; MACHADO, 2018, p. 79).

A primeira etapa dessa construção, a Era Vargas (1930 a 1945), respondeu pela introdução de um regime de bem-estar corporativo (KERSTENETZKY, 2012, p. 181). Entre 1930 e 1943, a produção legislativa

---

[78] Colômbia, República Dominicana, Equador, El Salvador, Guatemala, Peru e Venezuela.
[79] Bolívia, Honduras, Nicarágua e Paraguai.
[80] São elas: "(...) a) um sistema *nacional*, apoiado em códigos, legislação, definição de competências por níveis de governo (nacional e subnacionais), regulações da provisão privada de serviços dos serviços - conjunto de mecanismos institucionais que definem cada área de ação e as relações das áreas entre si: b) uma base de financiamento do gasto público social destinado aos setores de intervenção citados, com fontes de receitas razoavelmente diferenciadas e com alta probabilidade de reproduzirem-se ano a ano: c) um modo, portanto, de regulação do mercado através da mobilização e operação do fundo público, com sensíveis impactos na formação do salário indireto e na definição das bases do consumo coletivo de massas: d) corpos profissionais e burocráticos, envolvidos nas estruturas organizacionais de administração e provisão de bens e serviços sociais, recrutados segundo algum critério de competência; e) clientelas específicas para cada área de atuação, definidas segundo critérios razoavelmente públicos e conhecidos; f) graus razoáveis de visibilidade e identificação institucional, em cada área de ação, possibilitando o seu reconhecimento valorativo (negativo ou positivo) por parte da população e auto-identificação por parte dos funcionários e corpos profissionais envolvidos" (DRAIBE, 1994, p. 274-275).

voltou-se para a criação de institutos de aposentadorias e pensão, para a regulação das relações trabalhistas, para a nacionalização de ações de saúde e educação e, finalmente, para as ações centralizadas de assistência social (DRAIBE, 1994, p. 275). Essas intervenções resultaram em uma estratificação social corporativista, com limitadas propriedades universais (KERSTENETZKY, 2012, p. 179).

No período democrático de 1946 a 1964, a expansão das políticas públicas continuou sob o modelo varguista (ABRUCIO, 2010, p. 44). Ao mesmo tempo, surgiram ações de combate às desigualdades regionais e de ampliação da proteção social a grupos excluídos. Porém, manteve-se um padrão de intervenção seletivo e heterogêneo, no tocante aos benefícios, além de fragmentado, nos planos institucional e financeiro (DRAIBE, 1994, p. 275).

Durante o regime militar (1964 a 1984), embora políticas sociais não ocupassem posição central na agenda dos governos, o sistema brasileiro de proteção social se consolidou e se expandiu (DRAIBE, 1994, p. 272), seguindo o que Abrucio (2010, p. 56) resume como modelo geral montado pelo regime: forte centralização decisória, estilo tecnocrático-autoritário e brechas para negociações clientelistas com estados e municípios. Organizaram-se sistemas nacionais públicos ou regulados pelo Estado na área de bens e serviços sociais básicos (DRAIBE, 1994, p. 275) e as políticas avançaram pelo que Kerstenetzky (2012, p. 201) denomina "universalismo básico", que significa massificação de programas sem efetiva universalização e desigual ampliação de proteção e oportunidades.

Mesmo com algum grau de universalização, as medidas sociais implementadas nesse período conservaram feições de um modelo corporativista-conservador. As políticas adotadas entre as décadas de 1930 e 1980 atenderam precipuamente aos segmentos urbano-industriais (KERSTENETZKY, 2012, p. 43), promoveram estratificação entre os segmentos protegidos e mantiveram grande parte da população fora do alcance das redes formais de proteção social.[81] Além disso, a expansão do Estado social em dois períodos autoritários consagrou "(...) o predomínio do Executivo federal, dos processos fechados de decisão e da gestão centralizada em grandes burocracias" (ALMEIDA, 1995, [p. 1]).

---

[81] Sobre a tardia proteção previdenciária aos trabalhadores rurais, suas diferenças em relação à previdência social urbana antes da Constituição de 1988 e o desigual tratamento dispensado a homens e mulheres rurícolas, cf. Porto e Sales (2020).

Nos estertores da ditadura militar, esse padrão de provisão social tornou-se alvo de críticas cada vez mais fortes, que colocavam em xeque as regras de inclusão e exclusão desse sistema de proteção social, seus privilégios e desigualdades, bem como seus modos hipercentralizados de organização e decisão (DRAIBE, 1994, p. 276).

Nessas circunstâncias, as demandas pela redemocratização vieram associadas à reivindicação de um novo paradigma de política social, que reparasse o caráter excludente até então vigente. Outro componente relevante dessa transição foi a reformulação do pacto federativo em prol de maior descentralização, como forma de "(...) devolução à cidadania da autonomia usurpada pelos governos militares" (ALMEIDA, 1995, [p. 3]), impulsionada pelo resultado das eleições diretas para governador realizadas em 1982, com a vitória da oposição nos principais estados brasileiros (ABRUCIO, 1994, p. 170). Por fim, e não menos importante, houve a demanda por maior participação social na formulação e implementação de políticas públicas.

No interior do aparato estatal, os debates sobre as mudanças nas políticas sociais aprofundaram-se entre 1985 e 1986, com o término da ditadura. Esses debates foram travados tanto nas comissões ministeriais quanto nos trabalhos da Comissão Provisória de Estudos Constitucionais, a Comissão Afonso Arinos.[82] Finalmente, em 1987, desaguaram na Assembleia Nacional Constituinte não apenas as propostas de restauração democrática, como também os pleitos por mudanças no paradigma de bem-estar social e no arranjo federativo instalado. Mas, como visto, as preferências expressas nessas demandas não determinariam, por si, as transformações nos direitos sociais e nas políticas voltadas à sua concretização. As regras de elaboração constitucional e as estratégias formuladas para operar sob essas regras também teriam significativo impacto na conformação final da Constituição de 1988, o que leva ao exame do processo constituinte.

---

[82] Criada pelo Decreto nº 91.450/1985, a Comissão tinha como propósito elaborar pesquisas e estudos para subsidiar os trabalhos da Assembleia Nacional Constituinte (NEPP, 1989). Contudo, a proposta elaborada pela Comissão não chegou a ser encaminhada à ANC, o que foi justificado pelo então presidente José Sarney como forma de evitar uma crise entre poderes (MARGARITES, 2019, p. 176), mas também pode ser atribuído ao conteúdo social progressista e à adoção do sistema parlamentarista de governo constantes do anteprojeto (LIMA; PASSOS; NICOLA, 2013, p. xxii).

2.3 Assembleia Nacional Constituinte

Na passagem da ditadura militar para o regime democrático, coube à Assembleia Nacional Constituinte reorganizar o Estado e reconstruir direitos fundamentais, superando um período marcado por autoritarismo e centralização. Instalada em 1º de fevereiro de 1987, a ANC era integrada pelos membros da Câmara dos Deputados e do Senado Federal, reunidos de forma unicameral, no total de 559 constituintes. Seus trabalhos foram organizados pelo Regimento Interno aprovado pela Resolução ANC nº 2/1987, mais tarde alterado pela Resolução ANC nº 3/1988.

A versão original de Regimento Interno estabelecia um processo constituinte bastante descentralizado e elaborado "de baixo para cima" (GOMES, 2006, p. 197).

Havia oito comissões temáticas com 63 membros cada, todas elas divididas em três subcomissões compostas por 21 membros, e uma Comissão de Sistematização integrada por 93 membros. As propostas eram inicialmente discutidas e votadas nas 24 subcomissões. Eram então tratadas nas comissões temáticas, de onde seguiam para a Comissão de Sistematização. À Comissão de Sistematização, que tinha entre seus integrantes os presidentes e relatores das comissões, além dos relatores das subcomissões (Resolução ANC nº 2, art. 13, §§1º e 2º), cabia elaborar o Projeto de Constituição a ser submetido a dois turnos de votação em Plenário. A participação popular era garantida por meio das audiências nas subcomissões, da apresentação de sugestões à Mesa ou à Comissão e das emendas populares (Resolução ANC nº 2, arts. 14 e 24).

As etapas e fases do processo constituinte podem ser visualizadas neste quadro:

Quadro 9 – Panorama do funcionamento da
Assembleia Nacional Constituinte

(continua)

Etapas	Fases
1. Preliminar	Definição: do Regimento Interno da ANC – Sugestões: Cidadãos, Constituinte e Entidades
2. Subcomissões Temáticas	A: Anteprojeto do Relator B: Emenda ao Anteprojeto do Relator C: Anteprojeto da Subcomissão

(conclusão)

Etapas	Fases
3. Comissões Temáticas	E: Emenda ao Anteprojeto da Subcomissão, na Comissão F: Substitutivo do Relator G: Emenda ao Substitutivo H: Anteprojeto da Comissão
4. Comissão de Sistematização	I: Anteprojeto de Constituição J: Emenda Mérito (CS) ao Anteprojeto K: Emenda Adequação (CS) ao Anteprojeto L: Projeto de Constituição M: Emenda (1P) de Plenário e Populares N: Substitutivo 1 do Relator O: Emenda (ES) ao Substitutivo 1 P: Substitutivo 2 do Relator
5. Plenário	Q: Projeto A (início 1º turno) R: Ato das Disposições Transitórias S: Emenda (2P) de Plenário T: Projeto B (fim 1º, início 2º turno) U: Emenda (2T) ao Projeto B V: Projeto C (fim 2º turno)
6. Comissão de Redação	W: Proposta exclusivamente de redação X: Projeto D – redação final

Nota: "Etapas" propostas pelo autor; "fases" da base APEM [Base de Anteprojetos, Projetos e Emendas]. A fase D não existe.

Fonte: Oliveira (1993, p. 11-12).

O arranjo regimental conferia relevância estratégica às relatorias das subcomissões e das comissões temáticas[83] e aumentava a probabilidade de que o texto aprovado nesses órgãos fracionários, nos quais os custos de aprovação de uma proposta eram menores, fosse mantido em Plenário. Fortalecia, ademais, a Comissão de Sistematização frente ao Plenário, já que aquela Comissão seria responsável pela "filtragem" das propostas aprovadas nas etapas prévias e pelo projeto que condicionaria as deliberações em Plenário (PILATTI, 2008, p. 76). Os custos

---

[83] Pilatti (2008, p. 75, grifo do autor) aponta as quatro regras que conferiam relevância estratégica às relatorias das subcomissões e das comissões temáticas, a saber: "(...) o amplo poder de agenda regimentalmente conferido aos relatores das Subcomissões, através da liberdade de elaborar os respectivos Anteprojetos *com base nos subsídios encaminhados*, o que lhes dava ampla margem de manobra; o exíguo prazo (cinco dias) concedido para a apresentação de emendas, seja nas Subcomissões, aos Anteprojetos dos respectivos relatores, seja nas Comissões, aos Anteprojetos das Subcomissões e aos Substitutivos dos respectivos relatores; a prerrogativa concedida aos relatores das Comissões de redigir os Anteprojetos das Subcomissões que eventualmente não o entregassem; a participação dos relatores das Subcomissões e das Comissões Temáticas na composição da Comissão de Sistematização".

de modificar o Projeto elaborado pela Comissão de Sistematização eram muito mais altos do que os de mantê-lo, haja vista que: a) eram vedadas emendas que substituíssem integralmente o Projeto oriundo da Comissão de Sistematização ou que dissessem respeito a mais de um dispositivo, exceto quando se tratassem de modificações correlatas; e b) as emendas seriam votadas em bloco, exceto em caso de requerimento de destaque, formulado pelo mínimo de 35 constituintes, hipótese em que a aprovação da emenda exigiria 280 votos no Plenário (Resolução ANC nº 2, arts. 23, §2º, 27, §4º; GOMES, 2006, p. 208; PILATTI, 2008).

Analisando as regras regimentais e seus impactos nas três primeiras etapas da elaboração constitucional, Pilatti (2008, p. 193) observa que:

> O fluxo regimental dos trabalhos revelou pelo menos três aspectos que não foram antevistos pela maioria conservadora, como admitiu um de seus líderes: a criação das Comissões e Subcomissões Temáticas e a participação popular precondicionaram uma agenda substantiva que correspondia ao tipo de constituição preferida pelos progressistas e indesejada pelos conservadores, agenda esta que sobreviveu mesmo nas fases de centralização; a proeminência do relator na definição da agenda e do conteúdo dos projetos, aparentemente insuspeitada antes de exercida, beneficiaria reiteradas vezes os progressistas; a concentração decisória na Comissão de Sistematização, conjugada com o poder de indicação de seus membros pelos líderes, teve forte impacto sobre a configuração da singular correlação de forças ali verificada.

Até a etapa de sistematização, o processo constituinte foi guiado pelas regras do regimento originário. O grupo progressista, minoritário na Constituinte, alcançou posição de vantagem por força da indicação de representantes da ala progressista do PMDB para compor as subcomissões e comissões e, em especial, para ocupar suas relatorias,[84] indicação feita por Mário Covas no bojo de um acordo entre lideranças partidárias (GOMES, 2006; PILATTI, 2008, p. 64-76). O predomínio estratégico das forças progressistas no começo dos trabalhos constituintes, a liberdade de que dispunham os relatores para incorporar propostas de iniciativa popular ao texto e a facilidade de formação de maiorias nas comissões e subcomissões (GOMES, 2006, p. 201; VIEIRA; BARBOSA, 2018, p. 382) refletiram-se no projeto que foi sendo confeccionado. O

---

[84] O bloco progressista contava com 12 das 24 presidências e 12 das 24 relatorias das subcomissões. Nas 12 subcomissões em que o relator não era progressista, o presidente o era (PILATTI, 2008, p. 74-75).

ônus de se mobilizar para aprovar emendas fora transferido para o bloco conservador (PILATTI, 2008, p. 75).

Os efeitos desse procedimento *bottom-up* e da atuação estratégica da minoria progressista organizada vieram à tona e ensejaram reações na Comissão de Sistematização, sob a relatoria de Bernardo Cabral. O contraste entre as propostas canalizadas até a Comissão de Sistematização e as preferências majoritárias do conjunto de constituintes desencadeou impasses, negociações em espaços informais e sucessivas reformulações do projeto. Em razão disso, embora o regimento previsse apenas a apresentação do Anteprojeto, de emendas de adequação entre o Anteprojeto da Comissão de Sistematização e o trabalho das comissões e, por fim, do Projeto de Constituição,[85] a Comissão de Sistematização acabou por produzir um anteprojeto e três projetos de Constituição (GOMES, 2006, p. 197-198).

O Anteprojeto compilava o trabalho das comissões temáticas e supria a não aprovação do projeto pela Comissão VIII (Comissão da Família, da Educação, Cultura e Esportes, da Ciência e Tecnologia e da Comunicação),[86] contendo 501 artigos. Após as emendas, elaborou-se parecer e Projeto de Constituição, sem inovações de conteúdo, contendo 496 artigos (PILATTI, 2008, p. 153). O projeto foi aberto a emendas, seguido da elaboração do substitutivo apelidado de "Cabral I" e novamente aberto a emendas (PILATTI, 2008, p. 156). Sobreveio, então, o segundo substitutivo ("Cabral II"), "(...) uma tentativa de conciliar as demandas das forças mais conservadoras com as das mais progressistas, além das do presidente Sarney" (GOMES, 2006, p. 198). Em 18 de novembro de 1987, a Comissão de Sistematização aprovou o seu Projeto de Constituição (Projeto A), que ainda refletia as preferências das forças progressistas sobrerrepresentadas nas subcomissões, comissões temáticas e naquela Comissão de Sistematização (GOMES, 2006; PILATTI, 2008).

A partir do momento em que ficou claro que a operacionalização das regras regimentais favoreceu grupos minoritários progressistas, em detrimento da maioria conservadora, não era de surpreender que as contendas extrapolassem o conteúdo substantivo das propostas para alcançar as próprias regras do jogo. Foi o que ocorreu: constituintes contrários ao perfil progressista do projeto adotaram a estratégia de

---

[85] Cf. Resolução ANC nº 2/1987, arts. 19 e 20.
[86] Cf. *infra* 5.2.

modificação do Regimento Interno. Antevendo a aprovação do Projeto A na Comissão de Sistematização, formaram a coalizão suprapartidária que ficou conhecida como Centrão e angariaram apoio suficiente para pleitear uma alteração regimental facilitadora de modificações ao texto em Plenário (GOMES, 2006), o que levou à alteração do Regimento Interno por meio da Resolução ANC nº 3/1988.

As novas regras admitiam que a maioria absoluta dos membros da ANC apresentasse substitutivos de títulos, capítulos, seções e subseções, bem como emendas a dispositivos do Projeto de Constituição (Resolução ANC nº 3, art. 1º), o que antes não era permitido. Os substitutivos e emendas apresentados por essas maiorias teriam preferência automática de votação (Resolução ANC nº 3, art. 1º, §§2º), conferindo-lhes precedência em relação ao texto da Comissão de Sistematização. Permitiu-se ainda que grupos de no mínimo 187 constituintes pleiteassem destaques para votação em separado, hipótese em que o objeto de destaque somente seria incluído no texto constitucional se aprovado por maioria absoluta dos membros da ANC (Resolução ANC nº 3, art. 8º). Com exceção das emendas populares, as emendas e os destaques apresentados nas fases anteriores foram reputados prejudicados (Resolução ANC nº 3, art. 2º).

Mais do que inverter a correlação de forças entre Comissão de Sistematização e Plenário, a alteração regimental permitiu ao Plenário se desviar das propostas aprovadas nas fases anteriores e ampliou os pontos de veto à aprovação do Projeto A,[87] o que modificou a dinâmica de negociação do texto. O Centrão apresentou um Projeto de Constituição subscrito por mais de 280 constituintes que criou uma polarização com o projeto da Comissão de Sistematização (ABREU, 2009, p. 101). Como a aprovação de propostas tornou-se mais custosa, foram entabuladas negociações entre lideranças partidárias,[88] com resultados operaciona-

---

[87] Como frisa Gomes (2006, p. 210): "(...) houve uma inversão do ônus para a manutenção de itens constantes no Projeto-A. Se no Regimento Interno anterior era necessário juntar 280 votos para se modificar o Projeto-A, agora, no novo Regimento Interno, a manutenção de qualquer parte do Projeto-A exigia 280 votos. Enfatizando o ponto: qualquer dispositivo presente no Projeto de Constituição da Comissão de Sistematização precisava reunir 280 votos a favor (Oliveira, 1993:13). Assim, todas as partes do Projeto-A seriam submetidas à votação nominal. Dessa forma, a 'minoria progressista' da Assembleia Nacional Constituinte teria de reunir 280 votos em plenário se desejasse manter qualquer item do Projeto da Comissão de Sistematização".

[88] Na síntese de Rodriguez Neto (2019, p. 133), "Partiu-se da ideia de que o limite da perda era o projeto do 'Centrão', e o da conquista, o da Comissão de Sistematização. Assim, tudo que se negociasse nesse espaço seria vantajoso em relação ao limite da perda, alcançável na polarização do voto. A disputa no voto só seria da matéria impossível de obter consensualidade por não consistir em uma questão de grau, mas de mérito, como

lizados por meio da fusão de emendas (Res. ANC nº 3/1988, art. 3º, §2º) (ABREU, 2009; GOMES, 2006; RODRIGUEZ NETO, 2019). O primeiro turno de votação em Plenário durou quase seis meses, ao que se somaram outros três para a conclusão do segundo turno.

A mudança no Regimento impactou o texto final. As negociações e disputas em torno de diversas políticas levaram à assunção de alguns compromissos *ad hoc*, como forma de viabilizar compromissos subsequentes. Além de alterações substanciais em alguns pontos, a adoção de evasivas (CLUNE, 1983) relegou à legislação infraconstitucional a regulamentação de matérias mais conflitivas (GOMES, 2006, p. 212-213).

A despeito de sua capacidade de veto, o Centrão não constituía uma força hegemônica que poderia modificar por completo a versão resultante das fases iniciais (ARANTES; COUTO, 2008, p. 52). Então, mesmo com a reviravolta decorrente da alteração procedimental, o uso estratégico das regras estabelecidas, acompanhado de grande visibilidade às deliberações favoráveis às medidas de inclusão social, permitiu a aprovação de medidas como a universalização do acesso à saúde e à educação, bem como a vinculação de benefícios contributivos e não contributivos ao valor do salário mínimo (ARRETCHE, 2018). Assim – e não sem percalços e ambiguidades – logrou-se a promulgação da nova Constituição que marcou a inclusão de *outsiders* no espectro das políticas sociais brasileiras (ARRETCHE, 2018, p. 3).

2.4 O Estado social brasileiro segundo a Constituição de 1988

A Constituição de 1988 pode ser descrita como uma constituição dirigente[89] que, além de restaurar o Estado democrático de direito, substituiu o paradigma de bem-estar social vigente. Orientada pelos objetivos fundamentais de construir uma sociedade livre, justa e solidária; garantir o desenvolvimento nacional; erradicar a pobreza e a marginalização e reduzir as desigualdades sociais e regionais; promover o bem de todos, sem preconceitos de origem, raça, sexo, cor, idade

---

acabaram sendo o sistema de governo, critérios para desapropriação de terras, duração de mandato etc.".

[89] Bercovici (1999, p. 35) define como Constituição dirigente aquela que "(...) define fins e objetivos para o Estado e a sociedade". Para um panorama das teorias explicativas da natureza e da função da Constituição de 1988, *vide* Lunardi e Dimoulis (2013).

e quaisquer outras formas de discriminação (CF, art. 3º, I a IV), essa substituição respondeu ao esgotamento de um modelo de proteção social atrelado à estratificação ocupacional, que excluía grande parte da população, e acolheu um modelo redistributivista ou de universalismo estendido (KERSTENETZKY, 2012, p. 182).

Parte dessas transformações se constituiu na consagração de uma ampla gama de direitos[90] e de um capítulo dedicado aos direitos sociais, ausente nas constituições anteriores (SOUZA, 2013), que, na redação em vigor, prevê os direitos à educação, à saúde, à alimentação, ao trabalho, à moradia, ao transporte, ao lazer, à segurança, à previdência social, à proteção à maternidade e à infância, e, por fim, à assistência aos desamparados (art. 6º). A positivação de direitos sociais dotados de caráter fortemente desmercadorizante em diversas áreas erodiu alguns dos pilares da histórica divisão entre *insiders* e *outsiders* (ARRETCHE, 2018, p. 3). Ao prever a reconfiguração da relação público-privado na provisão social, com reflexos no grau de desmercadorização, de estratificação e de desfamiliarização das políticas de bem-estar social, a Constituição trouxe a perspectiva de atendimento mais amplo e igualitário às necessidades sociais da população brasileira, a despeito da persistente dificuldade dos regimes de bem-estar latino-americanos de incorporar e formalizar relações de trabalho.

Ao lado da afirmação de direitos sociais, um aspecto peculiar da Constituição de 1988[91] é a positivação de parcela expressiva da base normativa das políticas voltadas à efetivação desses direitos. Vale dizer: a Constituição não somente assegurou direitos sociais e previu a expansão da responsabilidade pública pela promoção de bem-estar social em bases universais e orientadas para a redução de desigualdades sociais, como especificou diversos aspectos da estruturação das políticas públicas para a consecução desses resultados, regulamentando diversas etapas

---

[90] Em um *ranking* de 190 países, atualizado até 2016, a Constituição ocupa o décimo lugar em número de direitos: 79 direitos (ARANTES; COUTO, 2019).

[91] Autores da Ciência Política destacam que a constitucionalização de um número significativo de normas sobre políticas públicas é uma particularidade da Constituição brasileira (ARANTES; COUTO, 2008, 2010, 2019; MELO, 2007). Segundo Souza (2013), embora a constitucionalização de mais direitos não seja peculiar ao Brasil, a constitucionalização dos detalhes das políticas não é usual em outros países. Melo (2007, p. 240) descreve esse fenômeno como "hiperconstitucionalização da política pública" e frisa que a Constituição "(...) não representa apenas um mapa circunstanciado das regras do jogo institucional do país, mas também contém inúmeros dispositivos relativos às políticas públicas" (MELO, 2007, p. 239).

da formação e implementação das políticas sociais,[92] os "braços executivos dos direitos expressos na Constituição" (KERSTENETZKY, 2014, p. 2). Alcançando todas as dimensões do direito nas políticas públicas,[93] cinco pilares constitucionais formam um núcleo comum de organização das políticas sociais, assim identificados por Abrucio (2010, p. 45): a) universalização das políticas relacionadas à garantia plena dos direitos sociais; b) democratização da gestão estatal, no que se refere à participação no plano deliberativo e no controle do poder público; c) profissionalização da burocracia; d) descentralização, preferencialmente pela municipalização; e e) preocupação com a interdependência federativa na forma de combate à desigualdade, com a cooperação intergovernamental e definição de um raio de ações federais como agente nacional.

Em suma, a transformação do paradigma de bem-estar social prevista pela Constituição de 1988 projetou um Estado social encarregado de políticas universais, organizado segundo um desenho federativo composto por três níveis de governo e forte na previsão de compartilhamento de responsabilidades e de descentralização, o que leva ao tema da próxima seção.

2.5 A federação brasileira e a Constituição: distribuição de competências e relações intergovernamentais nas políticas sociais

Pierson (1995, p. 451) argumenta que, na formação de políticas públicas em sistemas federativos, a pergunta "quem deve fazer isso?" se sobrepõe à questão "o que deve ser feito?". Portanto, ao lado das disposições que instituem o Estado social e definem seu modelo de provisão social, o segundo elemento central para a conformação das políticas sociais sob a égide da Constituição de 1988 diz respeito à forma federativa do Estado brasileiro, cuja organização político-administrativa

---

[92] Recentes alterações constitucionais ilustram a afirmação. A EC nº 108/2020 incluiu na Constituição a previsão de que "O Estado exercerá a função de planejamento das políticas sociais, assegurada, na forma da lei, a participação da sociedade nos processos de formulação, de monitoramento, de controle e de avaliação dessas políticas" (art. 193, parágrafo único). Já a EC nº 109/2021 impôs aos órgãos e entidades da administração pública, individual ou conjuntamente, o dever de realizar avaliação das políticas públicas, inclusive com divulgação do objeto a ser avaliado e dos resultados alcançados, na forma da lei (art. 37, §16).

[93] Cf. *supra* 1.4.

compreende União, estados, Distrito Federal e municípios, todos entes autônomos (CF, art. 18).

É lugar-comum recorrer a grandes dicotomias para classificar as federações. A oposição entre federalismo dual e federalismo cooperativo contrapõe modelos de separação de competências a modelos que lançam mão da colaboração e da assunção conjunta de responsabilidades entre unidades constituintes. É igualmente recorrente a discussão sobre se esses arranjos, em suas múltiplas concretizações, favorecem centralização ou descentralização.

O recurso às dicotomias, contudo, nem sempre esclarece o efetivo funcionamento das federações. Como argumentam Franzese e Abrucio (2013), "(...) o cotidiano do *policy-making* nas federações é mais dinâmico e menos dicotômico do que a classificação propõe". Nem mesmo uma "fotografia" da Constituição mostra a configuração concretamente adotada em uma dada política setorial, que pode ser influenciada por atributos institucionais nem sempre inseridos nas regras constitucionais (SOARES; MACHADO, 2018, p. 9). Mostra-se, então, mais promissor partir da Constituição para identificar possíveis interações entre os diversos níveis de governo, sem buscar no texto constitucional a resposta definitiva acerca da articulação federativa que se efetiva nas mais variadas políticas públicas.

Para conferir maior inteligibilidade às múltiplas formas de interações e articulação federativa, recorre-se ao modelo proposto por Wright (1992, p. 30-40), que identifica três padrões de relações intergovernamentais:[94] autoridade coordenada, autoridade inclusiva e autoridade sobreposta. O padrão de autoridade coordenada (independente ou dual) ostenta fronteiras nítidas entre o governo nacional e os governos estaduais, todos como entidades autônomas e apenas tangencialmente ligadas (WRIGHT, 1992, p. 30). O padrão de autoridade inclusiva ou hierárquica considera as esferas subnacionais como agentes do governo nacional, com impacto insignificante ou incidental sobre a política e as políticas públicas (WRIGHT, 1992, p. 33). O padrão

---

[94] Wright (1992) elaborou seu modelo com lastro nas relações intergovernamentais nos Estados Unidos. O autor parte da definição formulada por William Anderson, segundo a qual *relações intergovernamentais* designam "(...) um importante corpo de atividades e interações que ocorrem entre unidades governamentais de todos os tipos e níveis dentro do sistema federal [dos Estados Unidos]" (WRIGHT, 1992, p. 6) e assevera que essas relações "(...) incluem uma gama de atividades e significados que não são explícitos ou implícitos no federalismo" (WRIGHT, 1992, p. 26). Outros autores, porém, frisam que essas relações não são exclusivas de sistemas federais (GONTIJO, 2016; PALOTTI, 2012).

de autoridade sobreposta ou interdependente, a seu turno, implica envolvimento simultâneo de unidades nacionais, estaduais e locais na mesma área de ação governamental, com áreas relativamente pequenas de autonomia ou de jurisdição única, limitação do poder e da influência disponíveis a qualquer esfera de governo, bem como prevalência de relações de barganha (WRIGHT, 1992, p. 38-40).

Bastante funcional para compreender as relações federativas, o modelo de Wright mostra que essas relações podem ocorrer de maneira mais independente, mais hierarquizada ou mais negociada, a depender da distribuição dos recursos de poder e competências entre os entes federativos (LÍCIO; PONTES, 2020a, p. 319). Nessa medida, auxilia uma descrição mais geral do funcionamento de uma federação e permite analisar e comparar áreas específicas de ação governamental.

Estabelecidas essas balizas, examina-se o federalismo brasileiro sob a Constituição de 1988.

Afirma Almeida (1995, [p. 3]) que as correntes geradas na luta pela redemocratização promoveram uma "revolução descentralizadora", com significativa transferência de capacidade decisória, de funções e de recursos do governo nacional para estados, Distrito Federal e, especialmente, municípios. Aspecto notável dessa transformação foi a atribuição de *status* federativo aos municípios, peculiaridade do federalismo brasileiro que amplia o número e a complexidade das relações intergovernamentais pelo acréscimo de um terceiro nível federativo, composto por 5.570 unidades bastante heterogêneas, inclusive no que diz respeito às suas capacidades administrativas e financeiras.

No que se refere aos aspectos que afetam mais intensamente a conformação das políticas sociais, três pontos da Constituição devem ser destacados: o compartilhamento de competências e responsabilidades entre as três esferas federativas, a centralização da autoridade regulatória na União e a diretriz de descentralização das políticas públicas. Em conjunto, essas disposições dão ensejo a um modelo de autoridade interdependente nas relações intergovernamentais, o que torna cada vez mais difícil apontar um único nível de governo para responder à pergunta sobre "quem faz o quê" na federação brasileira. Vejamos esses pontos.

A primeira característica, o compartilhamento de competências e responsabilidades entre diversos níveis de governo, atine tanto às funções legislativas quanto materiais.

O art. 24 enuncia a competência legislativa concorrente entre União, estados e Distrito Federal para dispor sobre matérias como: a) direito financeiro, econômico e urbanístico; b) proteção ao patrimônio histórico, cultural, artístico, turístico e paisagístico; c) responsabilidade por dano ao meio ambiente, ao consumidor, a bens e direitos de valor artístico, estético, histórico, turístico e paisagístico; d) educação, cultura, ensino, desporto, ciência, tecnologia, pesquisa, desenvolvimento e inovação; previdência social, proteção e defesa da saúde; e) proteção e integração social das pessoas com deficiência; f) proteção à infância e à juventude. Nesse caso, cabe à União elaborar normas gerais e aos estados, suplementá-las (art. 24, §§1º e 2º). Na ausência de normas gerais, estes últimos exercem competência legislativa plena, com a ressalva de que a superveniência de legislação federal sobre as referidas normas gerais suspende a eficácia da legislação estadual, no que lhe for contrária (art. 24, §§3º e 4º). Os municípios, a seu turno, dispõem de competência legislativa para assuntos de interesse local (art. 30, I).

Por sua vez, o art. 23 elenca competências materiais comuns a todos os entes federativos nas áreas de: a) saúde, assistência pública, proteção e garantia das pessoas com deficiência;[95] b) proteção e preservação de bens de valor histórico, artístico e cultural; c) acesso à cultura, à educação, à ciência, à tecnologia, à pesquisa e à inovação; d) moradia e habitação; e e) combate às causas da pobreza e aos fatores de marginalização. Prevê-se, ademais, a edição de leis complementares fixando normas para a cooperação entre os entes federados visando ao equilíbrio do desenvolvimento e do bem-estar em âmbito nacional (art. 23, parágrafo único, com redação conferida pela EC nº 53/2006), o que abre espaço para leis setoriais tratando de regimes de colaboração entre entes políticos (TOLEDO, 2019, p. 134).

A Constituição também prevê o compartilhamento das obrigações de financiamento de políticas sociais. No que toca à educação e à saúde, normas constitucionais estabelecem, para todos os entes federativos, patamares mínimos de aplicação de recursos financeiros além de preverem a intervenção da União nos estados e no Distrito Federal, bem como dos estados nos municípios, na hipótese de não aplicação desses

---

[95] Conquanto a Constituição empregue o termo *pessoas portadoras de deficiência*, adota-se o termo *pessoas com deficiência*, em consonância com a Convenção Internacional sobre os Direitos das Pessoas com Deficiência, aprovada na forma prevista pelo art. 5º, §3º, da Constituição e promulgada sob o Decreto nº 6.949/2009.

mínimos (CF, arts. 34 e 35).⁹⁶ Quanto à assistência social, há previsão de custeio com recursos do orçamento da seguridade social, que inclui recursos da União, dos estados, do Distrito Federal e dos municípios (CF, art. 195 e 204).

Em que pese esse extenso compartilhamento de atribuições, a Constituição confere centralidade regulatória à União,⁹⁷ segunda característica enunciada acima. De um lado, pela prevalência das normas elaboradas pela União frente à legislação estadual no exercício de competência concorrente (CF, art. 24, §§1º e 4º). De outro, pelo amplo rol de competências legislativas privativas da União (art. 21), incluindo seguridade social e diretrizes e bases da educação nacional (art. 21, XXIII e XXIV), que criam áreas de sobreposição com as matérias sujeitas à competência legislativa concorrente. Finalmente, pela competência da União para legislar sobre finanças públicas (art. 163, I) e, assim, disciplinar os gastos das esferas subnacionais.

O terceiro aspecto destacado é a diretriz de descentralização federativa, sobretudo em favor dos municípios. Fortes durante a Constituinte e contrastando com a centralização decisória que caracterizou o período anterior, as propostas de descentralização emergiram como propostas de aperfeiçoamento democrático e de aprimoramento da prestação de serviços sociais (CASTRO; RIBEIRO, 2009, p. 37-39). Essa diretriz aponta para um princípio de subsidiariedade, segundo o qual, sempre que possível, a responsabilidade pela execução de políticas públicas deve ser atribuída às esferas locais (CASTRO; RIBEIRO, 2009, p. 39).

Esse arranjo interdependente que conjuga a centralização regulatória, a descentralização na execução de políticas públicas e a possibilidade de atuação de mais de um nível de governo na mesma área permite suprir déficits de provisão social e, nessa medida, constitui uma via de redução de desigualdades entre as unidades constitutivas

---

[96] Originalmente, a Constituição previa a possibilidade de estados intervirem nos municípios na hipótese de não aplicação da receita municipal mínima na manutenção e desenvolvimento do ensino (art. 35, III). A EC nº 14/1996 passou a prever a intervenção da União nos estados e no Distrito Federal, também nas hipóteses relativas ao financiamento do ensino. A EC nº 29/2000 estendeu essas previsões às ações e aos serviços públicos de saúde.

[97] Sublinhando a distinção entre a autoridade decisória em matéria de políticas públicas e a responsabilidade por sua execução, Arretche (2010, p. 589) afirma que os governos subnacionais brasileiros têm importante papel na provisão e no gasto com serviços públicos, mas suas decisões sobre arrecadação tributária, alocação de recursos e execução de políticas públicas são largamente afetadas pela regulação federal.

da federação.[98] Favorece, assim, a criação de pisos de igualdade territorial que vão ao encontro dos objetivos fundamentais da República brasileira (CF, art. 3º). Porém, a consecução desses resultados depende da articulação entre os vários centros de poder da federação, o que leva ao tema da coordenação federativa.

Enfatizando a função estratégica da coordenação federativa para o desenvolvimento do Estado brasileiro, Abrucio, Franzese e Sano (2010, p. 180-181) consideram coordenação bem-sucedida aquela que mistura práticas competitivas – relacionadas com a participação autônoma dos entes federados no processo decisório conjunto, com barganhas e mútuo controle entre níveis de governo – com práticas cooperativas – vinculadas a parcerias e arranjos integrados nos planos territorial e das políticas públicas. Porém, os autores destacam a complexidade dessa tarefa, uma vez que a reivindicação de respeito à diversidade e à autonomia dos governos subnacionais tende a tornar a expansão de políticas nacionais próprias dos Estados sociais mais intrincada; o maior empoderamento e a democratização de esferas locais criam o desafio simultâneo da nacionalização e da descentralização; e, por fim, a elevação do desempenho da gestão pública e sua *accountability* democrática exigem compartilhamentos de funções bem definidos (ABRUCIO; FRANZESE; SANO, 2010, p. 180-181). Nesse cenário, a interdependência entre diversas esferas de governo, conquanto necessária para o êxito de diversas políticas, suscita dilemas ligados à tomada de decisão conjunta (PIERSON, 1995).

Ainda que seja possível objetar que o tema da coordenação é escassamente tratado pela Constituição,[99] o desenho federativo brasileiro

---

[98] Nesse ponto, confira-se Arretche (2010, p. 611), "(...) há um *trade-off* entre a redução das desigualdades territoriais e a plena autonomia dos governos locais. O papel redistributivo do governo federal parece ser uma condição para reduzir desigualdades interjurisdicionais de receita e, por consequência, a desigualdade de acesso dos cidadãos a serviços públicos no interior de um Estado-nação. Na ausência das transferências, a capacidade dos municípios brasileiros para prover serviços públicos seria altamente desigual. Além disto, a regulação federal parece ser uma condição para 'amarrar' subunidades independentes em torno de um mesmo objetivo nacional. O padrão de gasto dos governos locais – isto é, alta prioridade e baixa desigualdade nas políticas reguladas acompanhado de baixa prioridade e elevada desigualdade nas políticas não reguladas – demonstra claramente o impacto da regulação federal sobre as decisões dos governos locais".

[99] "A Constituição Federal de 1988 não criou ferramentas para coordenação de ações entre os entes federados. As soluções possíveis às necessidades de coordenação ficaram a cargo de decisões posteriores, dos governos que se seguiram nas décadas de 1990 e 2000, e não resultaram no mesmo encaminhamento institucional. Elas foram construídas parcialmente e setorialmente, por meio de emendas constitucionais (na saúde, Emenda Constitucional

impõe poucos ônus à formulação de políticas públicas que exijam coordenação federativa. O processo legislativo cria poucos pontos de veto passíveis de acionamento pelas esferas subnacionais para interferir na formulação de políticas nacionais, inclusive quando se trata de emendamento constitucional.[100] Além disso, estudos sobre a atuação do STF como árbitro federativo[101] apontam, ao menos até 2015, uma tendência a decisões favoráveis à União em conflitos intergovernamentais (ABRUCIO *et al.*, 2020; SOUZA, 2013). Assim, seria possível supor que a União teria poucas dificuldades para fazer valer sua agenda de políticas públicas e suas preferências de desenho institucional.

Conquanto haja elementos que deem margem a semelhante afirmação, a consideração das diversas etapas de institucionalização de uma política pública, em seus ciclos descendentes e ascendentes, mostra que as preferências e necessidades das unidades constitutivas da federação importam para o êxito de políticas nacionais que impliquem coordenação pelo governo federal e execução descentralizada. Sobre o ponto, Arretche (2015) enfatiza que incorporar demandas das unidades subnacionais ao desenho de propostas legislativas é um fator importante das negociações parlamentares, além de aumentar a probabilidade de adesão dessas unidades na fase da implementação, o que tende a aumentar a efetividade das políticas públicas. Além disso, questões não consideradas ou não resolvidas na etapa de definição da base normativa de uma política podem retornar na fase de implementação do programa e interferir no grau de alinhamento das unidades

---

29/2000; na educação, Emendas Constitucionais 14/1996 e 53/2006), leis (na saúde, Leis 8.080 e 8.142/1990; na assistência social, Leis 8.742/1993 e 12.435/2011; na educação, Lei 11.947/2009; para consórcios públicos, Lei 11.107/2005) ou normativas infralegais (na saúde, normas operacionais básicas como as NOB 01/1993 e 01/1996 e Norma Operacional de Assistência à Saúde 01/2002; na assistência social, normas operacionais básicas como a Resolução CNAS 130/2005)" (PALOTTI; MACHADO, 2014, p. 407).

[100] Cf. *infra* 2.7.

[101] Uma corte suprema competente para arbitrar conflitos entre diferentes órgãos do governo é parte de um conjunto de instituições federativas secundárias que visam manter um sistema de responsabilidades compartilhadas (OBINGER; LEIBFRIED; CASTLES, 2005, p. 10). No Brasil, a Constituição cria amplas possibilidades de atuação do STF como árbitro das relações federativas. A Corte pode interferir na formação de políticas públicas de amplitude nacional, por força da competência para julgar originariamente "(...) as causas e os conflitos entre a União e os Estados, a União e o Distrito Federal, ou entre uns e outros, inclusive as respectivas entidades da administração indireta" (CF, art. 102, I, f). Além disso, cabe ao STF, mediante representação do Procurador-Geral da República, autorizar a intervenção da União nos estados e no Distrito Federal, para assegurar a aplicação mínima de recursos na manutenção e no desenvolvimento do ensino e nas ações e nos serviços públicos de saúde (CF, art. 34, VII, e, c.c., art. 36, III).

subnacionais à política nacional, com efeitos para o funcionamento da política, e na própria redefinição da sua base normativa.

Ainda, há que se ter em conta que a formulação de políticas públicas não se encerra no Poder Legislativo. Ao contrário: como será tratado nos próximos capítulos, há uma intensa produção normativa a cargo do Poder Executivo e, como destacam Duarte e Santos (2014, p. 1130), o atual desenho institucional das relações intergovernamentais é "(...) paulatinamente moldado em torno de mecanismos de monitoramento, regras flexíveis de gestão mediante NOBs e assistência técnica e financeira do Executivo federal para a liberação dos recursos". Portanto, o exercício de competências legislativas pela União, embora constitua um importante recurso, não lhe confere imunidade contra a barganha federativa nas diversas fases do ciclo de uma política, tampouco dispensa a tomada de decisões conjunta e seus dilemas.

2.6 Relação entre arranjos federativos e políticas sociais

A conformação de sistemas de bem-estar social é fortemente influenciada pelo arranjo federativo. Mais do que isso, é possível apontar certo grau de tensão entre, de um lado, a autonomia e a heterogeneidade que um Estado busca preservar ao adotar a forma federativa e, de outro, o atendimento equânime às necessidades sociais que o Estado social almeja promover em território nacional. É o que defendem Obinger, Leibfried e Castles:

> O federalismo é um dispositivo institucional destinado a garantir a unidade ao permitir um certo grau de diversidade, ao passo que o objetivo principal do Estado de bem-estar é normalmente o de promover a igualdade de direitos sociais para todos os cidadãos. O federalismo e o estado de bem-estar, portanto, parecem estar nas extremidades opostas de um continuum diversidade-uniformidade. (OBINGER; LEIBFRIED; CASTLES 2005, p. 2)

Discorrendo sobre o impacto da estrutura federativa na formação de políticas sociais, Pierson (1995) analisa três dimensões da dinâmica federativa e os cenários que cada uma delas pode instalar. Essas dimensões dizem respeito: a) ao impacto de instituições associadas ao federalismo na formação de preferências políticas e de estratégias, bem como no grau de influência exercida por atores sociais;[102] b) à influência das unidades constituintes na produção de políticas públicas; c) aos dilemas da formulação compartilhada de políticas sociais. As duas últimas dimensões são as que interessam a esta pesquisa.

Ao tratar da presença de unidades autônomas competentes para aprovar suas próprias políticas e influenciar o caráter das ações da autoridade central, Pierson (1995) vislumbra cinco cenários. O primeiro deles é o de construção competitiva do Estado, na qual a expansão de programas sociais é vista como forma de legitimação e de criação de vínculos com o eleitorado. O segundo é o pioneirismo nas políticas públicas (*policy preemption*),[103] que aponta que "(...) o espaço político ocupado por um nível de governo limita as margens de ação dos demais" (ARRETCHE, 2011, p. 31), ao gerar um processo gradual de institucionalização da política, com custos irrecuperáveis e redes de interesses políticos que diminuem as perspectivas de reformas radicais. O terceiro cenário é o de inovação nas políticas públicas, pela multiplicação de jurisdições com autoridade sobre as políticas sociais, que tanto pode favorecer a difusão e a universalização de programas[104] quanto pode estimular menores investimentos ou "corrida ao fundo do poço" (*race to the bottom*). O quarto cenário diz respeito aos pleitos de assistência ao governo nacional, por meio dos quais as unidades constituintes buscam intervenção central em resposta aos efeitos negativos da competição horizontal e aos problemas de ação coletiva (PIERSON, 1995, p. 457). O quinto cenário, associado aos contextos de retração das políticas sociais, é o de fuga de responsabilidade (*blame avoidance*) ou "jogo de empurra" (FRANZESE, 2010, p. 71), situação em que um ente federativo tenta transferir responsabilidades para outro nível de governo.

---

[102] Essa dimensão ocupa-se de como as configurações institucionais afetam posições políticas dos atores sociais. Para o empresariado, a fragmentação favorece a desregulamentação competitiva entre entes federativos, com o intuito de atrair o capital móvel. Para empresariado e trabalhadores, incentiva-se a formação de coalizões baseadas em critérios territoriais, isto é, a formação de interesses regionais. Já para grupos minoritários, essas estruturas possibilitam o direcionamento de suas estratégias para as arenas que se mostrem mais favoráveis (PIERSON, 1995).

[103] O termo é traduzido por Franzese (2010) como preempção nas políticas públicas e por Sano (2008) como antecipação da política pública.

[104] O Programa Bolsa-Família e a Estratégia de Saúde da Família exemplificam programas nacionais inspirados em iniciativas locais (ABRUCIO, 2010, p. 44). A seu turno, o Orçamento Participativo é exemplo de difusão: a política surgiu no município de Porto Alegre e disseminou-se por outros municípios brasileiros e também por outros países (GASPARDO, 2018).

Já ao abordar os dilemas da decisão conjunta, Pierson (1995) explica que esses dilemas surgem porque o compartilhamento da responsabilidade por políticas sociais eleva a complexidade da formulação, da implementação e da modificação desses programas, exigindo a incorporação de necessidades e interesses de cada esfera federativa. Disso pode resultar: a) a tendência a políticas de menor denominador comum; b) a incorporação de mecanismos de proteção institucional, que enrijecem o desenho da política e comprometem sua eficiência; e c) a busca por rotas de fuga, ou seja, "(...) opções políticas alternativas ou reformas institucionais que atenuam a necessidade de tomada de decisão conjunta, mesmo que essas alternativas tenham várias limitações substantivas" (PIERSON, 1995, p. 460).

Sistematizando essas relações, tem-se:

Quadro 10 – Relações entre federalismo e políticas sociais

Categorias de efeitos institucionais	Cenários possíveis
Unidades constituintes da federação como novos atores institucionais importantes	Competição na construção do Estado (*competitive state building*)
	Pioneirismo nas políticas públicas (*policy preemption*)
	Inovação nas políticas públicas (*policy innovation*): • Difusão e universalização de programas • "Corrida ao fundo do poço" (*race to the bottom*)
	Pleitos de assistência ao governo nacional
	Transferência de responsabilidade ou "jogo de empurra" (*blame avoidance*)
Dilemas de formulação de políticas associados à tomada de decisão conjunta	Tendência a políticas de menores denominadores comuns
	Incorporação de proteções institucionais
	Busca por rotas de fuga

Fonte: Elaboração própria, com base em Pierson (1995), em especial as tabelas 2 e 3 do artigo original.

O quadro identifica cenários possíveis, mas não indica qual deles realmente ocorrerá. Isso porque "(...) o federalismo é muito importante para o desenvolvimento de políticas sociais, mas *como* ele importa depende do tipo específico de federalismo e de como as instituições federativas estão inseridas em um contexto político específico" (PIERSON, 1995, p. 451, grifo do autor). Vale dizer: as dinâmicas descritas acima fornecem hipóteses para as relações entre arranjo federativo e políticas sociais, mas as respostas dependem das especificidades de cada Estado.

As relações e a influência recíproca entre federalismo e políticas sociais são também objeto de estudo de Obinger, Leibfried e Castles (2005). Os autores apontam que o federalismo pode afetar o *Welfare State* em sua dinâmica de desenvolvimento, na generosidade de seus programas, na uniformidade desses programas em estados ou províncias, na extensão da redistribuição vertical, nos padrões de intervenção, nos graus de experimentação e na inovação nas políticas (OBINGER; LEIBFRIED; CASTLES, 2005, p. 30). De outro giro, as políticas sociais podem afetar a estrutura federativa, promovendo transformações nos arranjos de competência (*jurisdictional arrangements*) ou nos arranjos fiscais ao longo do tempo (OBINGER; LEIBFRIED; CASTLES, 2005, p. 30).

Para os propósitos desta pesquisa, interessa o primeiro sentido dessa relação: a influência do federalismo na conformação de políticas sociais. Nesse tópico, os autores se guiam pela hipótese de que o federalismo exerce um "efeito catraca" institucional que dificulta o desenvolvimento de novos *Welfare States* e, da mesma forma, as iniciativas de contração de *Welfare States* maduros (OBINGER; LEIBFRIED; CASTLES, 2005, p. 6). E, à semelhança de Pierson, rechaçam correlações uniformes entre federalismo e políticas sociais, enfatizando a necessidade de considerar outras variáveis,[105] o que inclui fatores temporais e contextuais.

As conclusões dos autores apontam distintos impactos do federalismo nos períodos de expansão e de contração dos *Welfare States*. Conforme explicam, esse impacto é mais forte na consolidação dos Estados sociais, não por força do tipo de arranjo federativo instalado (dual ou cooperativo), mas pela presença ou não de um contexto que seja federativo e democrático. Em países que adotaram políticas de bem-estar antes de se tornarem federações democráticas, a expansão foi mais rápida e enfrentou menores obstáculos, pois o governo central

---

[105] "Como o federalismo não representa um conjunto uniforme de arranjos institucionais no espaço e no tempo, argumentar que ele afeta o desenvolvimento do estado de bem-estar da mesma forma entre as nações envolveria uma suposição heroica. A diversidade entre países quanto a instituições federativas, diferentes interfaces e vínculos com instituições governamentais gerais, diferentes sistemas partidários e sistemas de mediação de interesses, bem como diferentes constelações de atores com preferências, estratégias e interesses heterogêneos, constituem uma ampla gama de configurações institucionais, tornando extremamente improvável que o federalismo esteja associado a padrões uniformes de política social e trajetórias de desenvolvimento semelhantes em todos os países" (OBINGER; LEIBFRIED; CASTLES, 2005, p. 29).

controlava competências relevantes desde o princípio (OBINGER; LEIBFRIED; CASTLES, 2005, p. 325-327). Já nos casos de implantação do *Welfare State* em cenários de federalismo democrático instalado, esse processo ocorreu mais tardiamente e a expansão de gastos sociais foi mais lenta (OBINGER; LEIBFRIED; CASTLES, 2005, p. 318). Pesou ainda o nível de governo que ocupou originalmente o espaço das políticas sociais: onde o poder central tinha atribuições limitadas para adotar políticas sociais, a expansão foi retardada, encontrou mais obstáculos e foi também mais dependente da colaboração com as unidades constitutivas e de medidas de incentivos financeiros. Confira-se:

> Como consequência da limitação dos poderes federais e do pioneirismo local nas políticas públicas, a consolidação do estado de bem-estar ocorreu de baixo para cima em todas as federações democráticas. A imediata redistribuição ascendente de competências foi bloqueada por meio de uma série de pontos de veto institucionais, com a necessidade de negociações em várias camadas para remover tais obstáculos, envolvendo necessariamente um número considerável de atores com interesses frequentemente conflitantes. Procedimentos rígidos de emenda constitucional e revisão judicial repetidamente derrubaram a ingerência federal em assuntos sociais. Nos casos em que a realocação de competências não teve êxito, a única maneira de o governo federal lançar iniciativas de política social foi fornecer subsídios federais às unidades constituintes. No entanto, essa estratégia marcou o ponto de partida de um federalismo de compartilhamento de custos que, na maioria dos casos, favorece uma interdependência fiscal cada vez maior entre diferentes tipos de governo. (OBINGER; LEIBFRIED; CASTLES, 2005, p. 319, 322)

Por outro lado, na fase de contração dos *Welfare States*, o federalismo desacelera o ritmo das reformas e dificulta cortes de gastos (OBINGER; LEIBFRIED; CASTLES, 2005, p. 332). Como fatores explicativos desse resultado, os autores referem: a) o interesse de governos subnacionais economicamente mais fracos em preservar o *status quo* da política social, especialmente quando se beneficiam dos arranjos de nível federal ou quando cortes nos programas federais são compensados pelos governos regionais; b) a tendência de que o compartilhamento de receitas e a concentração de atribuições em matéria de política social no nível central impeça "corridas ao fundo do poço"; c) o papel dos partidos políticos e das preferências ideológicas, que podem se mobilizar para bloquear programas de contenção; e d) nas federações com sistemas partidários congruentes e integrados verticalmente, a disseminação de eleições locais, nas quais políticas federais impopulares acabam sendo penalizadas (OBINGER; LEIBFRIED; CASTLES, 2005, p. 332-335). Os autores mostram que programas cuja modificação exigia processos de decisão conjunta foram mais resistentes a medidas de contenção, ao passo que o governo federal pôde implementar mudanças drásticas em programas com financiamento compartilhado nas hipóteses em que as unidades subnacionais não tinham poder de veto sobre as mudanças no financiamento federal (OBINGER; LEIBFRIED; CASTLES, 2005, p. 336).

Os estudos acima referidos fornecem valiosos subsídios para a análise dos sistemas de políticas públicas.

A compreensão do legado pré-constitucional das políticas sociais, pela óptica do pioneirismo das políticas públicas, contribui para elucidar os processos de formação dos sistemas de políticas públicas e suas possíveis dificuldades. A construção desses sistemas demanda a reformulação de estruturas institucionais, a cargo de distintas esferas de governo, e permite vislumbrar que a complexidade desse processo aumentará com a maior densidade da configuração preexistente e maior heterogeneidade das políticas anteriores. Ter em conta qual é o espaço vazio a ser preenchido por novas políticas – ou, inversamente, quanto havia de políticas antigas a serem redirecionadas – e quais esferas federativas protagonizaram a ocupação desses espaços é crucial para antever pontos de veto, custos de conversão e problemas de coordenação que podem se apresentar na estruturação desses modelos e, a partir daí, formular desenhos jurídico-institucionais mais apropriados para lidar com esse legado.

Ainda, a descrição de dinâmicas impostas pelo contexto federativo à expansão de políticas públicas chama atenção para os cenários possíveis de implementação de políticas públicas no bojo da retomada democrática no Brasil e para os modelos institucionais mais sensíveis aos efeitos deletérios que podem advir da competição desacompanhada de cooperação.

Ao mesmo tempo, a identificação do impacto do federalismo nas etapas de retração de políticas sociais revela possíveis fontes de resiliências dos sistemas de políticas e, da mesma forma, fornece indicativos das áreas de vulnerabilidade de uma política pública.

Ter esses fatores em atenção é fundamental para que se compreenda como se desenvolvem políticas sociais que mobilizam três níveis federativos simultaneamente, quais as suas potencialidades e os possíveis gargalos a serem atravessados para a consecução de seus resultados.

2.7 Uma nota acerca da morfologia da Constituição

As seções 2.4 a 2.6 discorreram a respeito da Constituição "olhando para fora". Analisou-se o que a Constituição estabelece como *dever ser* em matéria de bem-estar social e de relações federativas e, em seguida, tratou-se dos possíveis cenários de concretização das normas constitucionais. Antes de passar ao exame das disposições constitucionais específicas em matéria de saúde, assistência social e educação, é preciso tratar da morfologia da Constituição – vale dizer, da Constituição "olhando para dentro" – e entender como nosso modelo de Constituição pode influenciar a dinâmica de efetivação e a alteração da base constitucional das políticas sociais.

Há um conjunto de atributos da Constituição brasileira que eleva sua propensão ao emendamento e à ampliação de suas disposições. A literatura sobre modelos constitucionais aponta que a singeleza das exigências para aprovação de emendas, a extensão do texto constitucional e o seu grau de detalhamento estão entre os fatores que contribuem para uma taxa maior de emendamento constitucional (LUTZ, 1994; TSEBELIS; NARDI, 2014). Todos esses atributos estão presentes na Constituição de 1988.

Com exceção das chamadas cláusulas pétreas (CF, art. 60, §4º), a aprovação de uma emenda depende de três quintos dos votos dos membros de cada casa do Congresso Nacional, em dois turnos de votação (CF, art. 60, §2º), grau de dificuldade considerado baixo frente a outros países (ARANTES; COUTO, 2019; ARRETCHE, 2015; MELO, 2007; SOUZA, 2013). As arenas de veto ao processo de emendamento estão restritas ao Congresso Nacional e os entes subnacionais têm reduzido poder de veto no processo de aprovação de emendas, seja porque não há previsão de ratificação de emendas pelos entes subnacionais, seja porque no Senado Federal prevalecem votações conforme orientações partidárias, e não segundo bancadas estaduais coesas (ARRETCHE, 2015). A principal barreira às emendas não estaria, portanto, no grau de dificuldade das regras constitucionais, mas na fragmentação partidária, que demanda maiores negociações entre partidos e a formação de grandes coalizões (ARANTES; COUTO, 2010, 2019).

A Constituição caracteriza-se ainda por ser extensa,[106] detalhada e, como já visto, por incluir uma parcela significativa da base normativa de políticas sociais, o que resulta em um desenho constitucional mais predisposto ao emendamento (ARANTES; COUTO, 2008, 2010, 2019). A inserção de uma ampla gama de temas controversos e específicos na Constituição converte-a "(...) num campo de disputa política constante, mudando não só porque é flexível e aberta, mas principalmente porque é capturada e questionável" (ARANTES; COUTO, 2019). Dessa forma, surge a necessidade de fazer frente a demandas conjunturais pela via do emendamento (SALES, 2018a, p. 37).

Some-se a esse quadro o elevado número de normas constitucionais de vigência temporária. Inspirada na experiência portuguesa, a transição brasileira entre duas ordens constitucionais contou com normas de direito intertemporal reunidas no Ato das Disposições Constitucionais Transitórias (ADCT). A promulgação dessas normas, porém, não se restringiu ao momento de passagem; ao contrário, o ADCT vem sendo renovado ao longo das últimas décadas por meio de disposições transitórias cujo termo final frequentemente reacende discussões em torno das mesmas questões (v.g., financiamento de políticas públicas) e retroalimenta a promulgação de novas normas de vigência temporária (SALES, 2018a).[107]

Outro aspecto fundamental a ser ressaltado é o de que essas emendas não tendem à desconstitucionalização, mas ao aprofundamento da disciplina constitucional de um determinado assunto (ARANTES; COUTO, 2008). A falta de apoio à desconstitucionalização, explica Melo (2007, p. 259), advém do receio do comportamento oportunista do Executivo federal, na hipótese de retirada de uma matéria do texto constitucional. Portanto, ainda que haja consenso quanto à necessidade de modificação de disposições constitucionais, as reformas tendem a se dar no sentido de ampliação do texto constitucional, e não de retirada de matérias.

---

[106] Até 2016, a Constituição brasileira contava com 64.488 palavras, ocupando o terceiro lugar em um *ranking* de 190 países (ARANTES; COUTO, 2019).

[107] Souza (2013) argumenta que esse caráter "datado" seria característico da primeira onda de emendas constitucionais e que, a partir de 2006, as emendas passaram a ter vigência indeterminada ou a remeter a regulamentação da política à legislação infraconstitucional. Porém, o próprio ano de 2006 traz um exemplo de emenda constitucional com disposições de vigência temporária: a EC nº 53, que dispôs sobre o Fundeb em sua primeira versão. Uma década depois, a EC nº 95/2016 ilustra a permanência do padrão de emendas constitucionais contendo normas de vigência temporária.

Todos esses atributos retroalimentam o processo de reforma e de ampliação do texto constitucional.[108] Diante disso, pode-se esperar que as políticas sociais sejam marcadas por recorrentes transformações nas normas constitucionais que compõem sua base normativa e que essas alterações sejam mais frequentes nas áreas mais extensamente constitucionalizadas. Também é possível vislumbrar que o *status* constitucional, ao conferir maior densidade à base normativa de uma política pública, produza impactos no desenvolvimento dessas políticas e em sua capacidade de resiliência, criando pontos de veto a serem transpostos na hipótese de reformulação do desenho jurídico-institucional dessas políticas.

2.8 Saúde, assistência social e educação na Constituição

Discutidas as características gerais da Constituição, examinam-se as normas específicas sobre saúde, assistência social e educação, enfatizando-se os aspectos que podem influenciar a formulação e implantação de seus sistemas.

2.8.1 A constitucionalização da saúde

Uma das principais inovações da Constituição em matéria de proteção social foi a previsão de um sistema de seguridade social composto pelos subsistemas de saúde, assistência social e previdência social, dos quais apenas o terceiro tem caráter contributivo. Previsto no Capítulo II do Título VIII – Da Ordem Social, esse sistema é regido por princípios[109] de: a) universalidade da cobertura e do atendimento; b) uniformidade e equivalência dos benefícios e serviços às populações urbanas e rurais; c) seletividade e distributividade na prestação dos benefícios e serviços; d) irredutibilidade do valor dos benefícios; e) equidade na forma de participação no custeio; f) diversidade da base de financiamento, com a identificação, em rubricas contábeis específicas para cada área, das receitas e despesas vinculadas às ações de saúde,

---

[108] Até 2019, as emendas haviam resultado em um crescimento do texto constitucional de 44% em relação ao texto original, passando de 1.855 para 2.683 dispositivos, número que considera o texto principal e o Ato das Disposições Constitucionais Transitórias (ARANTES; COUTO, 2019).

[109] Embora o artigo 194 se refira a objetivos, trata-se, na verdade, de princípios da seguridade social (SALES, 2012, p. 149).

previdência e assistência social, preservado o caráter contributivo da previdência social; e g) caráter democrático e descentralizado da administração, mediante gestão quadripartite, com participação dos trabalhadores, dos empregadores, dos aposentados e do governo nos órgãos colegiados (art. 194, parágrafo único). Além disso, princípios específicos balizam cada um desses subsistemas.

A oferta de ações e serviços de saúde em território nacional é tratada na Seção II do Capítulo da Seguridade Social, que abrange os arts. 196 a 200.

Na dimensão substantiva da política sanitária, além de inscrever a saúde como direito de todos, enuncia-se a responsabilidade pública pela garantia desse direito, por meio de políticas sociais e econômicas que visem à redução do risco de doença e de outros agravos (art. 196), sem excluir a possibilidade de a iniciativa privada prestar serviços de saúde no âmbito do SUS, em caráter complementar e mediante contrato de direito público ou convênio, e de atuar de forma suplementar, em caráter privado (art. 199). Fixam-se, ainda, dois princípios norteadores da política sanitária nacional: a universalidade e a igualdade no acesso às ações e aos serviços voltados à promoção, à proteção e à recuperação da saúde, o que confere vocação altamente desmercadorizante a essa política.

A dimensão estruturante da política sanitária tem como eixo central o Sistema Único de Saúde, apoiado na previsão de que "As ações e serviços públicos de saúde integram uma rede regionalizada e hierarquizada e constituem um sistema único (...)" (art. 198). Para a organização desse sistema, três diretrizes foram fixadas (art. 198, I a III): a) descentralização, com direção única em cada esfera de governo; b) atendimento integral,[110] com prioridade para atividades preventivas, sem prejuízo dos serviços assistenciais; e c) participação da comunidade. Essas diretrizes proveem, respectivamente, as dimensões estruturante, substantiva e legitimadora dessa política.

O rol de atribuições do SUS, que sofreu uma única modificação desde 1988, por força da EC nº 85/2015, é tratado no art. 200, *in verbis*:

> Art. 200. Ao sistema único de saúde compete, além de outras atribuições, nos termos da lei:

---

[110] A Constituição trata da integralidade como diretriz de organização do SUS, ao passo que a Lei nº 8.080/1990 atribui-lhe a natureza de princípio (art. 7º, II).

I – controlar e fiscalizar procedimentos, produtos e substâncias de interesse para a saúde e participar da produção de medicamentos, equipamentos, imunobiológicos, hemoderivados e outros insumos;
II – executar as ações de vigilância sanitária e epidemiológica, bem como as de saúde do trabalhador;
III – ordenar a formação de recursos humanos na área de saúde;
IV – participar da formulação da política e da execução das ações de saneamento básico;
V – incrementar, em sua área de atuação, o desenvolvimento científico e tecnológico e a inovação; (Redação dada pela Emenda Constitucional nº 85, de 2015)
VI – fiscalizar e inspecionar alimentos, compreendido o controle de seu teor nutricional, bem como bebidas e águas para consumo humano;
VII – participar do controle e fiscalização da produção, transporte, guarda e utilização de substâncias e produtos psicoativos, tóxicos e radioativos;
VIII – colaborar na proteção do meio ambiente, nele compreendido o do trabalho.

Essa normatização delineia um intrincado arranjo jurídico-institucional e suscita a questão do financiamento da política sanitária, tema da maioria das emendas constitucionais em matéria de saúde (SALES, 2018a, 2018b). O regramento em vigor no texto permanente da Constituição prevê o financiamento com recursos do orçamento da seguridade social, da União, dos estados, do Distrito Federal e dos municípios, além de outras fontes (art. 198, §1º). Especifica-se, ademais, a obrigatoriedade de aplicações mínimas por parte de todos os entes federativos, com percentuais definidos por lei complementar, sujeita a reavaliação quinquenal (art. 198, §§2º e 3º). A base de cálculo das aplicações a cargo dos entes subnacionais é a mesma desde a promulgação da EC nº 29/2000; as regras aplicáveis à União sofreram alterações pelas ECs nº 86/2015 e nº 95/2016.[111]

O art. 198, §2º, I a III, fixa as bases de cálculo dessas aplicações da seguinte forma: a) União: Receita Corrente Líquida (RCL) do respectivo exercício financeiro, em patamar não inferior a 15%; b) estados e Distrito Federal: o produto da arrecadação do ITCMD, do ICMS e do IPVA (art. 155), os recursos arrecadados pela União e transferidos aos estados e municípios na forma do art. 157, as transferências do Fundo de Participação dos estados e do Distrito Federal (art. 159, I, a) e o percentual de arrecadação do IPI transferido a estados e Distrito Federal,

---

[111] Cf. *infra* 3.7.

proporcionalmente a suas exportações de produtos industrializados (art. 159, II), deduzidas as parcelas transferidas aos municípios; e c) municípios e Distrito Federal: o produto da arrecadação do IPTU, ITBI e do ISS (art. 156), os recursos arrecadados pela União e pelos estados, transferidos aos municípios na forma do art. 158, as transferências do Fundo de Participação dos Municípios (art. 159, I, b) e a parcela do IPI transferida aos estados e repassada aos municípios (art. 159, §3º).

Em que pese o disposto no art. 198, §2º, I, da CF, as aplicações a cargo da União atualmente estão submetidas a regras de vigência temporária decorrentes do Novo Regime Fiscal instituído pela EC nº 95/2016. Sob a égide desse regime, o percentual de 15% da RCL da União foi aplicado em 2017. Para os exercícios de 2018 a 2036, o montante sob responsabilidade da União deve corresponder às aplicações mínimas do exercício imediatamente anterior, corrigidas pela variação do Índice Nacional de Preços ao Consumidor Amplo (IPCA).

Há ainda regras sobre o regime jurídico de agentes comunitários de saúde e agentes de combate às endemias (arts. 198, §§4º e 6º), tema de duas emendas (ECs nº 51/2006 e nº 63/2010).

A constitucionalização do direito à saúde e do SUS não se restringiu ao momento inaugural da ordem constitucional. Ao contrário, a via do emendamento vem sendo retroalimentada, sobretudo para regulamentar o gasto federal com o sistema. O quadro a seguir expõe um inventário das emendas constitucionais em matéria de saúde.

Quadro 11 Emendas constitucionais em matéria de saúde

(continua)

Ano de promulgação	Número da emenda	Objeto da emenda relevante para a política de saúde	Tema
1996	12	Autoriza a instituição da Contribuição Provisória sobre Movimentação Financeira (CPMF), com arrecadação destinada ao Fundo Nacional de Saúde (FNS).	Financiamento
1998	20	Prevê a fixação de critérios de transferência de recursos para o SUS por meio de lei.	Financiamento
1999	21	Prorroga a CPMF e autoriza a emissão de títulos da dívida pública com recursos destinados à saúde.	Financiamento
2000	29	Dispõe sobre recursos mínimos para ações e serviços públicos de saúde.	Financiamento

(conclusão)

Ano de promulgação	Número da emenda	Objeto da emenda relevante para a política de saúde	Tema
2002	37	Prorroga a CPMF.	Financiamento
2003	42	Prorroga a CPMF.	Financiamento
2006	51	Dispõe sobre a atividade de agentes comunitários de saúde e agentes de combate às endemias.	Atividade profissional
2010	63	Dispõe sobre a atividade de agentes comunitários de saúde e agentes de combate às endemias. Prevê assistência financeira para cumprimento do piso salarial desses profissionais.	Atividade profissional Financiamento
2015	85	Inclui, entre as atribuições do SUS, a de incrementar, em sua área de atuação, o desenvolvimento científico e tecnológico e a inovação.	Atribuições do SUS
2015	86	Torna obrigatória a execução da programação orçamentária e dispõe sobre recursos mínimos para financiamento das ações e serviços públicos de saúde.	Financiamento
2016	95	Altera o ADCT para instituir Novo Regime Fiscal.	Financiamento

Fonte: adaptado de Sales (2018a, p. 28-29).

A apresentação contida nesta seção mostra que o SUS nasce como política estruturante da saúde pública nacional juntamente com a Constituição e segue regulamentado pela via das emendas. A reiteração de reformas constitucionais para tratar do custeio das ações e serviços de saúde em território nacional mostra que a necessidade de garantir financiamento adequado e suficiente ao sistema sempre foi um dos principais desafios dessa política, ensejando reformulações recorrentes quanto a esse tópico. Por outro lado, o *status* constitucional de boa parte da base normativa do SUS deve ser tido como um fator que aumenta os pontos de veto a serem enfrentados na hipótese de reformulação do desenho jurídico-institucional desse sistema.

2.8.2 A constitucionalização da assistência social

A assistência social é a segunda política não contributiva da seguridade social. Nessa matéria, a Constituição inova ao reconhecer a assistência social como um direito social (art. 6º) e estabelecer normas sobre as políticas públicas voltadas à implementação desse direito. Porém, com regulamentação constitucional mais enxuta do que a da saúde, a seção destinada especificamente ao tema se compõe de dois artigos (arts. 203 e 204) e relega a maior parte da regulação da política à legislação ordinária.

A dimensão substantiva da política é traçada pelo art. 203 da Constituição, cujo *caput* enuncia a prestação da assistência social, a quem dela necessitar, independentemente de contribuição à seguridade social, e, em seus incisos I a IV, aponta os objetivos da assistência social, a saber: a) proteção à família, à maternidade, à infância, à adolescência e à velhice; b) amparo a crianças e adolescentes carentes; c) promoção da integração ao mercado de trabalho; e d) habilitação e reabilitação das pessoas com deficiência e promoção de sua integração à vida comunitária. No inciso V, embora indicado como objetivo, consta uma das prestações da assistência social: o benefício de prestação continuada, que garante um salário mínimo mensal à pessoa com deficiência e à pessoa idosa "(...) que comprovem não possuir meios de prover à própria manutenção ou de tê-la provida por sua família, conforme dispuser a lei".

Como se pode extrair desse dispositivo, especialmente do inciso V, a desfamiliarização não figurou como objetivo prioritário na conformação constitucional da assistência social. Ao contrário, destacam Jaccoud, Hadjab e Chaibub (2009, p. 186), "A ênfase na família aponta para a ainda forte presença, na sociedade brasileira, da atenção doméstica, identificada como espaço estratégico de efetivação de cuidados e mesmo de proteção social pública, da proteção e garantia das pessoas portadoras de deficiência". Assim, em paralelo ao horizonte de universalização da assistência social, reconhecem-se resquícios conservadores-corporativistas na concepção desse direito social.[112]

As diretrizes de organização das ações governamentais na assistência social constam do art. 204. A dimensão estruturante da política é objeto do inciso I, que prevê a descentralização político-administrativa,

---
[112] Cf. *supra* 2.1.

com a coordenação e as normas gerais a cargo da esfera federal e a coordenação e a execução dos respectivos programas sob responsabilidade da esfera estadual, da esfera municipal e de entidades beneficentes e de assistência social. Nesse inciso, chama atenção o acolhimento do papel estratégico das entidades beneficentes na oferta de serviços socioassistenciais, elemento com repercussões importantes no modelo brasileiro de proteção social (JACCOUD; HADJAB; CHAIBUB, 2009, p. 186). A dimensão legitimadora é assegurada no inciso II, que prevê a participação popular, exercida por organizações representativas, na formulação de políticas e no controle das ações em todos os níveis.

Prevê-se ainda o financiamento das ações governamentais pelo orçamento da seguridade social e por outras fontes (CF, art. 204, caput). Confirmando a tendência do ordenamento jurídico brasileiro à regulação nacional dos gastos subnacionais, faculta-se aos estados e ao Distrito Federal vincular até 0,5% de sua receita tributária líquida a programas de apoio à inclusão e de promoção social, vedado o emprego desses recursos em despesas com pessoal e encargos sociais, serviço da dívida e outra despesa corrente não vinculada diretamente aos investimentos ou ações apoiados (CF, art. 204, parágrafo único, I a III). Essa norma foi introduzida no texto constitucional pela única emenda constitucional à seção especificamente dedicada à assistência social (EC nº 42/2006).

Além da EC nº 42/2006, as emendas constitucionais que trataram do Fundo de Combate e Erradicação da Pobreza foram relevantes para a conformação da política nacional de assistência social, por influenciarem o financiamento de suas ações e serviços.

Em 2016, o financiamento da assistência social foi afetado pela EC nº 95, cujas regras gerais estabeleceram limites individualizados para despesas primárias dos três poderes, do Ministério Público e da Defensoria Pública. Para o ano de 2017, o limite corresponde à despesa primária de 2016, corrigida em 7,2%. Nos anos subsequentes, até 2036, vigerá o limite do ano imediatamente anterior, corrigido pela variação do IPCA.

Essas emendas levam ao quadro a seguir.

Quadro 12 – Emendas constitucionais em
matéria de assistência social

Ano de promulgação	Número da emenda	Objeto da emenda relevante para a política de assistência social	Tema
2000	31	Institui o Fundo de Combate e Erradicação da Pobreza.	Financiamento
2003	42	Dispõe sobre a vinculação de recursos a programa de apoio a inclusão e promoção social.	Financiamento
2010	67	Prorroga o prazo de vigência do Fundo de Combate e Erradicação da Pobreza.	Financiamento
2016	95	Altera o ADCT para instituir Novo Regime Fiscal.	Financiamento

Fonte: Elaboração própria (2021).

O panorama constitucional da assistência social revela uma regulamentação que comunga do núcleo comum de organização das políticas sociais estabelecido pela Constituição e que passou por poucas alterações desde 1988. Com regulação menos analítica do que aquela que se observa em relação a outras políticas, o espaço para que a normatização infraconstitucional defina o formato institucional da assistência social no país e suas ofertas é maior.

2.8.3 A constitucionalização da educação básica

A Constituição reconhece o direito social à educação (art. 6º) e dedica a Seção I, do Capítulo III – Da educação, da cultura e do desporto (arts. 205 a 214), a dispor sobre os contornos desse direito e regulamentar a oferta do ensino público e privado no país. Em sua dimensão substantiva, além de afirmar a educação como direito social de todos, dever do Estado e da família (arts. 6º e 205), estabelece o direito público subjetivo ao acesso ao ensino obrigatório e gratuito, inclusive aos que não tiveram acesso em época própria (art. 208, I e §1º).

Os princípios que regem o ensino são enunciados no art. 206, a saber: a) igualdade de condições para o acesso e a permanência na escola; b) liberdade de aprender, ensinar, pesquisar e divulgar o pensamento, a arte e o saber; c) pluralismo de ideias e de concepções pedagógicas, e coexistência de instituições públicas e privadas de ensino; d) gratuidade do ensino público em estabelecimentos oficiais; e) valorização dos profissionais da educação escolar; f) gestão democrática do ensino público; g) garantia de padrão de qualidade; h) piso salarial nacional para profissionais da educação escolar pública; e i) garantia do direito à educação e à aprendizagem ao longo da vida.

O art. 208 organiza a efetivação do dever do Estado em relação à educação, mediante garantia de: a) educação básica obrigatória e gratuita dos quatro aos dezessete anos de idade, assegurada inclusive sua oferta gratuita para todos os que a ela não tiveram acesso na idade própria; b) progressiva universalização do ensino médio gratuito; c) atendimento educacional especializado às pessoas com deficiência; d) educação infantil, em creche e pré-escola, até os cinco anos de idade; e) acesso aos níveis mais elevados do ensino, da pesquisa e da criação artística, segundo a capacidade de cada um; f) oferta de ensino noturno regular; e g) atendimento ao educando, em todas as etapas da educação básica, por meio de programas suplementares.

O art. 209 afirma que o ensino é livre à iniciativa privada, cumpridas normas gerais da educação nacional e mediante autorização e avaliação de qualidade pelo poder público. As escolas comunitárias, confessionais ou filantrópicas podem receber recursos públicos por meio de bolsas de estudo no ensino fundamental e médio, na hipótese de falta de vagas nas escolas públicas (art. 213, §1º). Além disso, permite-se o apoio financeiro do poder público às atividades de pesquisa, extensão, estímulo e fomento à inovação realizadas por universidades e/ou por instituições de educação profissional e tecnológica.

A dimensão estruturante das políticas de educação foi traçada pelo desenho federativo, que incluiu a divisão de competências mais descentralizada na execução dos serviços, com elementos matizadores da descentralização centrífuga (ABRUCIO, 2010, p. 202), e determinou a organização de um regime de colaboração[113] entre União, estados, Distrito Federal e municípios (art. 211). Confere-se aos municípios a atuação prioritária no ensino fundamental e na educação infantil (art. 211, §2º). Aos estados, cabe a atuação prioritária nos ensinos fundamental e médio (art. 211, §3º). À União incumbe organizar o sistema federal de ensino e o dos Territórios, financiar instituições de ensino públicas federais e exercer função redistributiva e supletiva, com o fito de garantir equalização de oportunidades educacionais e padrão mínimo

---

[113] Abrucio (2010, p. 61) observa que a expressão "regime de colaboração" somente foi empregada no regramento sobre a educação.

de qualidade do ensino mediante assistência técnica e financeira aos demais entes (art. 211, §1º).

A redação original do art. 214 previa o estabelecimento do plano nacional de educação, com o objetivo de articular e desenvolver o ensino em seus diversos níveis, além de integrar ações do poder público. Por força da EC nº 59/2009, o art. 214 passou a prever um sistema nacional de educação, nos seguintes termos:

> Art. 214. A lei estabelecerá o plano nacional de educação, de duração decenal, com o objetivo de articular o sistema nacional de educação em regime de colaboração e definir diretrizes, objetivos, metas e estratégias de implementação para assegurar a manutenção e desenvolvimento do ensino em seus diversos níveis, etapas e modalidades por meio de ações integradas dos poderes públicos das diferentes esferas federativas que conduzam a: (Redação dada pela Emenda Constitucional nº 59, de 2009)
> I – erradicação do analfabetismo;
> II – universalização do atendimento escolar;
> III – melhoria da qualidade do ensino;
> IV – formação para o trabalho;
> V – promoção humanística, científica e tecnológica do País.
> VI – estabelecimento de meta de aplicação de recursos públicos em educação como proporção do produto interno bruto. (Incluído pela Emenda Constitucional nº 59, de 2009).

A responsabilidade pelo financiamento perpassa todas as esferas, com imposição de aplicações mínimas na manutenção e desenvolvimento do ensino. A aplicação de recursos nessa área corresponde ao percentual mínimo de 18%, por parte da União, e de 25%, por parte de estados, Distrito Federal e municípios, incidentes sobre a receita proveniente de impostos, incluindo as transferências (art. 212, *caput*). O ensino fundamental público conta ainda com a receita oriunda do salário educação (art. 212, §5º). Porém, por força da EC nº 95/2016, a aplicação mínima a cargo da União também está submetida às normas especiais do Novo Regime Fiscal, de modo que a aplicação prevista pelo art. 212, *caput*, da CF foi mantida em 2017 e, de 2018 a 2036, corresponderá à aplicação mínima do exercício imediatamente anterior, corrigida pela variação do IPCA.

Ainda sobre o financiamento do ensino público, a Constituição prevê o Fundo de Manutenção e Desenvolvimento da Educação Básica e de Valorização dos Profissionais da Educação (Fundeb). Previsto pela EC nº 108/2020 como mecanismo permanente de financiamento da educação, o Fundeb direciona parcela dos recursos constitucionalmente vinculados ao financiamento do ensino para custeio da educação básica, além de assegurar a complementação federal do montante aplicado pelos demais níveis de governo. As regras atuais do Fundeb e dos regimes que lhe antecederam serão apresentadas no capítulo 5.

Parcela expressiva do regramento das políticas de educação foi definida por meio de reformas constitucionais. O financiamento foi tratado nas seis emendas que conformaram o desenho jurídico-institucional da educação nacional. As reformas foram ainda responsáveis pelo progressivo adensamento das relações federativas em matéria educacional, seja pela criação dos fundos contábeis (Fundef e Fundeb), seja pela definição das responsabilidades dos vários níveis de governo e sua articulação sob o SNE.

Sistematizando essas emendas, tem-se o seguinte quadro:

Quadro 13 – Emendas constitucionais em matéria de educação

(continua)

Ano de promulgação	Número da emenda	Objeto da emenda relevante para a política de educação	Tema
1996	14	Especifica competências materiais de cada nível federativo na oferta da educação pública. Cria o Fundef.	Divisão de responsabilidades entre os níveis federativos; Financiamento.
2006	53	Cria o Fundeb.	Financiamento
2009	59	Garante a obrigatoriedade e gratuidade do ensino dos quatro aos dezessete anos de idade; Garante a ampliação de programas suplementares de atendimento ao educando; Dispõe sobre a colaboração entre entes federativos; Prevê o Sistema Nacional de Educação; Dispõe sobre o Plano Nacional de Educação com duração decenal; Prevê a meta de aplicação de recursos proporcionalmente ao PIB; Determina a gradual extinção da Desvinculação de Receitas da União (DRU) em relação aos recursos da educação.	Público-alvo; Objetivos; Instrumentos de articulação; Relações federativas; Financiamento.

(conclusão)

Ano de promulgação	Número da emenda	Objeto da emenda relevante para a política de educação	Tema
2015	85	Dispõe sobre o financiamento de pesquisa, de extensão e de estímulo e fomento à inovação.	Financiamento
2016	95	Altera o ADCT para instituir Novo Regime Fiscal.	Financiamento
2020	108	Dispõe sobre o Fundeb.	Financiamento

Fonte: Elaboração própria (2021).

O tratamento constitucional da educação nacional, resultante do texto original e das emendas, prescreve uma política altamente desmercadorizante, que procura assegurar oportunidades educacionais de qualidade a toda a população brasileira. Especialmente no que se refere à dimensão estruturante da política educacional, as emendas constitucionais vêm tendo um papel significativo na especificação das competências de cada nível federativo em matéria educacional e no detalhamento de suas responsabilidades compartilhadas. E, embora o financiamento seja o tema prevalente dessas emendas, as relações federativas em matéria educacional também foram objeto dessas reformas.

2.9 Colocando em marcha uma nova lógica de provisão de bem-estar social

As seções anteriores examinaram a formação do Estado social no Brasil e as inflexões promovidas pela Constituição de 1988. Em contraste com um histórico que resultava em forte estratificação social e exclusão de boa parcela da população do acesso às múltiplas formas de proteção social, a Carta Magna ampliou o rol de direitos sociais e seus respectivos titulares, acolheu diretrizes de universalização e de equidade no acesso à provisão social, além de ter fixado os pilares do desenho jurídico-institucional das políticas públicas responsáveis por materializar essas disposições. Acoplada a essa primeira transformação, esteve a reformulação do arranjo federativo e das relações governamentais, num esforço de substituir um modelo centralizado – que, em última análise, resultava em um federalismo nominal – por um modelo de compartilhamento de competências que resultaria em um arranjo de autoridade sobreposta nas relações intergovernamentais, e prestigiou a descentralização das políticas sociais pela via da municipalização. A adoção de um novo paradigma de bem-estar social associado à reorganização do federalismo brasileiro exigiria o desenvolvimento de uma institucionalidade nova e, em boa medida, incompatível com o arcabouço anterior. Seria necessário impulsionar uma intensa reorganização da ação estatal, tanto em razão dos objetivos constitucionalmente estabelecidos quanto das funções de cada esfera federativa. Portanto, converter promessas constitucionais em mudanças nas condições de vida da população, dando continuidade ao processo de inclusão de *outsiders*, exigiria reformular os arranjos jurídico-institucionais existentes, por meio da regulamentação de disposições constitucionais, da elaboração de novas políticas públicas, da efetivação da participação social, do desenvolvimento de capacidades estatais, da reformulação dos mecanismos de controle da ação governamental e, não menos importante, da criação de novos padrões de relações entre os níveis federativos.

Essa empreitada levaria a uma série de disputas e imporia desafios de diferentes ordens, o que não deixa de ser previsível. Se o processo de institucionalização de um determinado conjunto de ideais "(...) força nossos ideais a se apresentarem em um nível de detalhamento que não estava predeterminado no ideal ou na aspiração que levou à adoção de uma dada instituição" (ARGUELHES, 2011, p. 80-81), não é de surpreender que a reconstrução do Estado social após 1988 não só reabrisse discussões travadas durante a ANC, como suscitasse novas questões. E aqui é necessário lembrar que as ambiguidades internas à Constituição – e compreensíveis à luz do processo de elaboração constitucional – tanto permitiriam algum grau de continuidade das políticas sociais pré-constitucionais quanto possibilitariam uma guinada na concepção e implementação dessas políticas.[114]

Um primeiro desafio, pontuado por Kerstenetzky (2012, p. 183), dizia respeito à superação do legado do universalismo básico – que trazia muito mais elementos de um modelo informal-conservador do que propriamente de um modelo universalizante – para a introdução do universalismo estendido. A compreensão dos direitos sociais e o

---

[114] Essas tendências conflitantes viriam à tona no processo de regulamentação infraconstitucional das políticas de saúde, assistência social e educação e, da mesma forma, nas emendas à Constituição. É o que Fagnani (2009, p. 712) descreve como a tensão entre movimentos de estruturação das bases institucionais, financeiras e de proteção características do Estado de bem-estar social e tentativas de impedir a consumação das bases esboçadas em 1988.

peso dos arranjos institucionais estabelecidos anteriormente a 1988 criavam resistências e elevados custos para a adesão a novos modelos de políticas sociais, de forma que resíduos de concepções e práticas do passado acabariam por transparecer no ritmo de regulamentação das leis e em sua aplicação (KERSTENETZKY, 2012, p. 259).

O segundo desafio consistia na reorganização federativa necessária à implantação de novas políticas sociais. Como lembra Almeida (1995, [p. 4]), a Constituição não definiu com clareza uma hierarquia de competências dentro da federação, de forma que a definição de atribuições específicas e de áreas de cooperação dependeria de políticas governamentais. E prossegue:

> Nessas circunstâncias, um processo mais ou menos ordenado de descentralização da decisão e do comando das ações públicas requer empenho e políticas definidas no âmbito federal, que estabeleçam competências, mecanismos de cooperação e critérios de transferência de recursos. (ALMEIDA, 1995, [p. 4])

Evitar que a consecução de objetivos comuns a todos os níveis de governo e aplicáveis a todo o território nacional fosse frustrada por ações e omissões dos poderes públicos que levassem a movimentos de construção competitiva do Estado e, principalmente, de "corrida ao fundo do poço" ou "jogo de empurra"[115] – que, no limite, poderiam resultar em iniquidades ou inefetividade dos direitos sociais assegurados pela Constituição – dependeria de novas estratégias de articulação federativa. O exercício da função coordenadora por parte da União, a participação de estados, Distrito Federal e municípios na formulação e implementação de políticas nacionais e a criação de estratégias para efetivar padrões nacionais de execução local das políticas reguladas (VAZQUEZ, 2014, p. 998), tornam-se, então, elementos-chave da ação governamental nas políticas sociais.

O terceiro desafio estava ligado ao *timing* de implementação dessas reformas. Retardatário na trilha de universalização de direitos (GRIN, 2013, p. 189), o Brasil colocaria em marcha a expansão de seu sistema de bem-estar já em meio às discussões sobre a crise do Estado social,[116] à retração de seus programas nas economias centrais e à refor-

---

[115] Cf. *supra* 2.5.
[116] Cf. *supra* 2.1.

mulação do pensamento jurídico que acompanha essa crise, ilustrada pela postura crítica ao Estado social assumida por Ewald (1988) e pela relativização da Constituição dirigente como "valência normativa do Estado intervencionista" (CANOTILHO, 2008, p. 146).[117] Essa condição retardatária criaria para o Estado brasileiro desafios concomitantes de expansão e de adoção de medidas de austeridade, levando a uma dinâmica não linear de efetivação constitucional.

A concomitância entre duas tendências antagônicas receberia ainda uma nova camada de complexidades por ocorrer em meio a um processo de redemocratização e de reformulação do arranjo federativo. Nesse sentido, Franzese e Abrucio (2013) apontam para a presença simultânea das dinâmicas de expansão e de contenção de políticas sociais próprias de cenários de federalismo democrático. Os autores pontuam que, de um lado, seria de se esperar que a universalização e a igualdade de acesso de políticas sociais previstas pela Constituição encontrassem um cenário fragmentado e governos subnacionais fortalecidos, de forma que o federalismo poderia dificultar a nacionalização de políticas sociais.[118] Ao mesmo tempo, prosseguem, estratégias típicas do momento de redução do tamanho do Estado, como o "jogo de empurra", seriam igualmente observáveis. E concluem: "É como se os dois momentos-chave identificados por Obinger, Leibfried e Castles – de construção e desmantelamento do Estado de Bem-Estar Social – ocorressem simultaneamente" (FRANZESE; ABRUCIO, 2013).

É, portanto, sobre um terreno movediço que o país teria que se valer de múltiplas estratégias jurídicas para edificar um novo

---

[117] Ewald (2017) tornou-se crítico do Estado social que, em sua avaliação, "(...) deixou de ser um instrumento para que todos atuem como pessoas responsáveis, ao mesmo tempo em que compartilham os riscos com os outros. Em vez disso, ele se transformou em uma máquina que fabrica direitos sem exigir qualquer responsabilidade". O constitucionalismo dirigente, a seu turno, teve sua pretensão metanarrativa e omnicompreensiva criticada por Canotilho (2008), que, a partir da experiência da Constituição portuguesa, passa a defender um constitucionalismo moralmente reflexivo, que substitua um direito autoritariamente dirigente e ineficaz por fórmulas que permitam completar o projeto da modernidade, onde não realizado, nas condições complexas de pós-modernidade (CANOTILHO, 2001, p. XXIII).

[118] Franzese e Abrucio (2013) justificam a aplicabilidade das considerações acerca do desenvolvimento de um Estado de bem-estar social em cenários de federalismo democrático no período pós-1988, apesar da existência de políticas sociais anteriores. Os autores argumentam que a Constituição de 1988, além de ser um marco no desenho federativo, é um marco no desenho das políticas sociais, ao institucionalizar uma agenda regida por diretrizes de universalização e igualdade de acesso, que não estava presente na trajetória prévia dessas políticas.

Estado social, moldar e operar novos arranjos institucionais (BUCCI; COUTINHO, 2017). Na dimensão substantiva das políticas públicas, a definição normativa dos objetivos e do espectro de proteção desses programas enfrentaria o "(...) embate entre aspirações universalistas respaldadas na Constituição de 1988 e dinâmicas conservadoras que resistem principalmente à universalização de serviços sociais de qualidade" (KERSTENETZKY, 2012, p. 175). Em sua dimensão estruturante, caberia não só delimitar competências e tarefas, como estruturar canais de articulação entre agentes governamentais e/ou não governamentais na formulação e implementação de programas de ação. Na dimensão instrumental, novas formas jurídicas teriam que ser desenvolvidas para viabilizar a implementação das múltiplas ações embutidas em cada programa de ação governamental. Por fim, a dimensão legitimadora exigiria a criação de canais de participação social na formulação, implementação e controle dessas políticas.

Voltando à metáfora já utilizada, a "sala de máquinas" de um novo Estado social estava por ser construída e é exatamente aqui que se situa a organização de políticas públicas sob a forma de sistemas, analisadas nos três capítulos que se seguem.

CAPÍTULO 3

A INSTITUCIONALIZAÇÃO DO SISTEMA ÚNICO DE SAÚDE

Este capítulo resgata o caminho percorrido desde a concepção do Sistema Único de Saúde até sua atual estruturação. O SUS constitui a experiência pioneira de sistemas de políticas públicas e motivou a replicação do modelo para outras áreas. Por isso, seu estudo permite não apenas compreender o modelo de atenção sanitária vigente, como também reunir subsídios para o exame de sistemas homólogos.

O SUS tem sua gênese na Constituição de 1988, mas foi institucionalizado por um processo gradual que não foi apenas a tradução concreta de decisões, mas ainda um processo de formulação da política (MENICUCCI, 2007). Essa construção dialoga com o legado das políticas pré-constitucionais, com a reforma sanitária constitucionalizada e com os *feedbacks* da própria implementação da política. O resultado corresponde a um sistema que, por seu grau de estruturação e de sedimentação, pode ser qualificado como verdadeira instituição – "(...) a instituição jurídica criada pela Constituição Federal para organizar as ações e serviços públicos de saúde no Brasil" (AITH, 2006, p. 381).[119]

As condições que moldaram essa institucionalização são examinadas a seguir. A seção 3.1 discorre sobre as políticas sanitárias e as propostas de reforma que antecedem a Constituição. A seção 3.2 analisa

---

[119] Aith (2006, p. 381) caracteriza o SUS como instituição-organismo de direito público, "(...) um conjunto individualizado (o Sistema), dotado de uma organização interna que se equilibra com o Direito positivo (foi criado pela Constituição e possui diversos órgãos colegiados de deliberação, como as comissões intergestores) e representa uma situação jurídica permanente (sua origem constitucional lhe dá a permanência necessária para as instituições jurídicas). Como um sistema que é, o SUS reúne em si todas as instituições jurídicas que desenvolvem ações e serviços públicos de saúde no Brasil".

a elaboração das normas de direito sanitário nas diversas etapas da ANC. A seção 3.3 trata do período de 1988 a 1992, que abarca a aprovação da Lei Orgânica da Saúde e as medidas iniciais de descentralização de ações e serviços de saúde. A seção 3.4 se dedica ao interregno de 1993 a 1995, que compreende o processo de municipalização, o aprimoramento da estrutura decisória do SUS e a crise do financiamento do sistema ocorrida em 1993. A seção 3.5 discorre sobre o período de 1996 a 1999, ciclo marcado pela criação da CPMF e pelo incremento da municipalização. A seção 3.6 trata do período de 2000 a 2005, no qual ocorrem a vinculação constitucional de recursos e esforços voltados à regionalização de ações e serviços de saúde. A seção 3.7 discorre sobre a implementação de novos instrumentos de articulação, entre 2006 e 2014. A seção 3.8 se debruça sobre as medidas adotadas entre 2015 e 2019, que desestabilizaram o financiamento e a coordenação do sistema. A seção 3.9 dedica-se ao teste de institucionalidade do SUS durante a pandemia de Covid-19. A seção 3.10 condensa os temas tratados ao longo do capítulo em quadros descritivos da institucionalização do sistema e de seu atual desenho jurídico-institucional. A seção 3.11 apresenta um balanço desse processo.

3.1 Políticas públicas de saúde anteriores à Constituição de 1988

O surgimento de políticas nacionais de saúde pública e, com elas, de relações interfederativas em matéria sanitária remonta ao início do século XX. A primeira política nacional de saúde pública, com ações voltadas à profilaxia e ao saneamento de áreas rurais, desenvolveu-se entre 1910 e 1930 – a "era do saneamento" (HOCHMAN, 2013). Para tanto, o governo federal se valeu de convênios com os estados, tendo por objeto a concessão de auxílio federal para a adoção de medidas de saúde e de saneamento (HOCHMAN, 2013).

O arranjo estabelecido entre 1916 e 1919 balizaria as políticas de saúde pública coordenadas pelo governo central ao longo do século XX (HOCHMAN, 2013). Três elementos seriam reiterados dali em diante: centralização regulatória, descentralização executiva e a utilização de convênios. Esses programas iniciais também inauguraram uma duradoura cisão de tarefas entre níveis de governo, atribuindo as ações de saúde pública ao governo federal e a assistência hospitalar e o socorro aos pobres aos governos locais (MENICUCCI; D'ALBUQUERQUE, 2018, p. 23).

A década de 1930 reforçou a fragmentação de ações e serviços de saúde. As ações de saúde pública eram ofertadas pelo Ministério dos Negócios da Educação e Saúde Pública.[120] A assistência médica individual foi vinculada à proteção previdenciária, em evolução desde a década de 1920,[121] e prestada por Institutos de Aposentadorias e Pensões (IAPs) aos seus segurados e respectivos dependentes. Fora da proteção previdenciária, a assistência médica individual era prestada por entidades filantrópicas ou serviços públicos estaduais e municipais (SCHEFFER; AITH, 2016, p. 359).

Esse modelo corporativista-conservador não resultava apenas em exclusão ou atendimento precário à população desvinculada do mercado formal de trabalho, mas também criava estratificações entre os grupos protegidos pela assistência médica previdenciária, haja vista a diversidade da assistência prestada a diferentes categorias profissionais (LUCCHESE, 1996, p. 83; MENICUCCI; D'ALBUQUERQUE, 2018, p. 24). Sob o aspecto organizacional, esse arranjo favorecia a contratação de prestadores privados, pois os IAPs dispunham de poucos serviços próprios (SCHEFFER; AITH, 2016, p. 359). Combinam-se, pois, fatores que levavam à baixa capacidade estatal de prover diretamente serviços de saúde e à formação de um grupo influente de prestadores privados.

A partir de 1964, a ditadura militar interrompeu os debates sobre a reformulação da atenção à saúde que vinham ocorrendo desde os anos de 1950 (FIORE, 2014, p. 5), aprofundou a centralização da política sanitária e manteve a segmentação de ofertas e de clientelas. Os IAPs foram unificados no Instituto Nacional de Previdência Social (INPS)[122] e a assistência médica previdenciária ganhou proeminência frente às medidas de saúde pública (MENICUCCI; D'ALBUQUERQUE, 2018, p. 25). A seu turno, a rede privada de serviços de saúde se expandiu em detrimento da rede pública, tanto por força da contratação de serviços

---

[120] O Ministério dos Negócios da Educação e Saúde Pública foi criado pelo Decreto nº 19.402/1930. Saúde e educação seguiriam unificadas no mesmo ministério até 1953, ano de criação do Ministério da Saúde.

[121] O marco fundante da Previdência Social foi o Decreto nº 4.682/1923, conhecido como Lei Eloy Chaves, que criou as Caixas de Aposentadorias e Pensões para empregados das empresas de estradas de ferro do país. Além do pagamento de benefícios, as Caixas ofereciam assistência médica aos seus membros e respectivos dependentes. Na década de 1930, essas organizações foram substituídas pelos Institutos de Aposentadorias e Pensões (IAPs).

[122] Decreto-Lei nº 72/1966.

privados pelo Estado (SCHEFFER; AITH, 2016, p. 359) quanto dos subsídios para a construção de estabelecimentos privados (ARRETCHE, 2004b, p. 160; FIORE, 2014, p. 5-6).

A Lei nº 6.229/1975 dispôs sobre a organização do Sistema Nacional de Saúde e previu diretrizes de articulação entre o planejamento dos diversos níveis de governo, além de incentivos técnicos e financeiros por parte da União (BRASIL, 1975). Mas a própria lei reiterou a fragmentação institucional na órbita federal, incumbindo o Ministério da Saúde de formular a política nacional de saúde e promover ou executar ações preferencialmente voltadas para medidas de interesse coletivo, ao passo que o Ministério da Previdência e Assistência Social (MPAS) foi responsabilizado pelo atendimento médico-assistencial individualizado. O distanciamento e as disputas entre ministérios se acirraram com a criação, em 1977, do Instituto Nacional de Assistência Médica da Previdência Social (Inamps),[123] autarquia vinculada ao MPAS, que passou a concentrar o gerenciamento dos recursos e da assistência médica, em detrimento da unificação de ações reivindicada pelo Ministério da Saúde (SANO, 2008, p. 111-112). Ainda sob esse sistema, coube aos estados, ao Distrito Federal e aos territórios a criação e a operação de unidades de saúde do subsistema estadual, bem como o apoio aos municípios. Aos municípios, finalmente, conferiu-se a manutenção de serviços de saúde de interesse local, especialmente pronto-socorro e vigilância epidemiológica.

A década de 1980 marcou o surgimento de iniciativas de reestruturação orientadas pelo fortalecimento da articulação federativa e pela ampliação do acesso às ações e serviços de saúde.

As primeiras dessas medidas foram as Ações Integradas de Saúde (AIS),[124] iniciadas em 1983, que, na explicação de Lucchese (1996, p. 86), consistiram em uma estratégia de integração programática entre instituições públicas de saúde de todos os níveis federativos, com o objetivo de desenvolver os sistemas estaduais de saúde, guiados por princípios de universalidade, equidade no acesso e integralidade, bem como por diretrizes de regionalização, hierarquização e organização em sistema único. Ainda segundo Lucchese (1996, p. 86), essas estratégias eram

---

[123] Lei nº 6.439/1977.
[124] As AIS surgiram em 1983, como um programa abrangido pelo Plano de Reorientação de Assistência à Saúde no âmbito da Previdência Social (Plano CONASP-1982). No ano seguinte, foram convertidas em uma estratégia, que envolvia MPAS, Ministério da Educação, Ministério da Saúde e Secretarias Estaduais e Municipais de Saúde (PAIM, 1986, p. 170).

coordenadas pelas secretarias estaduais de saúde, em conformidade com a Política Nacional, operacionalizadas por meio de convênios, e contavam com comissões interinstitucionais em cada esfera de governo, encarregadas da coordenação e da gestão da assistência à saúde, uma inédita "(...) tentativa de entrelaçamento institucional das esferas de governo" (SANO, 2008, p. 117).

Contando com elevada adesão dos entes subnacionais,[125] as AIS contribuíram, como destaca Pereira (1996), para expandir a capacidade instalada da rede pública, mas não para combater "(...) o paralelismo de ações, a multiplicidade gerencial e a centralização do poder decisório em âmbito federal". Além disso, apenas 6% do orçamento do Inamps foi dirigido a essa política (CORDEIRO, 1991[126] *apud* SANO, 2008, p. 117), o que limitou seu impacto.

A segunda iniciativa relevante foi a criação do Programa de Desenvolvimento de Sistemas Unificados e Descentralizados de Saúde nos Estados (Suds), em 1987.[127] Por meio de convênios entre o Inamps, o Ministério da Saúde, o Ministério da Educação, governos estaduais e Secretarias Estaduais de Saúde, buscava-se a integração de recursos materiais e humanos das instituições conveniadas, cabendo às Secretarias Estaduais de Saúde promover a unificação das unidades da rede pública (LUCCHESE, 1996, p. 87). A implantação do Suds, todavia, acabou marcada por conflitos políticos, institucionais e burocráticos, além de distorções e desperdícios de recursos (LUCCHESE, 1996, p. 88).

Apesar das limitações quanto a seus resultados, esse início de reorganização foi significativo por indicar uma reorientação no modelo de atenção sanitária e por ter avançado antes da mudança da ordem constitucional. Essas alterações foram possibilitadas pela presença de novas propostas de universalização do acesso à saúde e de melhoria de suas prestações. O principal protagonista dessa agenda de reformas era o Movimento Sanitário, coalizão que se opunha à burocracia do Inamps e aos grupos ligados à saúde privada (ARRETCHE, 2004b, p. 166).

O surgimento do Movimento Sanitário remonta à década de 1970.[128] Esse movimento congregava médicos sanitaristas, acadêmicos,

---

[125] As AIS foram adotadas em todos os estados já em 1984 (CONASS, 2007, p. 52) e alcançaram 2.400 municípios até 1986 (BRASIL, 1987f, p. 52).

[126] CORDEIRO, Hésio. *Sistema Único de Saúde*. Rio de Janeiro: Ayuri, 1991.

[127] Decreto nº 94.657/1987.

[128] Sobre a formação do Movimento Sanitário, *vide* Menicucci e d'Albuquerque (2018, p. 26). Sobre as diferentes perspectivas dentro do Movimento Sanitário, *vide* Cohn (1989).

profissionais da saúde, movimentos sociais e outros agentes públicos em torno da reformulação do sistema de saúde, pauta que se fundia à da redemocratização. Além das propostas que seriam levadas à ANC, esses reformadores adotaram como estratégia a ocupação de espaços institucionais (COHN, 1989, p. 133), o que foi favorecido pela presença de políticos de centro-esquerda na coalizão de apoio ao presidente Sarney e permitiu a especialistas em saúde de viés progressista exercerem maior influência no Executivo federal (ARRETCHE, 2004b, p. 167).

O paulatino fortalecimento das propostas do Movimento Sanitário consolidou-se na 8ª Conferência Nacional de Saúde,[129] realizada em 1986. Com trabalhos presididos por Sérgio Arouca, a Conferência reuniu mais de 4 mil participantes[130] e, em seu relatório final (BRASIL, 1986), veiculou um projeto de reestruturação do sistema nacional de saúde que previa um novo arcabouço institucional apto a garantir universalidade de cobertura, principiando pelas áreas carentes ou desassistidas (SALES, 2018b, p. 219), e que preconizava a total separação entre saúde e previdência (ESCOREL; NASCIMENTO; EDLER, 2005, p. 78). A partir dessas propostas, o Poder Executivo federal instituiu a Comissão Nacional da Reforma Sanitária (CNRS),[131] de composição paritária entre representantes do governo e da sociedade civil, incumbida de apresentar sugestões para o reordenamento do sistema de saúde.

Outro evento relevante na formação de coalizões que influenciariam os rumos da política sanitária foi a fundação, em 1982, do Conselho Nacional de Secretários de Saúde (Conass), entidade de direito privado, sem fins lucrativos, composta por secretários de saúde de estados e Distrito Federal.[132] A articulação desses gestores, explica Sano (2008, p. 119), deveu-se à similitude de problemas de infraestrutura e de financiamento das ações de saúde, bem como à percepção da necessidade de ampliar o financiamento federal das redes estaduais de

---

[129] As Conferências Nacionais de Saúde ocorrem a partir de 1941 e, desde 1986, orientam, de fato, a formulação da política de saúde (LUCCHESE, 1996, p. 95). A organização federativa da política foi tema de alguns desses eventos, a exemplo da 1ª Conferência, que tratou da organização sanitária estadual e municipal, e da 3ª Conferência, que versou sobre distribuição e coordenação das atividades médico-sanitárias nos níveis federal, estadual e municipal.

[130] As entidades representativas de grupos de saúde privada não enviaram representantes para a Conferência (FIORE, 2014, p. 8).

[131] Portaria Interministerial MEC/MS/MPAS nº 2/1986. Sobre as atividades da Comissão, *vide* Faleiros, Silva, Vasconcellos e Silveira (2006) e Lucchese (1996).

[132] O Conselho Nacional de Secretarias Municipais de Saúde (Conasems) somente seria constituído em 1988.

saúde e a descentralização do sistema. Assim, o Conass nasceu com o objetivo de influenciar as decisões sobre o sistema de saúde brasileiro (SANO, 2008, p. 120) e teria atuação significativa no desenvolvimento institucional após 1988.

Estabelecidos os antecedentes da Constituição de 1988, é possível resumir o cenário das políticas de saúde às vésperas da ANC em quatro pontos. O primeiro deles é a existência de um modelo estratificado de assistência à saúde, no qual preponderava a medicina individual previdenciária e boa parte da população não tinha acesso a ações e serviços públicos de saúde. O segundo é a regulação e a execução centralizada na esfera federal, com pequena participação de estados e municípios, e a prática de convênios sem uma cultura de negociação federativa (SANO, 2008, p. 24). O terceiro é o predomínio de agentes privados na prestação de serviços públicos de saúde (LUCCHESE, 1996, p. 84), além do desenvolvimento de planos privados, que levavam à "(...) atrofia da capacidade regulatória e de produção de serviços por parte do Estado" (MENICUCCI; D'ALBUQUERQUE, 2018, p. 25) e tornavam o Estado dependente do segmento privado. O quarto são as experiências incipientes de integração das ações de saúde entre os níveis de governo e a ampliação da cobertura, mas ainda restritas à assistência ambulatorial e hospitalar (LUCCHESE, 1996, p. 91).

A convocação da Assembleia Nacional Constituinte abriu uma janela de oportunidade para a reformulação da política sanitária no Brasil. De um lado, ganhou força a proposta encabeçada pelo Movimento Sanitário de um sistema de saúde de bases universais e não contributivo, formulada na 8ª Conferência Nacional de Saúde. De outro, embora sem se contraporem às propostas de universalização e descentralização de ações e serviços de saúde (MARQUES, 2010), grupos empresariais privados que se beneficiavam da venda de serviços ao setor público e da expansão dos planos e seguros de saúde opunham-se às propostas de intervenção e estatização dos serviços privados de saúde (SCHEFFER; AITH, 2016, p. 359).

O quadro a seguir condensa os principais aspectos da política sanitária anterior a 1988, as propostas de reformulação e os grupos mobilizados em torno dessa pauta.

Quadro 14 – Cenário das políticas públicas de saúde prévio à Constituição de 1988

Situação-problema	Modelo estratificado de assistência à saúde, com preponderância da assistência médica individual de cunho previdenciário, em detrimento de medidas de saúde pública, e exclusão de grandes contingentes populacionais.
Diagnóstico situacional	Centralização administrativa e financeira na esfera federal; Pequena participação de estados e municípios; Baixa articulação federativa; Força de agentes privados ligados à área da saúde; Experiências incipientes de descentralização; Mobilização pela reforma sanitária.
Solução hipotética	Sistema público de saúde de acesso universal, igualitário e gratuito.
Contexto normativo	Regimento Interno da ANC; Normas de regência do Sistema Nacional de Saúde, do Inamps e de políticas como as AIS e o SUDS.
Processo decisório	Elaboração constitucional.
Etapa atual do processo decisório	Início do processo de elaboração constitucional.
Arena institucional	Assembleia Nacional Constituinte.
Protagonistas	Grupos defensores da Reforma Sanitária.
Antagonistas	Grupos ligados aos serviços privados de saúde; Inamps.
Decisores	Constituintes.
Recursos de barganha	Mobilização em defesa da Reforma Sanitária; Mobilização dos grupos ligados aos serviços privados de saúde; Negociação em torno do papel dos grupos privados de saúde, dentro e fora do SUS, inclusive com propostas de estatização; Legado das políticas sanitárias adotadas ao longo do século XX: a) dependência do Estado em relação ao segmento privado; b) concentração de recursos para a política de saúde no MPAS; c) estrutura de assistência médica instalada à época da Constituinte.

Fonte: Elaboração própria a partir do quadro de Ruiz e Bucci (2019).

A próxima seção discute como a ANC lidou com o legado das ações até então desenvolvidas e com as propostas de reforma sanitária que se apresentavam.

3.2 A saúde na Assembleia Nacional Constituinte

Ao longo do processo de elaboração constitucional, duas disputas foram centrais para a construção da política sanitária nacional, relacionadas à relação público-privado na provisão da saúde e ao "caixa" do sistema público de saúde.

A primeira e mais importante disputa estabeleceu uma clivagem entre, de um lado, a defesa da ampliação do papel do Estado na regulação e na prestação de serviços de saúde e, de outro, a defesa do espaço reservado à iniciativa privada.[133] O Movimento Sanitarista protagonizava a defesa da universalização do direito à saúde, a ser efetivado por uma estratégia de descentralização, vista "(...) não apenas como um meio de melhorar a eficiência do sistema de saúde, mas também (...) como uma estratégia política para enfraquecer a influência política dos provedores com fins lucrativos" (ARRETCHE, 2004b, p. 167). Em contraposição, grupos ligados aos serviços privados de saúde, contando com o apoio de alguns atores governamentais, atuavam pela preservação de seu segmento, pelos limites à regulação de suas atividades e pela continuidade das contratações com o poder público.[134]

A segunda controvérsia presente nas discussões relativas à política sanitária referia-se ao financiamento da saúde pública. Refletindo a fragmentação institucional estabelecida desde o início do século XX, opunham-se os agentes que pretendiam manter os recursos no Ministério da Previdência Social aos que defendiam sua concentração no Ministério da Saúde. A essa disputa, somavam-se controvérsias ligadas à garantia e à exclusividade das fontes de financiamento.

Apresentadas essas linhas gerais, examinam-se as diversas fases da elaboração constitucional,[135] que teve início na Subcomissão de Saúde, Seguridade e do Meio Ambiente, albergada pela Comissão da Ordem Social.

---

[133] A distinção é perceptível tanto na distribuição das entidades que se pronunciaram perante a Assembleia quanto em relação aos constituintes que participaram mais ativamente dos debates (MARQUES, 2010, p. 84-87). Acerca da atuação desses grupos na ANC, *vide* Abreu (2009), Marques (2010), Rodriguez Neto (2019).

[134] Na audiência pública realizada pela Subcomissão de Saúde, Seguridade e do Meio Ambiente da ANC, o presidente do Inamps dedicou parte de sua fala a discutir como as relações público-privado em matéria de saúde deveriam ser estabelecidas. (BRASIL, 1987f).

[135] A descrição apresentada neste tópico se circunscreve aos aspectos ligados à conformação do SUS. Ainda sobre a tramitação do texto e suas alterações, *vide* Abreu (2009), Marques (2010) e Rodriguez Neto (2019).

Sob a presidência de José Elias Murad e relatoria de Carlos Mosconi, a Subcomissão iniciou suas atividades sem uma proposta definida para o tema da saúde (ABREU, 2009, p. 65). Na segunda reunião, o constituinte Eduardo Jorge propôs a adoção do relatório da 8ª Conferência Nacional de Saúde como referência para os debates (BRASIL, 1987f, p. 5) e, na seguinte, o relator trouxe a proposta da Comissão Nacional de Reforma Sanitária (BRASIL, 1987f, p. 6), sendo essas as principais referências norteadoras dos debates na Subcomissão que, ressalte-se, era integrada por constituintes ligados ao Movimento Sanitário, a exemplo dos mencionados Carlos Mosconi e de Eduardo Jorge.

Observa Marques (2010, p. 81) que a transformação de um sistema de saúde previdenciário em um sistema universal era consenso entre os atores políticos, ausentes manifestações de contrariedade de parlamentares ou representantes de algum segmento da população quanto a esse aspecto. Os pronunciamentos nas audiências públicas enfatizavam a necessidade de reformulação das ações e dos serviços públicos de saúde – reflexo das avaliações negativas das políticas até então implementadas e da intensa mobilização pela reforma. Porém, a inserção da política de saúde como tripé da seguridade social não foi um ponto de destaque nos debates. De acordo com Margarites (2019, p. 184), a defesa dessa inclusão foi feita apenas pelo então ministro da previdência e assistência social, Raphael de Almeida Magalhães; no mais, a relação entre saúde e previdência foi referida apenas para tratar da necessidade de separação do financiamento de uma e outra.

Ao mesmo tempo, a preservação do segmento privado de saúde não só não esteve sob risco, como apareceu como inarredável em um novo cenário constitucional. Houve pronunciamentos favoráveis à estatização da saúde, mas não foram majoritários nem consensuais entre os reformadores.[136] Ao contrário, Sérgio Arouca, um dos principais líderes do Movimento da Reforma Sanitária, além de descrever o sistema de saúde brasileiro como um sistema de saúde misto, defendeu a autonomia de organização do setor privado e o controle da medicina custeada pelo setor público, a partir de um regime de direito público (BRASIL, 1987f, p. 146). Novamente, as questões em discussão não se centravam na existência de um segmento privado, mas nos contornos de sua atuação.

---

[136] *Vide*, a propósito, Marques (2010, p. 38-39).

Após as audiências, o relator da Subcomissão apresentou um anteprojeto, elaborado com a assessoria de membros do Movimento Sanitarista (ABREU, 2009, p. 80). Apresentadas as emendas e o parecer do relator, o anteprojeto, já sob a forma de substitutivo do relator, foi levado à votação. O texto aprovado pela Subcomissão (BRASIL, 1987f, p. 326) reconhecia a saúde como direito social, de acesso igualitário e gratuito, e estabelecia a organização das ações e serviços de saúde sob a forma de sistema único, com detalhamento de suas diretrizes (arts. 1º e 2º). Previu-se o financiamento com recursos de fundos de saúde e a destinação mínima de 10% do Produto Interno Bruto (PIB) para a saúde (art. 3º). Acerca da participação privada, assegurava-se o livre exercício da atividade liberal (art. 6º) e, de outro giro, a possibilidade de o poder público intervir e desapropriar serviços privados de saúde "(...) necessários ao alcance dos objetivos da política nacional do setor, mediante justa indenização em moeda corrente" (art. 4º, §2º).

Na Comissão da Ordem Social, a relatoria coube a Almir Gabriel, também ligado ao Movimento Sanitário.[137] Nessa etapa, houve a inclusão da saúde como parte da política da seguridade social, proposta baseada na defesa de uma política social integrada e na necessidade de equacionar seu financiamento, ante a impossibilidade de fundos e vinculações constitucionais para setores específicos (RODRIGUEZ NETO, 2019, p. 117-118). Foram mantidas a previsão de liberdade de exercício profissional e de organização de serviços privados, bem como a possibilidade de intervenção e desapropriação desses serviços[138] (art. 56, *caput* e §3º).

No novo formato, a seguridade social seria custeada mediante contribuições sociais e recursos provenientes de receitas tributárias da União (art. 40). Para contornar os riscos ao comando único e autônomo do SUS vislumbrados pelo Movimento Sanitarista (RODRIGUEZ NETO, 2019, p. 118), previu-se a programação do Fundo Nacional de Seguridade Social, de forma integrada, com participação dos órgãos ligados às três áreas da seguridade social, garantida a autonomia das áreas na gestão de recursos (art. 43). À saúde, assegurou-se 30% da

---

[137] Rodriguez Neto (2019, p. 116) ressalta que, embora integrasse o Movimento Sanitário, o relator não buscou respaldo daquela coalizão no curso dos trabalhos constituintes.

[138] Na Comissão da Ordem Social, foram angariados 24 votos pela supressão da norma concernente à intervenção ou estatização, contra 18 desfavoráveis (MARQUES, 2010, p. 62). A emenda foi rejeitada porque não alcançou maioria absoluta de votos (cf. Regimento Interno da Comissão, art. 14, BRASIL, 1987c, p. 28).

receita do Fundo Nacional de Seguridade Social, excetuados os recursos de Fundo de Garantia do Seguro Desemprego e do Fundo de Garantia do Patrimônio Individual (art. 43, parágrafo único).

Perante a Comissão de Sistematização, alterações sensíveis recaíram sobre três pontos. O primeiro foi o financiamento, que passou a contar com a previsão de custeio mediante recursos da seguridade social, orçamento e aporte dos estados, Distrito Federal, territórios e municípios para o SUS (art. 233, §1º), sem a garantia de percentuais mínimos para a saúde. O segundo diz respeito à iniciativa privada, com a supressão da norma que permitia a estatização ou a intervenção em serviços privados de saúde[139] e, de outro giro, com a vedação a que recursos públicos fossem destinados a instituições privadas de saúde com fins lucrativos (art. 233, §2º). O terceiro foi a substituição do veto à propaganda de medicamentos pela previsão de defesa contra a propaganda comercial de produtos e serviços que pudessem ser nocivos à saúde (art. 256, §1º, II).

Em Plenário, boa parte da política sanitária aprovada na Comissão de Sistematização foi mantida. Mas a preservação de grande parte desse projeto não significou ausência de controvérsias nessa etapa.[140] Ao contrário, houve polarização entre as propostas de atores aglutinados em torno da Reforma Sanitária e o Centrão, aliado a representantes do setor privado da saúde (ABREU, 2009, p. 103-104).[141] Nessa oposição, o Projeto da Comissão de Sistematização representou um novo ponto de equilíbrio.

---

[139] O substitutivo "Cabral II" não trazia semelhante previsão, que tampouco reapareceu no projeto aprovado pela Comissão de Sistematização (Projeto A). Segundo Marques (2010, p. 112-113), "O artigo constitucional referente a este ponto saiu do texto do Relator da Comissão de Sistematização sem sequer chegar a ser votado. As atas da referida Comissão não oferecem informações sobre esta decisão e as transcrições dos debates também não deixam claro o porquê deste item não ter entrado na pauta das votações do Segundo Substitutivo do Relator. O fato é que não foram votadas emendas relativas a este assunto na Comissão de Sistematização. Como não há registros de parlamentares reclamando da não inclusão deste assunto na pauta de votações, e também não houve tentativas de recolocar este artigo no texto durante o Plenário, pode-se dizer que houve um acordo entre os parlamentares para a exclusão deste ponto do texto constitucional".

[140] Diferente é a leitura de Marques (2010, p. 96), para quem a mudança regimental não impactou a constitucionalização da saúde, porque tanto os acertos necessários para que se chegasse ao Plenário, com um projeto moldado para o SUS, quanto uma coalizão que pudesse garantir a aprovação foram feitos na Comissão de Sistematização.

[141] Acerca das sucessivas negociações e dos textos que subsidiaram as tratativas, *vide* Rodriguez Neto (2019).

Explica-se. Em dezembro de 1987, o Centrão apresentou uma proposta preliminar[142] que possibilitava ao segmento privado seguir participando das ações de saúde ofertadas pelo poder público. Essa proposta definia um sistema nacional de saúde composto por órgãos públicos e privados, "(...) subordinados a uma Política Integrada de saúde, cabendo ao Estado a norma e controle das ações e serviços de saúde, e a execução, tanto aos órgãos públicos como aos privados" (art. 226). Assegurava-se, ainda, à iniciativa privada a participação, de forma supletiva, das ações do poder público, mediante contrato a ser definido em lei (art. 226, §1º). Sem dispor quanto à obrigatoriedade de atuação sob as normas do SUS, a proposta abria espaço para a destinação de recursos públicos ao segmento privado fora do sistema.

Já o projeto formalizado pelo mesmo grupo sob a forma da Emenda Substitutiva 2P2044-0[143] delineava um sistema nacional único de saúde financiado com recursos federais (art. 230, §1º), sem menção ao custeio pelos governos subnacionais. Ao definir a rede regionalizada e hierarquizada do sistema único, previu-se a direção única em cada região ou sub-região administrativa, além da organização do sistema com observância da autonomia estadual e municipal (art. 230, §2º). Essas disposições fragilizavam a perspectiva de unidade desse arranjo, seja porque não haveria obrigatoriedade da inclusão em um sistema único, seja pela falta de comando único em cada nível de governo (RODRIGUEZ NETO, 2019, p. 138). As instituições privadas poderiam participar de forma complementar do sistema único, com preferência às entidades filantrópicas e sem fins lucrativos (art. 231, §1º).

A partir daí, narra Rodriguez Neto (2019, p. 140), buscou-se a repolarização por meio da apresentação de emendas que recuperavam o texto da Comissão de Sistematização e traziam temas rejeitados nas

---

[142] O texto da proposta preliminar foi extraído de Rodriguez Neto (2019, p. 357-359).

[143] Constava da justificativa da emenda: "(...) tudo aquilo que se refira à Seguridade Social, Previdência e Assistência Social, Educação, Cultura e Desporto, Ciência e Tecnologia, Comunicação, Meio Ambiente, Família, Criança, Adolescente, Idoso e Índios há de ser tratado com realismo e bom senso. Deve ser descartado o Estado provedor. Não pode o sistema de seguridade tornar-se sorvedouro de recursos, que não são infindáveis, do tesouro e do contribuinte. A sua universalização deve ser procedida com sobriedade, a despeito dos justificados anseios gerais por um melhor atendimento, extensivo a todos. Embora reconhecendo a responsabilidade precípua do Estado no campo da Saúde e da Educação, não há porque desconhecer a importância da colaboração da iniciativa dos particulares neste (sic) setores (...)." (BRASIL, 1988b, p. 811).

etapas anteriores.[144] Um novo processo de negociação foi desencadeado e, em sua fase final, envolvia a fusão das propostas do Centrão, da Comissão de Sistematização, da Emenda Popular recuperada pelo deputado Eduardo Jorge e de outras emendas (ABREU, 2009, p. 105). Uma das principais controvérsias nessa fase dizia respeito à possibilidade de destinação de recursos públicos à iniciativa privada para prestação de serviços fora do sistema único, o que acabou sendo dirimido pela previsão de que a iniciativa privada poderia participar do SUS, mas condicionada a contrato de direito público (RODRIGUEZ NETO, 2019, p. 143).

O cotejo entre os projetos aprovados na Comissão de Sistematização (Projeto A) e em primeiro turno do Plenário (Projeto B) mostra que as modificações recaíram basicamente sobre: a) fontes de financiamento, com a inclusão de recursos da União ao lado da previsão de recursos do orçamento da seguridade social, dos estados, do Distrito Federal, dos territórios e dos municípios, além de outras fontes (art. 231, parágrafo único); b) forma de participação da iniciativa privada no SUS, qualificada como complementar – não mais suplementar – e segundo as diretrizes do sistema (art. 232, §1º); e c) vedação à destinação de recursos públicos para auxílios e subvenções – e não mais para investimentos – a entidades privadas com fins lucrativos (art. 232, §2º). O texto aprovado em segundo turno do Plenário (Projeto C) não trazia alterações de conteúdo em relação ao que foi votado em primeiro turno.

Assim, o processo constituinte culminou com uma inegável inflexão em relação à política sanitária, ao prever o Sistema Único de Saúde, de acesso universal e igualitário, formado por todos os níveis federativos, com gestão descentralizada, comando único em cada esfera de governo e garantia de participação social. Em paralelo, manteve-se a possibilidade de prestação de serviços de saúde por agentes privados – que, inclusive, poderiam se beneficiar da reforma sanitária, na medida em que a expansão da política demandasse a contratação de serviços de saúde complementar.[145] Quanto ao financiamento, não houve aprovação de regra permanente garantindo aplicações mínimas de recursos, tampouco separação entre as fontes de financiamento da saúde e da

---

[144] Dentre eles, estava a proposta da Constituinte de um percentual mínimo de gastos orçamentários no importe de 13% das receitas de cada ente federativo, de autoria de Abigail Feitosa.
[145] Nesse sentido, *vide* Marques (2010, p. 104-105).

previdência social, mas apenas uma norma de vigência temporária, assegurando, até a aprovação da lei de diretrizes orçamentárias, a aplicação mínima de 30% do orçamento da seguridade social na área da saúde, excluído o montante despendido com seguro-desemprego (ADCT, art. 55).

Esse resultado não se explica apenas pelas preferências majoritárias dos constituintes e dos representantes da sociedade civil que se pronunciaram perante a ANC. Ao contrário, foi fortemente influenciado pela configuração do processo decisório, principalmente pela estrutura descentralizada e pelas regras do primeiro regimento da ANC, que favoreceram a inserção das propostas de grupos progressistas minoritários nos anteprojetos e, ao mesmo tempo, criaram pontos de veto à mudança nas fases subsequentes. A construção de um texto afinado com as deliberações da 8ª Conferência Nacional de Saúde – ainda que com dispositivos favoráveis aos provedores privados de saúde, atores presentes em todas as etapas da elaboração constitucional – manteve-se mesmo após a mudança do regimento e apresentação de novas propostas.

Sobre essas novas bases constitucionais, a Reforma Sanitária "(...) foi mais do que apenas uma reorganização do sistema de saúde. Esta ocorreu numa perspectiva de ampliação dos direitos de cidadania, do acesso aos bens públicos e da qualidade e equidade da proteção social" (HOCHMAN, 2013). Os maus resultados alcançados pelas políticas anteriores a 1988 impeliram e fortaleceram as propostas de substituição de um modelo de atenção à saúde corporativista-conservador, organizado de forma centralizada, por um modelo universal, implementado de forma descentralizada. Mas, ao lado dessas inovações, o legado das políticas sanitárias transpareceu nas normas promulgadas, seja ao configurar a relação público-privado na provisão de serviços de saúde, seja na não separação das fontes de financiamento de cada política da seguridade social, o que mantve a vinculação entre saúde e previdência social e redundaria em uma crise de financiamento do SUS poucos anos depois.

O desafio que apenas começava era o de adotar uma pluralidade de estratégias e instrumentos para promover e custear a expansão e a descentralização de ações e serviços de saúde no território nacional, à luz das diretrizes e princípios constitucionais.

3.3 De 1988 a 1992: definição da base normativa e resistências à descentralização

Promulgada a Constituição, restava dar continuidade à definição da base normativa do SUS e iniciar a implementação da reforma sanitária.

De acordo com o ADCT (art. 59), os projetos de lei relativos à organização da seguridade social deveriam ser apresentados ao Congresso Nacional em até seis meses após a promulgação da Constituição. O Congresso Nacional teria outros seis meses para apreciar os projetos que, após aprovados, seriam implantados nos 18 meses subsequentes, prazo que findaria em 5 de abril de 1991. Embora nenhuma dessas leis tenha obedecido ao cronograma, o subsistema da saúde foi o primeiro a alcançar a promulgação de sua lei orgânica, fracionada em duas leis ordinárias: Lei nº 8.080/1990 e Lei nº 8.142/1990.

A Lei nº 8.080/1990 teve origem no Projeto de Lei nº 3.110/1989, apresentado pelo Poder Executivo, ao qual foram apensados outros três projetos, e sua aprovação ocorreu por meio de uma aliança que incluiu setores de esquerda e de direita (CARVALHO, 2001, p. 437). O texto aprovado pelo Congresso Nacional foi sancionado pelo então presidente Fernando Collor, com mais de duas dezenas de vetos, os quais recaíram sobre dispositivos que tratavam do financiamento, das conferências, dos conselhos de saúde e dos recursos humanos vinculados ao SUS.[146]

Esse diploma conta com cinco títulos, que retomam e aprofundam disposições constitucionais relativas a objetivos, atribuições, princípios e diretrizes do SUS. Adotando um desenho consistente com o modelo de autoridade interdependente,[147] estabelecem-se atribuições comuns (art. 15) e atribuições próprias a cada ente federativo na estrutura do SUS (arts. 16 a 19), além de disposições sobre organização, competências, gestão, recursos humanos e financiamento. Um título é dedicado aos serviços privados de assistência à saúde.

O art. 15 da Lei nº 8.080/1990 detalha as atribuições comuns aos três níveis federativos, em seu âmbito de atuação. Esse dispositivo trata de competências normativas e materiais que, em síntese, estão ligadas ao planejamento, à articulação, ao financiamento, à organização e à fiscalização de ações e serviços de saúde; ao monitoramento das condições de saúde da população; à gestão de recursos e de informação;

---

[146] Cf. Mensagem de veto nº 680/1990.
[147] Cf. *supra* 2.5.

à formulação e execução de políticas específicas; ao exercício de poder de polícia; e à regulação de atividades privadas.

A par das competências partilhadas, as atribuições normativas e materiais específicas de cada nível de governo conformam um arranjo em que a União tem proeminência na formulação e na coordenação nacional da política (art. 16), os estados planejam, coordenam e implementam parte da política em seus territórios (art. 17) e os municípios são predominantemente responsáveis pela execução das ações e serviços de saúde (art. 18). O Distrito Federal desempenha funções atribuídas a estados e municípios (art. 19).

A direção nacional do SUS reúne competências de formulação de políticas, planejamento, coordenação, promoção da descentralização político-administrativa, prestação de apoio técnico e financeiro aos entes subnacionais e fiscalização. Cabe-lhe, ainda, executar parte das ações de vigilância epidemiológica e sanitária, bem como da política nacional de produção de insumos e equipamentos para a saúde.

A direção estadual tem atribuições próprias de formulação de políticas, coordenação, promoção da descentralização, apoio técnico e financeiro e execução de algumas ações e serviços, como a gestão de sistemas de alta complexidade e da rede estadual de saúde. Além disso, executa serviços de saúde de forma suplementar aos municípios.

Aos municípios cabe a maior parte da execução da política de saúde, com as atribuições normativas e de planejamento inerentes a essa tarefa, além de participar do planejamento regional, de forma articulada com a direção estadual do SUS.

Sob pressão do Movimento Sanitário e de autoridades locais, os impasses decorrentes dos vetos à Lei nº 8.080/1990 foram equacionados com a posterior aprovação da Lei nº 8.142/1990 (ARRETCHE, 2005, p. 293). Recuperando parte das disposições anteriormente vetadas, a Lei nº 8.142/1990 tratou da dimensão legitimadora da política sanitária (art. 1º), ao dispor sobre os mecanismos de participação social no SUS, e da dimensão econômico-financeira do sistema (arts. 2º a 4º).

O primeiro mecanismo de participação social previsto pela lei são as conferências de saúde que, nas palavras de Aith (2017, p. 142), constituem "(...) o momento maior do exercício da democracia sanitária no País". Contando com representantes de diversos segmentos sociais e garantia de representação paritária de usuários em relação aos demais segmentos, esses eventos são realizados a cada quatro anos, em todos os níveis federativos, com a finalidade de apresentar avaliações e propor diretrizes para a formulação da política sanitária em todas as esferas de governo (art. 1º, §1º). As deliberações das conferências, contudo, não têm força normativa, tampouco vinculam agentes públicos (AITH, 2017, p. 143).

O segundo mecanismo de participação social são os conselhos de saúde, que têm por atribuição atuar na formulação de estratégias e no controle da execução da política de saúde (art. 1º, §2º), emitindo decisões que, uma vez homologadas pelo chefe do poder legalmente constituído em cada esfera do governo, são integradas ao ordenamento jurídico e tornam-se vinculantes (AITH, 2006, p. 265). Os conselhos são colegiados permanentes de caráter deliberativo, compostos por representantes governamentais, prestadores de serviço, profissionais de saúde e usuários. Quanto aos usuários, assegura-se representação paritária em relação ao conjunto dos demais segmentos (art. 1º, §4º). No Conselho Nacional de Saúde (CNS), assegura-se a participação do Conass e do Conasems (art. 1º, §3º), os quais posteriormente teriam reconhecida sua condição de entidades representativas dos entes estaduais e municipais para tratar de matérias referentes à saúde pela Lei nº 12.466/2011.

Acerca do financiamento, as Leis nº 8.080/1990 e 8.142/1990 contêm disposições relativas à gestão de recursos financeiros do SUS que se complementam. O art. 33 da Lei nº 8.080/1990 prevê que, em cada esfera de governo, esses recursos serão depositados em conta especial e movimentados sob fiscalização dos respectivos conselhos de saúde. No âmbito federal, previu-se a alocação de recursos do Fundo Nacional de Saúde (Lei nº 8.080/1990, art. 33, §1º; Lei nº 8.142/1990, art. 3º). Foram ainda previstos repasses regulares e automáticos (transferências fundo a fundo) de recursos do FNS aos estados, Distrito Federal e municípios, condicionados à instituição e ao funcionamento de: a) fundos de saúde; b) conselhos de saúde, com composição paritária; c) plano de saúde; d) relatórios de gestão; e) contrapartida de recursos para a saúde no respectivo orçamento; e f) comissão de elaboração do Plano de Carreira, Cargos e Salários (Lei nº 8.142/1990, art. 4º).

Fixadas as bases constitucionais e legais da reforma sanitária, a principal arena de reformas da área de saúde se deslocou para o Executivo federal (ARRETCHE, 2004b, p. 156). A partir daí, parcela expressiva da base normativa dessas políticas e dos mecanismos de articulação empregados na institucionalização da política sanitária passou a ser definida por meio de normas infralegais, em especial as Normas Operacionais Básicas (NOBs) do SUS.[148]

As primeiras dessas normas foram a NOB/SUS nº 1/1991[149] e nº 1/1992, normas que ainda conservaram a lógica centralizadora na condução da política. Essas NOBs mantiveram o sistema de convênios, nos quais estados e municípios figuravam como prestadores de serviços (SOLLA, 2006, p. 335), sem efetivarem a previsão legal de repasses financeiros fundo a fundo (Lei nº 8.142/1990, art. 3º). Esse modelo restringia a autonomia dos destinatários dos recursos e, por remunerar a produção de serviços, beneficiava entes que contavam com redes de atendimento já instaladas.

Acerca dos efeitos dessa regulamentação inicial, Levcovitz, Lima e Machado (2001, p. 275) registram a adesão de 1.074 municípios até o final de 1993 e, como efeito positivo, o maior envolvimento municipal no novo sistema. Porém, os autores apontam que a lógica de repasses financeiros adotada acabou por favorecer relações diretas entre a esfera federal e a municipal, com perda da função articuladora e negociadora dos estados e formação de sistemas municipais isolados.

Os registros sobre a elaboração da NOB nº 1/1991 revelam controvérsia quanto à sua produção ter sido precedida de diálogo com Conass e Conasems ou, diversamente, realizada apenas pelo Inamps (SANO, 2008, p. 132-134). Em abono à segunda versão, observa-se que, ainda em 1991, os dois conselhos de secretários postularam ao CNS a criação de uma comissão intergovernamental para tratar da implantação e da operacionalização do SUS, o que sugere a reação das entidades ao processo de formulação da NOB e seus esforços para participar das arenas onde seus interesses seriam decididos.

O pleito dos conselhos de secretários foi exitoso. Em 1991, após recomendação do CNS,[150] o Ministério da Saúde criou uma Comissão Técnica integrada pelos três entes federativos, representados pelo Ministério da Saúde, pelo Conass e pelo Conasems, incumbida de "(...) discutir e elaborar propostas para a implantação e operacionalização do Sistema Único de Saúde, incluindo as questões de gerenciamento

---

[148] Normas infralegais editadas por resoluções e portarias do Ministério da Saúde, com a função de regular o processo de descentralização, tratando da divisão de responsabilidades, das relações entre gestores e dos critérios de transferência de recursos federais para estados e municípios (LEVCOVITZ; LIMA; MACHADO, 2001, p. 273).
[149] Resolução nº 258/1991.
[150] Resolução CNS nº 2/1991.

e financiamento do SUS (...)".[151] Esse primeiro espaço interfederativo de negociação foi o embrião da Comissão Intergestores Tripartite, constituída em 1993.

Mas, até o final de 1992, a descentralização nos moldes da Constituição, a participação social e a reformulação das relações intergovernamentais encontrariam resistências no governo federal.[152]

Em agosto daquele ano, por ocasião da 9ª Conferência Nacional de Saúde, havia o diagnóstico de que o processo de municipalização da saúde ainda era incipiente, tanto no que se referia aos mecanismos de transferência de recursos federais para custeio dos sistemas locais quanto no fortalecimento da capacidade gestora (LEVCOVITZ; LIMA; MACHADO, 2001, p. 276). Sob o mote "A municipalização é o caminho" (BRASIL, 1992), foram discutidas propostas para a descentralização do SUS. Todavia, isso ocorreu em um período conturbado e de paralisia da Administração (LUCCHESE, 1996, p. 114), pois o segundo semestre de 1992 marcou o afastamento, a renúncia e, por fim, o *impeachment* do presidente Fernando Collor.

Assim, o primeiro ciclo da reforma sanitária encerra-se com dois avanços relevantes: a aprovação da Lei Orgânica da Saúde (LOS) e a criação de uma arena de negociação federativa. Porém, a operacionalização da reforma sanitária ainda encontrava barreiras na pouca permeabilidade do governo federal à interlocução com os demais níveis de governo e na resistência à descentralização. Esse quadro seria alterado depois que o vice-presidente Itamar Franco assumisse a Presidência da República e nomeasse Jamil Haddad como ministro da saúde, dando início a uma nova etapa na construção do SUS.

3.4 De 1993 a 1995: espaços deliberativos, municipalização e crise de financiamento

Um novo ciclo no percurso de institucionalização do SUS teve início em 1993. Por um lado, esse ciclo traz o aprimoramento da

---

[151] Portaria MS nº 1.180/1991.

[152] É o que descreve Arretche (2004b, p. 171): "Durante o período Collor, as decisões sobre políticas de saúde relacionadas à descentralização foram fechadas à participação de reformadores progressistas e de autoridades locais de saúde (Carvalho, 2001). De fato, o Ministério da Saúde tentou silenciar a voz dos especialistas progressistas, não convocando a Nona Conferência de Saúde, programada para ser realizada durante o mandato de Collor. A conferência foi finalmente convocada, mas apenas sob intensa pressão do movimento sanitarista e de políticos locais, depois que o ministro Alceni Guerra foi acusado de corrupção e demitido (Lucchese, 1996)".

estrutura institucional do sistema e da municipalização, já nos moldes preconizados pela Constituição. Por outro lado, 1993 marca uma crise no financiamento da política que influenciou negativamente a efetivação das normas de direito sanitário e, ao mesmo tempo, impulsionou medidas de definição da dimensão econômico-financeira do sistema. As próximas seções versam sobre esses temas.

3.4.1 O aprimoramento da estrutura institucional do SUS e da municipalização

A experiência com o governo Collor, afirma Arretche (2005, p. 296), mostrou que o Poder Executivo dispunha de recursos institucionais para excluir especialistas da área da saúde e políticos locais do processo decisório. Em razão disso, prossegue a autora, no governo Itamar Franco, esses atores buscaram estabelecer regras voltadas ao aprofundamento da descentralização e à institucionalização de sua influência sobre a formulação da política (ARRETCHE, 2005, p. 296).

No Ministério da Saúde, o ambiente era favorável a essa pretensão. Sob a gestão de Jamil Haddad, municipalistas e integrantes do Movimento da Reforma Sanitária ocuparam postos estratégicos do Ministério (SANO, 2008, p. 137-138) e, além disso, constituiu-se o Grupo Executivo de Descentralização (GED), composto por representantes do Ministério da Saúde, do Conass e do Conasem. A partir do relatório da 9ª Conferência Nacional de Saúde, o grupo elaborou o plano "Descentralização das ações de saúde: a ousadia de cumprir e fazer cumprir a lei" (BRASIL, 1993f). O documento subsidiou a NOB nº 1/1993,[153] que estabeleceu normas e procedimentos de regência do processo de descentralização.

Sob o aspecto do desenho institucional do SUS, a NOB nº 1/1993 destacou-se pela previsão das estruturas de articulação federativa no SUS: a Comissão Intergestores Tripartite (CIT), de abrangência nacional, e as Comissões Intergestores Bipartites (CIBs), em cada estado da federação. A CIT é formada paritariamente por representantes do Ministério da Saúde, do Conass e do Conasem. De forma similar, as CIBs são formadas por representantes da Secretaria Estadual de Saúde e do órgão de representação dos secretários municipais de saúde, em composição paritária.

---

[153] Portaria MS nº 545/1993.

Criadas essas comissões, o SUS passou a contar com uma estrutura institucional e decisória dentro da qual se desenvolveria uma intrincada rede de interações federativas, cujas pactuações moldariam múltiplos aspectos da implantação e da operacionalização do sistema. A previsão da CIT – fruto dos esforços do Conass e do Conasems para contrabalancear a centralização decisória em relação à implantação do SUS – institucionalizou a prática informal de reuniões entre integrantes do Ministério da Saúde, do Conass e do Conasems, que ocorria desde antes da criação do GED (SANO, 2008, p. 138). Com isso, teve origem "(...) uma das mais importantes inovações no sistema federativo brasileiro e que equacionou a questão da representação dos interesses dos governos subnacionais, tanto estaduais como municipais, nos processos decisórios relativos às questões que lhes afetam" (SANO, 2008, p. 140).

A NOB nº 1/1993 ainda marcou a transição do arranjo de autoridade inclusiva – reminiscência das políticas anteriores a 1988 – para o arranjo interdependente e descentralizado previsto pela Constituição e pela Lei Orgânica da Saúde. Admitindo diferenças de vontade e de capacidade de absorção de responsabilidades gerenciais e políticas e apontando para a necessidade de transformação do sistema sem rupturas bruscas que desorganizassem as práticas em curso (NOB nº 1/1993, 1, e), a NOB estatuiu diferentes modalidades de habilitação na gestão do SUS,[154] requisito para o recebimento de repasses federais. Para os estados, previu-se a gestão parcial e a gestão semiplena. Para os municípios, foram previstas duas modalidades de gestão em que os entes seguiam como prestadores de serviços ao SUS – a gestão incipiente e a gestão parcial – e uma modalidade que implicava a efetiva gestão do sistema de saúde – a gestão semiplena (SOLLA, 2006, p. 335).

No que concerne ao financiamento, foram previstos novos instrumentos de repasses federais em apoio à descentralização: a) Recursos para Cobertura Ambulatorial (RCA); b) Teto Financeiro Hospitalar; c) Fator de Apoio ao Estado (FAE); e d) Fator de Apoio ao Município (FAM). Previu-se ainda a Unidade de Cobertura Ambulatorial (UCA) como unidade de referência para cálculo dos repasses e a Autorização de Internação Hospitalar (AIH) para financiamento de atividades hospitalares. Em linha com os termos da Lei nº 8.142/1990, previram-se transferências fundo a fundo aos estados e municípios habilitados em gestão semiplena. No ano seguinte, o Decreto nº 1.232/1994 finalmente

---

[154] Para detalhamento de cada nível de gestão, *vide* Lucchese (1996, p. 117-125).

regulamentou o repasse regular e automático de recursos do FNS para os fundos de saúde estaduais, municipais e do Distrito Federal, independentemente de convênio ou instrumento congênere.

A reformulação institucional da política sanitária contaria ainda com a extinção do Inamps,[155] objeto da Lei nº 8.689/1993, que consolidou a direção única em cada esfera de governo (FIORE, 2014, p. 10).

As inovações normativas acima descritas trouxeram consideráveis avanços para a reorganização da política sanitária, com a efetivação do comando único em cada esfera de governo e a descentralização – novamente polarizada entre governo federal e municípios (SOLLA, 2006, p. 335). Até 1996, 3.125 municípios estavam habilitados em alguma das condições de gestão do SUS: 2.369 em gestão incipiente, 619 em gestão parcial e 137 em gestão semiplena (YUNES, 1999, p. 66).[156] Em relação aos estados, até 1996, nove unidades estavam habilitadas em gestão parcial e outras sete em gestão semiplena (LUCCHESE, 1996, p. 127).

Porém, a implantação integral das ações previstas pela NOB nº 1/1993 foi afetada pela retirada de recursos financeiros necessários ao incremento dessa estratégia, que criou incertezas quanto ao adimplemento das obrigações financeiras da União. É o tema do próximo tópico.

3.4.2 Impasses e instabilidade no financiamento

A previsão de destinação mínima de 30% do orçamento da seguridade social para a área da saúde (ADCT art. 55) não foi observada em 1990 e 1992 (SALES, 2018b, p. 222), mas levou a um paroxismo em 1993.

O custeio da Seguridade Social sofreu um revés em razão do maciço questionamento judicial de constitucionalidade da Cofins (LC nº 70/1991), com o deferimento de liminares suspendendo a exigibilidade dessa exação (LUCCHESE, 1996, p. 106). Em maio de 1993, o Ministério da Previdência Social suspendeu o repasse de contribuições incidentes sobre a folha de pagamento para a área da saúde, alegando o risco de déficit nas contas da Previdência Social (LUCCHESE, 1996, p. 106; MENDES; FUNCIA, 2016, p. 145). No mesmo ano, um veto presidencial incidiu sobre o dispositivo da Lei de Diretrizes Orçamentárias que

---

[155] Solla (2006, p. 335) enfatiza que "O peso do Inamps era tão intenso na assistência à saúde que, no momento de sua extinção, o órgão ainda tinha sob sua gestão o contrato de 6.500 hospitais e 40.000 outros serviços (clínicas, laboratórios etc.) e contava com 96.913 servidores".

[156] Sobre a influência exercida pelos estados para a assunção de responsabilidades por parte dos municípios, vide Arretche (2004b, p. 174).

destinava, no mínimo, 30% dos recursos do Orçamento da Seguridade Social para a saúde (MENICUCCI, 2007).

A saída encontrada na ocasião foi a tomada de empréstimos do Fundo de Amparo do Trabalhador (FAT) e a utilização de recursos do Fundo Social de Emergência (FSE),[157] em 1994 e 1995 (LUCCHESE, 1996, p. 107). Com financiamento insuficiente e instável, o gasto federal em saúde entre 1990 e 1994 foi inferior ao de 1987, em termos absolutos e *per capita* (LUCCHESE, 1996, p. 109-110). Por via de consequência, houve atrasos nos repasses (LUCCHESE, 1996, p. 107) e prejuízo à implantação do SUS até a criação da Contribuição Provisória sobre Movimentação Financeira (CPMF) (CASTRO; RIBEIRO, 2009, p. 33).

Nesse período, a descentralização, embora incipiente, coibiu retrações mais intensas. De acordo com Lucchese (1996, p. 110), a crise de financiamento somente foi atenuada pelo maior aporte de recursos dos municípios, consequência da progressiva incorporação de responsabilidades por parte desses entes. Corrobora-se, assim, o argumento de Obinger, Leibfried e Castles (2005), no sentido de que a estrutura federativa pode refrear o encolhimento de uma política social, por meio da compensação de cortes nos programas federais pelos demais níveis de governos.[158]

Esse episódio, mais do que confirmar os riscos vislumbrados pelo Movimento Sanitário durante a ANC e reeditar as disputas entre as áreas de saúde e de previdência social, expôs uma fragilidade do arranjo jurídico-institucional do SUS, qual seja, a ausência de mecanismos efetivos e estáveis para seu financiamento (MENICUCCI, 2007). De acordo com Menicucci (2007), a maior visibilidade conferida à insuficiência e à irregularidade de recursos na segunda metade da década de 1990 fez com que propostas entrassem na agenda pública. Desencadeou-se, pois, um novo ciclo ascendente de implementação da política sanitária, voltado a elevar e estabilizar o volume de recursos destinados ao SUS (MENDES; FUNCIA, 2016, p. 145-146), por meio do aprofundamento da base constitucional do SUS.

Na linha das propostas de vinculação constitucional de receitas rejeitadas durante a ANC, as Propostas de Emenda à Constituição

---

[157] O FSE absorveu parte dos recursos que iriam para o Fundo de Participação dos Estados (FPE) e o Fundo de Participação dos Municípios (FPM) (BARROS; PIOLA, 2016, p. 115), o que impactou os investimentos subnacionais.
[158] Cf. *supra* 2.6.

(PECs) nº 157/1993 e nº 169/1993[159] retomaram a estratégia de vinculação de receitas para ações e serviços de saúde. Já em 1995, a PEC nº 256 tratou da criação de uma contribuição específica para o custeio da saúde. Estavam dados os primeiros passos na direção do financiamento juridicamente estável[160] do sistema.

3.5 De 1996 a 1999: criação da CPMF e incremento da municipalização

Em 1996, começou um novo ciclo descendente no processo de institucionalização do SUS, com a promulgação da EC nº 12/1996, que instituiu a CPMF, destinada ao custeio de ações e serviços de saúde, e a aprovação da NOB nº 1/1996, indutora da expansão e da municipalização da atenção básica.

3.5.1 A Contribuição Provisória sobre Movimentação Financeira

A conjuntura crítica advinda da instabilidade do financiamento federal do SUS desencadeou a mobilização que levou à aprovação da Contribuição Provisória sobre Movimentação Financeira. Defendida por Adib Jatene, ministro da saúde entre janeiro de 1995 e outubro de 1996,[161] a proposta enfrentou resistências no próprio governo federal, mas contou com a mobilização de sanitaristas e de autoridades sanitárias locais (ARRETCHE, 2004b, p. 175), com destaque para a participação do Conass na idealização e na defesa dessa contribuição (CONASS, 2007, p. 76-77).

Nesse contexto, houve a promulgação da EC nº 12/1996, que alterou o art. 74 do ADCT, para autorizar a instituição da CPMF, por prazo não superior a dois anos, integralmente destinada ao financiamento de ações e serviços de saúde. A contribuição foi regulamentada pela Lei nº 9.311/1996 e, em um período inicial, elevou as receitas destinadas

---

[159] A PEC nº 157/1993 foi apresentada em abril de 1993 pelo deputado Chafic Farhat. Em julho do mesmo ano, os deputados Waldir Pires e Eduardo Jorge foram autores da PEC nº 169/1993.
[160] A expressão é de Pinto (2018, p. 102).
[161] Adib Jatene foi o primeiro presidente do Conass (1982-1983).

ao SUS.¹⁶² Porém, rapidamente perdeu o caráter de fonte adicional de financiamento da saúde e passou a substituir outras receitas destinadas a essa política.¹⁶³ Além disso, em suas prorrogações (ECs nº 21/1999, 37/2002 e 42/2003), deixou de ser destinada exclusivamente ao FNS.

Ao final, a CPMF respondeu por 30% da verba federal aplicada na saúde de 1997 a 2007 (BARROS; PIOLA, 2016, p. 116) e, mesmo sem solucionar o problema do subfinanciamento,¹⁶⁴ propiciou maior estabilidade aos recursos federais destinados ao SUS, criando condições para a continuidade da descentralização.

3.5.2 Implementando a municipalização: NOB nº 1/1996 e suas alterações

Em 1996, veio a lume uma nova Norma Operacional Básica: a NOB nº 1/1996,¹⁶⁵ implementada a partir de 1998 (SANO, 2008, p. 145).

A construção e a implementação dessa norma envolveram tanto um processo de tomada de decisões conjunta quanto o recurso a rotas de fuga pelo governo federal. A aprovação da NOB nº 1/1996 foi, de fato, precedida de discussões no Conass, no Conasems, na CIT e no CNS (LEVCOVITZ; LIMA; MACHADO, 2001, p. 278; ARRETCHE, 2004b, p. 176). Porém, além de tensões entre representantes das três esferas e críticas à postura do Ministério da Saúde na condução dessas

---

[162] De acordo com Arretche (2004b, p. 175), "Por um curto período de tempo, logo após a aprovação da emenda, as receitas do Ministério da Saúde aumentaram de forma acentuada. Mas, no ano seguinte, os Ministérios da Fazenda e do Planejamento reduziram os fundos alocados para o Ministério da Saúde no orçamento da União, compensando as rendas da nova contribuição vinculada". A autora apresenta ainda os seguintes valores de gastos com saúde: a) 1996: R$16,154 milhões, ou R$102,80 *per capita*; b) 1997: R$19,394 milhões, ou R$121,80 *per capita*; e c) em 1998: R$17,665 milhões, ou R$109,50 *per capita*. Portanto, apenas em 1997 houve um expressivo aumento do gasto federal com saúde.

[163] Esses fatos motivaram a saída de Adib Jatene do Ministério da Saúde. Em entrevista concedida em 2007, o ex-ministro reconheceu a relação entre a redução do orçamento do Ministério da Saúde após a criação do CPMF e sua saída do cargo (cf. JATENE, 2007).

[164] Nesse sentido: "Essa contribuição permitiu a regularização de fluxos de recursos para a saúde pública (LAZZARI, 2003, p. 83). No entanto, o produto de sua arrecadação acabou sendo dividido com outros programas sociais e, também pelo mecanismo de Desvinculação de Receitas da União – DRU, foi parcialmente deslocado para outras finalidades (PINTO e FLEURY, 2012, p. 75). Além disso, a CPMF terminou por substituir recursos de outras fontes, o que reduziu seu impacto sobre o financiamento da saúde (BARROS e PIOLA, 2016, p. 116). Por isso, não chegou a resolver o problema do subfinanciamento do SUS" (SALES, 2018b, p. 222).

[165] Portaria MS/GM nº 2.203/1996.

negociações,[166] após a aprovação da NOB, diversas portarias ministeriais alteraram unilateralmente seus termos originais, especialmente no tema das formas e dos instrumentos de financiamento (LEVCOVITZ; LIMA; MACHADO, 2001, p. 279).[167] Portanto, o Ministério da Saúde não esteve completamente jungido às decisões dos colegiados do SUS e, "(...) apesar da incorporação formal de representantes locais aos corpos responsáveis pela formulação de políticas, na prática, eles foram desconsiderados após a formulação inicial da NOB 1996" (ARRETCHE, 2004b, p. 176).

Essa normatização teve como um de seus objetivos a reorganização do modelo assistencial, com a assunção da gestão e execução direta da atenção básica de saúde pelos municípios (LEVCOVITZ; LIMA; MACHADO, 2001, p. 279). Para tanto, além de dispor sobre as responsabilidades municipais e seus incentivos, reforçou o papel dos estados como indutores da municipalização.[168]

Novas condições de gestão foram estabelecidas. Aos estados, franqueou-se a Gestão Avançada do Sistema Estadual e a Gestão Plena do Sistema Estadual. Ambas as modalidades impunham patamares mínimos de habilitação municipal em alguma das condições de gestão previstas na própria NOB nº 1/1996 (itens 16.3.2 e 16.4.2).

Aos municípios, abriram-se as possibilidades de Gestão Plena da Atenção Básica e de Gestão Plena do Sistema Municipal (NOB nº 1/1996, itens 15.1 e 15.2) Na primeira modalidade, entre outras atribuições, o município assumiria a responsabilidade pelos procedimentos abarcados pelo Piso Assistencial Básico, bem como por ações básicas de vigilância sanitária e epidemiológica. Na segunda, a esfera municipal seria responsável também por oferecer procedimentos ambulatoriais de alto custo e procedimentos hospitalares de alta complexidade; por

---

[166] Acerca da dificuldade de diálogo entre o Ministério da Saúde, o Conass e o Conasems, *vide* Sano (2008, p. 145).

[167] Carvalho (2001) e Levcovitz, Lima e Machado (2001) argumentam que o modelo inicial da NOB nº 1/1996 sequer chegou a ser implementado.

[168] O item 6 da NOB nº 1/1996 identifica quatro papéis básicos para os estados, a saber: a) exercer a gestão do SUS, no âmbito estadual; b) promover as condições e incentivar o poder municipal para que assuma a gestão da atenção à saúde de seus munícipes, sempre na perspectiva da atenção integral; c) assumir, em caráter transitório, a gestão da atenção à saúde das populações pertencentes a municípios que ainda não tomaram para si esta responsabilidade; e d) em caráter permanente, ser o promotor da harmonização, da integração e da modernização dos sistemas municipais, compondo, assim, o SUS Estadual.

ações básicas, de média e alta complexidade em vigilância sanitária; e por ações de epidemiologia para além das ações básicas.

No que toca à dimensão econômico-financeira dessas ações, foram previstas transferências regulares e automáticas e remuneração por serviços produzidos, voltadas para o custeio de três categorias de ações e serviços: assistência hospitalar e ambulatorial, ações de vigilância sanitária e ações de epidemiologia.

Como adiantado, o regramento original da NOB nº 1/1996 sofreu alterações nas regras acerca de transferências intergovernamentais. A principal delas foi a previsão do Piso da Atenção Básica (PAB),[169] composto por uma parte fixa e uma parte variável, em lugar do Piso Assistencial Básico (LEVCOVITZ; LIMA; MACHADO, 2001, p. 279-280). A parte fixa consistia na transferência regular e automática de recursos a todos os municípios brasileiros, apurados com base em valores anuais por habitante. A parte variável, vinculada ao cumprimento de normas específicas do Ministério da Saúde e à contrapartida de recursos dos entes subnacionais (LEVCOVITZ; LIMA; MACHADO, 2001, p. 280), consistia em mecanismos de indução ao desenvolvimento de ações e programas específicos fixados pelo governo federal.[170] Além disso, em 1999, instituiu-se o Fundo de Ações Estratégicas e Compensação (Faec), para financiamento de ações e programas específicos do Ministério da Saúde e de algumas ações de alta complexidade.[171]

A NOB nº 1/1996 e as alterações subsequentes tiveram como resultado o incremento da municipalização, com prioridade para a atenção básica (FRANZESE, 2010, p. 121). Esse incremento se fez acompanhar de maior equidade na distribuição de recursos, haja vista que a instituição do PAB modificou o padrão de repasses em função da produção de serviços, que prejudicava municípios com pior estrutura de atendimento. As habilitações foram ampliadas e, com elas, os repasses regulares e automáticos de recursos federais: em dezembro de 2000, os repasses automáticos entre fundos de saúde alcançaram 60,7% dos recursos assistenciais transferidos pelo governo, distribuídos entre

---

[169] Portaria MS/GM nº 1.882/1997.
[170] Portaria MS/GM nº 1.882, art. 5º: "A parte variável do PAB destina-se a incentivos às ações básicas de Vigilância Sanitária, Vigilância Epidemiológica e Ambiental, à Assistência Farmacêutica Básica, aos Programas de Agentes Comunitários de Saúde, de Saúde da Família, de Combate às Carências Nutricionais e outros que venham a ser posteriormente agregados e será definida com base em critérios técnicos específicos de cada programa, pactuados na Comissão Intergestores Tripartite".
[171] Portaria MS/GM nº 531/1999.

oito estados e 5.450 municípios, nos quais residia 99,7% da população (LEVCOVITZ; LIMA; MACHADO, 2001, p. 287).

As transferências condicionadas promoveram convergência de ações e investimentos em torno da estratégia priorizada nacionalmente. A conformidade com as normas então estabelecidas era incentivada pelas transferências intergovernamentais e, em contraste, o ônus de não operar em conformidade com essas normas era o de manter a responsabilidade pela oferta de ações e serviços de saúde sem receber as aludidas transferências.[172] Ao alcançarem adesão maciça dos entes subnacionais a algum dos níveis de gestão do sistema,[173] a NOB nº 1/1996 e suas alterações posteriores constituíram o "nó" que amarrou União, estados, Distrito Federal e municípios ao SUS, evitando a dispersão de ações.

No entanto, esse incremento encontrava seus limites nas dificuldades de muitos municípios em ir além dos níveis mais básicos de estruturação de serviços. A constatação de que apenas 10% dos municípios haviam assumido a gestão plena de seus sistemas e mais de 2 mil deles não contavam com hospitais (ARRETCHE, 2004b, p. 179) levaria à rediscussão da NOB nº 1/1996, ocorrida na CIT a partir do ano 2000.

3.6 De 2000 a 2005: vinculação de recursos e regionalização

Um novo ciclo de institucionalização do SUS foi desencadeado por transformações normativas iniciadas entre 2000 e 2001. Após quase 12 anos de vigência da Constituição, a EC nº 29/2000 impôs gastos mínimos em saúde por todos os entes federativos, conferindo maior estabilidade à dimensão econômico-financeira do SUS. Em 2001, por sua

---

[172] Nesse sentido, na avaliação de Arretche (2004b, p. 177), "(...) embora garanta-se autonomia aos governos locais dentro do sistema federativo, eles teriam que pagar um preço em transferências financeiras por não aderirem às regras federais de descentralização da saúde. Em 2000, esse preço seria mais alto do que no início dos anos 1990, porque todos os municípios já haviam assumido pelo menos algumas responsabilidades de assistência à saúde. Se um governo local optasse por não cumprir as regras do NOB de 1996, teria que arcar com os custos políticos de deixar o projeto SUS e os custos fiscais da prestação de cuidados de saúde com seu próprio orçamento. No entanto, o cumprimento das regras federais de assistência médica limitou o controle dos governos locais sobre seus próprios programas de assistência médica".

[173] Arretche (2004b, p. 178) explica esses resultados também pela força de José Serra como ministro da saúde, que reuniu condições de tornar críveis as regulações ministeriais perante os municípios.

vez, iniciou-se uma nova fase de organização de ofertas e de relações intergovernamentais, na qual a regionalização passou a ser a estratégia prioritária (DOURADO; DALLARI; ELIAS, 2013, p. 12). As próximas subseções discutem essa série de transformações.

3.6.1 Em busca da estabilização no financiamento: Emenda Constitucional nº 29/2000

Assim como a CPMF, a história da EC nº 29/2000 começou com a crise de financiamento de 1993,[174] que desencadeou iniciativas para a vinculação de recursos para a área da saúde. Entre essas iniciativas, a PEC nº 169/1993 previa que a União destinaria, anualmente, no mínimo 30% das receitas das contribuições sociais do orçamento da seguridade social e 10% da receita de impostos; estados, Distrito Federal e municípios aplicariam no mínimo 10% de suas receitas de impostos por ano. Após sete anos de tramitação e diversas alterações, a PEC teve sua tramitação final acelerada pelo apoio de José Serra, ministro da saúde entre 1998 e 2002, que modificou o posicionamento defendido perante a ANC e passou a apoiar a vinculação de recursos para a área (GOMES, 2014, p. 10).

Dois eram os objetivos almejados com a vinculação.[175] O primeiro era resguardar o orçamento da saúde contra ajustes fiscais, conforme consta em artigo de José Serra publicado em julho de 2000.[176] O segundo

---

[174] Cf. *supra* 3.4.2.
[175] Arretche (2004b, p. 179-180) registra que a EC nº 29/2000 foi uma vitória do Ministério da Saúde perante o Ministério da Fazenda. Nota-se, então, que esta foi a segunda vitória do Ministério da Saúde em face do Ministério da Fazenda, já que a aprovação da CPMF, em seus termos originais, também contrapôs esses dois ministérios.
[176] A mudança de posicionamento foi justificada por José Serra no artigo *Saúde: a vinculação necessária*, publicado na *Folha de S. Paulo*: "Meus argumentos na Constituinte enfatizavam que as vinculações diminuem a flexibilidade da elaboração e da execução orçamentária. Além disso, num regime democrático como aquele que seria consagrado pela nova Constituição, as grandes prioridades deveriam passar a ser debatidas e fixadas periodicamente, não só pelo Executivo como também pelo Congresso, o que não acontecia sob a Constituição de 1969. (...). Acontece, e isso não é trivial, que a tese de 'não-vinculações' foi derrotada e várias delas entraram na Constituição. (...). Mas a área da saúde continuou fora, apesar de esforços como os do ex-ministro Adib Jatene. Ora, como para essa área, depois da Previdência (INSS) e das aposentadorias governamentais, é destinada a maior fatia do Orçamento federal, é óbvio que, num contexto onde pululam dezenas de vinculações, as despesas com saúde pública passem a ser sempre as principais candidatas a sofrer cortes. Um grande e fofo colchão amortecedor para as crises fiscais (lembre-se que, no caso das duas previdências citadas, existem vinculações). (...). Por isso a vinculação passa a ser uma condição importante para que a saúde deixe de ser a válvula de escape daquelas crises, condição que, em certas ocasiões, como em 1991 e em 1993, implicou aumentar as mortes de

era elevar a participação das esferas estaduais e municipais no financiamento do setor (VAZQUEZ, 2014, p. 974),[177] aspecto que justificava o apoio do Executivo federal à vinculação de recursos.[178]

A partir de um acordo suprapartidário, a EC nº 29 foi aprovada e promulgada em setembro de 2000. Na redação então conferida ao art. 198 da Constituição Federal, a aplicação federal mínima em saúde foi relegada à legislação complementar. Já quanto aos entes subnacionais, previu-se que as aplicações mínimas seriam calculadas em função de suas arrecadações de impostos e da repartição de receitas tributárias.[179]

O ADCT (art. 77) estabeleceu as aplicações mínimas no intervalo entre a promulgação da emenda e a da lei complementar que regulamentaria as aplicações mínimas,[180] a fixação de critérios de rateio de recursos, as normas de fiscalização, avaliação e controle das despesas com saúde e as normas de cálculo do montante a ser aplicado pela União. Esses recursos mínimos foram fixados da seguinte forma: a) para a União, em 2000, o montante empenhado para a saúde no exercício de 1999, acrescido de, no mínimo, 5% e, a partir de 2001, o valor

---

pessoas humildes devido à desassistência médica que decorreu de colapsos espetaculares dos recursos do SUS (Sistema Único de Saúde) (...)" (SERRA, 2000).

[177] Menicucci (2007) sustenta que a intenção não era ampliar gastos federais em saúde, e sim "(...) deslocar a questão do financiamento do nível federal para as instâncias subnacionais de governo, forçando-as a ampliar sua participação no gasto em saúde e (...) desvincular da Saúde os recursos da CPMF, o que exigiria como contrapartida o estabelecimento de nova fonte de custeio para o setor".

[178] Esse aspecto foi igualmente referido no artigo de José Serra (2000): "(...) a União tem aumentado o conjunto de suas verbas para a saúde e, com isso, suas transferências a Estados e municípios. Quem garante, porém, que todos esses também ampliem ou ao menos mantenham suas contribuições diretas ao setor? (...) Nesse contexto, como fazer, em médio o longo prazo, para que o conjunto dos recursos para a saúde possa efetivamente aumentar? Aliás, é importante deixar claro que, se, no futuro, Estados e municípios bancassem, com dinheiro próprio, um aumento de recursos para a saúde, nada garantiria que a União entrasse com sua parte nesse acréscimo. Não há, assim, outra possibilidade afora a de estabelecer vinculações nas três esferas de governo"

[179] Cf. supra 2.8.1.

[180] A falta de definição do que seriam considerados gastos de saúde constituiu um dos aspectos criticados da EC nº 29/2000 (SALES, 2018b, p. 223), mormente pelas tentativas, em todos os níveis federativos, de utilização do montante mínimo de aplicações para custeio de despesas não relativas ao SUS. Na esfera federal, por exemplo, cita-se a inclusão de gastos com o Bolsa Família no Orçamento da Saúde entre 2003 e 2005 (PIMENTA, 2006, p. 82). Na esfera estadual, Mendes e Funcia (2016, p. 149) listam gastos com pagamentos de inativos da área da saúde, empresas de saneamento, habitação urbana, recursos hídricos, merenda escolar, alimentação de pessoas presas e hospitais de "clientela fechada". Porém, a indefinição dos critérios de composição desses mínimos não se deve a uma omissão da emenda, que expressamente tratou da necessidade de lei complementar, mas à demora na regulamentação do dispositivo constitucional, regulamentação que careceu de apoio do governo federal (MENDES; FUNCIA, 2016, p. 149; PIMENTA, 2006, p. 82).

apurado no ano anterior corrigido pela variação nominal do PIB; b) para estados e Distrito Federal, 15% das receitas tributárias previstas na regra definitiva; e c) para os municípios, 12% das receitas tributárias previstas na regra definitiva. A regulamentação somente ocorreu com a promulgação da Lei Complementar nº 141/2012, que manteve os critérios do art. 77 do ADCT.

O tratamento dispensado à União foi mais favorável do que aquele dispensado aos demais níveis federativos, seja porque não houve constitucionalização da base de cálculo das aplicações federais, seja porque não se estabeleceu correlação entre a receita da União e o piso de aplicações sob sua responsabilidade. Isso, frisa Santos (2016, p. 105), representou um convite ao engessamento do custeio federal da saúde pública, pois a elevação dos gastos em saúde em um exercício criaria a obrigação de aplicar o mesmo valor no ano seguinte, acrescido da variação do PIB. O resultado dessas regras foi a regressividade da participação da União no financiamento do SUS, proporcionalmente aos demais níveis de governo (PINTO, 2018).[181]

Por outro lado, a vinculação constitucional de recursos teve o mérito de conferir maior estabilidade, elevar o montante dos recursos destinados ao SUS e ampliar a participação dos estados e, principalmente, dos municípios (SALES, 2018b, p. 223). Ao garantir gastos mínimos em todos os níveis de governo, a medida viabilizou recursos estáveis para assegurar contrapartidas dos entes subnacionais aos programas priorizados pelo governo federal (PAIVA; GONZALEZ; BENEVIDES, 2020, p. 150). A conjugação entre um processo de descentralização altamente regulado e a disciplina dos gastos em saúde em todas as esferas – que, note-se, ocorre depois da maciça habilitação dos governos subnacionais às formas de gestão instituídas pela NOB nº 1/1996 – constituiu um dos fatores de consolidação do SUS, pois permitiu a descentralização e a expansão coordenada da oferta de ações e serviços de saúde em território nacional.

---

[181] "Quando a EC-29 foi criada em 2000, a União respondia por 59,98% do total, os estados, 18,5%, e os municípios, 21,7%. A partir daí, a participação do governo federal foi decrescendo atingindo 43,2% em 2015. Nesse período, entre 2000 a 2015, destaca-se o crescimento significativo da participação dos estados, que passou de 18,5% para 25,9%, enquanto a dos municípios saiu de 21,7% para 30,9% (...)" (MENDES; FUNCIA, 2016, p. 153).

3.6.2 Em busca da regionalização: as Normas Operacionais da Assistência à Saúde

Embora municipalização e regionalização tenham igual amparo na Constituição (arts. 30, VII, e 198, caput e inciso I) e na Lei nº 8.080/1990 (art. 7º, IX), a efetivação desses princípios não ocorreu de forma concomitante (DOURADO; DALLARI; ELIAS, 2013, p. 24). Os primeiros estágios de implantação do SUS tiveram como horizonte a municipalização das ações e serviços de saúde, com o escopo de universalizar a atenção primária à saúde. A exigência de efetivação da diretriz constitucional da integralidade do atendimento à saúde – que implica a oferta de serviços de média e alta complexidade – e os limites enfrentados por parcela expressiva dos municípios para assumir a gestão plena de seus sistemas deram azo a medidas em prol da regionalização de parte das ações e dos serviços sanitários. Portanto, as estratégias de regionalização somente ganharam força depois que os arranjos institucionais e os padrões de atuação de todas as esferas federativas estavam configurados pela municipalização.

Foi nesse diapasão que, após discussões iniciadas na CIT ainda em 2000, ocorreu a aprovação da Norma Operacional da Assistência à Saúde (Noas) nº 1/2001.[182] Reconhecendo os limites da municipalização para o processo de descentralização, a Norma tratou da regionalização como "(…) estratégia de hierarquização dos serviços de saúde e de busca de maior equidade" (Noas nº 1/2001, capítulo I).[183] Todavia, em razão de entraves à sua operacionalização,[184] a Noas nº 1/2001 não chegou a ser implantada (SOLLA, 2006, p. 336).

No ano seguinte, uma nova norma operacional foi aprovada: a Noas nº 1/2002.[185] Tendo como principal característica a regionalização por níveis de complexidade (SANO, 2008, p. 152), esse diploma previu

---

[182] Portaria MS nº 95/2001.
[183] A narrativa sobre a elaboração dessa norma operacional é controversa. De um lado, o Conass (2007, p. 95) descreve "(…) um longo processo de negociação entre o Ministério da Saúde, o Conass e o Conasems", sugerindo um processo participativo e de construção de consensos. Em contraste, Carvalho (2001, p. 444) é mais crítico e aponta um "espírito recentralizador", relatando que "O pacote chegou de novo em meio a negociações e indefinições. Aprovação a toque de caixa na CIT e no CNS na virada do ano e publicada no início de 2001 em momento totalmente inadequado, que foi a entrada de novos prefeitos e secretários de saúde. (…) Uma enxurrada de portarias com suas respectivas instruções normativas e mais portarias explicativas das próprias portarias" (CARVALHO, 2001, p. 444).
[184] Sobre as dificuldades que levaram à revisão, vide a Introdução à Noas nº 1/2002.
[185] Portaria MS nº 373/2002.

a organização da rede de ações e serviços de saúde em recortes territoriais identificados como Regiões de Saúde, definidas pelos estados, bem como o planejamento integrado visando à regionalização.

Ainda por força dessa nova regulamentação, a estratégia de habilitações em níveis de gestão, continuação do que previam as NOBs, sofreu algumas alterações. Para os estados e para o Distrito Federal, foram mantidas a Gestão Avançada do Sistema Estadual e a Gestão Plena do Sistema Estadual. Para os municípios, criou-se a Gestão Plena da Atenção Básica Ampliada e manteve-se a Gestão Plena do Sistema Municipal.

As habilitações em níveis de gestão atingiram alguns resultados expressivos. Em 2004, todos os estados da federação alcançaram a gestão plena de seus sistemas,[186] um contraste com o ano anterior, iniciado com apenas 13 estados habilitados nessa modalidade (SOLLA, 2006, p. 337). Em relação aos municípios, apenas 15 não estavam habilitados em alguma forma de gestão até 2004 (SOLLA, 2006, p. 342), o que permitiu a edição da Portaria MS nº 2.023/2004, que extinguiu as modalidades de habilitação na atenção básica e afirmou a responsabilidade dos municípios e do Distrito Federal pela gestão do sistema municipal na organização e na execução das ações de atenção básica[187] (art. 1º), remanescendo apenas a habilitação em Gestão Plena do Sistema Municipal.

Por outro lado, até 2006, somente 10% dos municípios estavam habilitados na gestão plena de seus sistemas (SOLLA, 2006, p. 342). Esse dado indica o êxito das normas operacionais em promover a convergência em relação aos patamares iniciais de organização dos sistemas, mas também a dificuldade em fomentar a descentralização em níveis mais avançados de gestão. Nesse ponto, as transformações almejadas com a revisão da NOB nº 1/1996 não foram integralmente atingidas.

No que se refere à regionalização, os avanços ficaram aquém do esperado. A conformação institucional gerada pela e para a municipalização criou dificuldades à coordenação entre os entes federativos em prol de regionalização. É o que explicam Dourado, Dallari e Elias (2013, p. 25):

---

[186] O governo federal reajustou os valores de consultas médicas especializadas, sob a condição de que as unidades públicas estivessem sob gestão plena do sistema estadual ou municipal (SOLLA, 2006, p. 337).

[187] Os municípios que ainda não recebiam transferências automáticas para atenção básica tiveram 180 dias para assumir a gestão dessa função em seus territórios.

(...) a concentração política e financeira na esfera federal que se estabeleceu durante a década de 1990 – e que serviu para que a indução operada pelo Ministério da Saúde por meio das NOBs obtivesse sucesso na municipalização – criou constrangimentos para a efetivação da regionalização como diretriz organizativa do sistema na vigência da NOAS. A proposta engendrada não foi bem-sucedida justamente por ter se deparado com a estrutura política previamente instituída, que decorreu da relegação da atividade do nível estadual e da pouca assimilação de mecanismos de fomento para empreendimento conjunto das esferas federadas. Em vez de cooperação, viram-se disputas por recursos e pelo comando de serviços entre os governos estaduais e municipais. Além do mais, a ação indutora do governo federal não foi suficiente para criar espaços de cooperação e coordenação federativa nos níveis subnacionais.

Os limites à assunção de novas responsabilidades por expressiva parcela dos municípios brasileiros, o baixo êxito no avanço da regionalização, as críticas ao modelo de habilitações e ao engessamento da gestão municipal (MENICUCCI; COSTA; MACHADO, 2018, p. 33; SOLLA, 2006, p. 342) apontaram para a necessidade de novos instrumentos de articulação no âmbito do SUS.

3.7 De 2006 a 2014: novos mecanismos jurídicos de articulação no SUS

O ano de 2006 marcou a adoção de novos instrumentos voltados à articulação federativa, tendo como objetivo promover a regionalização dos serviços de saúde. Com esse propósito, foram elaborados os Pactos de Gestão e, em seguida, os Contratos Organizativos da Ação Pública da Saúde (Coaps). As próximas seções tratam desses instrumentos.

3.7.1 Pactos pela saúde

A reformulação dos mecanismos de descentralização das ações e dos serviços de saúde foi debatida a partir de 2003, por iniciativa do ministro da saúde, Humberto Costa, e tratada na CIT a partir de 2004.[188] Seu objetivo era "(...) alterar a lógica na articulação das esferas de governo na gestão do sistema, requalificando a descentralização,

---

[188] O marco inicial das discussões sobre o novo pacto foi a 1ª Oficina Tripartite da CIT, realizada em agosto de 2004 (MENICUCCI; COSTA; MACHADO, 2018, p. 32).

regionalização e o financiamento, bem como revisando o papel das normas ministeriais na orientação da gestão do SUS" (MENICUCCI; COSTA; MACHADO, 2018, p. 32).

Ao consenso quanto à necessidade de novas formas de articulação intergovernamental seguiu-se o dissenso quanto aos rumos da reforma. A União resistia a substituir o modelo de habilitações por um modelo compromissório que diminuísse seu peso na gestão da política. O Conass e o Conasems, a seu turno, insurgiam-se contra a insuficiência de recursos federais para implantação do novo modelo. Por fim, as duas entidades divergiam quanto ao comando único e ao financiamento da regionalização (MENICUCCI; COSTA; MACHADO, 2018, p. 33-34).

Um longo período de discussão levou à concepção de um pacto entre as diferentes instâncias que respeitasse diferenças regionais e tivesse mecanismos de avaliação e cobrança com base em resultados (CARVALHO, 2007, p. 891). Surgiu, assim, o Pacto pela Saúde,[189] subdividido em Pacto pela Vida, Pacto em Defesa do SUS e Pacto de Gestão. O último desses instrumentos tratou dos temas antes afetos às normas operacionais.

O Pacto de Gestão teve a regionalização como um de seus eixos estruturantes, planejada por meio de três instrumentos: Plano Diretor de Regionalização (PDR), Plano Diretor de Investimento (PDI) e Programação Pactuada e Integrada da Atenção em Saúde (PPI). As Regiões de Saúde poderiam tomar quatro formas: intraestaduais, intramunicipais, interestaduais e fronteiriças. Instituiu-se ainda o Colegiado de Gestão Regional[190] – mais tarde renomeado Comissão Intergestores Regional (CIR) –, com a função de pactuação e cogestão solidária das referidas Regiões.

O Pacto visava a novos padrões de interação interfederativa para a consecução de seus objetivos. Diminuía o protagonismo da União e, em contrapartida, ampliava a esfera de atuação de estados e municípios.[191] A negociação entre municípios e estados no âmbito regional, a seu turno, implicava novas exigências de articulação entre esses dois níveis.

---

[189] Cf. Portaria MS/GM nº 399/2006, e Portaria MS/GM nº 699/2006.
[190] O colegiado é composto por gestores municipais de saúde do conjunto de municípios e por representantes dos gestores estaduais, com decisões tomadas por consenso.
[191] Na dicção do próprio Pacto pela Saúde 2006, o Pacto de Gestão "(...) radicaliza a descentralização de atribuições do Ministério da Saúde para os estados, e para os municípios, promovendo um choque de descentralização, acompanhado da desburocratização dos processos normativos" (Portaria MS nº 399/2006, Anexo I, Título III).

O novo regramento inovou no tocante às formas jurídicas de definição de responsabilidades sanitárias e gestão da política. A gestão estratificada pelo sistema de habilitações foi extinta e deu lugar aos Termos de Compromisso de Gestão, com a estipulação de responsabilidades que cada estado ou município se comprometia a desenvolver (SANO, 2008, p. 196).

As transferências de recursos federais sofreram alterações. Previu-se a realização de repasses federais aos municípios de forma automática, mediante prévia homologação pela CIB e ordenados em blocos de financiamento (CARVALHO, 2007, p. 891). Considerando a previsão original e suas alterações posteriores, os blocos de financiamento foram divididos em seis: atenção básica, atenção de média e alta complexidade ambulatorial e hospitalar, vigilância em saúde, assistência farmacêutica, gestão do SUS e investimentos na rede de serviços de saúde. Esse modelo inovou ainda em relação às atividades financiadas, com a inclusão do bloco de gestão do SUS que, destaca Solla (2006, p. 344), foi a primeira iniciativa concreta de custeio de ações relacionadas com a organização do sistema de saúde. No entanto, mesmo com a simplificação, a fragmentação continuou a existir dentro de cada bloco,[192] ocasionando restrições ao emprego de recursos federais pela esfera local (SOLLA, 2006, p. 344).

Formalmente, a adesão ao Pacto foi expressiva: 3.994 municípios até 2012 (BRASIL, 2015e, p. 10). Porém, apesar da construção dialogada desses instrumentos, seus resultados foram insuficientes para induzir a regionalização. Mais do que isso, Menicucci, Costa e Machado (2018, p. 38) concluem não ter havido modificação na dinâmica das relações federativas, principalmente no tocante à conformação das redes regionais de atenção à saúde.

Dentre os fatores que comprometeram o funcionamento do Pacto, além do subfinanciamento, estavam falhas em seu desenho jurídico-institucional. Menicucci, Costa e Machado (2018, p. 36) destacam a desarticulação entre os mecanismos de gestão e os planos municipais e estaduais de saúde, além da falta de clareza quanto às consequências do não cumprimento de metas, fracamente monitoradas. Em acréscimo,

---

[192] Vide, a propósito, Paiva, Gonzalez e Benevides (2020, p. 157).

dificuldades de interlocução no âmbito da CIT podem ter criado barreiras adicionais à implementação das novas diretrizes.[193]

3.7.2 Contratos Organizativos da Ação Pública da Saúde

Os impasses à regionalização do SUS levaram à revisão de seus instrumentos de articulação, com a adoção dos Contratos Organizativos da Ação Pública da Saúde, previstos pelo Decreto nº 7.508/2011, tendo por objetivo "(...) aumentar a segurança administrativa, a transparência e a publicidade da pactuação, vinculando os entes signatários ao cumprimento de responsabilidades definidas num documento formal".

Novamente, registra-se menor participação da CIT e dos conselhos de secretários na elaboração desse novo instrumento. Menicucci, Costa e Machado (2018, p. 37) relatam que o Conass e o Conasems tiveram apenas envolvimento pontual na discussão desse instrumento e que os ajustes à minuta do que seria o Decreto nº 7.508/2011 foram processados no Ministério da Saúde e na Casa Civil, com pouco diálogo na Comissão Tripartite.[194] Apesar disso, a produção de resoluções pela CIT, posterior ao Decreto, indica o empenho de todas as esferas com a efetividade do Coap.

O Coap foi definido como "(...) acordo de colaboração firmado entre entes federativos com a finalidade de organizar e integrar as ações e serviços de saúde na rede regionalizada e hierarquizada" (Decreto nº 7.508/2011, art. 2º, II). Seu conteúdo deve explicitar: a) as necessidades de saúde locais e regionais; b) a oferta de ações e serviços em âmbito regional e inter-regional; c) as responsabilidades assumidas pelos entes federativos no processo de regionalização, de forma individualizada, de acordo com características de cada integrante da Região de Saúde; d) os indicadores e metas de saúde; e) as estratégias para a melhoria das ações e serviços de saúde; f) os critérios de avaliação dos resultados e forma de monitoramento permanente; g) a adequação das ações e dos serviços dos entes federativos em relação às atualizações realizadas na Relação Nacional de Ações e Serviços de Saúde (RENASES); h) os

---

[193] A propósito da redução dos diálogos na CIT no processo de implementação do Pacto pela Saúde, *vide* Menicucci, Costa e Machado (2018, p. 36).

[194] Menicucci, Costa e Machado (2018, p. 37) relatam que o envolvimento do Conass e Conasems na discussão da proposta que viria a se tornar o Decreto nº 7.508/2011 foi apenas pontual e marcou uma mudança na condução e na coordenação da política sanitária pelo Ministério da Saúde, com menor participação e diálogo no âmbito da CIT.

investimentos na rede de serviços e respectivas responsabilidades; e i) os recursos financeiros disponibilizados por cada um dos partícipes para sua execução (Decreto nº 7.508/2011, art. 36). O formato contratual e os termos de suas cláusulas resultariam em "(...) um compromisso mais evidente com metas sanitárias que, explícitas em contratos, podem ser cobradas judicialmente" (OUVERNEY; RIBEIRO; MOREIRA, 2017, p. 1206).

Para Ouverney, Ribeiro e Moreira (2017, p. 1206), a criação e implementação do Coap contribuiu para renovar agendas estaduais de regionalização, para reconfigurar as regiões de saúde, para implementar novos espaços de governança e para aperfeiçoar o planejamento regional integrado. A essas contribuições, todavia, sobrepõe-se a baixa adesão ao novo modelo: apenas dois estados da federação[195] celebraram o referido instrumento, mas não firmaram novos contratos ou aditivos (CNM; CONASEMS; CONASS, 2017, p. 2). Os demais entes permaneceram sob o regime de Pactos de Gestão.

A análise dos fatores que explicam a baixa adesão aos Coaps expõe defeitos no desenho jurídico-institucional desse instrumento, relacionados com as dificuldades de encaixar as estratégias destinadas à regionalização nas peças já dispostas pela municipalização e de conferir certeza às obrigações assumidas por meio desses contratos.

A dificuldade de induzir a regionalização em uma estrutura constituída a partir da municipalização tem um forte componente ligado à trajetória da política sanitária, o que corrobora o postulado do institucionalismo histórico, segundo o qual a sequência com que reformas institucionais são formuladas e implementadas interfere no desenvolvimento e nos resultados de uma política pública.[196] A municipalização do SUS ocorreu por meio de relações federativas mais verticalizadas, com a preponderância de relações atomizadas entre União e municípios. A regionalização demanda novos padrões de interações entre estados, entre municípios e entre uns e outros, desenvolvimento de novas capacidades estatais e instrumentos de coordenação que não criem concorrências ou incompatibilidades[197] com a estrutura destinada à municipalização, o que não foi equacionado.

---

[195] Ceará e Mato Grosso do Sul.
[196] Cf. *supra* Capítulo 1.
[197] Acerca das dificuldades de compatibilizar os instrumentos de coordenação voltados à municipalização com as exigências da regionalização, *vide* Brasil (2015e, p. 25-26).

No que se refere à modelagem jurídica dos Coaps, o TCU aponta "(...) deficiências na definição das responsabilidades dos entes federados em relação às políticas de saúde e das sanções contratuais aplicáveis à União e aos estados" (BRASIL, 2015e, p. 14). Destaca-se que as responsabilidades federais são estabelecidas de forma padronizada e genérica, sem especificar o apoio a ser prestado e custeado pela União (BRASIL, 2015e, p. 17), sem justificativas para os valores estipulados para cada região de saúde e sem sanções efetivas por eventual inadimplemento da União e dos estados.[198] Acrescenta-se ainda a "(...) ausência de atividades de mapeamento e gestão de riscos, de normas que disciplinem esse processo e de elaboração de resposta a riscos" (BRASIL, 2015e, p. 35). Esses aspectos apontam para um instrumento de articulação que não oferece segurança quanto aos compromissos assumidos por cada nível federativo, o que se reflete no receio de assunção de obrigações sem clareza quanto ao suporte efetivamente prestado pelos demais.

Finalmente, registram-se aspectos críticos quanto à regularidade e à suficiência do apoio federal. Foram observadas descontinuidades no apoio técnico e financeiro federal à regionalização e à implementação do Coap (BRASIL, 2015e, p. 28), afetando a possibilidade de que a União assuma compromissos críveis perante os demais níveis federativos. Por outro lado, os entes subnacionais destacam a impossibilidade de assunção de novas obrigações financeiras (CNM; CONASS; CONASEMS, 2017, p. 2), o que é pertinente sobretudo no caso dos municípios, cujas aplicações em saúde cada vez mais superam os mínimos estabelecidos na forma da Constituição.[199]

As dificuldades de se ampliar a regionalização das ações e serviços de saúde por meio de novos instrumentos de articulação encerram um novo ciclo da trajetória do SUS, cujos resultados contrastam com a expansão alcançada pela municipalização e regida pelas NOBs. Essa estagnação afeta a implementação da diretriz constitucional de integralidade no atendimento à saúde, pois, como enfatiza o Ipea (2021, p.

---

[198] O Relatório da Secretaria de Controle Externo da Saúde, que é parte integrante do acórdão do TCU em comento, destaca que a sanção administrativa consistente na suspensão de repasses e realocação de recursos só impacta os municípios, porque dependem das transferências (BRASIL, 2015e, p. 21).

[199] "(...) os estados atingiram, em média, pouco mais de 12% de aplicação em saúde, enquanto os municípios ultrapassaram 21%, em média. Desde 2006, mais de 99% dos municípios brasileiros gastam acima de 15% dos seus impostos em saúde. Esse índice foi superior a 20% para um terço dos municípios em 2006, o que se tornou realidade para mais da metade dos municípios brasileiros em 2013 e 2014" (BRASIL, 2015e, p. 19).

8), a densidade e a complexidade envolvidas na oferta de alguns tratamentos, somadas à dimensão continental do Brasil e ao elevado número de municípios de pequeno porte, tornam necessárias diferentes escalas territoriais para a garantia dessas ofertas. Compromete, portanto, a possibilidade de efetivação de políticas de bem-estar social que não se limitem ao atendimento de necessidades mínimas de atenção à saúde da população e sejam equânimes no território nacional. Evidencia-se a necessidade de novas estratégias de coordenação e, por conseguinte, novos arranjos financeiros, demandas que ficariam sem resposta nos anos seguintes.

3.8 De 2015 a 2019: a retração do financiamento e da coordenação federal

A institucionalização do SUS foi permeada pela dificuldade de assegurar financiamento estável e suficiente para seu funcionamento. Esse tema ganhou novos capítulos com a promulgação da EC nº 86/2015, que trouxe o risco de pressão desordenada sobre o orçamento do sistema e de perda de recursos no início de sua vigência, e da EC nº 95/2016, que trouxe inovações mais profundas e duradouras no financiamento federal. Em acréscimo, a função coordenadora da União foi fragilizada por novas regras sobre os repasses de recursos federais aos entes subnacionais. Eis os temas dos tópicos que seguem.

3.8.1 Emenda Constitucional nº 86/2015

A regra de cálculo das aplicações mínimas da União em ações e serviços de saúde (ADCT, art. 77; LC nº 141/2012, art. 9º) estabilizou o volume de recursos federais investidos na saúde, mas em patamar aquém do necessário (BRASIL; OPAS, 2013, p. 59). Em razão disso, novas proposições legislativas retornaram ao tema do financiamento do SUS, incluindo o Projeto de Lei de Iniciativa Popular nº 321/2013, que buscava fixar as aplicações da União em 10% de sua receita corrente bruta. O projeto não contou com o apoio do governo federal e de sua base parlamentar que, como alternativa, propuseram a inserção de uma nova regra de financiamento federal na PEC nº 358/2013, que tratava do orçamento impositivo (VIEIRA; BENEVIDES, 2016, p. 13). A aprovação dessa PEC deu origem à EC nº 86/2015, que alterou as regras de financiamento do SUS, tanto no que se refere aos critérios de alocação de recursos quanto no volume do gasto federal.

A partir dessa reforma, o art. 166 da Constituição passou a prever a execução orçamentária e financeira obrigatória das emendas parlamentares no limite de 1,2% da RCL, com a destinação de metade desse montante a ações e serviços públicos de saúde, salvo impedimentos de ordem técnica, vedada sua destinação para pagamento de pessoal ou de encargos sociais. Estabeleceu-se, ainda, que esse montante integra o cômputo do piso federal das aplicações nessa área e, portanto, representa uma subvinculação de valores já obrigatoriamente aplicados em saúde (PIOLA; VIEIRA, 2019, p. 10). Surge, assim, mais um critério a ser observado na definição de políticas de saúde e que pode contribuir para a fragmentação financeira desses programas (BRASIL, 2015e, p. 27).

Além disso, o art. 198, §2º, I, da Constituição passou a prever a aplicação mínima da União em ações e serviços de saúde em percentual não inferior a 15% da RCL do respectivo exercício financeiro.[200] Esse percentual, porém, incluía a parcela da União oriunda da participação no resultado ou da compensação financeira pela exploração de petróleo e gás natural (EC nº 86/2015, art. 3º), razão pela qual os recursos da exploração do pré-sal não seriam fontes adicionais de recursos, como chegou a prever a Lei nº 12.858/2013 (arts. 2º e 4º).

Como as aplicações passariam a guardar relação com a RCL, em tese, seria possível alterar a "vinculação estagnada do gasto federal" (PINTO; BAHIA; SANTOS, 2016, p. 220). Todavia, a implantação do percentual de 15% da RCL ocorreria de forma escalonada até 2020 (EC nº 86/2015, art. 2º), regra de transição que levava a perdas em 2016 e, provavelmente, em 2017, com possibilidade de ganhos a partir de 2018 (FUNCIA, 2015). Assim, argumentam Pinto, Bahia e Santos (2016, p. 220), sob o pretexto de trazer norma de transição, o art. 2º da EC nº 86/2016 impôs regressividade nominal e proporcional em relação ao regime da EC nº 29/2000.

A eficácia dos arts. 2º e 3º da EC nº 86/2015 foi suspensa cautelarmente pelo STF, em decisão proferida na ADI nº 5.595, sob o fundamento de que as regras comprometiam "(...) a estabilidade jurídica e o caráter progressivo do custeio federal das ações e serviços públicos de

---

[200] Cf. *supra* 2.8.1.

saúde"[201] (SALES, 2018b, p. 223). Porém, quando a decisão foi proferida, o art. 2º da EC nº 86/2015 havia sido revogado pela EC nº 95/2016, que novamente alterou a dimensão econômico-financeira do SUS.

3.8.2 Emenda Constitucional nº 95/2016

Em 2016, por meio da PEC nº 241, o Poder Executivo apresentou nova proposta de regulação do gasto federal em saúde, visando limitar a expansão e retirar o viés procíclico da despesa primária da União (SALES, 2018b, p. 223), da qual resultou a promulgação da EC nº 95/2016.

Essa emenda instituiu o chamado Novo Regime Fiscal, que impôs limites às despesas primárias da União durante 20 exercícios financeiros. A norma especial para ações e serviços de saúde estabeleceu que as aplicações mínimas nessa área devem corresponder a 15% da RCL de 2017, atualizada anualmente pelo IPCA, até 2036 (ADCT, art. 110).[202] Na comparação com a regra da EC nº 86/2015, esse critério somente protegeria o gasto com saúde na hipótese de uma estagnação de 20 anos da economia brasileira (VIEIRA; BENEVIDES, 2016, p. 21); do contrário, o horizonte seria de redução, em termos reais, dos recursos federais destinados ao SUS.

Embora formalmente os princípios e as diretrizes constitucionais da política sanitária tenham sido preservados, a EC nº 95/2016 modificou um aspecto estruturante da política sanitária e trouxe consigo a perspectiva de profundas transformações na sua dimensão objetiva, por meio da precarização de ações e serviços, encolhimento do gasto público federal *per capita* e reforço de desigualdades no acesso à saúde (SALES, 2018b, p. 225). O piso de gasto federal com saúde, previsto pelas ECs nº 29/2000 e nº 86/2005, deu lugar a um teto que deliberadamente limita a expansão do gasto público em saúde frente ao PIB e à RCL. Ao argumento de que nada impede a alocação de recursos além do mínimo, observa-se que, considerando os limites totais de gastos impostos pela emenda, a ampliação de recursos para uma área de política pública depende da perda de recursos destinada a outra área, no contexto de um teto decrescente para os gastos em relação ao PIB (VIEIRA; BENEVIDES, 2016, p. 23).

---

[201] ADI nº 5.595 MC, Relator: Min. Ricardo Lewandowski, julgado em 31/08/2017, publicado em PROCESSO ELETRÔNICO DJe-198 DIVULG 01.09.2017 PUBLIC 04.09.2017.
[202] Cf. *supra* 2.8.1.

Sob o ponto de vista da proteção social, a reforma afastou o SUS da concepção original atrelada ao modelo social-democrata e o impele cada vez mais na direção de um modelo liberal, com prestações restritas e oferecidas em condições cada vez piores em relação aos serviços ofertados pelo segmento privado. Pela ótica do federalismo, a retração do gasto público federal leva à sobrecarga dos entes subnacionais. A atuação de estados, Distrito Federal e municípios pode compensar parcialmente a retirada da União, mas a capacidade financeira desses entes é extremamente heterogênea e insuficiente para compensar o papel supletivo e redistributivo desempenhado pelo financiamento federal.

Conquanto se trate de norma de vigência temporária, sua permanência ao longo de 20 anos pode dar ensejo a dinâmicas de autorreforço que dificultem progressivamente o retorno ao modelo anterior à EC nº 95/2016. Portanto, a institucionalidade desenvolvida pelo SUS o coloca sob risco não somente porque constitucionaliza o financiamento federal regressivo, mas porque abre espaço para transformações organizacionais que, impulsionadas pela retração do gasto, resultem em dispersão de ações e diferenças crescentes entre as políticas conduzidas em diferentes níveis de governo.

3.8.3 O encolhimento da coordenação exercida pela União

Desde 2017, uma sucessão de normas tratando dos repasses de recursos federais caminhou no sentido de retração da coordenação exercida em nível federal.[203]

Em janeiro de 2017, a partir de proposta do Ministério da Saúde, pactuou-se na CIT a alteração nas regras de transferência de recursos federais, com o objetivo de desvincular os recursos federais das finalidades de aplicação estabelecidas pelo orçamento federal (JACCOUD; VIEIRA, 2020, p. 68-69). A proposta contava com apoio dos municípios, críticos das muitas regras relacionadas aos repasses federais, mas encontrou resistência por parte da equipe de planejamento e orçamento do governo federal, que a considerou ilegal (IPEA, 2021, p. 115-116). Diante disso, as regras de transferência de recursos foram flexibilizadas por meio da Portaria MS nº 3.992/2017, mas sem a extensão originalmente pactuada.

---

[203] Quanto às alterações que afetaram políticas de saúde específicas, *vide* Oliveira e Fernandez (2021).

A Portaria MS nº 3.992/2017 passou a organizar os repasses federais em apenas dois blocos de financiamento – Bloco de Custeio das Ações e Serviços Públicos de Saúde e Bloco de Investimento na Rede de Serviços Públicos de Saúde[204] – e reduziu as linhas de repasses vinculantes, o que conferiu maior flexibilidade aos gestores locais (JACCOUD; VIEIRA, 2020, p. 69). Em tese, a congruência entre as prioridades nacionais e a alocação de recursos em nível subnacional seria garantida pela conformidade com o Programa de Trabalho do Orçamento Geral da União que originou os repasses. Porém, a criação de instrumentos para verificar essa conformidade não ocorreu concomitantemente à alteração normativa (PAIVA; GONZALEZ; BENEVIDES, 2020, p. 176).

Em 2019, outra modificação importante foi introduzida pelo programa Previne Brasil,[205] que alterou o custeio da atenção primária à saúde e definiu incentivos financeiros de três ordens: a) capitação ponderada; b) pagamento por desempenho; e c) incentivo para ações estratégicas, abrangendo os incentivos que antes correspondiam ao PAB variável (IPEA, 2021, p. 124). O PAB fixo, por sua vez, foi extinto.

Especificamente quanto à capitação ponderada, substituiu-se o total de habitantes de cada município, como critério de cálculo das transferências intergovernamentais, pela população cadastrada em serviços de atenção primária, ponderada pela vulnerabilidade socioeconômica, pelo perfil demográfico por faixa etária da população cadastrada e pela classificação geográfica definida pelo IBGE. O objetivo do governo federal deixou de ser financiar a atenção primária à saúde em bases universais e restringiu-se à população cadastrada por municípios (MASSUDA, 2020, p. 1185). Como a efetividade do cadastro varia conforme a capacidade institucional de cada município (OLIVEIRA; FERNANDEZ, 2021), localidades em maior situação de necessidade podem sofrer redução de recursos,[206] com prejuízo ao planejamento e

---

[204] A Portaria MS/GM nº 828/2020 alterou a denominação desses blocos para Bloco de Manutenção das Ações e Serviços Públicos de Saúde e Bloco de Estruturação da Rede de Serviços Públicos de Saúde.
[205] Portaria MS/GM nº 2.979/2019.
[206] Massuda (2020, p. 1185) cogita outros efeitos deletérios do critério da capitação ponderada: "Por um lado, pode-se dirigir a atenção de municípios para a expansão de pacientes registrados, em detrimento da qualidade e abrangência dos serviços (especialmente aqueles sem incentivos de desempenho). Por outro, pode-se estabelecer barreiras para o cadastro de determinados grupos populacionais que exijam maiores cuidados ou que apresentem problemas de saúde com tratamentos mais onerosos. Possíveis restrições de acesso, redução de escopo e qualidade de serviços na APS tendem a desviar pacientes para outros níveis do sistema, especialmente para unidades de urgência".

à segurança decorrentes da extinção do PAB fixo (SETA; OCKÉ-REIS; RAMOS, 2021, p. 3784).

As alterações descritas enfraquecem o papel indutor exercido pela União, tanto pela redução do valor dos repasses quanto pela menor vinculação desses repasses a prioridades nacionais. No cenário de contração de gastos instituído pela EC nº 95/2016, a desvinculação das transferências federais alivia a pressão por mais financiamento pelo Ministério da Saúde (JACCOUD; VIEIRA, 2020, p. 71), pois permite aos gestores estaduais e municipais atenderem áreas que demandam maiores recursos ou atendimento mais urgente de prioridades a despeito da menor participação da União,[207] mas deixa desguarnecidas outras ações e serviços. Vê-se, pois, que a juridificação de normas que reduzem a participação federal no custeio do SUS pode moldar as preferências dos entes subnacionais por menor coordenação nacional, fragilizando a um só tempo a dimensão econômico-financeira e os mecanismos de articulação do sistema. Cria-se, assim, uma espiral descendente que compromete a uniformidade da provisão social em território nacional e a redução de desigualdades na efetivação do direito à saúde. E em meio a essas transformações, a pandemia de Covid-19 atinge o Brasil.

3.9 De 2020 a 2021: o teste do pacto federativo no SUS

Em 2020, registra-se a mais grave conjuntura atravessada pelo SUS desde sua criação: a pandemia causada pela Covid-19. A emergência sanitária colocou à prova, como era esperado, a capacidade de resposta do SUS às necessidades de saúde da população, em todos os níveis de complexidade. Mas a resposta à pandemia, objeto de uma política pública contingente, acabou por se mostrar um teste à resiliência do arcabouço jurídico-institucional da política estruturante da saúde pública no Brasil, isto é, do próprio SUS.

---

[207] "A definição de valores e a operação dos repasses federais aos entes subnacionais sempre demandaram algum nível de negociação mais ativa com o MS. (...) Em um contexto de restrição orçamentária crescente em virtude do teto de gastos, maiores pressões seriam dirigidas pelos estados e municípios à União. De um lado, seria conveniente ao MS realizar transferência global dos recursos aos entes subnacionais ao invés de transferências por linhas de repasse em blocos de financiamento, pois isso reduziria sobre o governo federal a pressão por mais recursos para financiar áreas específicas. E, de outro lado, a transferência global também interessava a esses entes, especialmente aos municípios, que há muito se queixam do que consideram tutela federal, que se concretiza na definição de muitas regras para realização dos repasses" (IPEA, 2021, p. 115).

Considerando o recorte temporal desta pesquisa e a época de elaboração deste texto, falta o distanciamento temporal suficiente para uma compreensão mais ampla desses acontecimentos e de seus efeitos. Tampouco é possível identificar um novo ciclo descendente de institucionalização do SUS, cabendo apenas entender como o desenvolvimento institucional descrito nas seções anteriores foi tensionado e também moldou as ações dos três níveis de governo diante da pandemia. Para tanto, as próximas seções analisam dois temas: a gestão da pandemia de Covid-19 e a tentativa de retirar da Constituição a regra de vinculação de recursos para a saúde.

3.9.1 O SUS e a gestão da pandemia de Covid-19

Em janeiro de 2020, a Organização Mundial da Saúde (OMS) declarou Emergência de Saúde Pública de Importância Internacional (Espii) em razão do surto de uma nova cepa de coronavírus. Em fevereiro, o Brasil declarou Emergência de Saúde Pública de Importância Nacional (Espin), instituiu o Centro de Operações de Emergências em Saúde Pública (COE-nCoV), mecanismo nacional da gestão coordenada da resposta à emergência sanitária, e previu a adoção de medidas para proteção da coletividade.[208] À época, o país figurava entre os países mais bem preparados do mundo para responder a ameaças biológicas (JOHNS HOPKINS UNIVERSITY *et al.*, 2019), mas, apesar disso, superou a trágica marca de 600 mil mortes e chegou a ostentar o pior desempenho na gestão da pandemia, em uma comparação entre 98 países.[209]

O paradoxo entre uma institucionalidade apta a promover a coordenação entre diferentes níveis de governo, de modo a oferecer uma resposta rápida e eficaz de enfrentamento à pandemia, e as respostas efetivamente adotadas, expôs conflitos que combinaram aspectos da dimensão substantiva e da dimensão estruturante da política sanitária.

Na dimensão substantiva, estava em curso a implantação de medidas de retração permanente da oferta de políticas sociais, em particular, de redução do papel da União no financiamento e na coordenação do

---

[208] Portaria GM/MS nº 188, de 3 de fevereiro de 2020, e Lei nº 13.979, de 6 de fevereiro de 2020.
[209] Informação extraída do *Covid Performance Index,* elaborado pelo Lowy Institute, e disponível em: https://interactives.lowyinstitute.org/features/covid-performance/#rankings. Acesso em: 4 nov. 2021. Adotou-se a informação contida no *ranking* elaborado com dados disponíveis em 9 de janeiro de 2021, pois o Brasil não figura no *ranking* que contempla dados até 13 de março de 2021.

SUS. Essas transformações ficaram claras durante a pandemia pela necessidade de ampliar e organizar ações e serviços de saúde em território nacional e pela dissonância entre as estratégias do governo federal[210] e as estratégias e necessidades dos governos subnacionais.

Na dimensão estruturante, como apontam Abrucio et al. (2020, p. 664), estava em curso um processo de transformação nas relações intergovernamentais anterior à pandemia, com efeitos intensificados a partir desta. Os autores atribuem essas mudanças à lógica federativa compartimentalizada, autocrática e confrontadora adotada sob a presidência de Jair Bolsonaro, que organiza uma disputa em torno dos modelos dualista e cooperativo de federalismo (ABRUCIO et al., 2020, p. 669-691). Aplicada ao SUS, a disputa pela substituição de um paradigma cooperativo e interdependente de relações federativas por um paradigma ora competitivo, ora hierárquico, vai de encontro com a concepção cooperativa de federalismo que fundamenta o sistema. Os resultados esperados desse confronto são resistências à negociação federativa e conflitos com governos subnacionais.

Feitas essas considerações, analisam-se os fatos especificamente relacionados com a pandemia.

De saída, cabe asseverar que o mosaico composto por normas, atos administrativos e declarações de agentes públicos não pode ser descrito como ausência de uma estratégia federal de resposta à pandemia. Embora o governo federal tenha alterado suas linhas de ação ao longo do tempo e não tenha logrado êxito em implementar todas as suas decisões, é possível reconhecer: a) o incentivo ao que se denominou "tratamento precoce",[211] expressão que designa a adoção de fármacos sem evidências de eficácia para o tratamento da Covid-19[212] e que pressupõe o contágio pelo vírus; b) a resistência à redução do funcionamento da atividade

---

[210] O Centro de Pesquisas e Estudos sobre Direito Sanitário (Cepedisa) da Faculdade de Saúde Pública da Universidade de São Paulo e a Conectas Direitos Humanos desenvolveram o projeto de pesquisa "Mapeamento e análise das normas jurídicas de resposta à Covid-19 no Brasil". Como parte desse projeto, produziu-se uma série de boletins discutindo a produção normativa brasileira de resposta à Covid-19 e seus impactos. Esse estudo subsidiou o relatório apresentado pela Comissão Parlamentar de Inquérito instituída no Senado Federal para apurar as ações e omissões do governo federal no enfrentamento da pandemia (CEPEDISA, 2021). Os boletins e relatórios elaborados pelo Cepedisa e pela Conectas são as principais referências para a coleta das informações que subsidiam o presente tópico.

[211] Vide, a propósito: a) Notas Informativas SE/GAB/SE/MS nº 9/2020, nº 11/2020 e nº 17/2020, contendo orientações para o manuseio medicamentoso precoce de pacientes com diagnóstico da Covid-19; b) informações contidas no Relatório da CPI a respeito da produção e da distribuição de cloroquina, um dos fármacos que integraria o aludido tratamento precoce (BRASIL, 2021b, p. 112-120).

[212] Vide, a propósito, Dourado e Ribeiro (2020).

econômica, com a manutenção de um amplo rol de atividades qualificadas como essenciais, cujo funcionamento ficou resguardado;[213] c) a rejeição a medidas de cunho não farmacológico que poderiam minimizar a disseminação do vírus, como o distanciamento físico e outras formas de proteção pessoal,[214] incluindo a resistência à adoção de programas que permitissem aos grupos privados de renda[215] ou em outras situações de vulnerabilidade[216] observar essas medidas preventivas; e d) a não priorização da compra de vacinas pelo governo federal.[217]

Não houve negociação federativa para a construção de uma resposta nacional à pandemia[218] e decisões relevantes foram tomadas fora da institucionalidade do SUS. O Ipea (2021, p. 138) destaca que "(...) não havia intenção de elaborar um plano geral para o SUS, construído coletivamente na CIT, e que contivesse as estratégias macro para o enfrentamento da pandemia". Outros colegiados tampouco supriram adequadamente essa lacuna, pois o Comitê de Crise para Supervisão e Monitoramento dos Impactos da Covid-19[219] foi criado sem contar com representação estadual e municipal (ABRUCIO *et al.*, 2020, p. 671) e o COE-nCoV, que contava com essa representação, teve suas ações restritas a aspectos logísticos (CEPEDISA, 2021, p. 77).

Dessa forma, a postura do Executivo federal colocou em disputa qual seria a resposta à crise sanitária e quem seria competente para decidi-la. Alijados da formulação da resposta nacional à crise e lidando diretamente com a pressão sobre seus sistemas de saúde, muitos municípios e, principalmente, os estados assumiram o pioneirismo

---

[213] Cf. Decretos nº 10.282/2020 e nº 10.329/2020.

[214] Cf. Mensagem de veto nº 374/2020, a propósito do fornecimento e uso de máscaras, bem como a disponibilização de mensagens informativas. O veto foi parcialmente rejeitado.

[215] Sobre o auxílio emergencial, destinado a prover renda básica no curso da emergência de saúde pública, cf. infra 4.8.

[216] Cf. Mensagem de veto nº 378/2020, contendo veto a dispositivos da Lei nº 14.021/2020, que cria o Plano Emergencial para Enfrentamento à Covid-19 nos territórios indígenas (CEPEDISA; CONECTAS, 2020, p. 2), igualmente derrubado pelo Congresso Nacional.

[217] *Vide*, a propósito, o Relatório da CPI (BRASIL, 2021b, p. 204-260).

[218] "O presidente do Conselho Estadual dos Secretários de Saúde (Conass) tem sido apartado das decisões do Ministério da Saúde. O protagonismo de Mandetta e o isolamento de seu sucessor, Nelson Teich, foram absolutos em um sistema baseado na pactuação intergovernamental. No início da pandemia, governadores e prefeitos afirmaram que recursos não chegavam, algo anormal para o SUS, considerando a longa trajetória de funcionamento da transferência fundo a fundo (Bertoni, 2020). A desarticulação federativa piorou com a chegada do ministro Teich. O representante do Conass, principal estrutura do SUS de diálogo e negociação federativa, sequer foi convidado a participar de sua posse (Conass, 2020)" (ABRUCIO *et al.*, 2020, p. 671).

[219] Decreto nº 10.277/2020.

no enfrentamento à pandemia em seus territórios, e, paralelamente, intensificaram pleitos de assistência à União. O Executivo federal, ao mesmo tempo em que manteve atuação secundária na estrutura do SUS (IPEA, 2021, p. 142), agiu para conter as medidas que divergiam da estratégia federal descrita anteriormente. Como enfatizam Ventura, Aith e Reis (2020, p. 2), por meio de vetos presidenciais, demora na sanção de leis, edição de medidas provisórias e outros atos normativos, houve "(…) obstrução sistemática pelo Poder Executivo federal das tentativas de conter a pandemia promovidas por outros atores, em particular o Congresso Nacional e os governos locais".

A ausência de coordenação nacional efetiva na contenção da pandemia[220] resultou em heterogeneidade e fragmentação do tratamento normativo, "(…) com idas e vindas dos governos nas políticas de combate à pandemia, especialmente por meio de constantes alterações nas listas de serviços considerados essenciais" (CEPEDISA; CONECTAS, 2020, p. 2). Internamente, o SUS refletiu essa desarticulação, deixando de definir de forma tripartite temas como a organização das redes de atenção à saúde para atender desde casos leves até casos graves, a aquisição e a logística de insumos (IPEA, 2021, p. 139). O protagonismo dos entes subnacionais no enfrentamento à crise sanitária possibilitou a construção de respostas em conformidade com as recomendações da OMS e da comunidade científica, mas a falta de coordenação nacional deu ensejo à construção competitiva de soluções,[221] com respostas locais a uma crise de alcance nacional, e refletiu-se na aquisição e distribuição de medicamentos e outros produtos necessários ao funcionamento dos serviços de saúde na pandemia (IPEA, 2021, p. 144).

A emergência sanitária mostrou que a estrutura sedimentada ao longo de três décadas não passou incólume a ações unilaterais do governo federal orientadas por uma agenda contrária às exigências de cooperação e de coordenação que conferem unidade ao funcionamento do SUS e prestigiam a tomada de decisões conjuntas. Se um dos objetivos da institucionalização de uma política pública é conferir estabilidade e desvincular a política da pessoa do governante, não há como deixar de constatar que a estrutura organizacional e decisória do sistema não foi suficiente para coibir dribles institucionais.

---

[220] Como destacam Abrucio *et al.* (2020, p. 672), "A redução conjuntural do papel da União aumentou a descoordenação intergovernamental e a desigualdade entre estados e municípios. O conflito intergovernamental dificultou a tomada de decisões nacionais, como normas sobre isolamento social, distribuição de recursos e equipamentos médicos".

[221] Cf. *supra* 2.6.

Ao mesmo tempo, esse arranjo jurídico-institucional e o legado acumulado ao longo da implantação do SUS preservaram a capacidade de resposta do sistema, apesar das disputas e das omissões acima relatadas. O entrelaçamento de responsabilidades sanitárias permitiu que a estrutura do SUS não ficasse subordinada exclusivamente às decisões do governo federal no enfrentamento à Covid-19 e viabilizou, mesmo com limitações, o atendimento às ações não priorizadas pelo governo federal, contraposição que contribuiu para alterar a própria resposta da União à pandemia. A articulação horizontal, presente ao longo de toda a construção do SUS, foi fortalecida pelo esforço protagonizado pelos governos estaduais de suprir a ausência de coordenação federal e de preservar a autonomia de todas as esferas federativas.[222] E, como árbitro federativo, o STF reafirmou a competência legislativa e material de todos os níveis de governo para adotar medidas de combate à pandemia,[223] bem como a autonomia dos entes subnacionais.[224]

Assim, é possível reconhecer que a estrutura federativa – aqui, especificamente, o federalismo sanitário – exerce o efeito catraca descrito por Obinger, Leibfried e Castles (2005), que pode refrear medidas de desinstitucionalização de políticas sociais, preservando, assim, seus objetivos e instrumentos.

3.9.2 A PEC nº 186/2019 e a preservação dos pisos de investimentos

O último evento analisado neste capítulo diz respeito à tramitação da PEC nº 186/2019 ("PEC Emergencial"), apresentada pelo governo federal como parte do chamado Plano Mais Brasil.[225] A proposta tratava

---

[222] O ponto é destacado por Abrucio *et al.* (2020, p. 670): "(...) como elemento marcante de reação ao federalismo bolsonarista, o Fórum de Governadores e o Consórcio do Nordeste fortaleceram a cooperação horizontal e supriram lacunas deixadas pela União. A crise gerada pela pandemia da COVID-19 evidenciou a necessidade de maior colaboração e transformou essas arenas em contrapontos às iniciativas presidenciais, sobretudo porque os governadores foram mais aderentes ao isolamento social, em contraposição à omissão presidencial".
[223] ADI nº 6341 MC-Ref, Relator: Min. MARCO AURÉLIO, Relator para o Acórdão: EDSON FACHIN, Tribunal Pleno, julgado em 15.04.2020, publicado em 13.11.2020.
[224] Sob o fundamento de risco à autonomia estadual, a Corte assegurou a entrega de ventiladores pulmonares ao seu adquirente, o Estado do Maranhão, obstando a requisição desses itens por parte da União (ACO nº 3385/MA, Relator: Min. CELSO DE MELLO, julgado em 20.04.2020, publicado em 24.04.2020).
[225] A "PEC Emergencial" foi apresentada em conjunto com outras duas propostas de emenda à Constituição – a PEC nº 187/2019 ("PEC da Revisão dos Fundos Públicos") e a PEC nº 188/2019 ("PEC do Pacto Federativo").

de medidas permanentes e emergenciais de controle do crescimento das despesas obrigatórias e de reequilíbrio fiscal no âmbito dos Orçamentos Fiscal e da Seguridade Social da União. Em razão da pandemia causada pela Covid-19, a tramitação da PEC foi refreada, mas acabou sendo retomada diante da necessidade de retorno do pagamento do benefício de auxílio emergencial (PINTO, 2021).

Nesse percurso, o substitutivo apresentado pelo relator, senador Márcio Bittar, em 23 de fevereiro de 2021, previa a revogação do art. 198, §2º, e §3º, I, da Constituição Federal, isto é, a revogação das normas que impõem aplicações mínimas de recursos em ações e serviços de saúde. Na educação, a proposta ia no mesmo sentido: revogação do art. 212, *caput* e §§1º e 2º, e do art. 212-A, VIII, eliminando-se as aplicações mínimas destinadas à manutenção e ao desenvolvimento do ensino. A justificativa para a desvinculação trazia a ideia de "devolução" do controle do orçamento aos estados e municípios.[226]

Essa proposta buscava reformar políticas sociais por meio de transformações abruptas em seu núcleo duradouro (CLUNE, 1983). Se aprovada, a revogação do piso constitucional representaria a principal medida de desinstitucionalização do SUS e gatilho para a desarticulação dos demais elementos do sistema.

A reação contrária dos representantes dos governos subnacionais na área da saúde foi imediata. O Conass (2021, p. 1) se manifestou no sentido de que a falta de vinculação de gastos "(…) seria a sentença de morte para o Sistema Único de Saúde (SUS) e uma ameaça sem precedentes à educação", acrescentando que a medida negaria previsibilidade de recursos para o sistema. O CNS, o Conasems e a Frente pela Vida também se opuseram à medida. Já no substitutivo apresentado em 2 de março de 2021, foram mantidos os pisos orçamentários destinados às ações e aos serviços públicos de saúde e educação.

A manifestação dos órgãos representativos dos estados, do Distrito Federal e dos municípios expôs a importância dos fatores ligados à dependência da trajetória na criação de mecanismos de resiliência institucional das políticas públicas. Demonstrando que as adaptações

---

[226] Veja-se o excerto do Parecer SF/21228.58956-72: "(…) é inadequado e irreal buscar a imposição de regras rígidas e inflexíveis para toda a Federação. Brasília não deve ter o poder de ditar como cada estado e cada município deve alocar seus recursos. Essa tutela excessiva, às raias da ingerência, enfraquece nossa democracia, ao impedir que a população possa soberanamente fazer suas escolhas de políticas públicas. As realidades em nosso país continental são heterogêneas, múltiplas, díspares, e, para se lhes fazer frente, demandam as mais variadas alocações orçamentárias, o que somente pode ocorrer em um cenário de flexibilidade orçamentária" (BRASIL, 2021c, p. 22).

organizacionais a arranjos prévios podem tornar pouco atrativa a reversão a um arranjo anterior (PIERSON, 2002, p. 372), a regra de financiamento previamente consolidada criou interesses e preferências contrárias a reformas institucionais que pudessem romper com esse legado. Nem estados, nem municípios estavam dispostos a abrir mão de suas obrigações financeiras mínimas nas áreas de saúde e educação, cientes do risco de serem onerados pela redução de responsabilidade dos demais entes, especialmente da União. Nessa medida, o insucesso da tentativa de desconstitucionalizar a obrigatoriedade de investimentos mínimos em saúde e educação ilustra o viés *pro status quo* que permeia os arranjos institucionais e a prevalência dos mecanismos de *feedback* nos processos políticos (PIERSON, 2015).

3.10 Quadro de institucionalização e quadro de referência do SUS

A miríade de transformações normativas e organizacionais descritas nas seções anteriores pode ser sistematizada e sintetizada com apoio nos quadros de referência apresentados no Capítulo 1. A primeira parte do modelo de análise, isto é, a descrição do cenário pré-constitucional da política sanitária, consta da seção 3.1 deste Capítulo. Na presente seção, apresentam-se os quadros descritivos da trajetória de institucionalização do SUS e, na sequência, do atual desenho jurídico-institucional desse sistema.

Quadro 15 – Trajetória de institucionalização do SUS

(continua)

1º CICLO DESCENDENTE (1988-1992)	
Definição da base normativa da política pública	Constituição; Lei Orgânica da Saúde (Leis nº 8.080/1990 e nº 8.142/1990); NOB/SUS nº 1/1991; NOB/SUS nº 1/1992.
Implantação dos mecanismos de articulação	Implantação dos convênios e remuneração por serviços prestados.
Respostas dos entes subnacionais	Habilitação de 1.074 municípios até o final de 1993; Desenvolvimento de sistemas municipais de saúde.
Interações implantação-resposta	Municipalização incipiente: insatisfação com o ritmo da descentralização; Relações diretas entre União e municípios; Reivindicação de participação no processo decisório.

(continua)

1º CICLO ASCENDENTE (1991-1992)	
Influência nas políticas formais das agências reguladoras por *insiders* e alianças entre *insiders-outsiders*	Pleito do Conass e do Conasems de criação de uma comissão intergovernamental para tratar da descentralização do SUS; Reivindicação de aprofundamento da descentralização; Formulação de propostas: 9ª Conferência Nacional de Saúde e GED.
2º CICLO DESCENDENTE (1993-1996)	
Definição da base normativa da política pública	NOB 1/1993; Lei nº 8.689/1993; Decreto nº 1.232/1994.
Implantação dos mecanismos de articulação	Criação da CIT e das CIBs; Implantação do sistema de habilitação em níveis de gestão e transferências fundo a fundo para entes em gestão semiplena.
Respostas dos entes subnacionais	Habilitação de 3.125 municípios e de 16 estados até 1996.
Interações implantação-resposta	Avanço da municipalização do SUS, porém limitado pela instabilidade dos repasses federais.
2º CICLO ASCENDENTE (1993-1996)	
Influência nas políticas formais das agências reguladoras por *insiders* e alianças entre *insiders-outsiders*	Discussão sobre uma nova NOB.
Influência sobre as legislaturas por *insiders* e *outsiders* para obter alterações na base normativa	Propostas de emenda à Constituição visando à vinculação de recursos para ações e serviços de saúde (PECs nº 157/1993 e nº 169/1993) e à criação da CPMF (PEC nº 256/1995).
3º CICLO DESCENDENTE (1996-2000)	
Definição da base normativa da política pública	EC nº 12/1996; NOB nº 1/1996; Portaria MS/GM nº 1.882/1997 e nº 531/1999.
Implantação dos mecanismos de articulação	Modificação do sistema de habilitação em níveis de gestão; Implantação do PAB.
Respostas dos entes subnacionais	Habilitação de 5.450 municípios e de oito estados até 2000.
Interações implantação-resposta	Oferta de ações e serviços: a) convergência para estratégias definidas nacionalmente; b) universalização da atenção básica; c) baixo percentual (10%) de municípios brasileiros em gestão plena de seus sistemas de saúde. Financiamento: a) repasses automáticos a oito estados e 5.450 municípios; b) maior estabilidade dos recursos federais destinados ao SUS.

(continua)

3º CICLO ASCENDENTE (2000-2001)	
Influência nas políticas formais das agências reguladoras por *insiders* e alianças entre *insiders-outsiders*	Debates na CIT sobre a regionalização dos serviços de saúde.
Influência sobre as legislaturas por *insiders* e *outsiders* para obter alterações na base normativa	Continuidade da mobilização pela vinculação de recursos em todos os níveis federativos.
4º CICLO DESCENDENTE (2000-2006)	
Definição da base normativa da política pública	EC nº 29/2000; NOAS nº 1/2001; NOAS nº 1/2002.
Implantação dos mecanismos de articulação	Regiões de saúde: regionalização por níveis de complexidade; Modificação do sistema de habilitação em níveis de gestão; Vinculação constitucional de recursos em todos os níveis federativos.
Respostas dos entes subnacionais	Todos os estados brasileiros em Gestão Plena até 2004; Apenas 15 municípios não habilitados em qualquer forma de gestão até 2004.
Interações implantação-resposta	Habilitação em níveis de gestão: a) responsabilidade dos municípios e do Distrito Federal pela gestão do sistema municipal na organização e na execução das ações de atenção básica; b) extinção da habilitação na atenção básica; c) baixo percentual de municípios habilitados em Gestão Plena (10% dos municípios até 2006); Regionalização: baixo avanço; Financiamento: a) ampliação do gasto público em saúde em todos os níveis federativos; b) regressividade da participação da União.
4º CICLO ASCENDENTE (2004-2006)	
Influência nas políticas formais das agências reguladoras por *insiders* e alianças entre *insiders-outsiders*	Discussões na CIT em torno de novas estratégias de articulação federativa: a) regionalização; b) substituição do modelo de habilitações por modelos negociados de assunção de compromissos recíprocos.
5º CICLO DESCENDENTE (2006-2011)	
Definição da base normativa da política pública	Portaria MS/GM nº 399/2006, nº 699/2006 e nº 204/2007.
Implantação dos mecanismos de articulação	Pacto de gestão: PDR, PDI e PPI; Termos de Compromisso de Gestão; Blocos de financiamento.

(continua)

Respostas dos entes subnacionais	Adesão ao Pacto pela Saúde: 3.994 municípios até 2012.
Interações implantação-resposta	Ausência de modificação na dinâmica das relações federativas; Pouco avanço das redes regionais de atenção à saúde; Desarticulação entre os diversos instrumentos de articulação.
5º CICLO ASCENDENTE (2011)	
Influência nas políticas formais das agências reguladoras por *insiders* e alianças entre *insiders-outsiders*	Elaboração de novo instrumento de articulação, com menor negociação na CIT.
6º CICLO DESCENDENTE (2011-2015)	
Definição da base normativa da política pública	Decreto nº 7.508/2011.
Implantação dos mecanismos de articulação	Contratos Organizativos da Ação Pública da Saúde.
Respostas das organizações reguladas	Celebração de Coaps por dois estados.
Interações entre implantação/resposta	Insucesso do Coap como instrumento voltado à regionalização: a) baixa adesão e não renovação pelos estados que haviam celebrado esses contratos anteriormente; b) permanência dos demais entes sob o regime de Pactos de Gestão.
6º CICLO ASCENDENTE (2013-2015)	
Influência nas políticas formais das agências reguladoras por *insiders* e alianças entre *insiders-outsiders*	Debates na CIT sobre a desvinculação dos repasses federais.
Influência sobre as legislaturas por *insiders* e *outsiders* para obter alterações na base normativa	Propostas de alteração das regras sobre a participação da União do financiamento do SUS; Proposta do governo federal de instituir o teto de gastos com ações e serviços de saúde.
7º CICLO DESCENDENTE (2015-2021)	
Definição da base normativa da política pública	ECs nº 86/2015 e nº 95/2016; Portarias MS nº 3.992/2017 e nº 2.979/2019.
Implantação dos mecanismos de articulação	Aplicações mínimas de recursos da União em conformidade com as ECs nº 86/2015 e nº 95/2016; Alteração dos blocos de financiamento; Alteração do custeio da atenção primária à saúde.

(conclusão)

Respostas das organizações reguladas	Portaria MS nº 3.992/2017: ampliação da autonomia dos entes subnacionais para a alocação de recursos federais. Portaria MS nº 2.979/2019: estimativas de perda financeira (SETA; OCKÉ-REIS; RAMOS, 2021, p. 3784).
Interações entre implantação/resposta	Na vigência da EC nº 95/2016, a saúde deixou de receber R$17,6 bilhões em 2018 e 2019, na comparação com o que seria destinado se prevalecesse a regra definitiva de aplicação de 15% da RCL pela União (IPEA, 2021, p. 112).
7º CICLO ASCENDENTE (2019-2021)	
Influência sobre as legislaturas por *insiders* e *outsiders* para obter alterações na base normativa	Proposta de desvinculação de aplicações mínimas de recursos com ações e serviços de saúde. Resistência dos entes subnacionais e da sociedade civil. Manutenção das vinculações constitucionais.

Fonte: Elaboração própria.

O atual desenho jurídico-institucional do SUS, após o decurso desses ciclos, resulta no seguinte:

Quadro 16 – Quadro de referência do Sistema Único de Saúde

(continua)

Nome oficial do programa de ação	Sistema Único de Saúde.
Gestão governamental	Não se aplica (processo Constituinte).
Base normativa	Constituição; Lei Orgânica da Saúde; LC nº 141/2012; Portarias e resoluções.
Desenho jurídico-institucional	Política pública de seguridade social não contributiva, destinada à efetivação do direito social à saúde, por meio do acesso universal e igualitário de ações e serviços voltados à promoção, proteção e recuperação da saúde. Ações e serviços públicos ofertados por todos os níveis de governo, organizados em uma rede regionalizada e hierarquizada, segundo diretrizes de: a) descentralização, com direção única em cada esfera de governo; b) atendimento integral; c) participação da comunidade.
Agentes governamentais	Órgãos e entidades da administração direta e da administração indireta federal, estadual e municipais prestadoras de ações e serviços de saúde.
	Direção nacional: formulação de políticas, planejamento, coordenação, promoção da descentralização, apoio técnico e financeiro, fiscalização e, em menor medida, execução de ações de vigilância epidemiológica e sanitária.

(continua))

Nome oficial do programa de ação	Sistema Único de Saúde.
Agentes governamentais	Direção estadual: formulação de políticas, planejamento, coordenação, promoção da descentralização, apoio técnico e financeiro, responsabilidade própria por parte das ações e serviços (v. g., gestão de sistemas de alta complexidade e da rede estadual de saúde) e supletiva em relação aos municípios.
	Direção municipal: execução da política sanitária, com as atribuições normativas e de planejamento correlatas, participação no planejamento regional.
	Distrito Federal: funções atribuídas à direção estadual e municipal.
Agentes não governamentais	Entidades privadas: participação em caráter complementar.
Mecanismos jurídicos de articulação	Estruturas: a) Estruturas de articulação federativa: CIT, CIBs, CIRs; b) Estruturas de participação social: conselhos de saúde e conferências de saúde; c) Entidades representativas dos entes estaduais e municipais: Conass e Conasems.[227]
	Instrumentos: a) pactuações na CIT e nas CIBs; b) Pactos de Gestão; c) Coaps; e d) instrumentos de planejamento (planos, programas e relatórios).
Escala e público-alvo	Escala: universal; Público-alvo: toda a população brasileira.
Dimensão econômico-financeira de programa	Fontes de receitas: a) recursos do orçamento da seguridade social de todos os níveis federativos; b) vinculação constitucional de recursos; e c) outras fontes; Alocação de recursos da União: repasses segundo blocos de financiamento; Operacionalização: a) repasses regulares e automáticos; e b) recursos alocados nos fundos de saúde.

---

[227] A inserção dos conselhos de secretários entre as estruturas de articulação do SUS – e que se aplica aos demais sistemas – justifica-se pelo papel desempenhado por essas entidades na articulação federativa horizontal. Porém, ao mesmo tempo em que são estruturas, os conselhos também podem ser qualificados como agentes que participam da articulação federativa vertical na CIT e na CIB.

(conclusão)

Nome oficial do programa de ação	Sistema Único de Saúde.
Estratégia de implantação	1. Estágios iniciais de universalização da atenção primária à saúde, por meio da descentralização político-administrativa sob a forma de municipalização, seguida de medidas destinadas à regionalização das ações e serviços de saúde, que permitiriam a expansão da atenção especializada (média e alta complexidade), em conformidade com o princípio da integralidade do atendimento. 2. Adoção de instrumentos de articulação voltados a promover convergência dos entes subnacionais em torno de prioridades definidas nacionalmente: a) padronização de ofertas; b) indução por meio de transferências condicionadas; e c) apoio técnico e financeiro entre entes federativos.
Funcionamento efetivo do programa	Ofertas: a cobertura da atenção primária à saúde expandiu-se, sobretudo pela indução à ampliação do atendimento pelos municípios. O SUS alcançou capilaridade no território nacional e mais de 70% da população brasileira depende exclusivamente desse sistema para o atendimento de suas necessidades de saúde (SALES, 2018b, p. 224). Por outro lado, há dificuldades na expansão e equalização da atenção especializada em território nacional, o que limita a efetivação da diretriz de integralidade do atendimento. Estrutura organizacional e decisória: a) a formulação e a implementação da reforma sanitária contaram com decisões conjuntas construídas nas comissões intergestores e nos conselhos de saúde; e b) houve progressivo fortalecimento das arenas da negociação federativa. Financiamento: a vinculação constitucional de recursos promoveu maior grau de estabilidade dos recursos destinados ao SUS.
Aspectos críticos do desenho jurídico-institucional	Estrutura organizacional e decisória: apesar do fortalecimento da negociação federativa na CIT, a União, o ente mais forte entre os participantes dessas arenas, não só dispõe de maior poder de agenda como, por vezes, desvia-se da tomada de decisões conjunta. Financiamento: a) regressividade do gasto federal com o SUS e sobrecarga dos entes subnacionais; e b) insuficiência do financiamento à luz dos princípios e das diretrizes constitucionais, o que fragiliza o caráter desmercadorizante da política.

Fonte: Elaboração própria a partir do quadro de Bucci (2016, 2019c).

3.11 Síntese analítica

Percorrido o histórico de institucionalização do SUS, traduzida na juridificação de seus elementos estruturantes, as considerações finais deste capítulo procuram identificar os fatores que interferiram na construção desse sistema e os fatores que conferem resiliência institucional a esse arranjo.

O quadro de referência do Sistema Único de Saúde (Quadro 16) mostra uma política de alta densidade institucional, que conta com os elementos de seu arranjo jurídico-institucional bem definidos e apoiados em diferentes suportes normativos.

A seu turno, a apresentação do histórico de construção do SUS, separado em ciclos descendentes e ascendentes (Quadro 15), permite visualizar a sucessão de transformações incrementais pelas quais o sistema passou até assumir sua atual configuração. A própria adaptabilidade do SUS ao longo do tempo é indicativa de sua elevada institucionalização (HUNTINGTON, 1975), evidenciando sua aptidão para sobreviver e se ajustar a mudanças no plano macroinstitucional, a *feedbacks* dos estágios anteriores de implementação de uma política pública e a novas demandas relacionadas ao direito à saúde.

Todavia, tomando a institucionalização do SUS como um processo orientado pela ideia-diretriz de um sistema universal organizado pelos objetivos, princípios e diretrizes estabelecidos pela Constituição de 1988, é preciso demarcar uma inflexão ao longo desses diversos ciclos. Há seis ciclos completos (descendentes e ascendentes) de construção da política sanitária por meio dos quais os elementos caracterizadores de um sistema[228] foram definidos, adensados e reformulados em conformidade com essa ideia-diretriz. O sétimo ciclo,[229] em contraste, aponta para o distanciamento em relação a esses vetores e pode desencadear dinâmicas de desinstitucionalização desse modelo de atenção sanitária.

Assim, enquanto os seis ciclos iniciais permitem identificar os fatores que explicam a institucionalização do SUS em conformidade com a ideia-diretriz acolhida pela Constituição de 1988, o sétimo ciclo subsidia a reflexão sobre a estabilidade e a continuidade dessa trajetória

---

[228] Cf. *supra* Introdução, tópico 5.
[229] A EC nº 86/2015 fica em uma espécie de limbo na caracterização desses ciclos e na inflexão descrita. Como já tratado (cf. supra 3.8.1), haveria perspectiva de ganhos para o custeio do SUS após 2018. No entanto, seus efeitos iniciais seriam deletérios ao financiamento da saúde, o que fundamentou a suspensão de dois de seus dispositivos pelo STF e, para o propósito deste trabalho, justifica sua inclusão no sétimo ciclo de institucionalização do SUS.

frente a reformas orientadas por um paradigma liberal de bem-estar e que supõe um modelo de federalismo dual.

Feitos esses esclarecimentos – e tendo em atenção os seis primeiros ciclos descritos no Quadro 15 – examinam-se os fatores que explicam a institucionalização do SUS.

Não há explicação monocausal. A Constituição de 1988 promoveu a mudança de paradigma da política sanitária e é um dos fatores de sustentação do SUS.[230] Mas essa construção não se esgotou no plano constitucional, tampouco foi imune ao legado de políticas anteriores. Houve uma combinação de fatores jurídico-institucionais que permitiu a estruturação e a expansão do SUS, fatores esses que encaminharam a política sanitária por caminhos específicos que marcaram transformações subsequentes.

O primeiro desses fatores, relacionado com o legado das políticas anteriores a 1988, diz respeito ao pioneirismo na ocupação do espaço da política pública.[231] O histórico das políticas sanitárias desenvolvidas ao longo do século XX conferiu à União capacidade de formular, coordenar e implementar programas em território nacional.[232] A transição democrática, que culminou com a promulgação da Constituição, levou à necessidade de se construírem novas formas de articulação federativa, mas não corroeu a capacidade do governo federal de encaminhar cursos de ação em políticas sanitárias e, inclusive, de opor resistências a interesses subnacionais.[233]

Esse mesmo arranjo pré-constitucional levou ao baixo desenvolvimento das capacidades institucionais nos demais níveis federativos, especialmente nos municípios, o que resultou em uma assimetria de recursos institucionais que reforçou o protagonismo da União. A primazia da assistência médica previdenciária e sua centralização na esfera federal resultou na oferta menor e menos estruturada de ações e serviços de saúde nos estados e municípios.[234] Assim, as ações ofertadas pelos

---

[230] Cf. Sales (2018a).
[231] Cf. *supra* 2.6.
[232] *Vide*, a propósito, Hochman (2013, p. 304).
[233] Nesse sentido, Sano (2008, p. 68-69) argumenta que, no período da redemocratização, "(...) concomitantemente ao surgimento de forças descentralizadoras e fragmentadoras de poder e de recursos, havia um Governo Federal com forte capacidade de resistência a mudanças em sua forma de gerir as atividades estatais".
[234] Como destaca Arretche (2004b, p. 184), a existência de um grande número de municípios sem estrutura e sem recursos para assumir novas responsabilidades foi uma fragilidade que contribuiu para maior dominância do Ministério da Saúde.

governos subnacionais não contavam com um grau de sedimentação que bloqueasse a migração para um modelo nacional de ofertas unificadas ou elevasse em demasia os custos de conversão e os problemas de coordenação em torno de outro arranjo. Muito pelo contrário, a descentralização de ações e serviços de saúde, com os correspondentes recursos, era objeto de reivindicação dos estados e municípios.

A esse legado, somou-se o arcabouço jurídico-institucional construído a partir de 1988. Embora a implementação do SUS precisasse lidar com o legado das políticas prévias, a Constituição continha claramente a substituição do modelo corporativista-conservador de política sanitária por um modelo de acesso universal e igualitário, ocasionando um processo de ruptura e substituição de arranjos institucionais que exigiria a completa reformulação das políticas sanitárias em curso. Além disso, o *status* constitucional do SUS conferiu-lhe maior densidade institucional desde sua origem, impondo múltiplos pontos de veto a eventual reforma constitucional que contrariasse o modelo recém-adotado, e estabeleceu um leque de formatos institucionais possíveis sob a nova ordem constitucional que não comportava a mera continuidade de ações.

A Constituição favoreceu ainda a manutenção do protagonismo do governo federal na condução da política sanitária, atribuindo-lhe capacidade de direcionar e de coordenar a política sanitária, ambas cruciais para a implantação da nova política de saúde. Primeiro, pela atribuição de um amplo rol de competências legislativas privativas à União, o que "(...) significa exclusividade de determinar preferências e definir o desenho e a forma de financiamento das políticas" (SOUZA, 2013). Segundo, pela possibilidade de a União legislar em matéria de seguridade social (CF, art. 22, XXIII), de finanças públicas em geral (CF, art. 163, I) e de regulação dos gastos mínimos em saúde por todas as esferas federativas (CF, art. 198, §3º) e, com isso, influenciar a atuação de todos os níveis de governo na efetivação do direito à saúde.

A aprovação de emendas constitucionais versando sobre o financiamento da política constituiu outro pilar que permitiu ao SUS expandir e descentralizar suas ofertas em território nacional. Após um primeiro período de disputas malogradas por recursos com a Previdência Social, a CPMF proporcionou uma incipiente regularização dos recursos destinados à saúde. Posteriormente, a EC nº 29/2000, regulada pela LC nº 141/2012, teve como mérito conferir maior estabilidade ao financiamento e elevar o montante destinado ao SUS por todas as esferas de governo. Dessa forma, "O arranjo normativo estruturado pela Constituição favoreceu uma vigorosa produção normativa constitucional e infraconstitucional em prol da consolidação do sistema" (SALES, 2018a, p. 36-37).

Apoiada nessa base constitucional, que também se alterou ao longo do tempo, a institucionalização do SUS contou com uma combinação de instrumentos de coordenação que promoveram a convergência entre as políticas formuladas e implementadas em todos os níveis federativos em torno de prioridades e padrões nacionais de oferta de bens e serviços.

A possibilidade de a União elaborar normas gerais para tratar da organização das ações e serviços de saúde e dos gastos mínimos de todos os níveis de governo não foi o único fator de convergência de ações entabuladas em todas as esferas federativas. Primeiro, porque a regulação do gasto público em saúde é um mecanismo relevante para a articulação federativa, mas, como destaca Arretche (2015), isoladamente não garante convergência de políticas implementadas pelos governos subnacionais. Segundo, porque a autonomia federativa impõe limites ao estabelecimento de normas nacionais cogentes que venham a tratar de especificidades das ações sob competência dos entes subnacionais. E, terceiro, porque estados, Distrito Federal e municípios dispõem de capacidades muito distintas para formular e implementar políticas públicas, de modo que a promoção de pisos homogêneos de proteção à saúde demanda a função coordenadora, supletiva e redistributiva da União.

Assim, novamente citando Arretche (2015), "(...) os instrumentos de coordenação da política de saúde vão além de simplesmente regular patamares de gasto, pois induzem as decisões dos governos locais no tocante aos tipos de programas a serem implementados". Normatizações debatidas e elaboradas dentro do aparato burocrático do Executivo federal definiram e padronizaram ações e serviços de saúde prioritários, atribuindo incentivos à conformidade com essas prioridades e padronizações. A dificuldade de articular um elevado e heterogêneo número de entes federativos em torno de padrões comuns de provisão social foi contornada pelo estabelecimento de arranjos que pudessem dar conta de capacidades institucionais e financeiras distintas e incentivar o aprendizado institucional.[235]

---

[235] Sobre o incentivo ao aprendizado institucional por meio das NOBs, *vide* Viana *et al.* (2002).

Nesse sentido, a habilitação de diferentes níveis de gestão dos sistemas de saúde estaduais e municipais e, depois, as formas contratuais de articulação federativa evitaram tanto a criação de dinâmicas de "corrida ao fundo do poço" – já que preveem pisos mínimos de organização e ofertas – quanto a implantação de programas restritos a menores denominadores comuns. Como parte desse arranjo, a implantação de transferências condicionadas, sobejamente utilizadas na implantação do SUS, favoreceu a similitude das ações e reduziu desigualdades no território nacional. Essa estratégia, a par de reduzir a discricionariedade dos entes subnacionais na priorização de ações e alocação de recursos, induziu o alinhamento desses entes às prioridades da agenda federal (MENICUCCI; COSTA; MACHADO, 2018, p. 31). Na tensão entre a uniformidade pretendida por uma política social de alcance nacional e a diversidade que o federalismo procura preservar, a primeira teve preponderância.

Mas a definição desse desenho jurídico-institucional não é fruto de ação isolada do governo federal, o que leva ao próximo fator de relevo para a construção do SUS. A presença de uma estrutura tripartite de pactuação federativa, a CIT, revelou-se elemento-chave para a construção do sistema[236] e para a conversão de um legado de centralização decisória na esfera federal em capacidade institucional de coordenar políticas de âmbito nacional, sob novos paradigmas. Assim, embora não prevista originalmente na base normativa do SUS, essa estrutura revelou-se central para a construção do sistema e um dos traços caracterizadores dos sistemas de políticas públicas.

Nascida da reivindicação de gestores da área da saúde por maior participação na formulação da política sanitária, a CIT atenua algumas das dificuldades impostas pela estrutura federativa para a formação de políticas públicas de alcance nacional.[237] A existência de uma instância estável que garanta a representação de interesses subnacionais nas diversas fases de formulação e implementação da política favorece a negociação e a tomada de decisões conjuntas, que não só limitam o "jogo de empurra" federativo como favorecem decisões mais sensíveis às necessidades e à diversidade nacional. Além disso, a possibilidade

---

[236] Nesse sentido, Abrucio, Franzese e Sano (2010, p. 200) destacam, entre os fatores de êxito do SUS, que "(...) a visão baseada no fortalecimento das arenas de discussão e deliberação no campo federativo favoreceu o processo de negociação e gerou aprendizado constante".
[237] Cf. *supra* 2.5 e 2.6.

de contínua repactuação dessas decisões favorece a flexibilidade e a revisibilidade da política sanitária, atributos que condicionam sua efetividade (COUTINHO, 2013).

Outro efeito importante da existência da CIT – e que mostra como as configurações institucionais afetam a formação de alianças e coalizões – é reforçar a articulação horizontal entre estados e municípios para construir posicionamentos do Conass e do Conasems. Essa articulação horizontal foi crucial para a definição de linhas mestras da descentralização, como também mostrou sua importância na resposta à pandemia de Covid-19 e na reação à proposta de eliminação da vinculação constitucional de recursos para a saúde.

Portanto, o desenvolvimento do SUS e, por conseguinte, a transformação do cenário pré-constitucional das políticas públicas de saúde pode ser explicada a partir do entrelaçamento entre os quatro fatores explicativos apresentados na introdução: o legado de políticas anteriores, em especial o pioneirismo nas políticas públicas; a base constitucional desse sistema; os instrumentos de coordenação que promoveram a descentralização regulada da política pública; e a presença de uma estrutura tripartite de pactuação federativa.

Da combinação entre esses fatores, nas sucessivas rodadas de implantação da reforma sanitária, também emergiram as fontes de resiliência do sistema que explicam tanto a permanência quanto as mudanças institucionais retratadas.

A institucionalização do SUS criou processos de autorreforço que intensificaram a interdependência entre todos os níveis de governo. Às estratégias de indução à descentralização, os entes subnacionais, especialmente municípios, responderam com a ampliação de ofertas segundo padrões fixados nacionalmente. Ao mesmo tempo em que os incentivos mobilizados pelo poder central estimularam a ampliação de responsabilidades pelos entes subnacionais e a uniformidade de ofertas, elevando os ônus da desconformidade, essa mesma ampliação intensificou os pleitos de assistência ao governo federal. Todos os entes federativos ampliaram sua participação no financiamento da política, mas também se tornaram interessados na aprovação de regras que levassem à maior responsabilização dos demais, o que pode ser observado nas mobilizações pela aprovação da CPMF (EC nº 12/1996) e pela vinculação constitucional de gastos em saúde (EC nº 29/2000), bem como na resistência dos entes subnacionais à desvinculação desse gasto (PEC nº 186/2019).

Nesse percurso, houve ainda reforço à negociação federativa, com a institucionalização das comissões intergestores e a construção negociada de instrumentos de articulação. Ainda assim, o protagonismo do governo federal foi mantido nos espaços destinados à tomada de decisões conjunta, o que, segundo Menicucci, Costa e Machado (2018, p. 31), é explicado pelo poder de agenda e pela maior influência da União sobre processos decisórios que afetam o formato da cooperação e a destinação dos recursos transferidos, especialmente na CIT. No entanto, como se pode depreender do Quadro 15, as interações que moldaram o SUS ao longo do tempo não foram unidirecionais; ao contrário, as interações em sentido ascendente (Quadro 15) tiveram importante papel na configuração do sistema, moldando as arenas de discussão e deliberação do SUS e o teor de suas decisões.

À medida que a institucionalização do SUS avançou, aumentaram também os problemas de coordenação para eventual reformulação institucional. Reestruturações na divisão de responsabilidades sanitárias e mudanças drásticas nos instrumentos de articulação do sistema trazem consigo incertezas quanto aos compromissos recíprocos em um novo formato institucional e dificuldade de concatenar essas inovações à estrutura já organizada segundo as regras vigentes. Essas dificuldades de coordenação em torno de novos arranjos institucionais, aliás, são um dos fatores que tornam a estrutura sedimentada pela municipalização do SUS um elemento que dificulta a regionalização do atendimento à saúde.

Vertido em linguagem jurídica, esse processo de autorreforço resultou em uma base normativa mais complexa e mais densa, o que se refletiu nos pontos de veto à mudança institucional. Primeiro, pelo adensamento da base constitucional do SUS, por meio de emendas que reforçaram o arcabouço constitucional do sistema. Segundo, pela já referida institucionalização de estruturas de pactuação federativa, atualmente com previsão em lei, que limita decisões unilaterais de um nível de governo que alterem o funcionamento de todo o sistema. Assim, eventual reforma do sistema implica a ultrapassagem de pontos de veto no Legislativo e no Executivo, além de ensejar o controle judicial dessas reformas, a exemplo do que se observou em relação à EC nº 86/2015 e no curso da pandemia de Covid-19.

A partir dessas considerações, pode-se concluir que, sim, há uma capacidade de resiliência no modelo do SUS advinda do entrelaçamento de competências entre os diversos níveis federativos. Os elementos jurídico-institucionais constituídos ao longo da trajetória do sistema mobilizaram e foram também reforçados pelas fontes de resiliência institucional descritas no Capítulo 1,[238] contribuindo para: a) criar condições para a ampliação de responsabilidades recíprocas; b) aumentar o custo para os entes federativos, especialmente para os níveis subnacionais, formularem e executarem políticas de saúde em dissonância com os padrões nacionalmente fixados; e c) limitar ações unilaterais que alterem o curso da política ou que ensejem desresponsabilização em detrimento dos demais entes.

O referido entrelaçamento desempenha um papel relevante para a estabilidade e preservação do desenho institucional do SUS e de suas ofertas. Sob o aspecto substantivo, houve ampliação e qualificação das ofertas sanitárias no país; sob o aspecto estruturante, a interdependência federativa foi continuamente reforçada, tanto na formulação quanto na implementação da política. Ainda assim, é um arranjo jurídico-institucional que favorece reformas que atendem às preferências da União em detrimento dos demais entes, abertura essa que pode ser utilizada para a desarticulação dos elementos do sistema. Nesse momento, o que está em aberto é identificar se essas ações resultarão em "corrida ao fundo do poço" ou se a referida interdependência seguirá sendo mobilizada para dar continuidade à trajetória de reforço das obrigações recíprocas para a sustentação do sistema.

---

[238] Cf. *supra* 1.2.2.

CAPÍTULO 4

A INSTITUCIONALIZAÇÃO DO SISTEMA ÚNICO DE ASSISTÊNCIA SOCIAL

O presente capítulo recupera a trajetória de desenvolvimento institucional que levou ao Sistema Único de Assistência Social. Inspirado no modelo do SUS,[239] o Suas promoveu uma inflexão significativa nas políticas de assistência social brasileiras, por longo tempo desvinculadas de um aporte teórico e normativo que conferisse densidade e clareza à sua função e às suas prestações. O estudo do surgimento e da consolidação desse sistema mostra, pois, transformações conjuntas na compreensão do direito à proteção social não contributiva e na responsabilidade pública pela efetivação desse direito.

Em contraste com o SUS, a construção do Suas não se fez pela via constitucional. A Constituição reconheceu a assistência social como direito e definiu parte de seus contornos como política pública de seguridade social, mas a efetivação dessas disposições lidou com um legado que dificultou a definição e a implementação de um conjunto coeso de ofertas socioassistenciais. Assim, a organização de um sistema único somente foi prevista em 2004, por meio da Segunda Política Nacional de Assistência Social (PNAS/2004),[240] e incorporada à Lei Orgânica da Assistência Social (Loas) em 2011. Desde então, houve uma significativa reordenação e expansão das ações e serviços de assistência social no país.

As seções a seguir reconstroem as transformações incidentes sobre o campo da assistência social até a institucionalização do Suas. A seção 4.1 examina a política de assistência social antes de 1988. A

---

[239] Para uma crítica à reprodução do modelo do SUS na área da assistência social, *vide* Pereira (2009a).
[240] Resolução CNAS nº 145/2004.

seção 4.2 discorre sobre a assistência social na Assembleia Nacional Constituinte. A seção 4.3 trata do interregno que vai da promulgação da Constituição até 1996, o que compreende a promulgação da Loas e seus primeiros anos de vigência. A seção 4.4 avalia o período de 1997 a 2002, durante o qual, a par das dificuldades de efetivação da Loas, houve alterações na estrutura organizacional e decisória da assistência social que seriam relevantes para o período posterior. A seção 4.5 discorre sobre o período de 2003 a 2011, que abrange a concepção e o primeiro estágio de implantação do Suas. A seção 4.6 traz o segundo estágio de implantação do sistema, inaugurado em 2012 e que perdura até 2015. A seção 4.7 se debruça sobre as alterações no funcionamento e financiamento do sistema, observadas de 2016 a 2019. A seção 4.8 avalia a resposta do Suas à pandemia de Covid-19, entre 2020 e 2021. A seção 4.9 apresenta quadros que sintetizam a trajetória da política de assistência e o desenho jurídico-institucional resultante da evolução registrada neste capítulo. A seção 4.10 apresenta um balanço final da institucionalização do Suas.

4.1 Políticas públicas de assistência social anteriores à Constituição de 1988

Objeto de escassa atenção por parte do poder público até o século XX, a gênese da assistência social no Brasil está em medidas de atendimento aos grupos identificados como pobres e desamparados. De caráter filantrópico, essas ações eram prestadas sobretudo por entidades ligadas à Igreja Católica, com recorrente mescla entre assistência médica e assistência social (SALES, 2012).

Na década de 1930, a assistência social começou a ser tratada como responsabilidade estatal. A Constituição de 1934 atribuiu à União competência para legislar sobre assistência social (art. 5º, XIX, c); à União e aos estados, competência para cuidar da assistência pública (art. 10, II); e à União, aos estados e aos municípios o dever de assegurar amparo "aos desvalidos", à maternidade, à infância, às famílias de prole numerosa e à juventude (art. 138, a, c, d, e). Por sua vez, a Constituição de 1937 dispôs sobre competência legislativa dos estados (art. 18) e previu que "(...) aos pais miseráveis assiste o direito de invocar o auxílio e proteção do Estado para a subsistência e educação da sua prole" (art. 127).

No plano infraconstitucional, diversos diplomas trataram da concessão de subvenções a entidades socioassistenciais, marcando um padrão de atuação estatal calcado no apoio financeiro a entidades não governamentais.[241] O Decreto-lei nº 525/1938 dispôs sobre a organização do serviço social no país e criou o primeiro órgão da Administração Pública federal voltado à assistência social: o Conselho Nacional de Serviço Social (CNSS), órgão de caráter consultivo dos poderes públicos e das entidades privadas para assuntos ligados ao serviço social (art. 3º).

As atribuições do CNSS incluíam pesquisas, planejamento e sugestão de medidas em matéria de serviço social (Decreto-lei nº 525/1938, art. 4º). Todavia, sua atuação acabou concentrada em uma delas: opinar sobre a concessão de subvenções federais a instituições de natureza privada (SALES, 2012, p. 80). Na década de 1950, o Conselho tornou-se competente para efetuar o registro de entidades de caráter assistencial e cultural, requisito para acesso a subvenções (Lei nº 1.493/1951). Nessa função, o CNSS passaria por um isolamento gradativo que perduraria até sua extinção (CARNEIRO, 2018, p. 23).

A tessitura do cenário pré-constitucional da assistência social passou ainda pela fundação, em 1942, da Legião Brasileira de Assistência (LBA), que se tornaria a principal instituição pública de assistência social no país (SIMILI, 2008). Criada pela então primeira-dama Darcy Vargas e ostentando a natureza jurídica de associação, a entidade teve o propósito inicial de amparar famílias de soldados brasileiros enviados à Segunda Guerra Mundial e, passada a guerra, voltou-se para a população pobre (SALES, 2012, p. 82). A perspectiva da caridade e a atribuição da presidência da entidade às esposas dos presidentes da República – prática emulada pelas esferas subnacionais – colocaram a assistência social em um campo periférico de ação governamental, sob responsabilidade de pessoas não detentoras de mandato político.

Desde o ano de sua fundação, a LBA foi reconhecida como órgão de cooperação com o Estado em serviços de assistência social e de consulta quanto ao funcionamento de associações congêneres, tornando-se destinatária de contribuições sociais e de recursos da União.[242] Contando com representações estaduais e municipais, além de convênios com entidades privadas, a LBA se expandiu e alcançou capilaridade pelo território nacional[243] (DRAIBE, 1994; FRANZESE, 2010). Essa atuação resultou na centralização das ações na esfera federal

---

[241] Cf. Decreto nº 20.351/1931, Lei nº 119/1935 e Decreto-lei nº 527/1938.

[242] Decreto-lei nº 4.830/1942, arts. 1º e 2º.

[243] Na Emenda apresentada em 18 de outubro de 1989 pelo deputado Erico Pegoraro ao PL nº 3099/1989, que tratava da Lei Orgânica da Assistência Social, consta que a LBA estava presente em 92% dos municípios brasileiros (PL nº 3.099/1989, p. 175-176).

e no fortalecimento da participação de entidades não governamentais em programas socioassistenciais.

O regime militar promoveu a "(...) hipertrofia estatal para o enfrentamento da 'questão social' pelo Estado, sem romper com as práticas tradicionais na assistência" (MARGARITES, 2019, p. 20). Houve a criação da Fundação Nacional do Bem-Estar do Menor (Funabem),[244] a conversão da LBA em fundação[245] e a criação do Instituto Nacional de Alimentação e Nutrição (Inan),[246] vinculado ao Ministério da Saúde. Em 1974, LBA e Funabem foram vinculadas ao Ministério da Previdência e Assistência Social, criado em 1974,[247] e, em 1977, integradas ao Sistema Nacional de Previdência e Assistência Social (Sinpas).[248] Conquanto esse conjunto organizacional tenha conferido "(...) dimensões e densidade inusitadas à área de política assistencial" (DRAIBE, 1994, p. 287), a desarticulação entre as diferentes instituições e ações de assistência ocorria na própria esfera federal (FRANZESE, 2010, p. 124).

Estados e municípios, a seu turno, embora contassem com programas próprios de assistência social, reproduziam a concepção caritativa e a descontinuidade das ações de assistência (ARRETCHE, 2011, p. 170-171). Esses entes não integravam o Sinpas e, nas relações com a LBA, recebiam o mesmo tratamento dispensado às entidades privadas (LICIO, 2012, p. 149). Assim, eventuais negociações entre governo federal e outros entes federativos acabavam marcadas por relações clientelistas (DRAIBE, 1994, p. 285).

Dessa forma, o país chegou à década de 1980 com a atuação governamental na assistência social centralizada na esfera federal, desarticulada e marcada por práticas clientelistas, "(...) ausente qualquer princípio de regulação desta ação social, seja no planejamento da oferta, seja na estimativa da demanda, seja no padrão de qualidade" (JACCOUD; HADJAB; CHAIBUB, 2009, p. 178). Dado o histórico de concessão de apoio federal às entidades filantrópicas e a precariedade das ações em todos os níveis de governo, o poder público não contava com infraestrutura e recursos humanos para oferecer diretamente serviços socioassistenciais.[249] As entidades não governamentais, por sua

---

[244] Lei nº 4.513/1964.
[245] Decreto-Lei nº 593/1969.
[246] Lei nº 5.829/1972.
[247] Lei nº 6.036/1974 e Decreto nº 74.000/1974.
[248] Lei nº 6.439/1977.
[249] Em pronunciamento perante a ANC, o representante da Confederação das Casas de Misericórdia do Brasil, Arimar Ferreira, afirmou que as entidades filantrópicas eram

vez, atuavam sob forte dependência de recursos públicos, mas com boa margem de liberdade em suas atividades; na prática, sem mecanismos de controle e avaliação de suas ações (ARRETCHE, 2011, p. 171-172).

No período pré-constituinte, debates e propostas de novas diretrizes para assistência social tiveram lugar em comissões criadas, em 1986, pelo Executivo federal: a Comissão de Apoio à Reestruturação da Assistência Social[250] e o grupo de trabalho instituído no âmbito do Ministério da Previdência e Assistência Social (GT/MPAS)[251].

Coordenada pelo secretário de assistência social do MPAS, caberia à Comissão reformular as bases de financiamento da assistência social, além de propor formas de integração, implementação, racionalização e eficiência dos programas desenvolvidos pelas várias entidades de assistência social. O diagnóstico da Comissão a respeito da política de assistência social apontava para recursos insuficientes e inadequados, atendimento de baixa qualidade e excessiva centralização político-administrativa (NEPP, 1989, p. 30). A partir daí, a Comissão recomendou o abandono de práticas clientelistas, a substituição da visão assistencialista por uma concepção de assistência social associada à garantia de condições mínimas para o exercício pleno da cidadania, a prioridade de atendimento aos grupos socialmente mais frágeis, a descentralização político-administrativa, a participação da sociedade na definição e gestão das políticas, a reestruturação do financiamento e a criação de um fundo permanente (ALMEIDA, 1995, [p. 8]).

O relatório da Comissão subsidiou os debates sobre assistência social no GT/MPAS. Presidido por Wanderley Guilherme dos Santos, a função desse grupo era realizar estudos e propor medidas de reestruturação das bases de financiamento da previdência social e de reformulação dos planos de benefícios previdenciários. O grupo de trabalho ratificou as propostas da Comissão, excetuada a possibilidade de complementação do orçamento da assistência com recursos previdenciários (MARGARITES, 2019, p. 168), e apontou para a necessidade de um conjunto mínimo de serviços sociais de acesso não condicionado a qualquer tipo de contribuição (MARGARITES, 2019, p. 20).

Ainda em 1986, o Primeiro Plano Nacional de Desenvolvimento da Nova República (PND-NR I),[252] contendo diretrizes e prioridades

---

responsáveis por 95% da assistência prestada em orfanatos e asilos, além de 100% do atendimento às pessoas com deficiência (BRASIL, 1987f, p. 124).

[250] Portaria PT/GM nº 3.764/1986.
[251] Decreto nº 92.654/1986, art. 1º.
[252] Lei nº 7.485/1986.

para o período de 1986 a 1989, trouxe a assistência social como tema diretamente relacionado ao desenvolvimento do país (SALES, 2012, p. 103), dedicando-lhe um tópico específico que continha um breve diagnóstico, diretrizes, estratégias de ação, programas e projetos prioritários para a área.

As proposições da Comissão de Apoio à Reestruturação da Assistência Social, do GT/MPAS e do PND-NR I nortearam a reformulação da assistência social na mudança da ordem constitucional. Essa transformação, mostra Margarites (2019, p. 173), não se originou em órgãos governamentais de assistência ou em outros âmbitos da sociedade, mas na burocracia previdenciária, que propôs a separação entre previdência e assistência, bem como o tratamento dessas iniciativas sob o prisma dos direitos. Portanto, os técnicos em políticas sociais vinculados à área da previdência social foram também protagonistas da reformulação da assistência social na transição da ordem constitucional.

Diferentemente do que se passou nas áreas de saúde e de educação, não houve a formação de grupos da sociedade civil mobilizados em torno da reformulação da assistência social na Constituinte. Embora, desde a década de 1970, profissionais do Serviço Social defendessem o reposicionamento da assistência social como um direito de cidadania a ser assegurado pelo Estado (SÁTYRO; CUNHA, 2014, p. 84), não houve engajamento desse grupo no processo constituinte, o oposto do que ocorreria na elaboração e aprovação da Loas. Tampouco se identifica articulação dos destinatários das ações de assistência social.

Já como potenciais antagonistas de uma reforma da assistência social, seria possível citar grupos cuja organização e funcionamento estivessem em dissonância com um novo modelo para essa política. Aqui podem ser incluídos órgãos e entidades governamentais de assistência social – como o CNSS, a LBA e a Funabem – e não governamentais – como as entidades filantrópicas que desenvolviam suas atividades assistenciais contando com incentivos governamentais e baixo controle pelo poder público. No entanto, não houve participação das entidades governamentais de assistência social na ANC. A atuação mais notável foi das entidades filantrópicas, mas que pouco se detiveram na discussão específica sobre assistência social.

A partir desses registros, o cenário da assistência social anterior à Constituição de 1988 pode ser retratado pelo seguinte quadro:

Quadro 17 – Cenário das políticas públicas de assistência social prévio à Constituição de 1988

Situação-problema	Assistência social dissociada da perspectiva dos direitos, marcada por fragmentação e sobreposição de ações; Ações e serviços de assistência social prestados predominantemente por entidades não governamentais, com atuação governamental concentrada em apoio financeiro a essas entidades; Práticas clientelistas.
Diagnóstico situacional	Baixa oferta de serviços socioassistenciais pelo poder público em todos os níveis federativos; Centralização administrativa e financeira na esfera federal; Precária oferta por estados e municípios; Ausência de articulação federativa; Força das entidades filantrópicas; Propostas de reformulação do modelo de assistência social oriundas da Comissão de Apoio à Reestruturação da Assistência Social, do GT/MPAS e do PND-NR I.
Solução hipotética	Assistência social como um campo autônomo de política social, de caráter não contributivo.
Contexto normativo	Regimento Interno da ANC; PND-NR I (Lei nº 7.486/1986); Legislação de regência da LBA; Legislação sobre a concessão de apoio financeiro às entidades não governamentais de assistência social.
Processo decisório	Elaboração constitucional.
Etapa atual do processo decisório	Início do processo de elaboração constitucional.
Arena institucional	Assembleia Nacional Constituinte.
Protagonistas	Técnicos em políticas sociais; Profissionais do Serviço Social.
Antagonistas	Entidades não governamentais de assistência social; Entidades governamentais: LBA, CNSS e Funabem.
Decisores	Constituintes.
Recursos de barganha	Influência exercida pelo GT/MPAS; Defesa da desvinculação entre assistência social e previdência social, por parte de grupos ligados à reformulação da previdência social; Legado das políticas de assistência social ao longo do século XX: a) concentração de ações e de recursos na esfera federal; b) presença de entidades filantrópicas destinatárias de recursos públicos; e c) propostas de reestruturação da assistência social elaboradas por técnicos em políticas sociais.

Fonte: Elaboração própria (2021) a partir do quadro de Ruiz e Bucci (2019).

A seção a seguir analisa como as propostas de reformulação da assistência social percorreram os canais da ANC e seu resultado na Constituição.

4.2 A assistência social na Assembleia Nacional Constituinte

Menos disputada do que as outras políticas que compõem este estudo,[253] a elaboração constitucional da assistência social avançou como apêndice de discussões sobre outras áreas e teve como questões centrais a demarcação de um campo próprio para a assistência social e a relação público-privado na oferta de suas ações e serviços.

A primeira dessas questões, a demarcação de um campo específico para desenvolvimento da assistência social, passava menos pelo debate sobre o que essa política deveria oferecer e mais pelo que não seria papel da previdência social. Não havia constituintes ou grupos da sociedade civil especificamente vinculados à conformação constitucional da assistência social, espaço que foi ocupado por atores de campos com interface com a assistência social, como os especialistas em políticas sociais (MARGARITES, 2019). Nessa toada, a contribuição do GT/MPAS[254] foi central para conjugar a preocupação com o equilíbrio financeiro e atuarial da previdência social à proposta de estruturação de uma política de proteção não contributiva.

A segunda questão dizia respeito à participação de entidades filantrópicas na oferta de políticas sociais. A discussão referia-se às regras para a atuação dessas entidades em diversas áreas de políticas sociais, não apenas na assistência social, e ao reconhecimento de imunidade tributária em seu favor. Por outro lado, não havia propostas de reestruturação das ações socioassistenciais já em curso por parte desse segmento.

---

[253] Cf. *supra* 3.2 e *infra* 5.2.
[254] O constituinte Eduardo Jorge propôs que, além do ministro da previdência e de seus auxiliares, um representante do GT/MPAS fosse convidado a participar das audiências públicas (BRASIL, 1987f, p. 12). Posteriormente, o mesmo constituinte voltou a fazer alusão ao grupo de trabalho ao formular questionamentos (BRASIL, 1987f, p. 75).

Matéria afeta à Subcomissão de Saúde, Seguridade e Meio Ambiente,[255] a assistência social ocupou pequena parcela das discussões naquele foro, quase sempre associada a outros temas.[256]

Não houve audiência pública específica para tratar da assistência social (JACCOUD; HADJAB; CHAIBUB, 2009, p. 180), convidados diretamente vinculados à área (MARGARITES, 2019, p. 192) ou participação dos destinatários reais ou potenciais dessa política. Entre as manifestações sobre a relação entre previdência e assistência social, esteve a do ministro da previdência e assistência social, favorável à adoção de um modelo da seguridade social e de políticas compensatórias, e que defendeu o custeio das ações de assistência com recursos não previdenciários (BRASIL, 1987f, p. 71-73 e 85).[257] Já a participação das entidades filantrópicas foi abordada por Arimar Ferreira, em nome da Confederação das Casas de Misericórdia do Brasil, que defendeu a imunidade tributária, a participação dessas entidades no planejamento e na execução das medidas de assistência, bem como a prioridade às entidades filantrópicas para a prestação de assistência social (BRASIL, 1987f, p. 124-125).

O anteprojeto do relator previu um sistema de seguridade social que asseguraria a assistência social gratuita a todas as pessoas carentes (art. 1º), prestada pelo poder público e sem referência às entidades filantrópicas. Houve uma breve discussão sobre o critério de definição de carência e o significado dos termos seguridade social, assistência social e previdência social. Após apresentação das emendas e do substitutivo do relator, o texto aprovado na Subcomissão previa o direito à seguridade social, sua organização sob a forma de sistema integrado por planos de seguro e de assistência social, seus princípios e as contingências protegidas, além de assegurar aos idosos a partir de 65 anos o recebimento de renda mensal vitalícia no importe de um salário mínimo (arts. 15

---

[255] Temas relacionados à assistência social foram também tratados em outras subcomissões, vinculadas tanto à Comissão da Ordem Social quanto à Comissão da Família, da Educação, Cultura e Esportes, da Ciência e Tecnologia e da Comunicação. Todavia, os debates mais relevantes para a constitucionalização da assistência social e sua integração à seguridade social foram travados na Subcomissão de Saúde, Seguridade e Meio Ambiente (JACCOUD; HADJAB; CHAIBUB, 2009, p. 179; MARGARITES, 2019, p. 193).

[256] Apenas 0,8% das discussões daquele fórum trataram da assistência social, 75% delas em conjunto com a previdência (MARGARITES, 2019, p. 186 e 189).

[257] Na mesma linha, tem-se o pronunciamento do Presidente da Confederação Brasileira de Aposentados e Pensionistas, Obed Dornelles Vargas, que integrara o GT/MPAS, perante a Subcomissão e depois reiterado na reunião destinada à entrega dos projetos das subcomissões à Comissão temática (BRASIL, 1987f, p. 41-42; BRASIL, 1987c, p. 15).

a 17), independentemente de contribuições, desde que não contassem com outra fonte de renda (art. 19).[258]

Na Comissão da Ordem Social, as disposições foram ampliadas e o texto assumiu parte do que seria sua conformação final. O tema quase não foi tratado nas reuniões que antecederam a apresentação do primeiro anteprojeto (BRASIL, 1987i),[259] que trazia uma única disposição sobre assistência social, prevendo a adoção de políticas para populações marginalizadas e carentes (art. 62). Segundo Margarites (2019, p. 202-203), apenas uma emenda apresentada por Luís Roberto Ponte se opunha frontalmente à inclusão da assistência social como direito, mas não encontrou respaldo dos demais constituintes. Partiram da constituinte Abigail Feitosa as emendas voltadas à delimitação dos destinatários da assistência e dos serviços ofertados, as quais não foram apreciadas em plenário, mas influenciaram o relator, que apresentou um novo substitutivo (Substitutivo II) mais analítico quanto à assistência social e específico quanto aos objetivos dessa política (MARGARITES, 2019, p. 204).[260]

Votadas as emendas, o texto aprovado na Comissão manteve a assistência social como subsistema da seguridade social e especificou seus destinatários e objetivos (arts. 72 e 73). Quanto às suas prestações, assegurou o benefício de um salário mínimo aos idosos a partir de 65 anos, desde que não possuíssem outras fontes de renda (art. 77).[261] Previu a organização das ações de assistência social segundo diretrizes de descentralização político-administrativa e de participação popular (art. 74), financiadas com recursos do Fundo Nacional da Seguridade

---

[258] A previsão do benefício foi proposta pelo constituinte Cunha Bueno, inicialmente sob a forma de "aposentadoria" e posteriormente alterada para "renda mensal vitalícia", condicionada à ausência de outra fonte de renda.

[259] Em 28 de maio de 1987, na reunião destinada a discutir o projeto da Subcomissão de Saúde, Seguridade e Meio Ambiente, não houve debates sobre a assistência social, apenas uma menção do constituinte Eduardo Jorge ao conceito de seguridade social, descrito como "(...) mais amplo do que a pura previdência e do que a pura assistência social (...)" (BRASIL, 1987f, p. 64).

[260] Margarites (2019, p. 154) destaca ainda que o relator da Comissão, Almir Gabriel, foi assessorado por Maria Emília Rocha Melo de Azevedo, ex-integrante do GT/MPAS, que atuou como canal para importação das decisões daquele grupo no processo de elaboração da nova Constituição.

[261] Os anteprojetos da Subcomissão dos Negros, Populações Indígenas, Pessoas Deficientes e Minorias e da Subcomissão da Família, do Menor e do Idoso também continham, respectivamente, previsão de benefício pecuniário às pessoas com deficiência e às pessoas idosas (JACCOUD; HADJAB; CHAIBUB, 2009, p. 184). Todavia, na Comissão da Ordem Social, manteve-se apenas o benefício aos idosos.

Social, dos estados e dos municípios (art. 75). E, por fim, tratou das entidades privadas de assistência social para estabelecer que os serviços assistenciais privados que utilizassem recursos públicos estariam sujeitos à regra do art. 74 daquele anteprojeto (art. 76) e para prever a imunidade das instituições beneficentes de assistência social em relação às contribuições para a Seguridade Social (art. 78).

Na Comissão de Sistematização, o texto proveniente da Comissão da Ordem Social foi pouco modificado. Entre as modificações relevantes, estava a supressão da norma que identificava como destinatários da assistência social aqueles que não dispusessem de meios próprios para se sustentarem nem de acesso aos demais direitos sociais, bem como da garantia de gratuidade e de obrigatoriedade da oferta de ações e serviços. Entre os objetivos da política incluiu-se a "(...) habilitação e reabilitação adequadas às pessoas portadoras de deficiências, bem como a integração na vida comunitária" (art. 238, IV).[262] Entre as prestações, houve a inclusão das pessoas com deficiência no rol de potenciais titulares do benefício de um salário mínimo (art. 238, §5º), resultado da aprovação da Emenda Popular nº 77.[263] Quanto ao financiamento, previu-se o custeio da assistência social com recursos do orçamento da seguridade social, não mais do Fundo Nacional da Seguridade Social (art. 239).

Em Plenário, ao lado do texto da Comissão de Sistematização, a já referida Emenda Substitutiva 2P2044-0, apresentada pelo Centrão,[264] visava alterar o Título da Ordem Social, tendo como tônica geral a

---

[262] O Coordenador da Organização Nacional de Entidades de Deficientes Físicos, Messias Tavares de Souza, pronunciou-se perante a Comissão de Sistematização, em audiência pública de 28 de agosto de 1987, criticou o atendimento das pessoas com deficiência pela assistência social. Sua crítica evidencia a contrariedade à estigmatização e à ausência do paradigma dos direitos que estavam associadas à assistência social até então. Em suas palavras: "3 – Ter que tolerar a assistência social para quem já tomou consciência de seus direitos civis é um incômodo, pois ela tem um ranço do paternalismo e assistencialismo, que não está sendo repugnado apenas em nosso discurso, mas nas sequelas que nos marcam dia a dia: o assistencialismo é o creme hipócrita que procura esconder as responsabilidades políticas. Mesmo assim, com o caráter de habilitação e reabilitação, com vistas à integração na vida econômica e social do país, este assistencialismo ainda era palatável: dava para ser digerido. No entanto, no Novo Relatório ele se torna restrito à habilitação e fala em integração à vida comunitária. Não queremos as festinhas para nos alegrar, como fazem, também de forma distorcida, com os velhos, queremos e vamos participar da vida econômica e social do País" (BRASIL, 1987d, p. 408).

[263] Essa foi a única emenda popular aprovada pela ANC (JACCOUD; STUCHI, 2018, p. 81).

[264] Cf. supra 3.2.

contenção das políticas sociais e a preservação da esfera de autonomia das entidades não governamentais.

A proposta definia a seguridade social como conjunto de ações de iniciativas dos poderes públicos e da sociedade, assegurava a assistência social a quem dela necessitar (art. 237, *caput*) e mantinha a previsão do benefício de prestação continuada, mas com o requisito etário a ser definido em legislação infraconstitucional (art. 237, V). Sob o aspecto organizacional, previa-se um formato análogo ao proposto para o SUS na mesma emenda, isto é, diretrizes de direção única em cada região ou sub-região administrativa, descentralização e participação da comunidade (art. 237, §1º, c.c. art. 230, I, III e IV). Apesar da diretriz de descentralização, o custeio foi previsto apenas com recursos da seguridade social e do orçamento da União, sem referência aos demais entes. Por fim, suprimiu-se a imposição de que os serviços assistenciais privados beneficiários de recursos públicos observassem os objetivos constitucionais da assistência social.

O texto finalmente promulgado é produto da fusão entre o texto aprovado na Comissão de Sistematização e a proposta do Centrão (JACCOUD; HADJAB; CHAIBUB, 2009, p. 182). Tal como proposto na Emenda Substitutiva 2P2044-0, a seguridade social foi definida como conjunto de ações de iniciativa dos poderes públicos e da sociedade (art. 194), previu-se a prestação da assistência social a quem dela necessitar (art. 203), e a regulamentação do benefício de prestação continuada foi remetida à legislação ordinária (art. 203, V). Quanto à estruturação das políticas socioassistenciais, foram reafirmadas as diretrizes de descentralização político-administrativa, competente a União para editar normas gerais e coordenar a política, e de participação popular. No entanto, o texto final inovou, ao dispor que a coordenação e a execução dos programas de assistência social caberiam aos entes subnacionais e às entidades beneficentes e de assistência social (art. 204, I), colocados, portanto, em posição equivalente. Para o custeio, foram previstos recursos do orçamento da seguridade social – o que incluía aportes de todos os entes federativos – e de outras fontes (art. 204).

Desse processo resultou o inédito reconhecimento da assistência social como direito social, a afirmação da responsabilidade pública pela implantação de políticas públicas para a efetivação desse direito e as bases de sua organização. Como argumenta Margarites (2019, p. 204), a redação aprovada na Comissão da Ordem Social, ao apresentar os objetivos a serem perseguidos – e não uma lista de serviços – contribuiu para a formação da assistência social como um campo específico e possibilitou a posterior organização de serviços com especificidades próprias, e não como complementação de emergência de outras áreas. Ao mesmo tempo, esse novo regramento ainda refletiu o legado pré-constitucional, haja vista a equiparação entre as funções dos entes federativos subnacionais e das entidades privadas, a supressão da regra que impunha às entidades não governamentais destinatárias de recursos públicos a observância dos objetivos constitucionais da assistência social e a imunidade em relação às contribuições previdenciárias.

Essas transformações, ocorridas a despeito das imprecisões quanto ao conteúdo do direito à assistência e suas prestações e da ausência de grupos mobilizados especificamente em torno da assistência social, não se explicam apenas pelas preferências da maioria dos constituintes e dos grupos da sociedade civil. As regras de regência dos trabalhos da ANC, ao vincularem os debates entre previdência e assistência social, contribuíram para a constitucionalização da última (MARGARITES, 2019). Se, por um lado, a construção da assistência social "por negação" do que seria a previdência social contribuiu para a manutenção de muitas indefinições em relação àquela política, por outro, a discussão conjunta entre as duas áreas foi fundamental para que o tema da assistência social ocupasse espaço na agenda constituinte.

Ademais, o formato descentralizado dos trabalhos e a presença de grupos progressistas nas etapas iniciais favoreceram, ainda nos estágios iniciais da ANC, a integração da assistência social ao sistema de seguridade social, a previsão de uma prestação assistencial específica e a introdução de um regramento que espelhava diretrizes que orientaram o conjunto de políticas sociais discutidas naquele foro. Nas etapas seguintes, nem mesmo a proposta do Centrão chegava a reverter o texto gestado nas etapas anteriores e mantinha, embora com alterações, a garantia de renda pela via da assistência social, sob a forma do benefício de prestação continuada.

Promulgada a Constituição, a reestruturação da oferta socioassistencial no Brasil mal se iniciava. Se a dimensão substantiva da assistência social ainda era permeada por imprecisões, pois se tratava de um direito social que, nas palavras de Stuchi (2015, p. 114), precisaria "(...) desconstituir uma série de relações e interpretações jurídicas estabelecidas durante o modelo pré-constitucional", com mais razão a estrutura institucional, a caixa de ferramentas e os canais de participação e controle dessa política careciam de reformulações. Seriam necessários anos de reformas incrementais até que fosse possível reconhecer a descontinuidade entre as estruturas, concepções e práticas pré e pós-constitucionais.

4.3 De 1988 a 1996: definição da base normativa e início da implantação da Loas

Vencida a elaboração constitucional, a especificação da base normativa da política de assistência social ainda dependia da aprovação de uma lei orgânica para a área. Nessa etapa, entraram em disputa as propostas de reformulação ou de manutenção das instituições e práticas consolidadas nas décadas anteriores, presentes no caminho até a aprovação da Lei Orgânica da Assistência Social e depois, no início de sua implantação. As seções a seguir tratam do percurso até a promulgação da Loas, do teor da lei aprovada e de seus primeiros anos de vigência.

4.3.1 O percurso de aprovação da Loas e suas tensões

A regulamentação infraconstitucional da assistência social revelou-se um processo mais demorado[265] e controverso do que a própria inscrição do direito na Constituinte (SATYRO; CUNHA, 2014, p. 90). Como explica Margarites (2019, p. 219):

> A trajetória de regulamentação da assistência social, desde a promulgação da Constituição até a sanção da Lei Orgânica, levou mais tempo do que as demais, pois foi mais do que o resultado de um processo de articulação, enfrentamento e construção política que vinha se acumulando ao longo das décadas, como foram os casos de saúde e previdência. A dinâmica de elaboração da LOAS ocorreu em concomitância com a própria construção do campo da política de assistência social, um processo que envolve a inclusão de novos atores, que até então estiveram ausentes dos processos decisórios relevantes envolvendo o setor, que se propuseram a um novo tipo de reflexão teórica a respeito da assistência, bem como a assumir a postura de articulador político com vistas a influenciar o desenho dessa política de acordo com suas convicções.

A elaboração do primeiro projeto de lei orgânica procurou suprir duas lacunas observadas na Constituinte: a da reflexão teórica e a da

---

[265] Dos três planos de organização da seguridade social, a Loas foi a última a ser promulgada.

participação de grupos ligados à área da assistência social. Essa elaboração envolveu um trabalho conjunto do Instituto de Pesquisa Econômica Aplicada (Ipea), do Núcleo de Estudos e Pesquisas em Política Social da Universidade de Brasília (Neppos/UnB) e da Pontifícia Universidade Católica de São Paulo (PUC-SP), com a participação de profissionais do Serviço Social, de entidades filantrópicas e do MPAS. Este, embora tenha participado das discussões, não subscreveu o pré-projeto final (MARGARITES, 2019, p. 222) e elaborou seu próprio anteprojeto. A LBA não atendeu ao convite para participar dos trabalhos (MARGARITES, 2019, p. 224) e, por meio de 14 Associações dos Servidores da LBA (Asselbas), formulou sua própria proposta. As três propostas (BRASIL, 1989a, p. 199-214, 222-229 e 234-240) foram discutidas no I Simpósio Nacional sobre Assistência Social, promovido pela Comissão de Saúde, Previdência e Assistência Social da Câmara dos Deputados.[266]

Os anteprojetos do Ipea/Neppos e do MPAS eram semelhantes. A principal diferença era que o primeiro previa a criação do Instituto Nacional de Assistência Social (Inas), incumbido da coordenação federal da assistência social, e a reestruturação dos órgãos federais de assistência social existentes. Já as propostas do MPAS e da LBA não tratavam do órgão ou da entidade responsável pela coordenação da política, silenciando, pois, quanto ao destino da LBA.

Após o Simpósio, e enfatizando a inobservância dos prazos previstos no ADCT, o deputado Raimundo Bezerra apresentou à Câmara dos Deputados o Projeto de Lei nº 3.099/1989, que, com poucas diferenças, reproduzia a proposta do Ipea/Neppos. O projeto dispunha sobre: a) definição, objetivos e beneficiários da assistência social (arts. 1º a 3º); b) princípios e diretrizes (art. 4º); c) campo de atuação (art. 5º); d) organização e gestão (arts. 6º a 11); e) definição de competências de entes federativos (arts. 12 e 13); f) benefícios e serviços (arts. 14 a 31); g) financiamento (arts. 32 a 36); e h) disposições gerais e transitórias (arts. 37 a 44), incluindo a reestruturação dos órgãos e entidades da assistência social em âmbito federal. No lugar da criação do Inas, previa a Secretaria Especial de Assistência Social (Seas) e a reestruturação dos órgãos federais de assistência, com repasse de bens materiais e recursos humanos a estados e municípios.

---

[266] A Comissão era presidida pelo deputado Raimundo Bezerra e a coordenação-geral do Simpósio coube à deputada Maria de Lourdes Abadia, ambos ex-integrantes da Subcomissão de Saúde, Seguridade e Meio Ambiente.

O projeto estabelecia a organização da assistência social de forma análoga ao SUS, de acordo com princípios de descentralização político-administrativa e de comando político-administrativo único em cada esfera de governo (art. 4º, X e XI, e art. 7º). Especificavam-se ainda competências da União (art. 12), que implicavam coordenação e articulação federativa, dos estados, do Distrito Federal e dos municípios (art. 13). Previa-se a constituição de uma rede pública de assistência social, formada por instituições públicas de todos os níveis federativos e entidades não governamentais de assistência social recebedoras de recursos e incentivos do poder público, e de uma rede privada autônoma, composta por entidades não governamentais não beneficiárias de recursos públicos – ambas as redes sujeitas aos mesmos princípios e diretrizes gerais da assistência e à fiscalização pela população e pelo poder público (art. 6º). Como espaços de discussão e deliberação, haveria a Conferência Nacional de Assistência Social, além do Conselho Nacional de Assistência Social (art. 11, I e II). Finalmente, previa-se o repasse de recursos federais para esferas subnacionais e entidades não governamentais (arts. 32 a 36).

Forte na diretriz de descentralização, a proposta retirava a execução da política de assistência social da órbita federal, o que possibilitaria a extinção da LBA. Essa perspectiva suscitou a reação de uma coalizão favorável à manutenção das formas centralizadas de gestão da assistência social (ARRETCHE, 1996, p. 10), que procurou bloquear a reforma ou adaptá-la aos modelos já vigentes. Assim, diversas emendas à proposição original trataram da manutenção da LBA, endossadas por manifestações de entidades não governamentais em defesa dessa fundação (BRASIL, 1989b, p. 23, 45, 46, 49, 51, 52).

Na Comissão de Saúde, Previdência e Assistência Social, o substitutivo do relator (BRASIL, 1989b, p. 83-85), deputado Nelson Seixas, tinha como principal característica a preservação da LBA, que coordenaria e supervisionaria a assistência social (art. 8º). Entidades beneficentes, estados e municípios seriam incumbidos da coordenação e da execução da política de assistência (art. 9º e 10). A definição de entidades beneficentes foi ampliada para incluir aquelas voltadas à educação, à cultura, à saúde e ao amparo social da coletividade (art. 4º, I a III).

O texto aprovado na Câmara dos Deputados e, posteriormente, no Senado Federal (PLC nº 48/1990) resultou desse substitutivo e, apesar do distanciamento em relação à proposição original, representava um salto qualitativo no delineamento da assistência social. A uma, porque tratava da definição da assistência social, de seu campo de atuação, da tipificação de benefícios e das disposições norteadoras dos serviços. A duas, porque avançava na organização dessa política, apoiada na articulação federativa e na regulação da atividade das entidades não governamentais. No entanto, o projeto de lei foi integralmente vetado pelo presidente Fernando Collor, que não só era refratário às prestações pecuniárias previstas,[267] como havia reforçado o protagonismo da LBA ao atribuir a presidência da entidade à primeira-dama e nomear Margarida Procópio, antiga diretora dessa fundação, como ministra da ação social.

Esse primeiro esforço malsucedido de aprovação da lei orgânica denota um processo *path dependent* que confirma a resistência das instituições à mudança. O arranjo pré-constitucional não só criou preferências e interesses organizados em torno da gestão da assistência social pela LBA, como fortaleceu a posição dela e das entidades beneficentes de assistência social, exitosas em bloquear reformas legislativas que comprometessem a existência daquela fundação. O peso dessa trajetória e seu contraste com a concepção de assistência social amadurecida no curso da elaboração legislativa também explica o veto ao projeto de lei. Em suma, a despeito do novo marco constitucional, as instituições e práticas que lhe antecederam criaram constrangimentos à reformulação da política socioassistencial.

Todavia, o veto produziu uma consequência não antecipada: ampliou a mobilização pela promulgação da lei orgânica. Entre 1991 e 1992, foram apresentados três projetos de lei com esse propósito: PL nº 626/1991, de autoria do deputado Geraldo Alckmin; PL nº 1.457/1991, apresentado pelo deputado Reditário Cassol; e PL nº 3.154/1992, apresentado pelos deputados Eduardo Jorge, José Dirceu, Jandira Feghali e Maria Luíza Fontenelle. Este último projeto havia sido elaborado sob a liderança do Conselho Federal de Serviço Social (CFESS), que articulou uma aliança ampla entre diversas entidades (Comissão Nacional de Assistentes Sociais) e elaborou uma nova proposta a partir daquela previamente construída pelo Ipea/Neppos (MARGARITES, 2019, p. 244-245). Essa mobilização interna à área da assistência social encontrou um cenário menos favorável à LBA, pelo envolvimento da entidade em denúncias de irregularidades (SALES, 2012, p. 181) e pelo afastamento e posterior *impeachment* do presidente Collor, conjuntura que alterou o

---

[267] Cf. Mensagem de Veto nº 672/1990.

posicionamento e a agenda do Poder Executivo em relação a diversas políticas sociais.

Ainda como presidente interino, Itamar Franco criou o Ministério do Bem-Estar Social,[268] que iniciou trabalhos de elaboração de um novo projeto de lei orgânica, mobilizando o Conselho Nacional de Seguridade Social que, por sua vez, constituiu uma comissão composta por agentes governamentais e não governamentais incumbida de elaborar um anteprojeto (MARGARITES, 2019, p. 250). Apesar do processo participativo,[269] a proposta apresentada pelo Executivo destoou dos termos previamente debatidos e, diante das reações, resultou em outro anteprojeto, mais consentâneo com as expectativas dos atores que vinham trabalhando na regulamentação da assistência social, embora mantidos pontos de dissenso (MARGARITES, 2019; MENEZES, 2012; SATYRO; CUNHA, 2014).

Além da movimentação nos poderes Legislativo e Executivo, o STF foi provocado a suprir a omissão legislativa. Primeiro, pela Ação Direta de Inconstitucionalidade por Omissão – ADO nº 877, ajuizada em maio de 1993, que visava sanar a mora na regulamentação dos arts. 203, V, e 204 da Constituição. Depois, pelo Mandado de Injunção – MI nº 448-0/RS, ajuizado em novembro do mesmo ano, que discutia a falta de regulamentação do art. 203, V, da Constituição. O ajuizamento da ADO funcionou como catalisador da regulação infraconstitucional[270] e, em agosto, o Poder Executivo encaminhou ao Congresso Nacional o projeto de Lei Orgânica da Assistência Social (PL nº 4.100/1993) que, promulgado sob a Lei nº 8.742/1993, encerrou a primeira etapa de regulamentação da assistência social.

4.3.2 A Lei nº 8.742/1993: a construção de uma nova institucionalidade para a assistência social[271]

A Loas reiterou o direito à assistência social e a responsabilidade estatal pela sua oferta, além de prever uma nova institucionalidade para

---

[268] MP nº 309/1992, art. 14, XIX, convertida na Lei nº 8.490/1992.
[269] Entre maio e junho de 1993, foram realizados cinco seminários regionais e uma Conferência Nacional da Assistência Social ("Conferência Zero").
[270] O PL enviado ao Congresso Nacional fazia menção à propositura da ADO (BRASIL, 1993a, p. 26).
[271] Não obstante as alterações que incidiram sobre a Loas após sua promulgação em 1993, este tópico apresenta a versão original da lei, para preservar a cronologia das transformações aqui apreciadas. Dentre as alterações sofridas, a Lei nº 12.435/2011 previu a organização da

a área. Definiu a assistência social como "Política de Seguridade Social não contributiva, que provê os mínimos sociais, realizada através de um conjunto integrado de ações de iniciativa pública e da sociedade, para garantir o atendimento às necessidades básicas" (art. 1º). Ao longo de seis capítulos, tratou de definições e objetivos da assistência social (arts. 1º a 3º); princípios e diretrizes (arts. 4º e 5º); regras de organização e gestão (arts. 6º a 19); benefícios, serviços, programas e projetos de enfrentamento da pobreza (arts. 20 a 26); financiamento (art. 27 a 30); e disposições gerais e transitórias (art. 31 a 42).

Na forma do art. 4º, incisos I a V, a Loas estabeleceu os princípios de regência da assistência social, para, em seguida, dispor acerca de suas diretrizes e organização. Além de reiterar as diretrizes constitucionais de descentralização político-administrativa e participação popular, a lei previu o comando único das ações em cada esfera de governo (art. 5º, I) e a primazia da responsabilidade do Estado na condução da política de assistência social (art. 5º, III). Também previu que as ações socioassistenciais fossem organizadas sob a forma de um sistema descentralizado e participativo, constituído pelas entidades e organizações de assistência social abrangidas pela Loas (art. 6º).

Ao lado dos atores governamentais, as entidades não governamentais[272] se mantiveram como agentes relevantes da oferta de serviços socioassistenciais, autorizadas a celebrar convênios com todos os níveis de governo (art. 10). O funcionamento das entidades e organizações de assistência social foi condicionado à sua inscrição perante os conselhos de assistência social dos municípios ou do Distrito Federal sujeito à fiscalização por esses mesmos conselhos (art. 9º) e à observância das normas expedidas pelo Conselho Nacional de Assistência Social (CNAS) (art. 7º).

A previsao de ações articuladas entre as três esferas de governo e a distribuição de competências entre eles (arts. 11 a 15) resultam em uma organização segundo um modelo de autoridade interdependente e descentralizado.

---

assistência social sob a forma de sistema único e é tema de um tópico específico (cf. infra 4.5.5). Embora o BPC não seja foco da análise, registra-se que as regras de concessão do benefício foram objeto de alterações promovidas pelas Leis nº 9.720/1998, nº 12.470/2011, nº 13.146/2015, nº 13.981/2020, nº 13.982/2020 e nº 14.176/2021.

[272] Na redação original do art. 3º da Loas, que seria depois alterada pela Lei nº 12.435/2011, entidades e organizações de assistência social são "(...) aquelas que prestam, sem fins lucrativos, atendimento e assessoramento aos beneficiários abrangidos por esta lei [pela Loas], bem como as que atuam na defesa e garantia de seus direitos".

A União assumiu funções de coordenação, regulação e financiamento da política de assistência social (arts. 11 e 12). A execução direta de ações na órbita federal ficou restrita à concessão e manutenção do BPC, previsto no art. 203 da Constituição (art. 12, I), e ao atendimento às ações assistenciais de caráter emergencial, em conjunto com os demais entes (art. 12, III).

Os municípios tornaram-se os *loci* prioritários da execução de ações e serviços socioassistenciais. Compete-lhes prestar os serviços assistenciais previstos no art. 23 da lei, executar projetos de enfrentamento à pobreza e atender às ações assistenciais de caráter emergencial (art. 15, III e V). É também responsabilidade desses entes a concessão e o custeio de auxílios natalidade e funeral (art. 15, I e II). Idênticas competências são atribuídas ao Distrito Federal (art. 14).

Os estados, a seu turno, devem cofinanciar o auxílio-natalidade e o auxílio-funeral (art. 13, I), além de conceder apoio técnico e financeiro aos serviços, programas e projetos de enfrentamento da pobreza em âmbito regional ou local (art. 13, II), bem como às associações e consórcios municipais na prestação de serviços socioassistenciais (art. 13, IV). São ainda responsáveis por ações assistenciais de caráter emergencial (art. 13, III) e pela execução de serviços cujos custos ou demanda justifiquem uma rede regional (art. 13, V).

O caráter participativo do sistema se traduz na previsão de instâncias de debates e deliberação. Os conselhos de assistência social, com composição paritária entre governo e sociedade civil, são as instâncias deliberativas presentes em todos os níveis federativos (art. 16). O CNAS[273] reúne atribuições de formulação e acompanhamento da política de assistência social, o que inclui a aprovação da Política Nacional de Assistência Social, a proposta orçamentária da área e critérios de transferência de recursos para as demais esferas federativas (art. 18, I, VIII e IX). Ao lado dessas funções, o Conselho absorveu do CNSS, extinto pela Loas (art. 33), as atribuições de registro e certificação de entidades de fins filantrópicos (art. 18, IV), o que perduraria até a promulgação da Lei nº 12.101/2009. São ainda previstas conferências[274]

---

[273] Dos nove representantes governamentais no CNAS, há um representante dos estados e um dos municípios (Loas, art. 17, §1º, I). Os representantes da sociedade civil são escolhidos em foro próprio, sob fiscalização do Ministério Público – e não mais por indicação do Presidente da República.

[274] Em sua versão original, a Loas se referia apenas às conferências nacionais. A menção às conferências estaduais, distrital e municipais foi incorporada pela Lei nº 12.435/2011.

voltadas à avaliação da assistência social e à formulação de propostas para o sistema (arts. 17, §4º, e 18, VI).

As ofertas de ações e serviços de assistência social foram divididas em quatro modalidades: benefícios,[275] serviços,[276] programas[277] e projetos de enfrentamento da pobreza[278] (arts. 20 a 25).

A Loas (art. 28) previu ainda o cofinanciamento da assistência social por todos os entes federativos, pelas contribuições previstas no art. 195 da Constituição e por outros recursos do Fundo Nacional de Assistência Social (FNAS), fundo para o qual são repassados todos os recursos federais destinados à assistência social (art. 29). O repasse de recursos federais aos demais entes foi condicionado à instituição e ao funcionamento de: a) conselhos de assistência social, com composição paritária entre governo e sociedade civil; b) fundos de assistência social, sob orientação e controle dos respectivos conselhos; e c) planos de assistência social (art. 30).

Promulgada a Loas, o país passou a contar com um arcabouço normativo que concebe a assistência social como um direito e prevê sua efetivação por meio de um aparato institucional que visa à cooperação entre todos os níveis de governo, que regula a atuação de entidades não governamentais e que assegura a participação social na definição e no controle da política.

4.3.3 O lento início de implementação da Loas

Entre 1994 e 1996, a implantação da Loas caminhou a passos lentos. Sob o ponto de vista organizacional, a principal transformação ocorrida nesse período foi a extinção da LBA,[279] medida relevante para a desconstrução do legado institucional anterior à Constituição e para a descentralização da política. Já quanto às ofertas da assistência social,

---

[275] Prestações pecuniárias subdivididas em benefícios de prestação continuada e benefícios eventuais (arts. 20 a 22).
[276] Atividades continuadas que visam à melhoria de vida da população e cujas ações, voltadas para as necessidades básicas, observam objetivos, princípios e diretrizes estabelecidos na própria Loas (art. 23).
[277] Ações integradas e complementares com objetivos, tempo e área de abrangência definidos para qualificar, incentivar e melhorar os benefícios e os serviços assistenciais (art. 24).
[278] Investimentos econômico-sociais nos grupos populares, buscando subsidiar, financeira e tecnicamente, iniciativas que lhes garantam meios, capacidade produtiva e de gestão para melhoria das condições gerais de subsistência, elevação do padrão da qualidade de vida, preservação do meio-ambiente e sua organização social (art. 25).
[279] MP nº 813/1995, art. 19, I.

destaca-se a implantação do benefício de prestação continuada em 1996, ano em que foram concedidos 346.219 benefícios.[280]

Por outro lado, o funcionamento da institucionalidade prevista pela Loas pouco avançou. O CNAS herdou do CNSS a atividade de registro e emissão de certificado de entidades de fins filantrópicos[281] e passou a desempenhar essa função em detrimento de sua competência estratégica para elaboração de uma política nacional de assistência social e de sua função de instância máxima do controle social (IPEA, 2011, p. 61). Nessa função cartorial, avalia Mestriner (2011, p. 264), o conselho se constituiu em um *continuum* do sistema anterior de regulação entre Estado e instituições sociais, mantendo o padrão de relação público-privado discricionário, burocrático e cartorial, sem avaliação qualitativa.

A descentralização também foi acanhada. Extinta a LBA, os convênios sob sua responsabilidade foram transferidos à Secretaria de Assistência Social (SAS) e, gradativamente, aos entes subnacionais, principalmente para os estados[282] (LÍCIO, 2012, p. 152-153), que tinham autonomia para decidir sobre os repasses aos municípios (ARRETCHE, 2011, p. 177). Sem definição clara do montante e dos critérios de repasses estaduais aos municípios, estes lidaram com a incerteza do recebimento de recursos federais, ainda que assumissem responsabilidades de gestão, com seus custos políticos e financeiros (ARRETCHE, 2011, p. 193). Assim, enquanto a adesão estadual aos incentivos decorrentes dos convênios foi elevada e levou à instalação de conselhos de assistência social em 100% dos estados e de fundos de assistência social em 63% deles, a adesão municipal foi baixa, resultando em 48% de conselhos e 33% de fundos em funcionamento no mesmo período (STEIN, 1997[283] *apud* LÍCIO, 2012, p. 153). No entanto, apurou Lício (2012, p. 153), esse início de repasse de atribuições aos municípios levou os gestores

---

[280] A operacionalização do BPC é feita pelo INSS. Os dados sobre o número de concessões foram extraídos da Evolução da concessão e dos gastos com o BPC-Loas no período de 1996 a 2001. Disponível em: http://www.mds.gov.br/relcrys/bpc/1_tab_evolucao_concessao.htm. Acesso em: 27 jan. 2021.

[281] Com relação às atividades do CNAS nos primeiros anos após sua instalação, assoberbado com a herança cartorial do CNSS, e a dificuldade em redefinir a relação entre Estado e entidades não governamentais, *vide* Mestriner (2011, p. 220-246).

[282] Lício (2012, p. 152) relata que a opção pela estadualização decorreu da ausência de estruturas municipais satisfatoriamente instaladas e da necessidade de renovar os convênios em curso.

[283] STEIN, Rosa Helena. *Descentralização como instrumento de ação política*: O caso da Assistência Social. 1997. Dissertação (Mestrado) – Departamento de Serviço Social, Universidade de Brasília, Brasília, 1997.

municipais a se organizarem nacionalmente, o que deu origem ao Colegiado Nacional de Secretários de Assistência Social (Congemas), reunido a partir de 1996.

Por último, a criação do Programa Comunidade Solidária[284] esvaziou ou, no mínimo, se sobrepôs ao desenho jurídico-institucional traçado pela Loas. Visando coordenar as ações governamentais voltadas à parcela da população sem meios para prover suas necessidades básicas, em especial para o combate à fome e à pobreza (MP nº 813/1995, art. 12), o Programa era vinculado diretamente à Presidência da República e contava com um conselho consultivo presidido pela então primeira-dama, Ruth Cardoso, com a participação de ministros de Estado, um secretário executivo e membros da sociedade, sem representação dos entes subnacionais.

Funcionando com uma agenda própria, definida pelo presidente e pela primeira-dama (SÁTYRO; CUNHA, 2014, p. 92), o Comunidade Solidária esvaziou o papel das instâncias deliberativas da assistência social e reiterou o paralelismo de ações nos programas de enfrentamento da pobreza. Ademais, sua estratégia de implantação – que tinha como executores governos subnacionais, organizações não governamentais, universidades e associações comunitárias – minimizava o papel de estados e municípios no modelo descentralizado previsto pela Loas e diferia dos processos em curso na saúde e na educação, que tinham governos subnacionais como grandes parceiros do governo federal (LÍCIO, 2012, p. 152). Dessa forma, o programa ofuscou a implantação da Loas, cujas diretrizes seriam bastantes para abranger as medidas de enfrentamento da pobreza e da fome preconizadas pelo Comunidade Solidária (SALES, 2012, p. 237).

4.4 De 1997 a 2002: a reorganização do quadro institucional

A partir de 1997, novas medidas de incremento à organização institucional da assistência social e à descentralização formalizaram parte do quadro institucional que seria mobilizado na implantação do Suas.

---

[284] O Programa Comunidade Solidária foi criado pela MP nº 813/1995 e regulamentado pelo Decreto nº 1.366/1995.

Além da edição de novas portarias tratando de repasses de recursos,[285] em 1997 houve a aprovação da primeira Norma Operacional Básica da assistência social (NOB/1997),[286] que trazia diretrizes para a organização de um sistema descentralizado e participativo, fixando dois níveis de gestão da assistência social: municipal e estadual (SALES, 2012, p. 240). A gestão municipal, restrita aos municípios que cumpriam os requisitos do art. 30 da Loas, implicava repasse de recursos do FNAS aos fundos municipais para gestão local de serviços, programas e projetos (NOB-Suas/2005, tópico 1). A gestão estadual contava com repasses do FNAS aos fundos estaduais e atribuía aos estados: a) a coordenação e o apoio técnico e financeiro aos serviços, programas e projetos; b) a celebração e o gerenciamento de convênios com as entidades localizadas em municípios que não cumpriam o art. 30 da Loas; e c) a execução de programas e projetos de caráter regional e complementar (NOB/1997; NOB-Suas/2005, tópico 1). Além disso, foram previstas comissões tripartites, de caráter consultivo, no âmbito federal e estadual.

Contudo, a NOB/1997 carece de definições claras sobre a proteção social a cargo de cada ente (SALES, 2012, p. 240) e sobre critérios de partilha de recursos, o que mantinha a dependência política e administrativa dos governos subnacionais (LIMA, 2003[287] *apud* LÍCIO, 2012, p. 154). E, não menos importante, o repasse dos recursos aos fundos estaduais ou às entidades conveniadas não contribuía para fortalecer a gestão local nos municípios que ainda não atendiam às exigências do art. 30 da Loas (LÍCIO, 2012, p. 154).

Em 1998, aprovou-se a Primeira Política Nacional de Assistência Social (PNAS/1998) – cuja proposta estava em discussão desde 1996 (MESTRINER, 2011, p. 247) – e a segunda NOB da assistência social (NOB/1998).[288] A aprovação de uma política nacional criou um referencial para nortear as ações socioassistenciais e torná-las passíveis de controle (MESTRINER, 2011, p. 249), ao definir competências dos três níveis de governo e das instâncias de controle social, além de propor a fixação de percentuais para o financiamento da assistência social nas três esferas (MESTRINER, 2011, p. 248; SALES, 2012, p. 240). Ainda assim, continuavam indefinidas as garantias de proteção social a cargo dessa política (JACCOUD; HADJAB; CHAIBUB, 2009, p. 189) e os critérios

---

[285] *Vide* Portarias SAS nº 26/1997, nº 27/1997 e nº 33/1997.
[286] Resolução CNAS nº 204/1997 e Portaria SAS nº 35/1997.
[287] LIMA, Angela Dayrell de. As regras legais e o processo de descentralização da Assistência Social. *Revista Ser Social*, n. 12, p. 87-114, 2003.
[288] Resolução CNAS nº 207/1998.

de articulação entre instâncias governamentais e não governamentais (MESTRINER, 2011, p. 248), o que mantinha a dispersão e a fragmentação das ações adotadas nos diferentes níveis.

Respondendo a alguns aspectos críticos da NOB/1997, a NOB/1998 diferenciou serviços, programas e projetos, além de ampliar as atribuições dos conselhos (LÍCIO, 2012, p. 154). Além disso, a Comissão Intergestores Tripartite (CIT) e as Comissões Intergestores Bipartites (CIBs), espaços permanentes de pactuação interfederativa no âmbito da assistência social, foram dotadas de caráter deliberativo. À semelhança do SUS, a CIT é constituída por representantes da União, dos estados, indicados pelo Fórum Nacional de Secretários de Assistência Social (Fonseas), e dos municípios, por meio do Colegiado Nacional de Gestores Municipais de Assistência Social (Congemas). As CIBs contam com representantes dos estados e dos municípios, estes indicados pelo Colegiado Estadual de Gestores Municipais de Assistência Social (Coegemas).

A constituição das estruturas de pactuação federativa representou uma medida significativa para estruturar a articulação federativa na assistência social. A esses colegiados foram atribuídas competências para participar das discussões referentes aos critérios de transferência de recursos da União, habilitar ou desabilitar estados e municípios para recebimento de recursos federais e, no caso da CIT, apoiar a instalação das CIBs nos estados (JACCOUD; MENEZES; STUCHI, 2020, p. 286). Segundo Lício, a instalação das CIBs e a reestruturação das secretarias estaduais de assistência social permitiram a desativação das representações estaduais da SAS, ainda herança da LBA (LÍCIO, 2012, p. 155).

Quanto ao financiamento, a NOB/1998 visou à instituição de transferências automáticas para os governos subnacionais e à alocação de recursos de todos os níveis federativos nos fundos de assistência social (LÍCIO, 2012, p. 154). Os repasses por meio dos fundos de assistência social tiveram a importância de estabilizar as relações intergovernamentais (MESQUITA; PAIVA; JACCOUD, 2020, p. 186-187). Porém, a expansão e a coesão nas ofertas socioassistenciais em território nacional, assim como a redução de desigualdades regionais, não foram atendidas pela reformulação do financiamento, pois o potencial de coordenação da NOB/1998 foi limitado por exigências que dificultavam o fluxo regular e automático dos repasses, por convênios que absorviam parcela significativa dos recursos federais e por critérios de repartição de recursos que se guiaram pela série histórica de prestação de serviços, beneficiando os entes que atuavam no campo da assistência social (MESQUITA; PAIVA; JACCOUD, 2020, p. 185-186).

Na passagem para 2000, as ações e serviços de assistência social contaram com novas iniciativas de enfrentamento à pobreza e à fragmentação de ações que persistia na esfera federal. A instituição do Fundo de Combate e Erradicação da Pobreza,[289] por meio da EC nº 31/2000, contribuiu para construir capacidades de financiamento das ações de assistência (BICHIR, 2016, p. 121) e se refletiu na criação de programas federais de transferência de renda. Em paralelo, o Projeto Alvorada previu uma estrutura integrada de políticas de combate à miséria (NERI, 2002), visando aglutinar diversos programas de redução de pobreza (FRANZESE, 2010, p. 126-127). Dentro desse projeto, a Rede Social Brasileira de Proteção Social, apoiada na implantação do Cadastro Único para Programas Sociais do Governo Federal (CadÚnico)[290] (DRAIBE, 2003, p. 88), agrupou as diversas transferências monetárias dispersas entre diferentes ministérios (DRAIBE, 2003). Essas medidas trouxeram o embrião do que tomaria a forma do principal programa de transferência de renda do Brasil, o Programa Bolsa-Família (RFB), e da adoção do CadÚnico como instrumento de identificação do público-alvo da assistência social.

Ao final de 2002, a oferta de serviços socioassistenciais ainda carecia de padrões uniformes e a descentralização não era norteada por objetivos nacionais a serem perseguidos pelos três níveis de governo (JACCOUD; MENESES; STUCHI, 2020, p. 282). Por outro lado, esse ciclo se encerrou com a organização de componentes que conferiram à área de assistência social uma estruturação que, conquanto incipiente, representa o desenvolvimento do desenho jurídico-institucional da Loas, a saber: a) instalação de conselhos de assistência social, criação de fundos, aprovação de planos e realização de conferências;[291] b) espaços permanentes de negociação e pactuação interfederativa na assistência social (CIT e CIBs); c) secretarias de assistência social ou congêneres em todos os estados, no Distrito Federal e em expressiva parcela dos municípios;[292] e d) Cadastro Único, em início de implantação, concebido como instrumento de identificação de beneficiários, unificação de benefícios e gestão para os órgãos governamentais (DRAIBE, 2003,

---

[289] O Fundo teria duração inicialmente prevista até 2010 e posteriormente foi prorrogado por tempo indeterminado (EC nº 67/2010).

[290] O Decreto nº 3.877/2001 instituiu o Cadastramento Único para Programas Sociais do Governo Federal.

[291] Segundo Draibe (2003, p. 87), em 2001, 4.105 municípios cumpriam todos os requisitos da gestão municipalizada, a saber: conselhos, fundos e planos.

[292] Por ocasião da edição da PNAS/2004, em 2004, havia secretarias instaladas em 4.500 municípios brasileiros.

p. 88). A reorganização das ações e serviços de assistência social do período subsequente partiria desse aparato.

4.5 De 2003 a 2011: concepção e organização do Suas

A partir de 2003, um novo ciclo de reformulações na assistência social levou à concepção do Sistema Único de Assistência Social como política estruturante para a área. A segunda Política Nacional de Assistência Social e a Norma Operacional Básica do Suas promoveram a reorganização de objetivos, dos arranjos institucionais, dos instrumentos e dos propósitos da participação na assistência social. A implantação do sistema ocorreu em paralelo à aprovação de outros diplomas normativos que objetivaram ampliar a coesão do sistema e modificar a relação entre seus agentes, governamentais e não governamentais. Esse ciclo culminou com a reforma da Loas, em 2011, para incorporar a previsão do Suas às suas disposições. A seguir, analisam-se cada um desses movimentos.

4.5.1 O Sistema Único de Assistência Social: PNAS/2004 e NOB-Suas/2005

A mudança na Presidência da República em 2003 marcou a reorientação da política de assistência social em âmbito nacional. Após um estágio inicial de reformas que ainda agravaram a fragmentação institucional dos órgãos dedicados a ações de enfrentamento à pobreza[293] (LÍCIO, 2012, p. 123), o Programa Bolsa-Família[294] unificou diversos programas federais de transferência em um novo benefício e, em janeiro de 2004, o Ministério da Assistência Social foi transformado no Ministério de Desenvolvimento Social e Combate à Fome (MDS) (MP nº 163/2004), que reuniu os órgãos responsáveis pelo Programa Fome Zero, pelo PBF e pela assistência social (LÍCIO, 2012, p. 124).

Em dezembro de 2003, a 4ª Conferência Nacional de Assistência Social teve por tema "Assistência Social como Política de Inclusão: uma Nova Agenda para a Cidadania – LOAS 10 anos" e sua principal deliberação foi a organização da assistência social sob a forma de um sistema único (BRASIL, 2004b). A deliberação encontrou convergência no MDS,

---

[293] Os programas ficaram divididos entre a Assessoria Especial da Presidência da República, o Ministério Extraordinário da Segurança Alimentar e o Ministério da Assistência Social, inicialmente denominado Ministério da Assistência e Promoção Social (cf. MP nº 103/2003, Lei nº 10.683/2003 e Decreto nº 4.655/2003).

[294] MP nº 132/2003, convertida na Lei nº 10.836/2004.

que envidou esforços para a regulação do sistema (SÁTYRO; CUNHA, 2014, p. 98) e apresentou uma proposta preliminar de política divulgada em eventos realizados em todos os estados (PNAS/2004, apresentação). Em setembro de 2004, o CNAS aprovou a Segunda Política Nacional de Assistência (PNAS/2004) e, em 2005, a primeira Norma Operacional Básica do Suas[295] (NOB-Suas/2005).

A PNAS/2004 reorganizou a oferta socioassistencial no país ao prever o Sistema Único de Assistência Social. Para tanto, reafirmou a responsabilidade pública por essa oferta, pautou a gestão descentralizada e integrada, determinou e padronizou proteções sociais, organizou-as de acordo com território e complexidade, estabeleceu as bases para promoção da integralidade do atendimento e, por fim, previu a integração das entidades privadas à rede pública (JACCOUD; HADJAB; CHAIBUB, 2009, p. 189). A seu turno, a NOB-Suas/2005 operacionalizou a implantação do sistema, firmando o pacto federativo desenhado pela Loas e pela PNAS (JACCOUD; HADJAB; CHAIBUB, 2009, p. 189).

Foram definidas três funções para a assistência social: vigilância socioassistencial, defesa dos direitos socioassistenciais e proteção social.

A função de vigilância social consiste no "(…) desenvolvimento da capacidade e de meios de gestão assumidos pelo órgão público gestor da Assistência Social para conhecer a presença das formas de vulnerabilidade social da população e do território pelo qual é responsável" (NOB-Suas/2005, tópico 1.1, b, III).

A função de defesa dos direitos socioassistenciais visa garantir que os usuários da proteção básica e especial tenham acesso ao conhecimento de direitos socioassistenciais e aos meios para sua defesa.

Finalmente, a função de proteção social foi definida como:

> (…) conjunto de ações, cuidados, atenções, benefícios e auxílios ofertados pelo Suas para redução e prevenção do impacto das vicissitudes sociais e naturais ao ciclo da vida, à dignidade humana e à família como núcleo básico de sustentação afetiva, biológica e relacional (NOB-Suas/2005, tópico 1.1, b, I).

Essa função responde por uma das principais alterações induzidas sob a nova política: a mudança na lógica da proteção social, que deixa de se organizar em função do público destinatário e passa a se organizar em função das seguranças afiançadas pela política (SÁTYRO; CUNHA, 2014, p. 98), detalhadas no quadro a seguir:

---

[295] Resolução CNAS nº 130/2005.

Quadro 18 – Seguranças afiançadas pela proteção social

Segurança	Descrição	Prestações ofertadas
Segurança de acolhida	Provisão de necessidades humanas que começa com os direitos à alimentação, ao vestuário e ao abrigo, próprios à vida humana em sociedade.	Oferta pública de espaços e serviços para a proteção social básica e especial.
Segurança social de renda	Garantia de que todos tenham uma forma monetária de garantir sua sobrevivência, independentemente de suas limitações para o trabalho ou do desemprego.	Auxílios financeiros sob condicionalidades; Benefícios continuados.
Segurança do convívio ou vivência familiar, comunitária e social	Proteção contra situações de reclusão ou perda de relações.	Rede continuada de serviços voltada à construção, à restauração e ao fortalecimento de laços de pertencimento, bem como ao exercício capacitador e qualificador de vínculos sociais e de projetos pessoais e sociais de vida em sociedade.
Segurança do desenvolvimento da autonomia individual, familiar e social	Promoção do protagonismo, da cidadania, da liberdade e da independência pessoal.	Ações voltadas para: a) o desenvolvimento de capacidades e habilidades para o exercício do protagonismo, da cidadania; b) a conquista de melhores graus de liberdade, respeito à dignidade humana, protagonismo e certeza de proteção social para o cidadão, a família e a sociedade; e c) conquista de maior grau de independência pessoal e qualidade, nos laços sociais, para os cidadãos e cidadãs sob contingências e vicissitudes.
Segurança de sobrevivência a riscos circunstanciais	Garantia de apoio material.	Auxílios transitórios em bens materiais; Benefícios eventuais.

Fonte: Elaboração própria a partir da PNAS/2004 e da NOB-Suas/2005.[296]

---

[296] A PNAS/2004 estabelece as seguintes seguranças: a) segurança de sobrevivência, que abrange segurança de rendimento e segurança de autonomia; b) segurança de acolhida; e c) segurança de convívio ou de vivência familiar. As NOBs editadas após a PNAS/2004 alteram em parte esse rol. Na elaboração do quadro, foram condensadas as disposições da PNAS/2004 e da NOB-Suas/2005.

Definidas as seguranças afiançadas, foram estabelecidos dois níveis de proteção social, hierarquizados pelo critério de complexidade das situações a serem atendidas: a proteção social básica e a proteção social especial. A proteção social básica visa "(...) prevenir situações de risco por meio do desenvolvimento de potencialidades e aquisições, e o fortalecimento de vínculos familiares e comunitários" (PNAS/2004, 2.5.1). A proteção social especial, desdobrada em média e alta complexidade, volta-se para:

> (...) famílias e indivíduos que se encontram em situação de risco pessoal e social, por ocorrência de abandono, maus tratos físicos e, ou, psíquicos, abuso sexual, uso de substâncias psicoativas, cumprimento de medidas sócio-educativas, situação de rua, situação de trabalho infantil, entre outras (PNAS/2004, 2.5.2).

Orientadas pelas funções da assistência social, pelas seguranças afiançadas e pelos distintos níveis de proteção social, a PNAS/2004 e a NOB-Suas/2005 direcionaram a implantação do Suas, segundo diretrizes[297] de descentralização político-administrativa, com prioridade para a municipalização, de territorialização da ação governamental[298] e de matricialidade sociofamiliar.[299]

As atribuições de cada nível de governo foram organizadas em função de níveis de gestão, com correspondentes responsabilidades e incentivos.[300] A gestão municipal foi subdividida em três níveis: inicial,[301] básica e plena. Para o Distrito Federal, previu-se um rol de responsabilidades e incentivos básicos, com a possibilidade de aprimoramento do sistema e respectivos incentivos, mediante celebração de pactos de aprimoramento de gestão firmados com a União e pactuados na CIT. Para os estados, foram igualmente estabelecidas responsabilidades e

---

[297] Na PNAS/2004, essas diretrizes são tratadas como eixos estruturantes.
[298] A territorialização traduz a operacionalização da política de assistência social a partir de recortes territoriais que identifiquem conjuntos populacionais em situações similares e reconheçam a dinâmica desses espaços (PNAS/2004, tópico 3.1.2).
[299] A matricialidade sociofamiliar ordena as ações a serem desenvolvidas no âmbito do Suas, tendo a família como foco da proteção social (COUTO; YAZBEK; RAICHELIS, 2010, p. 54).
[300] As responsabilidades variam conforme o nível federativo e podem ser agrupadas em cinco categorias: financiamento, organização, planejamento, prestação de serviços e gestão. Os incentivos consistem em repasses de recursos, recebimento de apoio técnico e participação em programas de capacitação (SALES, 2012, p. 247-251).
[301] Os municípios habilitados à gestão municipal antes da NOB-Suas/2005 foram automaticamente habilitados na gestão inicial (NOB-Suas/2005, tópico 2.5).

incentivos, além da possibilidade de celebração de pactos de aprimoramento de gestão. Por fim, foram definidas as responsabilidades da União, atreladas ao planejamento da política e ao apoio técnico financeiro (SALES, 2012, p. 250).

Concebem-se ainda unidades públicas responsáveis por coordenar, organizar e executar os serviços de proteção social. Organizadas segundo critérios territoriais e de complexidade da proteção social, essas unidades são os Centros de Referência da Assistência Social (Cras), destinados à proteção social básica, e os Centros de Referência Especializados da Assistência Social (Creas), destinados à proteção social especial. Embora os serviços de proteção social sejam precipuamente ofertados nesses centros de referência, outras unidades públicas da assistência social e entidades de assistência social sem fins lucrativos seguiram responsáveis por parcela da oferta desses serviços.

A dimensão econômico-financeira do programa foi igualmente reformulada. Como asseveram Mesquita, Paiva e Jaccoud (2020, p. 186), visou-se qualificar a descentralização já em curso, isto é, "(...) inscrevê-la num sistema único voltado à provisão de ofertas unificadas e reguladas, presentes em todo o território nacional". Transferências condicionadas incentivaram a estruturação de uma rede de serviços descentralizada e hierarquizada, em conformidade com as diretrizes nacionalmente fixadas. Os repasses federais foram organizados em sete pisos de financiamento: Piso Básico Fixo, Piso Básico de Transição, Piso Básico Variável, Piso De Transição de Média Complexidade, Piso Fixo de Média Complexidade, Piso de Alta Complexidade I e Piso de Alta Complexidade II[302] (NOB-Suas/2005, tópico 5.5). Com os convênios reservados apenas a projetos e programas não continuados, os repasses fundo a fundo foram fortalecidos (NOB-Suas/2005, tópico 5.4). E, em todos os níveis de gestão, os repasses federais foram condicionados à alocação de recursos próprios nos fundos de assistência social, incentivando o cofinanciamento já previsto pela Constituição (art. 195) e pela Loas (art. 28).

A NOB-Suas/2005 dispôs sobre instrumentos de gestão da política de assistência, a saber: planos de assistência; orçamento da assistência social; gestão da informação e operações de monitoramento e avaliação; e, finalmente, relatórios anuais de gestão.

---

[302] Os pisos de transição absorveram as transferências anteriores à NOB-Suas/2005, pautadas por séries históricas de prestação de serviços.

Houve ainda fortalecimento das estruturas de pactuação federativa, que se tornaram espaços privilegiados de definição do desenho da política e um canal para que todos os níveis de governo possam influenciar as decisões que os afetam. A CIT se tornou competente para pactuar estratégias de implantação e operacionalização do Suas; instrumentos, parâmetros e mecanismos dessa implementação; e critérios e procedimentos de transferência de recursos para o cofinanciamento da assistência social (NOB-Suas/2005, tópico 4.2). À CIB, atribuiu-se a habilitação e a desabilitação de municípios; a definição, acordada com gestores municipais, de medidas e prazos para a solução de pendências; a pactuação dos critérios de partilha de recursos estaduais e federais destinados às ações e serviços socioassistenciais (NOB-Suas/2005, tópico 4.2).

O estabelecimento do desenho jurídico-institucional do Suas, por meio da PNAS/2004 e da NOB-Suas/2005, representou um passo grande na reconfiguração de uma política que, por longo tempo, teve seu campo de atuação pouco definido. Nos anos seguintes, medidas concomitantes de implantação do sistema e de adensamento de sua base normativa procurariam ampliar a coesão desse arranjo.

4.5.2 Ampliando a coesão do sistema

A implantação do Suas fez-se acompanhar de um conjunto de inovações voltadas ao desenvolvimento de estruturas e capacidades mais homogêneas em território nacional.

Uma das primeiras exigências para a implantação do Suas recaiu sobre a definição de denominadores comuns de gestão do trabalho, aspecto crítico de uma área marcada por precarização[303] e baixa profissionalização (FERREIRA, 2011, p. 47). A necessidade de regulação do tema dos recursos humanos na assistência social constou das disposições da PNAS/2004 e das deliberações da V Conferência Nacional de Assistência Social. Após pactuação na CIT, o CNAS aprovou a Norma Operacional Básica de Recursos Humanos do Suas (NOB-RH/Suas),[304] que veiculou princípios e diretrizes nacionais para a gestão do trabalho

---

[303] A Pesquisa das Entidades de Assistência Social Privadas sem Fins Lucrativos realizada em 2006 apontou que 53,4% dos 519 mil colaboradores na rede formada pelas Entidades Privadas de Assistência Social sem Fins Lucrativos eram voluntários (JACCOUD; HADJAB; CHAIBUB, 2009, p. 194).
[304] Resolução CNAS nº 269/2006.

no Suas, responsabilidade dos entes públicos, equipes de referência, capacitação dos trabalhadores públicos e da rede prestadora de serviços, diretrizes para planos de carreira, cargos e salários, diretrizes para entidades e organizações de assistência social e cofinanciamento da gestão do trabalho. Previu, ademais, incentivos à gestão do trabalho no Suas.

A segunda medida relevante foi o aprimoramento do CadÚnico, na forma do Decreto nº 6.135/2007. O cadastro consiste em instrumento de identificação e caracterização socioeconômica das famílias brasileiras de baixa renda, de utilização obrigatória na seleção de beneficiários e na integração de programas sociais do Governo Federal (art. 2º). Trata-se de um elemento-chave na formulação, na implementação e na avaliação de programas sociais, pois permite dimensionar a escala e identificar com maior acuidade o público-alvo de diversos programas. No caso específico do Suas, esse instrumento viabiliza a territorialização da ação governamental, permitindo que estados e municípios conheçam em maior profundidade os riscos e as vulnerabilidades de sua população (JACCOUD; HADJAB; CHAIBUB, 2009, p. 215).

A terceira medida de aprimoramento institucional do Suas foi a adoção do Índice de Gestão Descentralizada do Programa Bolsa-Família (IGD-PBF) e do Índice de Gestão Descentralizada do Suas (IGD-Suas), voltados ao fortalecimento da gestão e à consecução de metas e resultados (MESQUITA; PAIVA; JACCOUD, 2020, p. 189). O IGD-PBF[305] é utilizado para aferição dos resultados da gestão descentralizada do Programa Bolsa-Família[306] e cálculo dos repasses do FNAS aos fundos estaduais, municipais e distritais a título de apoio financeiro (Decreto nº 5.209/2004, art. 11-A). O IGD-Suas,[307] criado na trilha do IGD-PBF, avalia a qualidade da gestão descentralizada das ofertas socioassistenciais no âmbito dos municípios, do Distrito Federal e dos estados, norteando o valor de repasses federais às unidades subnacionais.

A quarta medida relevante foi a Tipificação Nacional de Serviços Socioassistenciais,[308] aprovada pelo CNAS após quase três anos de pac-

---

[305] Índice criado em 2006 e incorporado à Lei nº 10.836/2004 pela MP nº 462/2009 (convertida na Lei nº 12.058/2009).

[306] A previsão de execução e gestão descentralizadas do Programa Bolsa Família consta do art. 8º da Lei nº 10.836/2004.

[307] O IGD-Suas foi criado pela Portaria MDS nº 337/2011 e depois incorporado à Loas pela Lei nº 12.435/2011.

[308] Resolução CNAS nº 109/2009, posteriormente acrescida do Serviço de Convivência e Fortalecimento de Vínculos pela Resolução CNAS nº 13/2014.

tuação na CIT³⁰⁹ (FRANZESE, 2010, p. 153-154). Organizada em consonância com os níveis de complexidade da proteção social, a tipificação definiu serviços de proteção social básica, especial de média complexidade e especial de alta complexidade.³¹⁰ A aprovação desse regramento atendeu a duas exigências ligadas à reestruturação da assistência social: diferenciar a área da assistência social das demais políticas sociais (FRANZESE, 2010, p. 153) e padronizar as ofertas socioassistenciais no âmbito do Suas, inclusive da rede socioassistencial privada do sistema.

Por último, destaca-se a Resolução CIT nº 7/2009, que versa sobre os procedimentos para a gestão integrada dos serviços, benefícios socioassistenciais e transferências de renda para o atendimento, no âmbito do Suas, de indivíduos e de famílias beneficiárias do PBF, do Programa de Erradicação do Trabalho Infantil (Peti), do BPC e de benefícios eventuais. Essa integração visa tanto assegurar serviços socioassistenciais a indivíduos e famílias beneficiárias dessas três ofertas quanto identificar potenciais beneficiários e propiciar meios para acesso a essas prestações. Com isso, conjuga-se a lógica descentralizada de oferta de serviços com o funcionamento centralizado das prestações pecuniárias.

As inovações descritas criaram referenciais comuns de atuação a serem observados na expansão e na reformulação da política de assistência social em conformidade com o sistema único, contribuindo para conferir maior organicidade às diversas prestações socioassistenciais e identidade às ofertas no âmbito do Suas.

4.5.3 O aprimoramento da gestão estadual do Suas

Outro flanco de alterações voltadas a reconfigurar as relações intergovernamentais e incidir sobre uma trajetória prévia de pouca implicação da esfera estadual na gestão da política de assistência social (LEANDRO, 2020, p. 258) diz respeito à regulamentação dos Pactos de Aprimoramento da Gestão dos Estados e do Distrito Federal.³¹¹

---

[309] Segundo Jaccoud, Meneses e Stuchi (2020, p. 296), foram identificados mais de mil nomes de ofertas socioassistenciais e dezenas de tipos de intervenção assistencial.

[310] Cada um desses serviços é identificado em um catálogo que contém: nome do serviço, descrição, usuários, objetivos, provisões, aquisições dos usuários, condições e formas de acesso, unidade, período de funcionamento, abrangência, articulação em rede, impacto social esperado e regulamentações.

[311] Resolução CIT nº 5/2006, Resolução CIT nº 3/2007, Resolução CIT nº 17/2010, Resolução CIT nº 16/2013, Resolução CIT nº 1/2017, Resolução CNAS nº 2/2017 e Portaria MDS nº 350/2007.

Instrumentos de articulação previstos pela NOB-Suas/2005, esses Pactos visaram incentivar o pleno exercício da gestão estadual e distrital do Suas, do PBF e do CadÚnico,[312] em consonância com suas responsabilidades no desenho jurídico-institucional do sistema. Suas sucessivas alterações foram pactuadas pela CIT e contaram com a mobilização dos estados, que atuaram para torná-los mais exequíveis e menos subordinados ao gestor federal (LEANDRO, 2020, p. 263). E, formalmente, alcançaram adesão elevada: em 2007, todos os estados e o Distrito Federal firmaram os referidos pactos (JACCOUD; HADJAB; CHAIBUB, 2009, p. 197).

Não obstante, os referidos instrumentos têm sido insuficientes para promover a maior participação dos estados no Suas e o cumprimento das metas estabelecidas. Nesse sentido, Leandro (2020, p. 267) registra que as diversas regulações dos pactos mantiveram as mesmas prioridades e metas, o que indica a não superação delas ao longo das várias rodadas de negociação e pactuação. E, a despeito do não cumprimento de compromissos firmados, não houve suspensão dos repasses federais aos estados (LEANDRO, 2020, p. 261).

Esse quadro indica a insuficiência do regime de incentivos e sanções para promover a conformidade entre as ações desenvolvidas no nível estadual e os parâmetros nacionalmente fixados, inclusive pela menor dependência de repasse de recursos federais.[313] A dificuldade em promover maior convergência estadual ao desenho da política compromete tanto a expansão quanto a qualificação das ofertas socioassistenciais. E, não menos importante, corrobora a afirmação de Clune (2021, p. 24), para quem, "No mundo real da implementação, talvez não seja possível promulgar ou aplicar sanções que pareçam atrativas, por causa da realidade da política legislativa, administrativa e organizacional".

---

[312] Originalmente, a Resolução CIT nº 5/2006 tratava apenas da gestão do Suas. A inclusão do PBF e do CadÚnico foi feita a partir da Portaria MDS nº 350/2007 (LEANDRO, 2020).

[313] Avaliando o cenário de cumprimento dos pactos, logo após a Resolução CIT nº 5/2006, Leandro (2020, p. 261) aponta que: "Não havia elementos palpáveis para barganhar ou pressionar os estados pelo cumprimento das prioridades, dado que as relações do gestor federal com os dois níveis de governo eram muito díspares. Do ponto de vista dos repasses financeiros, por exemplo, os montantes transferidos aos municípios para a execução da política eram substantivos, enquanto para os estados eram irrisórios".

4.5.4 Mudanças na regulação das entidades socioassistenciais

O princípio da primazia da responsabilidade estatal na condução da política socioassistencial e o reconhecimento das entidades privadas de assistência social como cogestoras e prestadoras complementares de serviços demandavam a reconfiguração da relação entre poder público e entidades privadas na implantação do Suas. Assim, novas medidas foram tomadas para induzir a conformidade da ação desses numerosos entes não governamentais[314] ao desenho jurídico-institucional do Suas.

Nesse passo, ao lado da NOB-RH/Suas e da Tipificação Nacional de Serviços Socioassistenciais, já mencionadas, a Resolução CNAS nº 191/2005 e o Decreto nº 6.308/2007 definiram características e categorias de entidades e organizações de assistência social, classificando-as em entidades de atendimento, de assessoramento e de defesa e garantia de direitos. Impuseram ainda a observância das resoluções do CNAS por todas essas entidades e condicionaram sua vinculação ao Suas à prévia inscrição nos conselhos municipais ou distrital de assistência social, contribuindo para identificar e integrar as ações e serviços às ofertas no âmbito do Suas. Esse conjunto de medidas representou mais um passo na direção de ofertas socioassistenciais uniformes em território nacional.[315]

Além disso, a Lei nº 12.101/2009 modificou o processo de certificação de entidades beneficentes, porta de acesso para a imunidade do recolhimento de contribuições sociais e para a obtenção de prioridade

---

[314] A Pesquisa de Entidades de Assistência Social Privadas sem Fins Lucrativos, referente a 2014 e 2015 (PEAS 2014-2015), identificou 13.659 Unidades de Prestação de Serviços Socioassistenciais (IBGE, 2015).

[315] Sobre a conjugação entre esses diplomas normativos, confira-se Ruiz (2021, p. 128-129): "No que diz respeito à provisão dos serviços socioassistenciais pelas organizações da sociedade civil, registra-se a importância da NOB-RH e da Tipificação como instrumentos de constrangimento para a conformação das OSCs às diretrizes do SUAS. Isso foi possível pela construção de uma engenhosa estrutura normativa: a LOAS previu ser competência do CNAS regular a prestação dos serviços, o que foi feito pela Tipificação, que padronizou as ações continuadas, projetando maior homogeneidade das ofertas em todo o território nacional. A LOAS também previu a competência dos conselhos subnacionais para a inscrição e, em sua esfera de atuação, para a fiscalização das entidades e organizações de assistência social. E determinou a observância das resoluções do CNAS pelas entidades na execução das ações socioassistenciais. Dessa forma, a inobservância do disposto na Tipificação (resolução do CNAS) pelas organizações de assistência social na execução dos serviços poderia implicar no cancelamento da inscrição junto ao conselho, levando à sua desvinculação do SUAS. Com isso, as OSCs tiveram que se adaptar à regulamentação dos serviços: passou a ser necessário que garantissem profissionais com padrões mínimos de formação e especialização, realizassem atividades específicas para cada tipificação de serviço e mantivessem estrutura física adequada na execução dos serviços".

na celebração de negócios jurídicos com o poder público para a execução de programas, projetos e ações de assistência social (art. 18, §4º, e 29). A concessão e a renovação do Certificado de Entidade Beneficente de Assistência Social (Cebas) foram transferidas para os Ministérios da Educação, da Saúde e do Desenvolvimento Social e Combate à Fome (art. 21), de acordo com a atividade desempenhada pela entidade postulante. O CNAS, a seu turno, tornou-se competente apenas para acompanhar e fiscalizar o processo de certificação das entidades e organizações de assistência social no MDS e para apreciar o relatório anual contendo a relação dessas entidades, encaminhando-o aos demais conselhos de assistência social (Loas, art. 18, III e IV).

Para a concessão ou renovação do Cebas, a nova legislação caracterizou as entidades beneficentes segundo parâmetros próprios de cada política (saúde, educação e assistência social). Das entidades de assistência social, o art. 18, *caput*, da lei em análise, exigiu o preenchimento dos requisitos de gratuidade, continuidade, planejamento, não discriminação e observância à Loas, mas esse dispositivo teve pronunciada sua inconstitucionalidade formal, sob o fundamento de que a matéria é reservada à lei complementar.[316] Quanto às exigências procedimentais, foram reiteradas a necessidade de inscrição no conselho municipal ou distrital de assistência social e a integração ao cadastro de entidades e organizações de assistência social, ambos previstos pela Loas (art. 19).

Das disposições da Lei nº 12.101/2009, pode-se identificar desdobramentos relevantes para a conformação da política de assistência social. O primeiro foi a retirada da função cartorial do CNAS, o que lhe fortaleceu como espaço de construção e controle social da política nacional de assistência social. O segundo foi a criação do Departamento da Rede Socioassistencial Privada do Suas,[317] dedicado à coordenação tanto do processo de emissão do Cebas quanto do acompanhamento da rede de organizações da sociedade civil atuantes na assistência social (BRETTAS, 2016, p. 77).

4.5.5 Lei nº 12.435/2011: a incorporação do Suas à Loas

A primeira etapa de institucionalização do Suas culminou com a promulgação da Lei nº 12.435/2011, fruto do PLnº 3.077/2008, que

---

[316] ADI nº 4480, Relator(a): GILMAR MENDES, Tribunal Pleno, julgado em 27.03.2020, PROCESSO ELETRÔNICO DJe-089 DIVULG 14.04.2020, PUBLIC 15.04.2020.
[317] Decreto nº 7.079/2010.

incorporou à Loas o desenho jurídico-institucional do sistema único.[318] O processo de alteração legislativa foi promovido pelo Poder Executivo com apoio da CIT e das CIBs (JACCOUD; MENESES; STUCHI, 2020, p. 290-291) e resultou na promulgação da Lei nº 12.435/2011. A mudança de suporte jurídico (BUCCI, 2016) denotou um processo de reforço das escolhas institucionais prévias e conferiu ganhos de densidade institucional e de legitimidade ao sistema, que deixou de se apoiar exclusivamente na relação entre poderes executivos (FRANZESE, 2010, p. 174).

Entre as alterações que incorporaram ou reforçaram o arcabouço do Suas, destacam-se disposições sobre: a) os objetivos da assistência social, que passam a abranger funções de proteção social, vigilância socioassistencial e defesa de direitos (art. 2º); b) a gestão das ações na área de assistência social sob a forma de sistema descentralizado e participativo, o Suas, integrado por todos os entes federativos, pelos conselhos de assistência social e pelas entidades e organizações de assistência social abrangidas pela Loas (art. 6º); c) a ampliação das competências de todos os níveis federativos, no tocante ao cofinanciamento, ao monitoramento e à avaliação da política de assistência social (arts. 12, II e IV, 13, II e VI, 14, VI e VII, e 15, VI e VII); d) a organização da proteção social em dois níveis de complexidade (básica e especial), ofertadas precipuamente nos Cras e Creas (arts. 6º-A a 6º-D); e) a categorização das entidades e organizações de assistência social em entidades de atendimento, de assessoramento e de defesa e garantia de direitos (art. 3º); f) a possibilidade de integração de entidades e organizações à rede socioassistencial, cumpridos os requisitos para vinculação ao Suas (art. 6º-B, §§1º e 2º); g) a previsão de apoio financeiro da União à gestão descentralizada da assistência social, com utilização do IGD-Suas (art. 12-A); e h) a possibilidade de aplicação de recursos do cofinanciamento do Suas no pagamento dos profissionais integrantes das equipes de referência do Suas (art. 6º-E)[319] (SALES, 2011). De outro giro, a lei foi silente quanto às comissões intergestores (CIT e CIB), cuja existência seguiu apoiada em normas infralegais.

---

[318] Em 2011, a Loas foi também alterada pela Lei nº 12.470. Neste caso, porém, as mudanças incidiram apenas sobre o regramento para a concessão do BPC, sem interferir na configuração do Suas. Acerca das alterações promovidas pelas Leis nº 12.435/2011 e nº 12.470/2011, *vide* Sales (2011).

[319] A Resolução CNAS nº 32/2011 autorizou estados, Distrito Federal e municípios a utilizarem até 60% dos recursos do FNAS, destinados à execução das ações continuadas de assistência social, para pagamento dos profissionais integrantes das equipes de referência do Suas. A Resolução CNAS nº 17/2016 elevou esse percentual para 100%.

A Lei nº 12.435/2011 encerra o primeiro ciclo de implantação do Suas, demarcando o adensamento da base normativa desse sistema, agora previsto em lei, e o fortalecimento do CNAS e das comissões intergestores. Esse ciclo alcançou resultados expressivos: até 2011, 99,5% dos municípios aderiram ao Suas (LEANDRO, 2020, p. 273) e, ao final de 2012, havia 7.725 Cras instalados em 5.323 municípios e 2.167 Creas distribuídos por mais de um terço dos municípios brasileiros, dos quais 2.114 unidades eram municipais e 53 regionais (BRASIL, 2013b, p. 18 e 41). As estratégias de implantação da política resultaram em expressiva oferta socioassistencial, mas fortemente apoiada em relações diretas entre União e municípios, com dificuldades persistentes de promover o engajamento da esfera estadual, o que limita a expansão de redes regionais de serviços e o papel coordenador dos estados em seus territórios.

4.6 De 2012 a 2015: a aprovação da NOB-Suas/2012 e o aprimoramento do sistema

A necessidade de atualização e de revisão dos procedimentos e instrumentos previstos pela NOB-Suas/2005 deu ensejo à pactuação de uma nova norma operacional na CIT, aprovada pelo CNAS em 2012. Tem-se assim a NOB-Suas/2012[320] que substituiu a anterior. A partir de então, iniciou-se uma fase de aprimoramento do Suas, que buscou dinamizar e qualificar a ação pública na oferta socioassistencial.[321]

No que toca às funções da assistência social, houve maior detalhamento da vigilância socioassistencial, com disposições sobre a operacionalização e a responsabilidade dos entes federativos por essa função. Com pequenas alterações terminológicas, as seguranças afiançadas pela proteção social foram mantidas sob a forma de seguranças de acolhida, de renda, de convívio ou vivência familiar, comunitária e social, de desenvolvimento de autonomia e de apoio ou auxílio (art. 4º). No que se refere à repartição de responsabilidades, houve reforço à diretriz de municipalização da proteção social básica, a ser promovida

---

[320] Resolução CNAS nº 33/2012.
[321] Outros diplomas aprovados no mesmo período, que tratam de aspectos pontuais do Suas, vão na mesma direção. É o caso da Resolução CNAS nº 8/2012, que institui o Programa Nacional de Capacitação do Suas, da Resolução CNAS nº 4/2013, que institui Política Nacional de Educação Permanente do Sistema Único da Assistência Social, e da Resolução CNAS nº 4/2014, que cria o Programa Nacional de Aprimoramento da Rede Socioassistencial Privada do Suas.

e apoiada pelos estados, e à oferta, pela esfera estadual, de serviços regionalizados de proteção social especial (art. 12).

A estratégia de habilitação em níveis de gestão (inicial, básica e plena) foi substituída pelo enquadramento pautado pelo Índice de Desenvolvimento do Suas (ID Suas), índice aplicável a todos os entes subnacionais (art. 28), que afere a organização do Suas em cada unidade federativa e orienta mudanças anuais automáticas (art. 30). A alteração foi motivada na crítica à natureza cartorial da habilitação, nas dificuldades de transferência de serviços socioassistenciais aos estados em caso de desabilitação de algum município e nas incongruências entre as responsabilidades e incentivos de cada nível de gestão, haja vista que municípios habilitados em gestão inicial e básica recebiam incentivos relacionados à proteção social especial de média e alta complexidade, sem a obrigação de estruturar a rede de referência correlata (NOB-Suas/2012, Introdução, itens 14 a 16).

Outra reformulação relevante incidiu sobre a dimensão econômico-financeira do sistema. A reivindicação de maior autonomia das esferas subnacionais na gestão dos repasses federais esteve presente nas discussões na CIT e resultou na adoção de blocos de financiamento, permitindo o remanejamento de recursos entre serviços do mesmo nível de proteção (MESQUITA; PAIVA; JACCOUD, 2020, p. 189). Os pisos de financiamento referentes a cada nível de proteção e os índices de gestão descentralizada (IGDs) foram então agrupados em três blocos: o Bloco de Financiamento da Proteção Social Básica,[322] o Bloco de Financiamento da Proteção Social Especial[323] e o Bloco de Financiamento da Gestão do Suas.[324] Ainda quanto ao custeio do sistema, a dimensão redistributiva e supletiva do cofinanciamento foi reforçada pela adoção de especificidades locais ou regionais como critério de partilha dos recursos destinados a serviços socioassistenciais (arts. 78, II, e 79, IV).

Como instrumentos de articulação federativa, foram previstos pactos de aprimoramento do Suas, com periodicidade quadrienal. Celebrados entre União, estados, Distrito Federal e municípios, esses instrumentos estabelecem as metas e as prioridades nacionais do sistema, assim como o planejamento, as medidas de apoio recíproco e os

---

[322] Composto pelo Piso Básico Fixo e pelo Piso Básico Variável.
[323] Na média complexidade estão o Piso Fixo de Média Complexidade, o Piso Variável de Média Complexidade e o Piso de Transição de Média Complexidade. Na alta complexidade, há o Piso Fixo de Alta Complexidade e o Piso Variável de Alta Complexidade.
[324] Composto pelo IGD-Suas e pelo IGD-PBF.

mecanismos de acompanhamento dessas metas (arts. 23 e 24). As prioridades e metas nacionais são pactuadas na CIT, ao passo que as prioridades e metas regionais e estaduais são pactuadas na CIB (art. 23, §3º).

A ênfase aos mecanismos de planejamento, monitoramento do sistema e gestão de informações também caracterizou essa nova fase de implantação do Suas. Ao lado dos pactos de aprimoramento, foram previstos processos de acompanhamento da gestão, dos serviços, programas, projetos e benefícios socioassistenciais, visando à verificação de indicadores, resultados e adesão às normas do Suas, bem como ao reordenamento e à qualificação da gestão e das ofertas (art. 36). Quanto à gestão da informação, previu-se o Sistema Nacional de Informação do Sistema Único de Assistência Social (Rede Suas).

Por fim – e não menos importante –, a nova regulamentação reforçou o papel da pactuação intergovernamental na CIT e na CIB.[325] As pactuações na gestão da política de assistência social foram definidas como "(...) negociações e acordos estabelecidos entre os entes federativos envolvidos por meio de consensos para a operacionalização e o aprimoramento do Suas" (NOB-Suas/2012, art. 133). A composição da CIT e da CIB passou a observar critérios de representação regional e porte de municípios (arts. 134, §1º, 136, §1º) e os colegiados de gestores (Fonseas, Congemas e Coegemas) foram reconhecidos como entidades representativas dos secretários de assistência social em suas respectivas esferas de atuação, responsáveis pela indicação de seus representantes para a composição dos colegiados intergestores (arts. 131 e 132).

O rol de temas sujeitos à pactuação na CIT foi ampliado. Além de temas presentes na NOB-Suas/2005,[326] a norma de 2012 contemplou a pactuação de planos de providência e planos de apoio, prioridades e metas nacionais, funcionamento das CIBs e sua interação com a CIT, e, finalmente, serviços socioassistenciais de alto custo. Essas alterações de competência permitem aos estados, Distrito Federal e municípios exercer crescente influência sobre as decisões do Suas, ainda que a União continue a deter maior poder de agenda.[327]

---

[325] No entanto, a proposta de Comissões Intergestores Regionais foi rejeitada (JACCOUD; MENESES; STUCHI, 2020, p. 297).

[326] V.g., estratégias de implantação e operacionalização do Suas, definição de seus instrumentos, partilha de recursos.

[327] Segundo apuram Palotti e Machado (2014, p. 423), no período de 2000 a 2011, o governo federal foi responsável por mais de 80% das proposições que resultaram em deliberações na CIT.

Houve incremento dos temas sujeitos à pactuação nas CIBs, para abranger aspectos ligados à organização e à operacionalização da rede estadual, incluindo serviços de caráter regional; à partilha de recursos; aos planos de capacitação, de providências e de apoio aos municípios; e ao estabelecimento de prioridades estaduais. O rol de competências (art. 136) confere a essas instâncias o papel de instâncias de planejamento, implementação e monitoramento do Suas nos estados.

A adoção de modelos mais plásticos de atribuição de níveis de gestão e de alocação de recursos, bem como a ampliação de temas a serem pactuados pelas CIBs, apontam para maior autonomia às unidades subnacionais e reforço à articulação entre estados e municípios. Ainda assim, persistem dificuldades em promover maior comprometimento da esfera estadual na oferta de serviços regionais e na municipalização da proteção básica (JACCOUD; MENESES; STUCHI, 2020, p. 297), de forma que o Suas seguiu avançando por meio de relações jurídicas travadas diretamente entre União e municípios. Esse padrão, ao mesmo tempo em que favorece a capilarização da rede de proteção básica, restringe as possibilidades de expansão da proteção social especial, da oferta de serviços regionais e do aprimoramento dos serviços nos municípios com menores recursos técnicos e financeiros.

Como resultado desse processo, 2015 se encerrou com 8.155 unidades de Cras instalados em 5.503 municípios (98,7% dos municípios), além de 2.435 unidades de Creas no país (BRASIL, 2017a, p. 39 e 49). Ainda que com os aspectos críticos mencionados acima, a municipalização se consolidou e conferiu identidade nacional à assistência social. Dar continuidade à implantação do Suas demandaria novas estratégias de articulação e de financiamento das ações e serviços.

4.7 De 2016 a 2019: a desidratação do Suas

O período de 2016 a 2019 marcou uma mudança de rumo no desenvolvimento do Suas. Após uma primeira década de expansão e qualificação das ofertas, iniciou-se uma fase de "desidratação" do sistema, na qual uma sequência de alterações normativas atingiu a institucionalidade e a coesão das ações estruturadas no período anterior. Assim, em vez de ampliação e aperfeiçoamento das etapas anteriores, os esforços empreendidos nessa etapa se voltaram à manutenção da estrutura constituída (LEANDRO, 2020, p. 268). As próximas seções analisam essas transformações.

4.7.1 Emenda Constitucional nº 95/2016

A assistência social não tem seu financiamento assegurado mediante vinculação constitucional de recursos. Apesar disso, entre 2005 e 2015, os gastos com assistência social tiveram crescimento real de 165% (IPEA, 2018, p. iv). Porém, a promulgação da EC nº 95/2016 afetou a perspectiva de ampliação do financiamento federal e mesmo de manutenção do nível de gasto.

Diferentemente de saúde e educação, que contam com regra especial na EC nº 95/2016, a despesa com assistência social é tratada pela regra geral, que impõe constrangimentos ao reajuste da despesa primária total.[328] Por força dessa regra, eventual crescimento de gastos em alguma área ou órgão setorial do Poder Executivo acima da inflação deverá ser contrabalanceado pela contenção de gastos em outras áreas (PAIVA *et al.*, 2016, p. 7). Como essas reduções não podem incidir sobre áreas que contam com vinculação constitucional de gastos, essa compensação deverá ser dirigida às áreas que não contam com mecanismos de salvaguarda de seu financiamento, como é o caso da assistência social.

A alteração normativa afeta a perspectiva de expansão e de qualificação das ofertas socioassistenciais, ainda em seus primeiros estágios de institucionalização. À semelhança do que se passa na saúde e na educação, a retração do valor real do financiamento da União compromete o potencial do sistema para reduzir desigualdades regionais, o que, somado à baixa participação da esfera estadual, tende a sobrecarregar os municípios – lembrando que os municípios cuja população se encontra em maior situação de vulnerabilidade são também os mais dependentes de repasses – e causar risco à continuidade das prestações. E, na assistência social, a necessidade de assegurar o pagamento do BPC tende a retirar ainda mais recursos dos serviços socioassistenciais.[329]

Assim, conquanto a vinculação constitucional de recursos não seja elemento de existência de uma política pública organizada sob a forma de sistema, a existência de normas jurídicas nesse sentido constitui uma fonte de resiliência que contribui para o desenvolvimento e para a sustentação do sistema. Em sentido inverso, a ausência dessas garantias não impede necessariamente a implantação da política pública, mas lhe retira um elemento jurídico que garante a estabilidade desse arranjo.

---

[328] Cf. *supra* 2.8.2.
[329] A propósito do desbalanceamento entre o gasto público com benefício e com serviços, cf. Brasil (2020).

4.7.2 O enfraquecimento das instâncias de deliberação e discussão do Suas

Entre 2016 e 2019, uma sucessão de alterações normativas relacionadas com o Suas e com suas ofertas levou ao esvaziamento e à fragilização das instâncias de discussão e de deliberação do sistema. Essas alterações se deram por meio de quatro diplomas infralegais, que resultaram na modificação do regramento do BPC, na criação do Programa Criança Feliz (PCF), na extinção temporária da CIT e na mudança de procedimentos para monitoramento da execução financeira e orçamentária do FNAS. Os parágrafos a seguir tratam de cada uma delas.

Em julho de 2016, o Decreto nº 8.805 alterou o regulamento do BPC (Decreto nº 6.214/2007, Anexo) e, entre outras disposições, previu: a) a obrigatoriedade de inscrição no CadÚnico, como requisito para concessão, manutenção e revisão do benefício; b) a utilização das informações prestadas por ocasião da inscrição da família do requerente no CadÚnico para efeito de cálculo da renda *per capita* familiar; c) a concessão e a manutenção do benefício, restritas aos requerimentos com inscrições realizadas ou atualizadas nos últimos dois anos; e d) na hipótese de divergência de informações, a prevalência daquelas indicativas de maior renda.

A exigência de inscrição no CadÚnico para os fins previstos pelo decreto implicava novas demandas para os responsáveis pela gestão local do cadastro, vale dizer, os municípios (NOB-Suas/2012, art. 17, XV). Apesar do impacto para estes, os termos da regulamentação não foram debatidos na CIT e no CNAS, o que levou este conselho a aprovar a Resolução CNAS nº 15/2016, recomendando que "(...) todas as propostas de criação e implantação e/ou alteração de serviços, programas, projetos e benefícios da Política de Assistência Social sejam apreciados e aprovados pelos Conselhos de Assistência Social em suas respectivas esferas". Além disso, restaram desatendidos os pedidos de revogação do decreto, formulados pelo Congemas e pelo CNAS, e o pedido de adiamento da entrada em vigor desse diploma, formulado pela CIT, a fim de que os municípios se preparassem para as mudanças na operacionalização do benefício (IPEA, 2018, p. ix-x).

O segundo evento que denota o esvaziamento das instâncias decisórias do Suas foi a aprovação do PCF. Trata-se de programa de caráter intersetorial, cujo objetivo é promover o desenvolvimento integral de crianças na primeira infância, considerando sua família e seu contexto de vida (Decreto nº 8.869/2016, art. 1º).[330] Coordenado pelo MDS, o Criança Feliz coloca o Cras no centro de sua operacionalização e estabelece uma série de providências a cargo dessas unidades, tanto assim que muitos dos encaminhamentos previstos pelo programa consistem em "acionar o Cras" (BRASIL, 2017a).

Em que pese a sobreposição entre os objetivos do PCF e do Serviço de Proteção e Atendimento Integral à Família (Paif), este já inserto na proteção social básica, além do impacto do novo programa para a rede socioassistencial, não houve prévio debate na CIT e no CNAS. Esses colegiados se envolveram *a posteriori* e, em um esforço de acomodar o novo programa ao Suas (IPEA, 2018, p. xxxi), aprovaram o Programa Primeira Infância no Suas.[331] Novamente, o PCF marca o esvaziamento das instâncias decisórias do Suas, a sobreposição de ações e a concorrência de recursos por programas com objetivos convergentes.[332]

A terceira investida contra a estrutura institucional do Suas ocorreu com a edição do Decreto nº 9.759/2019, que extinguiu os colegiados da Administração Pública federal que houvessem sido instituídos por decreto, por ato normativo inferior a decreto e por ato de outro colegiado (arts. 1º e 5º). Além disso, a criação de colegiados que abrangem mais de um órgão, entidades vinculadas a órgãos distintos ou entidade e órgão ao qual a entidade não se vincula foi condicionada à edição de decreto (art. 3º). Instituída por meio de Resolução do CNAS, a CIT foi um dos colegiados extintos pela medida,[333] o que significou a supressão da estrutura de pactuação federativa do Suas.

---

[330] As ações do programa incluem visitas domiciliares periódicas e ações complementares de apoio às gestantes e às famílias.

[331] Resolução CNAS nº 19/2016.

[332] Essa concorrência é destacada pelo Ipea (2021, p. 70), que aponta a redução do percentual das despesas discricionárias destinadas aos serviços socioassistenciais, acompanhada da majoração do percentual destinado ao PCF. Confira-se: "(...) o PCF tem sido uma prioridade da gestão federal da política. Em 2016, quando ele ainda não existia, os repasses aos serviços socioassistenciais representaram cerca de 85% das despesas discricionárias. Com a criação do programa, em 2017, os repasses aos serviços responderam por 81% e os do PCF por 5%; em 2018 e 2019, essa composição das despesas discricionárias foi de 75% e 10%, respectivamente".

[333] O Parecer nº 00390/2019/CONJUR-MC/CGU/AGU ratificou a aplicabilidade da regra de extinção dos colegiados à CIT-Suas. A constitucionalidade do Decreto nº 9.759/2019 foi questionada perante o STF, levando ao deferimento parcial de medida cautelar para impedir a extinção de colegiados cuja existência estivesse prevista em lei formal, o que não era o caso da CIT-Suas (cf. ADI nº 6121 MC, Relator(a): MARCO AURÉLIO, Tribunal Pleno, julgado em 13.06.2019, PROCESSO ELETRÔNICO DJe-260 DIVULG 27.11.2019 PUBLIC 28.11.2019).

A extinção perdurou de abril a setembro de 2019, quando, após pressão dos gestores subnacionais (RUIZ, 2021, p. 208), o colegiado foi recriado pelo Decreto nº 10.009/2019, com competências para: a) estabelecer estratégias operacionais relativas à implantação e ao aprimoramento de serviços, programas, projetos e benefícios da assistência social que compõem o Suas; b) propor critérios comuns de partilha e procedimentos de transferência de recursos para o cofinanciamento de serviços, programas, projetos e benefícios da assistência social para os estados, o Distrito Federal e os municípios; c) estabelecer prioridades e metas nacionais de aprimoramento do Suas, de prevenção e enfrentamento da pobreza, da desigualdade, das vulnerabilidades sociais e dos riscos sociais; d) orientar sobre a estruturação e o funcionamento das CIBs; e e) propor debates e ações ao CNAS a respeito das competências de que trata o art. 18 da Loas (art. 2º). Além disso, veda-se a divulgação das discussões em curso na CIT e em suas câmaras técnicas sem prévia anuência do Ministério da Cidadania (art. 7º), o que diminui a possibilidade de controle social sobre o processo decisório conduzido nessa instância e cria uma espécie de ascendência da União sobre as ações das unidades subnacionais.

Mas o interregno entre a edição dos Decretos nº 9.759/2019 e nº 10.009/2019 trouxe um dado relevante sobre a resiliência dos arranjos institucionais da assistência social: ao menos duas reuniões ordinárias, com a participação do próprio governo federal, ocorreram no período em que a CIT esteve formalmente extinta.[334] A manutenção dessa instância revela uma dinâmica de autorreforço da interlocução federativa que, mesmo sem previsão normativa, acabou por se mostrar necessária ao funcionamento do Suas. Corrobora-se assim a afirmação de Schnabel (2017, p. 195), no sentido de que a institucionalização de uma instância interfederativa é uma conjuntura crítica com implicações de longo prazo, que desencadeia sequências de autorreforço e eleva os custos de saída de um arranjo de coordenação.

O quarto episódio diz respeito ao cancelamento da 12ª Conferência Nacional de Assistência Social. A Loas (art. 18, VI) dispõe que as Conferências serão ordinariamente convocadas a cada quatro anos. Regulamentando uma prática que vinha sendo adotada desde 2001 (RUIZ, 2021, p. 148), o Regimento Interno do CNAS (Resolução CNAS

---

[334] Trata-se da 170ª e da 171ª Reuniões da Comissão Intergestores Tripartite, realizadas, respectivamente, em 17 de abril de 2019 e em 21 de maio de 2019 (CIT SUAS, 2019a e 2019b).

nº 6/2011) possibilitou convocações ordinárias ou extraordinárias a cada dois anos (art. 2º). Em 2019, a convocação extraordinária para a 12ª Conferência foi deliberada por maioria, com posicionamento contrário dos representantes do governo federal, mas acabou por ser revogada frente ao parecer da Consultoria Jurídica do Ministério da Cidadania,[335] que afirmou a necessidade de quórum qualificado para a convocação (RUIZ, 2021, p. 151).

Novamente, a oposição de representantes do governo federal à convocação da Conferência e o questionamento das regras regimentais que tratam do tema indicam o esvaziamento das instâncias de discussão e deliberação do Suas pelo Executivo federal. Por outro lado, os demais agentes governamentais e não governamentais ligados à área da assistência social se mobilizaram e, ainda em 2019, realizaram a Conferência Nacional Democrática de Assistência Social de forma descentralizada (RUIZ, 2021, p. 149). Essa convocação, destaca Ruiz (2021, p. 151), "(…) é demonstrativa da institucionalidade da realização periódica das conferências, uma vez que expressa a mobilização dos agentes públicos e privados (…) para a manutenção da realização do evento, a despeito da convocação oficial".

O quinto e último evento a ser examinado também remonta a 2019. Cuida-se da edição da Portaria nº 2.362 do Ministério da Cidadania, que, sem prévia pactuação na CIT ou deliberação no CNAS, modificou o cofinanciamento federal no âmbito do Suas. A portaria previu a priorização de repasses limitados ao exercício financeiro vigente, a equalização dos repasses do cofinanciamento federal do Suas à disponibilidade orçamentária do exercício vigente e a pactuação de novos critérios de partilha de recursos no âmbito da CIT. As novas regras criaram o risco de não recebimento de recursos referentes a exercícios anteriores, tornaram os repasses mensais variáveis, conforme a disponibilidade de recursos para rateio (IPEA, 2021, p. 78), e implicaram redução dos repasses federais para serviços anteriormente pactuados,[336] comprometendo o custeio dos serviços em funcionamento.

O Fonseas e o Congemas reagiram à medida, enfatizando a contrariedade aos procedimentos de pactuação e de deliberação no âmbito do Suas, além de se recusarem a participar da negociação

---

[335] Parecer nº 00201/2019/CONJUR-MC/CGU/AGU, emitido mediante consulta da Presidente e da Vice-Presidente do CNAS.

[336] De acordo com a Manifestação conjunta do Congemas e do Fonseas, essa redução foi de 30% a 40% nos primeiros meses de 2020 (CONGEMAS; FONSEAS, 2020).

de novos critérios de partilha (CONGEMAS, 2020; CONGEMAS; FONSEAS, 2020; FONSEAS, 2020). Em paralelo, foram apresentados quatro Projetos de Decreto Legislativo visando à sustação dos efeitos da referida Portaria[337] – nenhum deles levado à votação dentro do marco temporal abrangido pela pesquisa.

Essa sucessão de medidas, em uma área particularmente exigente de esforços de coordenação, em vista do legado de fragmentação e de baixa oferta pública (JACCOUD; MENESES; STUCHI, 2020, p. 293), aponta para o enfraquecimento do Suas e para a recentralização das decisões sobre a política no Executivo federal, com riscos de desestruturação da provisão pública de assistência social. A retração e a incerteza quanto ao financiamento federal prejudicam, ademais, a continuidade das ações, sobretudo nos municípios mais dependentes dos repasses. Apesar disso, o Ipea (2021, p. 80) destaca que "(...) a rede socioassistencial tem demonstrado alguma resiliência às intempéries de um período de restrição fiscal" e salienta que, entre 2018 e 2019, houve redução de apenas três unidades de Cras e aumento de 59 unidades de Creas (IPEA, 2021, p. 78-79).

É exatamente em meio a essas transformações que a pandemia de Covid-19 chega ao Brasil e aumenta a demanda pela proteção social não contributiva.

4.8 De 2020 a 2021: a resposta do Suas à pandemia de covid-19

A pandemia causada pela Covid-19 elevou a demanda por serviços socioassistenciais, por benefícios eventuais e por prestações pecuniárias que pudessem compensar a perda de renda em razão da redução da atividade econômica, de forma a prover condições materiais para que indivíduos e famílias pudessem cumprir as medidas de distanciamento físico, necessárias para conter a propagação do vírus, sem prejuízo da própria subsistência.[338]

A principal medida de proteção social não contributiva adotada no enfrentamento à pandemia foi o auxílio emergencial. A proposta inicial do Executivo federal era de concessão de R$200 *per capita*, majorada

---

[337] PDLs nº 63/2020, 82/2020, 132/2020 e 267/2021.
[338] Sobre as medidas relacionadas ao PBF e ao BPC durante a pandemia, *vide* Bartholo *et al.* (2020), Ipea (2021) e Ruiz (2021).

para R$500 no Congresso Nacional e, por fim, para parcelas de R$600 mensais (IPEA, 2021, p. 81). Essa prestação, cabe frisar, foi um dos recursos de barganha do governo federal nos confrontos com os governos estaduais, tanto que, nas discussões sobre sua renovação, o presidente da República chegou a declarar que o governador que "fechasse" seu estado deveria "bancar" o auxílio emergencial (BOLSONARO (...), 2021).

Ao cabo dessas disputas, foram originalmente previstas três parcelas de R$600, prorrogadas por mais dois meses,[339] sucedidas pelo auxílio emergencial residual, consistente em quatro parcelas de R$300,[340] e, finalmente, pelo Auxílio Emergencial 2021, consistente em quatro parcelas de R$250.[341] O público-alvo do auxílio foram, em síntese, pessoas que atendiam a requisitos de renda individual e familiar e que não contavam com vínculos de empregos formais e ativos, benefícios previdenciários ou BPC. Foram previstas hipóteses de majoração ou redução das cotas do benefício, a depender da composição do grupo familiar.

Na síntese do Ipea (2021, p. 66), o auxílio emergencial exemplifica tanto o uso das capacidades legadas pelo histórico de institucionalização da política quanto as tensões e fragilidades mais recentes. De fato, a rápida operacionalização do auxílio[342] foi favorecida pelo legado construído dos anos anteriores para a gestão de programas sociais de larga escala, em especial pelo CadÚnico (BARTHOLO *et al.*, 2020, p. 9). Além disso, a capilaridade da rede socioassistencial garantiu a disseminação de informações sobre o benefício (RUIZ, 2021, p. 74).

Por outro lado, foi patente o desvio da institucionalidade do Suas na concepção do auxílio emergencial e de seu fluxo de concessão. Como destaca Ruiz (2021, p. 197), embora a prestação pudesse ter sido qualificada como benefício eventual, incluída na Loas e integrada às garantias do Suas, foi caracterizada como medida excepcional de proteção social e deliberadamente excluída da estrutura institucionalizada do sistema. A SNAS não integrou o Comitê Gestor do Auxílio Emergencial[343] (PINHEIRO *et al.*, 2020, p. 13), as unidades de atendimento da rede

---

[339] Lei nº 13.982/2020 (auxílio emergencial) e Decreto nº 10.412/2020 (prorrogação do pagamento do auxílio emergencial).
[340] Medida Provisória nº 1.000/2020.
[341] Medida Provisória nº 1.039/2021.
[342] A promulgação da Lei nº 13.982 ocorreu em 2 de abril de 2020 e os pagamentos tiveram início no dia 9 do mesmo mês.
[343] Portaria MCid/GM nº 408/2020.

socioassistencial foram excluídas do fluxo de concessão do auxílio,[344] o CadÚnico teve uso limitado na identificação da população cadastrada a ser atendida.[345] Em relação aos não inscritos no CadÚnico, tampouco se conjugou a concessão do auxílio emergencial[346] com a inclusão no referido cadastro, o que contribuiu para manter a "(...) invisibilidade dessas famílias de baixa renda para o SUAS, impactando negativamente na capacidade dessa política pública em ofertar as provisões necessárias para a efetiva proteção social dos cidadãos que dela precisam" (RUIZ, 2021, p. 189).

A seu turno, os serviços de assistência social passaram por um período inicial de funcionamento não uniforme nas diversas unidades federativas,[347] incluindo suspensão de atividades. Em seguida, o governo federal emitiu um extenso conjunto de orientações e diretrizes para funcionamento de unidades e oferta dos serviços em condições de segurança sanitária[348] e houve abertura de crédito extraordinário[349]

---

[344] Para o requerimento administrativo das pessoas não inscritas no CadÚnico, previu-se um aplicativo da Caixa Econômica Federal. Posteriormente, diante da insuficiência desse canal de atendimento, previu-se a possibilidade de atendimento presencial nos Correios para cadastro da população qualificada como ultravulnerável (IPEA, 2021, p. 82 e 84). Frisa Ruiz (2021, p. 197) que: "A utilização de aplicativo para cadastro e pagamento do auxílio emergencial evidencia a opção política do governo federal em manter o benefício apartado dos instrumentos de operacionalização das ações de transferência de renda no âmbito da política pública de assistência social".

[345] Quanto ao critério de identificação dos beneficiários do auxílio emergencial, três grupos foram identificados: a) beneficiários do PBF, que contaram com a concessão automática do auxílio emergencial, desde que mais vantajoso do que a renda do PBF; b) pessoas inscritas no CadÚnico, não titulares do PBF, que contaram com a concessão automática do auxílio emergencial na hipótese de preenchimento dos requisitos previstos em lei, verificados pelo cruzamento de informações constantes em diversas bases de dados governamentais; e c) pessoas não inscritas no CadÚnico, mediante requerimento administrativo e preenchimento dos requisitos previstos em lei, verificados pelo cruzamento de informações constantes em diversas bases de dados governamentais não restritas e por autodeclaração (cf. Lei nº 13.982/2020, Decreto nº 10.316/2020 e Portaria MCid/GM nº 351/2020. Porém, adotaram-se como marco de composição familiar e de renda os dados de 2 de abril de 2020, o que, destaca Ruiz (2021, p. 196), inviabilizou o acesso ao benefício por parte dos cidadãos que, em razão do isolamento social, sofreram alterações de renda nos dias subsequentes.

[346] Aproximadamente metade do público-alvo do auxílio emergencial não era titular do PBF nem estava inscrito no CadÚnico (CARDOSO, 2020, p. 167).

[347] Os serviços de assistência social e de atendimento à população em situação de vulnerabilidade foram declarados serviços essenciais pelo Decreto nº 10.282/2020 (art. 3º, §1º, II). Porém, Moraes (2020, p. 63) observa a falta de simetria entre a legislação federal e as estaduais quanto a esse aspecto.

[348] Sobre as adaptações das ofertas do Suas em função da pandemia, *vide* Agenor (2020), Ipea (2021, p. 91-94) e Ruiz (2021, p. 183-187).

[349] A Medida Provisória nº 953/2020 abriu crédito extraordinário de R$2,55 bilhões em favor do Ministério da Cidadania. Os repasses de recursos extraordinários mitigaram a redução

para custeio da proteção social no âmbito do Suas, viabilizando repasses intergovernamentais. As novas estratégias de atendimento e os recursos extraordinários permitiram a retomada das atividades das unidades de Cras e Creas, bem como a criação de alternativas de atendimento e acolhimento aos usuários da rede socioassistencial (IPEA, 2021, p. 92).

Porém, mais uma vez, a definição dessas normas reforçou o esvaziamento das instâncias de discussão e de deliberação do sistema. Os próprios conselhos de gestores apontaram esse aspecto, ressaltando que as portarias[350] a respeito do cofinanciamento federal extraordinário não foram discutidas no CNAS e na CIT (PINHEIRO et al., 2020, p. 12). As portarias e notas técnicas norteadoras do funcionamento dos serviços nesse cenário excepcional não foram objeto de pactuação e de deliberação no CNAS, tampouco demonstram articulação para construir fluxos e protocolos entre os entes federativos no Suas (AGENOR, 2020, p. 77).

Embora a assistência social não tenha experimentado uma conflagração entre entes federativos como aquela observada na área da saúde, os registros trazidos neste tópico mostram respostas à pandemia marcadas por centralização decisória e dribles institucionais. Muitas das medidas de proteção social não contributiva adotadas nesse período passaram ao largo do repertório de conceitos e parâmetros norteadores da política, desenvolvidos desde 2004,[351] e da estrutura institucional do Suas, o que compromete não apenas o potencial das medidas adotadas na pandemia, como também resulta na perda de uma oportunidade de reforço ao sistema, gerando um legado para o período subsequente. Ainda assim, o Suas demonstrou contar com uma institucionalidade apta a cumprir com os objetivos que nortearam sua criação e a oferecer respostas rápidas às demandas por oferta socioassistencial, mas com fracos mecanismos para coibir os referidos dribles à sua estrutura.

---

dos repasses ordinários que, no final de 2020, alcançaram R$1,36 bilhão, o menor repasse desde 2004 (IPEA, 2021, p. 94).

[350] Portarias MCid/GM nº 369/2020 e nº 378/2020. Para detalhamento das linhas de repasse previstas por essas normas, cf. Ipea (2021) e Pinheiro et al. (2020).

[351] "Chama a atenção, ainda, a falta de referência, nas portarias do MC, às seguranças sociais afiançadas pela PNAS/2004, à nomenclatura dos serviços socioassistenciais padronizados pela Tipificação Nacional e à articulação entre benefícios e serviços, havendo somente alusão à singularidade das atenções a determinados públicos atendidos pela política (AGENOR, 2020, p. 80), indicando um desconhecimento dos gestores da Pasta quanto à institucionalidade jurídica do SUAS" (RUIZ, 2021, p. 186-187).

4.9 Quadro de institucionalização e quadro de referência do Suas

Reconstituído o histórico do Suas, o quadro a seguir identifica as diversas etapas de sua institucionalização:

Quadro 19 – Trajetória de institucionalização do Suas

(continua)

1º CICLO DESCENDENTE (1988-1996)	
Definição da base normativa da política pública	Constituição; Lei Orgânica da Assistência Social (Lei nº 8.742/1993); Medida Provisória nº 813/1995.
Implantação dos mecanismos de articulação	Criação do CNAS e extinção do CNSS; Descentralização dos convênios e extinção da LBA.
Respostas dos entes subnacionais	Instalação de conselhos de assistência social em 100% dos estados e de fundos de assistência social em 63% deles; Instalação de conselhos de assistência social em 48% dos municípios e de fundos de assistência social em 33% deles.
Interações implantação-resposta	Persistência da baixa integração entre os diversos níveis de governo; Alta adesão estadual aos incentivos decorrentes da descentralização; Baixa adesão municipal e incertezas em relação ao financiamento; Criação do Congemas: início da articulação horizontal entre os municípios.
1º CICLO ASCENDENTE (1996-1997)	
Influência nas políticas formais das agências reguladoras por *insiders* e alianças entre *insiders-outsiders*	Discussão acerca de uma política nacional de assistência social e de novos critérios de repasses de recursos.
2º CICLO DESCENDENTE (1997-2003)	
Definição da base normativa da política pública	NOB/1997; PNAS/1998; NOB/1998; EC nº 31/2000; Decreto nº 3.877/2001.
Implantação dos mecanismos de articulação	Implantação de incentivos da NOB/1997 e da NOB/1998; Criação da CIT e das CIBs; Cadastro Único para Programas Sociais do Governo Federal; Rede Social Brasileira de Proteção Social.
Respostas dos entes subnacionais	Cumprimento dos requisitos da gestão municipalizada por 4.105 unidades.

(continua)

Interações implantação-resposta	Expansão das secretarias de assistência social (ou congêneres), dos conselhos, dos fundos e dos planos de assistência social nas unidades subnacionais; Ausência de padrões uniformes de serviços socioassistenciais.
2º CICLO ASCENDENTE (2003-2004)	
Influência nas políticas formais das agências reguladoras por *insiders* e alianças entre *insiders-outsiders*	IV Conferência Nacional de Assistência Social (2003): proposta de organização do Suas; Aprovação da PNAS/2004 e da NOB-Suas/2005.
3º CICLO DESCENDENTE (2004-2011)	
Definição da base normativa da política pública	MP nº 163/2004; PNAS/2004; NOB-Suas/2005; NOB-RH/Suas; Resolução CNAS nº 191/2005; Decreto nº 6.135/2007; Decreto nº 6.308/2007; Resolução CNAS nº 109/2009; Resolução CIT nº 7/2009; Lei nº 12.058/2009; Lei nº 12.101/2009; Portaria MDS nº 337/2011; Normas reguladoras dos pactos de aprimoramento da gestão.
Implantação dos mecanismos de articulação	Sistema de habilitação em níveis de gestão; Repasses federais organizados em pisos de financiamento (permanentes e de transição).
Respostas dos entes subnacionais	Adesão de 99,5% dos municípios ao Suas; Adesão de 100% dos estados e do Distrito Federal aos Pactos de Aprimoramento da Gestão dos Estados e do Distrito Federal; Instalação de 7.725 unidades de Cras e 2.167 unidades de Creas.
Interações implantação-resposta	Ampliação da oferta socioassistencial apoiada em relações diretas entre a União e os municípios; Baixo cumprimento das metas estabelecidas nos pactos de aprimoramento de gestão dos estados e Distrito Federal; Necessidade de atualização e revisão dos procedimentos da NOB-Suas/2005.
3º CICLO ASCENDENTE (2008-2011)	
Influência nas políticas formais das agências reguladoras por *insiders* e alianças entre *insiders-outsiders*	Discussão sobre uma nova NOB.
Influência sobre as legislaturas por *insiders* e *outsiders* para obter alterações na base normativa	Proposta de alteração da Loas para incorporar a previsão do Suas.

(conclusão)

4º CICLO DESCENDENTE (2011-2015)	
Definição da base normativa da política pública	Lei nº 12.435/2011; NOB-Suas/2012.
Implantação dos mecanismos de articulação	Substituição do sistema de habilitação em níveis de gestão pelo ID Suas; Repasses agrupados em blocos de financiamento.
Respostas dos entes subnacionais	Permanência da municipalização; Pactos de aprimoramento de gestão municipal; Entidades privadas: judicialização.
Interações implantação-resposta	Reforço às relações União-municípios; Indefinições quanto ao Cebas.
4º CICLO ASCENDENTE (2016-2019)	
Influência sobre as legislaturas por *insiders* e *outsiders* para obter alterações na base normativa	Proposta do governo federal de instituir o teto de gastos; Medidas de fragilização das instâncias de participação social e de interlocução federativa no Suas.
5º CICLO DESCENDENTE (2016-2021)	
Definição da base normativa da política pública	EC nº 95/2016; Decreto nº 8.805/2016; Decretos nº 8.869/2016 e 9.579/2018; Decreto nº 9.759/2019; Portaria MCid/GM nº 2.362/2019.
Implantação dos mecanismos de articulação	Extinção da CIT; Implantação do Programa Criança Feliz.
Respostas dos entes subnacionais	Manutenção de ações: redução de apenas três unidades de Cras e aumento de 59 unidades de Creas (IPEA, 2021, p. 78-79).
Interações implantação-resposta	Continuidade de reuniões da CIT na vigência do Decreto nº 9.759/2019; Redução do percentual de repasses para serviços socioassistenciais; Aprovação do Programa Primeira Infância no Suas para acomodação do Programa Criança Feliz no Suas.
5º CICLO ASCENDENTE (2019-2021)	
Influência nas políticas formais das agências reguladoras por *insiders* e alianças entre *insiders-outsiders*	Pressão dos gestores da assistência social pela recriação da CIT, culminando com a edição do Decreto nº 10.009/2019; Recusa do Fonseas e do Congemas a participar da negociação de novos critérios de partilha de recursos na vigência da Portaria MCid/GM nº 2.362.
Influência sobre as legislaturas por *insiders* e *outsiders* para obter alterações na base normativa	Apresentação de Projetos de Decreto Legislativo visando à sustação dos efeitos da Portaria MCid/GM nº 2.362/2019.

Fonte: Elaboração própria.

Por fim, o processo de implementação do Suas, com as alterações descritas acima, resulta no seguinte desenho jurídico-institucional:[352]

Quadro 20 – Quadro de referência do Sistema Único de Assistência Social

(continua)

Nome oficial do programa de ação	Sistema Único de Assistência Social.
Gestão governamental	Luiz Inácio Lula da Silva (1º mandato).
Base normativa	Constituição; Lei Orgânica da Assistência Social (Lei nº 8.742/1993); Lei nº 12.101/2009; PNAS/2004 (Resolução CNAS nº 145/2004); NOB-Suas/2012 (Resolução CNAS nº 33/2012); NOB-RH/Suas (Resolução CNAS nº 269/2009); Tipificação Nacional de Serviços Socioassistenciais (Resoluções CNAS nº 109/2009 e nº 13/2014); Protocolo de gestão integrada de serviços e benefícios (Resolução CIT nº 7/2009); Regulamento do Cadastro Único (Decreto nº 6.135/2007); Decreto nº 10.009/2019, outras portarias e resoluções.
Desenho jurídico-institucional	Política pública de seguridade social não contributiva, destinada à efetivação do direito social à assistência social, por meio de um conjunto integrado de ações de iniciativa pública e da sociedade, para o atendimento de necessidades básicas; Ações e serviços públicos ofertados por todos os níveis de governo, segundo diretrizes de: a) participação da população; c) primazia da responsabilidade do Estado na condução da política em cada esfera de governo; Objetivos: a) vigilância socioassistencial; b) defesa de direitos socioassistenciais; e c) proteção social, organizada segundo as seguranças afiançadas (seguranças de acolhida, de renda, de convívio ou vivência familiar, comunitária e social, de desenvolvimento de autonomia e de apoio ou auxílio); Organização das ações socioassistenciais em níveis de complexidade: a) proteção social básica; e b) proteção social especial, subdividida em média e alta complexidade; Prestações: a) benefícios; b) serviços; c) programas; e d) projetos de enfrentamento da pobreza.
Agentes governamentais	Órgãos e entidades da administração direta e da administração indireta federal, estadual e municipais prestadoras de ações e serviços de assistência social.
	União: a) coordenação, regulação e financiamento da política de assistência social; e b) execução: concessão do BPC (operacionalizado pelo INSS) e ações assistenciais de caráter emergencial.

---

[352] Para uma descrição mais detalhada do desenho jurídico-institucional do Suas com a utilização do mesmo Quadro de Referência, *vide* Ruiz (2021).

(continua)

Nome oficial do programa de ação	Sistema Único de Assistência Social.
Agentes governamentais	Estados: a) apoio técnico e financeiro às ações desenvolvidas em âmbito regional ou local, bem como às associações e consórcios municipais; b) execução de serviços prestados em rede regional ou cujos custos ou demanda justifiquem uma rede regional; c) cofinanciamento de benefícios eventuais, serviços, programas, projetos, bem como de aprimoramento da gestão; d) ações assistenciais de caráter emergencial; e e) monitoramento e avaliação da política.
	Municípios e Distrito Federal: a) prestação de serviços socioassistenciais; b) execução de projetos de enfrentamento da pobreza; c) concessão e custeio de benefícios eventuais; d) financiamento de serviços, programas, projetos, bem como de aprimoramento da gestão; e) ações assistenciais de caráter emergencial; e f) monitoramento e avaliação da política.
Agentes não governamentais	Entidades e organizações de assistência social vinculadas ao Suas.
Mecanismos jurídicos de articulação	Estruturas: a) Estruturas de articulação federativa: CIT e CIBs; b) Estruturas de participação social: conselhos de assistência social e conferências de assistência social; c) Entidades representativas dos entes estaduais e municipais: Fonseas e Congemas.[353]
	Instrumentos: a) Pactuações na CIT e nas CIBs; b) Pactos de aprimoramento da gestão; c) Negócios jurídicos celebrados entre poder público e entidades de assistência social; d) Instrumentos de planejamento (planos decenais, relatórios etc.); e e) Instrumentos de informação, monitoramento e gestão (CadÚnico, IGD-PBF, IGD-Suas e Rede Suas).
Escala e público-alvo	Escala: universal; Público-alvo: indivíduos e famílias em situação de vulnerabilidade e/ou risco social, identificados com auxílio do CadÚnico.
Dimensão econômico-financeira de programa	Fontes de receitas: a) recursos do orçamento da seguridade social de todos os níveis federativos; e b) outras fontes; Alocação de recursos da União: repasses segundo blocos de financiamento; Operacionalização: a) repasses regulares e automáticos; e b) recursos alocados nos fundos de assistência social.

---

[353] Sobre a inclusão dos conselhos de gestores entre as estruturas de articulação do sistema, cf. *supra* 3.10.

(conclusão)

Nome oficial do programa de ação	Sistema Único de Assistência Social.
Estratégia de implantação	1. Expansão e uniformização da oferta socioassistencial por meio da descentralização político-administrativa, principalmente sob a forma de municipalização. Atribuição aos estados da prestação de serviços cujo custo ou demanda justifique a oferta regionalizada, além de apoio técnico e financeiro aos municípios; 2. Adoção de instrumentos de articulação voltados a promover convergência dos entes subnacionais em torno de prioridades definidas nacionalmente mediante: a) padronização de ofertas; b) indução por meio de transferências condicionadas; c) fortalecimento da capacidade de gestão; e d) apoio técnico e financeiro entre entes federativos.
Funcionamento efetivo do programa	Ofertas: o Suas alcançou capilaridade no território nacional, com execução de serviços socioassistenciais em 99,5% dos municípios brasileiros e instalação de 8.466 unidades de Cras e 2.784 unidades de Creas no país, entre outros equipamentos de assistência social (RUIZ, 2021, p. 103); Estrutura organizacional e decisória: a) a formulação e a implementação da reforma sanitária contaram com decisões conjuntas construídas nas comissões intergestores e nos conselhos; b) houve progressivo fortalecimento das arenas da negociação federativa; Financiamento: mesmo sem vinculação constitucional de recursos, a implantação do Suas acarretou a expansão do gasto público em assistência social em todos os níveis de governo.
Aspectos críticos do desenho jurídico-institucional	Responsabilidades dos níveis de governo: baixo engajamento dos estados na gestão e no financiamento do Suas; Estrutura organizacional e decisória: a) espaços de deliberação interfederativa institucionalizados por norma infralegal; e b) alta discricionariedade do Executivo federal para driblar a estrutura organizacional e decisória do sistema; Financiamento: a) incertezas quanto ao volume de recursos, uma vez que não há imposição constitucional de aplicações mínimas de recursos; e b) EC nº 95/2016: tendência à redução do financiamento dos serviços.

Fonte: Elaboração própria a partir do Quadro de Referência de uma Política Pública (BUCCI, 2016).

4.10 Síntese analítica

Caminhando para o encerramento do capítulo, esta seção coloca em evidência os fatores que moldaram a institucionalização do Suas e, por conseguinte, também suas fontes de resiliência.

O quadro de referência do Sistema Único de Assistência Social (Quadro 20) retrata um sistema com todos os seus elementos institucionalizados, em contraste com o cenário vigente antes da Constituição (Quadro 17), tendo como suportes normas constitucionais, leis ordinárias e normas infralegais.

O quadro de institucionalização desse sistema (Quadro 19) mostra um arranjo mais jovem, construído por meio de transformações incrementais mais lentas e espaçadas do que o SUS, e menos testado em sua adaptabilidade e capacidade de sobreviver a diferentes agendas governamentais. Os dois ciclos iniciais (ascendentes e descendentes) de institucionalização da política transcorreram sem a previsão do sistema único, mas foram cruciais para estabelecer a moldura legislativa que posteriormente comportou essa inovação, pois desconstituíram parte das estruturas consolidadas anteriormente à Constituição (v.g., CNSS e da LBA) e desenvolveram o aparato institucional sobre o qual o Suas está assentado (v.g., conselhos de assistência social, comissões intergestores, fundos de assistência social e conferências periódicas). Mas apenas o terceiro e o quarto ciclos se desenvolveram sob a ideia-diretriz do sistema único, trajetória logo alterada por um quinto ciclo, agora de retração da oferta socioassistencial e de fragilização da estrutura decisória e participativa desse sistema.

À semelhança da política sanitária, os eventos abrangidos pelos quatro primeiros ciclos (ascendentes e descendentes) explicam os fatores que levaram à institucionalização do Suas, ao passo que o quinto ciclo lança luzes sobre a resiliência desse sistema, diante das transformações iniciadas em 2016.

Mais uma vez, o tempo e modo de institucionalização do Suas podem ser compreendidos a partir do entrelaçamento entre sua base constitucional, o legado das políticas anteriores a 1988 os instrumentos de coordenação e as estruturas de articulação federativa – nenhum desses fatores apto a, isoladamente, explicar os resultados observados.

Em primeiro lugar, está a base constitucional da política de assistência social. Embora o Suas não tenha sido previsto na Constituição nem na redação original da Loas, o sistema emergiu como parte dos *feedbacks* do desenvolvimento institucional impulsionado pela mudança na ordem constitucional. Explica-se.

O efeito da constitucionalização sobre o desenvolvimento da assistência social amolda-se à tese de Lima (2011, p. 63), segundo a qual o *status* constitucional é elemento definidor da trajetória de políticas de baixo grau de resiliência. O argumento da autora é o de que políticas públicas que não contam com fontes de resiliência variadas ficam mais sujeitas a mudanças e instabilidades, mas que a constitucionalização altera essa dinâmica, "(...) pois implica que a partir daquele momento a política está sujeita às regras e dinâmicas que regulam a constituição" (LIMA, 2011, p. 63). Foi precisamente a constitucionalização que desencadeou um esforço de depuração conceitual do direito à assistência social, do conteúdo de suas prestações e das responsabilidades ligadas a essa oferta, em um percurso que mobilizou os três poderes e integrou novos atores da sociedade civil às disputas pela efetivação dessa política.

Ao conferir à assistência social a natureza de direito social, a Constituição rompeu com a concepção, até então vigente, da assistência como um "não direito". A afirmação do direito social e a positivação de normas estabelecendo parte dos pilares do arranjo jurídico-institucional que efetivaria esse direito foram decisivas para o estabelecimento da assistência social como campo específico de políticas públicas e para o início do processo de substituição do paradigma desse setor (MARGARITES, 2019, p. 21). A base constitucional, ademais, criou pontos de veto para eventual retorno ao modelo anterior (SÁTYRO; CUNHA, 2014, p. 90).

Mas se a constitucionalização foi necessária, não foi suficiente para o desenvolvimento da política socioassistencial em novas bases. Ao mesmo tempo em que ensejava uma nova concepção da assistência social, a Constituição dava espaço à continuidade das práticas preexistentes, pois não eliminava indefinições quanto ao conteúdo, extensão e formas de implementação desse direito social. Tampouco distinguia as funções das unidades federativas subnacionais e das entidades não governamentais na execução da política. Assim, a área se revelou resistente a transformações, contrapondo visões diversas relacionadas com a dimensão substantiva da política e com os interesses dos atores governamentais e não governamentais ligados à área.

As resistências e indefinições presentes ainda sob o novo marco constitucional estão ligadas ao segundo fator a ser discutido na trajetória do Suas: o peso do legado pré-constitucional. Esse elemento permite entender o ritmo e o curso das ações adotadas e o fato de que, mais de uma década após a mudança da ordem constitucional, o espaço da política pública de assistência social estava por ser ocupado, demandando mais expansão do que reformulação em todos os níveis de governo.

Embora a União contasse com atuação mais desenvolvida do que os demais níveis federativos, não havia um histórico de coordenação federativa na área. A oferta era centralizada e executada sobretudo por meio de entidades não governamentais, com apoio financeiro estatal. Essa capacidade de coordenação federal somente começou a ser desenvolvida sob a égide da Loas e com a extinção da LBA, quando a União adotou as primeiras medidas de descentralização das ações socioassistenciais. Portanto, a despeito da autoridade regulatória conferida pela Constituição, do poder de gasto e da organização instituída pela Loas, a União levou longos anos até efetivamente redirecionar o desenho da política e exercer a coordenação federativa na direção de um sistema descentralizado.

De outra senda, as ações e serviços socioassistenciais nos níveis subnacionais eram caracterizados por baixa densidade jurídica e institucional. Os arranjos estaduais, municipais ou distritais não chegavam a oferecer estruturas concorrentes, que impusessem custos elevados a uma nova coordenação em torno de um modelo nacional. Mais do que isso, Almeida (1995, [p. 9]) destaca que sequer havia pressões desses entes pela reforma e racionalização do conjunto da área de assistência social, e conclui que, "Na ausência de coalizões descentralizadoras politicamente poderosas e de uma política nacional de reforma, as características estruturais da área de assistência social parecem ter contribuído para o imobilismo".

Esse quadro, ao mesmo tempo em que revela baixas capacidades estatais para formular e executar políticas de assistência social, permite concluir que não havia um histórico de pioneirismo dos entes subnacionais que restringisse as opções de reforma a partir do nível central (PIERSON, 1995). O imobilismo a que se refere Almeida (1995) foi rompido pela própria União, sobretudo a partir da aprovação da PNAS/2004 e da NOB-Suas/2005. Assim, o legado das ações e políticas de assistência social anteriores a 1988 explica não só a lentidão das transformações institucionais, mas também a ausência de políticas subnacionais que dificultassem uma futura reforma de alcance nacional.

Até aqui, as referências à Constituição explicam o elemento propulsor das reformas na assistência social, ao passo que o legado das políticas prévias explica a institucionalidade rarefeita que, a um só tempo, demandava melhor estruturação da política para a consecução de seus objetivos e favorecia o protagonismo da União nessa seara. Porém, compreender como as ofertas e a organização da assistência social foram alteradas a partir da PNAS/2004 exige olhar para os mecanismos de articulação (estruturas e instrumentos) empregados com o objetivo de promover a integração de todos os níveis federativos e superar o histórico de baixa oferta, fragmentação e heterogeneidade da assistência social em território nacional.

O desenho institucional do Suas se construiu a partir da redefinição das funções da assistência social, da reorganização da oferta socioassistencial, da delimitação de tarefas de todos os entes e da alteração do esquema de financiamento dessas ações. Ao mesmo tempo em que essas medidas imprimiram novo rumo à política de assistência social, regras de transição dialogaram com as políticas anteriores, procurando reduzir os custos de adesão aos novos modelos de gestão. Tudo exigiu um conjunto de instrumentos destinados a promover convergência a esse novo modelo e fomentar a criação e o aprimoramento de capacidades estatais em todos os níveis federativos.

A atribuição de responsabilidades, em consonância com as funções e ofertas definidas a partir da PNAS/2004, foi associada a transferências financeiras que incentivaram a convergência em torno de um modelo comum de ações e serviços, mitigando comportamentos de "corrida ao fundo do poço" e de "jogo de empurra". O mecanismo de habilitação no Suas em distintos níveis de gestão, e seus correspondentes incentivos, teve ainda o mérito de absorver a heterogênea capacidade dos municípios de desenvolver suas ações assistenciais, evitando políticas de menores denominadores comuns. O reforço às transferências automáticas, por sua vez, trouxe maior segurança no recebimento desses repasses, superando as causas de insucesso das primeiras tentativas de descentralização promovidas na década de 1990. A aptidão desses instrumentos para induzir a adesão dos entes subnacionais, em especial dos municípios, traduz-se na ampliação de equipamentos públicos de assistência social em todo o território nacional e na elevação do gasto subnacional, principalmente nos municípios, mesmo sem a obrigação legal de gasto mínimo por esfera de governo (MESQUITA; PAIVA; JACCOUD, 2020, p. 207).

Novamente, os resultados alcançados pelos instrumentos de articulação que promoveram a institucionalização do Suas não estão dissociados da existência de uma estrutura destinada à interlocução federativa, a CIT, que teve importância crescente e autorreforçada ao longo do tempo. A produção de decisões consensuais sobre a operacionalização da política de assistência social, com a possibilidade de contínuas repactuações, favoreceu a coesão entre a ação dos diversos níveis de governo, a uniformização e a integração das várias ofertas socioassistenciais, bem como a absorção dos *feedbacks* da política. Além disso, a pactuação de critérios de partilha de recursos naquele foro tende a inibir práticas clientelistas na distribuição dos recursos, um dos aspectos críticos das práticas de assistência social anteriores a 1988.

Já passando à avaliação da resiliência do sistema, foi possível constatar que a interdependência federativa ínsita ao modelo de sistema único opera em favor da estabilidade e da continuidade do Suas. Essa capacidade de resiliência favorece a manutenção de ações e cria maiores constrangimentos à desconstituição da política pública. Porém, dado o desenho jurídico-institucional da política, há mais abertura a reformas que levem à desestruturação da política do que se observa no SUS. Explica-se.

A implantação do Suas levou à formação de uma extensa rede socioassistencial, sobretudo no âmbito municipal. A implantação e a expansão dessa rede seguiram padrões mínimos uniformes de ofertas de serviços definidos nacionalmente e contaram com repasses federais para induzir a conformidade ao desenho nacional da política, o que favoreceu o desenvolvimento de estruturas e capacidades análogas em território nacional. A intensificação das relações federativas levou ao fortalecimento das estruturas de pactuação federativa na conformação e na operacionalização do sistema, com ampliação das competências da CIT e das CIBs, de forma que os entes subnacionais passaram a dispor de mais oportunidades de influenciar o desenho institucional da política nacional.

Essa institucionalidade logrou se manter mesmo diante de uma agenda do governo federal de esvaziamento de instâncias decisórias e de retração do financiamento do Suas. É o que se observa diante do funcionamento, de fato, da CIT no período de sua extinção e de sua recriação, a demonstrar a importância assumida por esse colegiado e a dificuldade do próprio governo federal de operacionalizar a política nacional de assistência social sem a interlocução federativa. De igual forma, a recusa do Fonseas e do Congemas à repactuação dos critérios de partilha de recursos na vigência da Portaria MCid/GM nº 2.362/2019 demonstra que as estruturas de pactuação federativa impõem limites à alteração unilateral das regras de regência do sistema, contribuindo para a estabilidade do arcabouço já construído. E, não menos importante, a manutenção da oferta socioassistencial no âmbito do Suas mesmo após a retração do financiamento federal indica que essa retração vem sendo compensada, ao menos em parte, pelos entes subnacionais.[354]

Por outro lado, essa capacidade de resiliência é limitada por alguns aspectos do arcabouço jurídico-institucional do Suas.

O Executivo federal mantém alta discricionariedade para driblar a estrutura organizacional e decisória do sistema. A existência da CIT segue apoiada em decreto presidencial e, portanto, fica subordinada às preferências do Poder Executivo. Ademais, diversos programas sociais que têm natureza socioassistencial ou, no mínimo, têm interface com essa política são definidos em paralelo à estrutura do Suas, com impacto sobre o funcionamento do sistema.

A dimensão econômico-financeira do sistema também apresenta fragilidades. Ausente regra de abrangência nacional que imponha aplicações mínimas de recursos financeiros na assistência social, o sistema fica mais vulnerável a períodos de recessão, pois depende de vontade política dos entes subnacionais e de negociações orçamentárias anuais (JACCOUD; MENESES; STUCHI, 2020, p. 283). Assim, conquanto a vinculação de recursos não seja elemento de existência, pode se converter em uma importante fonte de sustentabilidade de um sistema único.

O menor engajamento estadual na gestão e no financiamento do sistema,[355] em contraste com a adesão dos municípios, é outro aspecto crítico ainda não superado. A dificuldade de implementar instrumentos de coordenação que efetivamente ampliem a participação dos estados limita a expansão e a complexificação do arranjo jurídico-institucional do Suas. Por conseguinte, a formação de um conjunto mais intrincado de mecanismos de resiliência pode acabar estagnada e comprometer a estabilidade e a continuidade do sistema.

E, por fim, há uma característica ligada às prestações da assistência social que pode minimizar a interdependência federativa que protege o sistema. Enquanto a implantação de serviços, programas e projetos socioassistenciais demanda articulação federativa, a gestão dos benefícios pode ser feita de forma centralizada, prescindindo de medidas de cooperação federativa. Assim, a interdependência federativa como

---

[354] Todavia, secundando as palavras de Ruiz (2021, p. 208), não se pode perder de vista que "(...) essa aposta na capacidade de financiamento dos entes subnacionais pode gerar desigualdades na estruturação do SUAS no território brasileiro, em razão da menor capacidade fiscal e arrecadatória dos municípios de menor porte".

[355] *Vide*, a propósito, Jaccoud, Hadjab e Chaibub (2009); Jaccoud, Meneses e Stuchi (2020); Leandro (2020).

fonte de resiliência do sistema está relacionada com o tipo de prestação priorizada pela agenda do governo federal: a articulação federativa favorece o desenvolvimento de fontes de resiliência da política nas ofertas socioassistenciais que envolvem a prestação de serviços, ao passo que a priorização de benefícios em detrimento dos serviços – um dos possíveis efeitos da EC nº 95/2016 – abre um flanco para que a articulação federativa tenha menor importância para o arranjo e para a sustentabilidade da política.

O estudo do Suas mostra que a dependência de trajetória, conquanto seja um dos fatores explicativos dos rumos de uma política pública, não representa necessariamente uma barreira a mudanças institucionais que impliquem descontinuidade de políticas anteriores. Normas constitucionais e mecanismos de articulação concorreram para a conversão de ações e práticas assistenciais escassas e dispersas em uma política juridicamente estruturada e dotada de fontes de resiliência que contribuem para sua estabilidade e continuidade. Em um país que, à semelhança de outros países latino-americanos, tem dificuldade em promover proteção social pela via da formalização das relações de trabalho, um sistema robusto de assistência social é pressuposto para que expressiva parcela da população possa suprir suas necessidades sociais básicas. É essa construção, iniciada pela Constituição de 1988 e fortalecida a partir do Suas, que vem sendo testada desde 2016.

CAPÍTULO 5

A INSTITUCIONALIZAÇÃO DO SISTEMA NACIONAL DE EDUCAÇÃO: UM CAMINHO A SER PERCORRIDO

Este capítulo analisa a construção do regime de colaboração[356] na educação básica nacional e os esforços de organização do Sistema Nacional de Educação. A área da educação difere da saúde e da assistência social por não contar com um sistema nacional institucionalizado, apesar da previsão constitucional nesse sentido. Diante disso, seu estudo permite entender os gargalos à efetivação do SNE e os potenciais caminhos para superá-los.

Propostas de um sistema nacional voltado à promoção do ensino público de qualidade e à superação de desigualdades socioeducacionais não são novas e sempre foram polêmicas (ABICALIL et al., 2015, p. 455-456). Após tentativas malfadadas de incorporar ao ordenamento jurídico a previsão do SNE,[357] a EC nº 59/2009 previu a articulação do SNE, o qual segue à espera de regulamentação. Ainda assim, reformas adotadas desde a década de 1990 levaram a "(...) um sistema federativo da educação esboçado, no qual uma série de atribuições e de políticas conduz a ações conjuntas ou complementares entre diferentes níveis

---

[356] Segundo Haddad (2008, p. 8), "Regime de colaboração significa compartilhar competências políticas, técnicas e financeiras para a execução de programas de manutenção e desenvolvimento da educação, de forma a concertar a atuação dos entes federados sem ferir-lhes a autonomia".

[357] Saviani (2010, p. 392) aponta a perda de três oportunidades de organizar um sistema nacional de educação: na década de 1930, com o Manifesto dos Pioneiros da Educação Nova e a Constituição de 1934; com a Constituição de 1946; e na elaboração da LDB após a Constituição de 1988. A esse rol de oportunidades perdidas, acrescenta-se a Constituição de 1988 e o Plano Nacional de Educação 2001-2010 (PNE 2001-2010).

de governo" (FARENZENA; LUCE, 2014, p. 212). O ponto é: por que a conversão desse esboço em uma política estruturada encontra dificuldades para se completar?

A partir desse questionamento, analisa-se a seguir a trajetória das políticas voltadas para a educação básica pública,[358] nível de ensino que concentra os dilemas de articulação federativa em matéria educacional. A seção 5.1 examina o cenário pré-constitucional da educação pública no Brasil. A seção 5.2 trata das propostas levadas à ANC. A seção 5.3 trata do primeiro ciclo de definição e implementação da base normativa da educação pública após 1988, abrangendo a promulgação da Lei de Diretrizes e Bases da Educação Nacional (LDB), a criação do Fundef e a aprovação do PNE vigente de 2001-2010. A seção 5.4 analisa a expansão da articulação federativa entre 2006 e 2008, por meio do Fundeb e do PAR. A seção 5.5 se dedica à EC nº 59/2009, que previu o SNE, e ao PNE 2014-2024, que deveria articular esse sistema. A seção 5.6 analisa o período de 2016 a 2019, marcado por retrocessos em relação ao período anterior. A seção 5.7 discute a perenização do Fundeb e o insucesso da tentativa de abolir a vinculação constitucional de recursos para manutenção e desenvolvimento do ensino. A seção 5.8 discorre sobre as propostas de regulamentação do SNE em trâmite no Congresso Nacional. A seção 5.9 traz os quadros que sintetizam a construção do regime de colaboração na educação básica e o desenho jurídico-institucional da organização da educação básica no país. A seção 5.10 avalia o percurso examinado.

5.1 Políticas públicas de educação básica anteriores à Constituição de 1988

A oferta do ensino público no Brasil é marcada por clivagens históricas nas atribuições dos diversos níveis de governo. A primeira dessas clivagens, que remonta ao século XIX, atribuiu a responsabilidade pelo ensino superior ao governo central e a responsabilidade pela educação básica aos governos subnacionais. A segunda, surgida no século XX, gerou redes paralelas de ensino básico nos estados e municípios.

A primeira divisão vem do início do século XIX, com o país ainda sob a forma de Estado unitário. De um lado, o governo central

---

[358] A educação básica se compõe de três etapas: 1ª) educação infantil (creches e pré-escolas); 2ª) ensino fundamental I e II; e 3ª) ensino médio.

se encarregou dos cursos superiores que começavam a ser criados. De outro, a Lei de 15 de outubro de 1827 determinou às províncias a criação de escolas primárias, com gratuidade prevista pela Constituição de 1824 (art. 179, XXXII), e o Ato Adicional de 1834 (art. 10, §2º) conferiu às Assembleias Legislativas provinciais competência para legislar sobre instrução pública, excetuadas as faculdades de medicina, os cursos jurídicos e as academias. Esse modelo imperial, que conferia primazia ao ensino superior e favorecia a elite social, deixou a educação primária a cargo de governos detentores de menores recursos, menor autonomia e menor interesse em expandir a instrução para a maioria de sua população (ABRUCIO, 2010, p. 53).

A Constituição de 1891 adotou a forma federativa de Estado e manteve a dualidade entre União e estados. Atribuiu-se ao Congresso as funções de animar o desenvolvimento das letras, artes e ciências, sem tolher a ação dos governos locais; de criar instituições de ensino superior e secundário nos estados; e de prover a instrução secundária no Distrito Federal (art. 35). No silêncio da Constituição, a gratuidade e a obrigatoriedade do ensino ficaram a cargo dos estados (CURY, 2008, p. 1197). A combinação entre essas regras, a oligarquização do poder e a estrutura federativa assimétrica resultaram "(…) no quase abandono da política educacional por vários governos estaduais e no aumento da diferença entre eles nessa política" (ABRUCIO, 2010, p. 53-54).

A Era Vargas manteve a estrutura dual de redes de ensino, sem grandes reformulações no ensino básico (ABRUCIO, 2010, p. 54-55). Apesar da criação do Ministério dos Negócios da Educação e da Saúde Pública e do Conselho Nacional de Educação (CNE),[359] a política educacional continuou a ser executada pelos estados, sem uma coordenação nacional significativa (LÍCIO; PONTES, 2020a, p. 312).

Em 1932, o Manifesto dos Pioneiros da Educação Nova (AZEVEDO et al., 2010) defendeu a reorganização da educação nacional para o enfrentamento das desigualdades regionais e da desarticulação federativa. Suas propostas iam no sentido de um modelo sistêmico, com execução descentralizada e atribuição de funções coordenadoras e supletivas à União. Defendiam-se ainda princípios de gratuidade, laicidade e obrigatoriedade do ensino público.

O Manifesto influenciou a Constituição de 1934 (SAVIANI, 2010, p. 389), que afirmou o direito à educação (art. 149), assegurou a gratuidade

---

[359] Decreto nº 19.850/1931.

e a obrigatoriedade do ensino primário (art. 150, parágrafo único, a) e tratou da organização dos serviços educacionais pelos poderes públicos. Conquanto coubesse aos estados e ao Distrito Federal organizar e manter sistemas de educação em seus territórios (art. 151), previu-se a competência comum a todos os entes para "(...) favorecer e animar o desenvolvimento das ciências, das artes, das letras e da cultura em geral" (art. 148). A União recebeu funções coordenadoras – evidenciadas pela competência para fixar, coordenar e fiscalizar a execução do plano nacional de educação elaborado pelo CNE – e supletivas em matéria educacional (arts. 150 e 152). Ademais, previram-se aplicações mínimas, por todos os entes federativos, na manutenção e no desenvolvimento dos sistemas educacionais e fundos de educação (arts. 156 e 157).

Essa estruturação inicial se perdeu com o Estado Novo. A Constituição de 1937 tratou da educação da prole como dever e direito natural dos pais, com a colaboração do Estado, "(...) de maneira principal ou subsidiária, para facilitar a sua execução ou suprir as deficiências e lacunas da educação particular" (art. 125). Afirmou-se ainda o dever da Nação, dos estados e dos municípios de assegurar "(...) a possibilidade de receber uma educação adequada às suas faculdades, aptidões e tendências vocacionais" àqueles a quem faltassem recursos para a educação em instituições particulares (art. 129). A adoção de um modelo que reforçava o papel do mercado e da família frente ao papel do Estado fez com que, nas palavras de Cury (2008, p. 1192), a rede pública ganhasse sua constituição "no e a partir do sistema privado".

Findo o Estado Novo, entre 1946 e 1964 ampliou-se a atuação federal no plano normativo e na mobilização de fundos públicos, mantida a hegemonia estadual na provisão do ensino primário e médio (ABRUCIO, 2010, p. 55-56). A Constituição de 1946 reafirmou o direito à educação (art. 166) e atribuiu aos estados e ao Distrito Federal a responsabilidade pela organização de sistemas de ensino (art. 171). À União coube legislar sobre diretrizes e bases da educação nacional (art. 5º, XV, d) e prestar assistência financeira para desenvolvimento dos sistemas dos estados e do Distrito Federal (art. 171, parágrafo único). Foram preservadas as aplicações financeiras mínimas por todos os entes (art. 169).

Nos debates que antecederam a primeira Lei de Diretrizes e Bases da Educação Nacional (Lei nº 4.024/1961), acirrou-se a oposição entre centralização e descentralização do ensino (DUARTE, 2019, p. 948), já presente um movimento em prol de sistemas de ensino de bases locais (ARAÚJO, 2005, p. 221). O espaço para ampliar a articulação federativa e o protagonismo da esfera federal era restrito, seja pela assimilação entre sistema nacional e centralização do ensino, seja pelos temores das escolas privadas de um suposto monopólio estatal do ensino (SAVIANI, 2010, p. 392). Assim, a lei manteve a descentralização do ensino primário e médio a cargo dos estados, reservando à União funções supletivas "(...) nos estritos limites das deficiências locais" (art. 13) e a atuação no ensino superior. Ainda pela LDB, o CNE foi sucedido pelo Conselho Federal de Educação (CFE) e foram previstos conselhos estaduais de educação, todos com atribuições de planejamento.[360]

O regime militar conservou a prevalência estadual na oferta da educação básica, ao mesmo tempo em que incentivou a municipalização. O governo federal ampliou suas atribuições na educação básica e, assim, criou novos pontos de contato com os demais entes federativos (ABRUCIO, 2010, p. 57), valendo-se: da criação do salário-educação[361] para custeio da educação elementar; de programas federais de educação básica em regiões menos desenvolvidas;[362] da criação do FNDE,[363] autarquia voltada ao financiamento de projetos de ensino e pesquisa; e de atividades de apoio (v.g., alimentação[364] e livros didáticos). Ainda assim, a aplicação de recursos federais na educação ficou entre as menores desde 1930 (SUMIYA, 2005, p. 31).

---

[360] Os planos de educação acabaram reduzidos a instrumentos de distribuição de recursos entre os diferentes níveis de ensino (SAVIANI, 2010, p. 390).

[361] Parte da arrecadação do salário-educação ficava na órbita federal e parte era repassada aos estados de origem (Lei nº 4.440/1964 e Decreto-lei nº 1.422/1975). A divisão e os repasses eram centralizados no governo federal, que controlava e fiscalizava sua aplicação (SUMIYA, 2005, p. 31). Mello e Silva (1992 apud SUMIYA, 2005, p. 31-32) avaliam que essa exação poderia ter servido como instrumento de coordenação por parte da União, mas acabou servindo à negociação política e substituiu a obrigação do governo central em relação aos seus recursos próprios. Cf. MELLO, Guiomar Namo de; SILVA, Rose Neubauer da. *Política Educacional no governo Collor*: antecedentes e contradições. São Paulo: FUNDAP/IESP, 1992.

[362] Entre eles: Movimento Brasileiro de Alfabetização (Mobral, Decreto nº 62.455/1968), Projeto de Coordenação e Assistência Técnica ao Ensino Municipal (Promunicípio, 1974), Programa de Desenvolvimento de Áreas Integradas do Nordeste (Polonordeste, Decreto nº 83.436/1979), Programa Especial de Apoio às Populações Pobres das Zonas Canavieiras do Nordeste (Procanor, Decreto nº 84.677/1980), Programa de Expansão e Melhoria da Educação no Meio Rural do Nordeste (Edurural/NE, Decreto nº 85.287/1980), Programa Nacional de Ações Socioeducativas e Culturais para o Meio Rural (Pronasec, 1980), Programa Nacional de Ações Socioeducativas e Culturais para Populações Carentes Urbanas (Prodasec, 1980) (cf. ABRUCIO, 2010, p. 57; ARRETCHE, 2011, p. 149; SANO, 2008, p. 183).

[363] Autarquia criada sob a denominação Instituto Nacional de Desenvolvimento da Educação e Pesquisa (Lei nº 5.537/1968) e transformada em FNDE (Decreto-lei nº 872/1969).

[364] O Programa Nacional de Alimentação Escolar (PNAE) vigorava desde a década de 1950 (ARRETCHE, 2011, p. 158).

A Carta de 1967 previu a organização de sistemas de ensino pelos estados e Distrito Federal, com atuação supletiva do sistema federal e assistência técnica e financeira da União para o desenvolvimento dos sistemas estaduais e distrital (art. 169, caput e §1º), mas eliminou a vinculação de recursos para o custeio do ensino. A duração do ensino primário foi ampliada para oito anos e se tornou obrigatória para pessoas entre sete e catorze anos de idade (art. 168, §3º, II). A seu turno, o setor privado foi fortalecido pela previsão da liberdade de ensino à iniciativa particular, merecedora de "(...) amparo técnico e financeiro dos Poderes Públicos, inclusive bolsas de estudo" (art. 168, §2º).

A Emenda nº 1/1969 ampliou os encargos municipais. Previu a intervenção nos municípios que não aplicassem ao menos 20% de sua receita tributária anual no ensino primário, sem imposição análoga aos demais entes. Apesar dos maiores encargos, os sistemas municipais seguiram como unidades administrativas sem poder normativo (BOAVENTURA,[365] 1996, p. 12 *apud* SANO, 2008, p. 167), sob supervisão estadual (LÍCIO; PONTES, 2020a, p. 313).

Em 1971, a Lei nº 5.692 fixou diretrizes e bases para o ensino de 1º e 2º graus, reforçou a municipalização e permitiu que os estados dispusessem sobre responsabilidades estaduais e municipais nos diferentes graus de ensino. Esse arranjo desencadeou a transferência de encargos a municípios sem condições de sustentá-los e estimulou a competição predatória por recursos e por benefícios do governo federal, em prejuízo das localidades que mais necessitavam (ARAÚJO, 2005, p. 225). Ao final, a municipalização se concentrou em localidades mais pobres e acirrou desigualdades regionais.[366]

Em 1972, 1975 e 1980 foram editados Planos Setoriais de Educação e Cultura (PSECs),[367] mas nenhum deles funcionou satisfatoriamente (SOUZA, 1993, p. 6-7). Os dois primeiros PSECs careciam de definições claras das políticas a serem implementadas e ficaram aquém das demandas organizacionais e de governança envolvidas na oferta educacional para a população urbana crescente (BUCCI; GOMES, 2017, p. 283). O terceiro PSEC transferiu aos estados a definição das ações educacionais (SOUZA, 1993, p. 7).

---

[365] BOAVENTURA, Edivaldo. O município e a educação. *In*: BOAVENTURA, Edivaldo (org.). *Políticas municipais de educação*. Salvador: Edufba, 1996.

[366] Nesse sentido, *vide* Araújo (2005, p. 226).

[367] Os PSECs foram atrelados aos Planos Nacionais de Desenvolvimento (PNDs) relativos aos períodos de 1972-1974, 1975-1979 e 1980-1985.

A abertura política impulsionou algumas poucas transformações. Após as eleições de 1982, o governo federal reagiu à perspectiva de perda de poder nos estados com a ampliação de repasses aos municípios, transferindo-lhes diretamente a cota federal do salário-educação[368] (BARRETTO, 1988, p. 17). Além disso, a EC nº 24/1983 ("Emenda Calmon") restabeleceu a obrigatoriedade de aplicações anuais mínimas para a educação, no importe de 13% para a União e 25% para os demais entes.

Mas, ainda na década de 1980, o Brasil permanecia sem uma política de educação nacional articulada (NEPP, 1989, p. 385), sem êxito no planejamento, sem um padrão nacional de cobertura das redes de ensino (ARRETCHE, 2011, p. 136-137) e com a União refratária ao diálogo com os estados e à coordenação federativa em matéria educacional (SANO, 2008). Sob formatos e motivações diversas, a educação básica esteve sempre a cargo de entes subnacionais, detentores de recursos institucionais e financeiros heterogêneos, e a descentralização funcionou como autêntico "jogo de empurra" federativo. Enquanto isso, o país figurava como "(...) um dos grandes bolsões mundiais de analfabetismo e de baixa escolaridade" (BARRETTO, 1988, p. 14),[369] o que amplificava a exclusão da participação política, pois, até a promulgação da EC nº 25/1985, pessoas analfabetas não tinham direito ao voto.

Sob os albores da redemocratização, não faltaram propostas e grupos articulados em torno da reformulação do modelo educacional. Grupos atuantes em prol da redemocratização defendiam o reconhecimento da educação como direito do cidadão, a universalização do ensino fundamental e a ampliação dos níveis médio e superior, embora sem consenso quanto à opção municipalista (ABRUCIO, 2010, p. 59-60). Como parte dessa mobilização pelo ensino público, foi notável a criação do Fórum Nacional da Educação na Constituinte em Defesa do

---

[368] Decreto nº 88.374/1983.
[369] Em 1980, um terço da população em idade escolar estava fora da escola e 28% da população com idade igual ou superior a 15 anos era analfabeta ou tinha menos de um ano de estudo. Embora a ampliação do ensino obrigatório de quatro para oito anos remontasse a 1967, apenas 30% dos alunos matriculados no ensino fundamental em 1985 cursava entre a 5ª e a 8ª série. Em 1986, o PNAD apontou 20 milhões de pessoas analfabetas na população com idade igual ou superior a dez anos (BARRETTO, 1988, p. 13-14). As carências do ensino público refletiam-se ainda nas condições de exercício do magistério, com remuneração inferior ao salário mínimo em algumas localidades (BARRETTO, 1988, p. 14).

Ensino Público e Gratuito (PINHEIRO, 2014, p. 320), em abril de 1987, que reuniu entidades nacionais[370] em prol de uma plataforma comum. A década de 1980 marcou ainda o surgimento dos conselhos de secretários de educação, voltados à representação de interesses estaduais e municipais. No âmbito estadual, sucessivos esforços de articulação horizontal resultaram na criação do Conselho Nacional de Secretários de Educação (Consed),[371] que vocalizava reivindicações por maior descentralização de recursos e de programas.[372] Em 1986, criou-se a União Nacional dos Dirigentes Municipais de Educação (Undime), inicialmente mais próxima do governo central (SANO, 2008). Os vínculos entre Consed e Undime se fortaleceram a partir de 1987 e culminaram na formação de uma comissão conjunta para construir posições de consenso para a Constituinte (SANO, 2008, p. 192).

O setor privado, a seu turno, antagonizava medidas voltadas à maior regulação de suas atividades ou às restrições de acesso a recursos públicos. Dentro desse grupo, distinguiam-se um setor privado leigo e outro confessional, com pontos de convergência e de divergência em suas proposições. A oposição entre o setor público e o setor privado ficaria patente durante a Constituinte e em outras oportunidades em que o tema da destinação de recursos públicos para a educação voltou à baila.

Feita essa análise, o cenário que antecede a mudança da ordem constitucional pode ser assim retratado:

---

[370] Associação Nacional de Educação (Ande), Associação Nacional de Docentes do Ensino Superior (Andes), Associação Nacional de Profissionais de Administração da Educação (Anpae), Associação Nacional de Pós-Graduação e Pesquisa em Educação (Anped), Centro de Estudos Educação e Sociedade (Cedes), Federação Nacional de Orientadores Educacionais (Fenoe), União Brasileira de Estudantes Secundaristas (Ubes), Sociedade de Estudos e Atividades Filosóficas (Seaf), Confederação Geral dos Trabalhadores (CGT), Confederação dos Professores do Brasil (CPB), Central Única dos Trabalhadores (CUT), Ordem dos Advogados do Brasil (OAB), União Nacional dos Estudantes (UNE) e Federação das Associações dos Servidores das Universidades Brasileiras (Fasubra) (PINHEIRO, 2014, p. 320).

[371] O Consed foi antecedido pelo Conselho de Secretários de Educação do Brasil (Conseb), em 1981, e pelo Fórum de Secretários Estaduais de Educação, em 1983 (SANO, 2008, p. 169-170).

[372] Até 1993, a relação entre Consed e MEC seguiria marcada pelo "(...) choque entre duas visões distintas de relações intergovernamentais provocado pela transição democrática" (SANO, 2008, p. 179-180).

Quadro 21 – Cenário das políticas públicas de educação prévio à Constituição de 1988

Situação-problema	Modelo estratificado e mercadorizante da oferta educacional, caracterizado pela desigualdade na oferta de ensino público em território nacional e pela não universalização do ensino público de qualidade, resultando em elevadas taxas de analfabetismo e baixa escolaridade da população.
Diagnóstico situacional	Ausência de um padrão nacional de cobertura e de oferta da educação básica pública; Dualidade na oferta da educação básica, prestada por estados e municípios, com recursos financeiros e institucionais heterogêneos, sem articulação entre as redes de ensino; Crescente transferência de encargos educacionais a municípios sem recursos para se desincumbir desse ônus; Escassa atuação federal no ensino básico, concentrada em programas focalizados ou de apoio, executados de forma centralizada.
Solução hipotética	Universalização do ensino fundamental obrigatório e ampliação do acesso ao ensino médio, assegurada a gratuidade do ensino público em todas as etapas, acompanhada de descentralização de recursos e de programas.
Contexto normativo	Regimento Interno da ANC; Lei nº 5.692/1971: Diretrizes e Bases para o ensino de 1º e 2º graus; Normas reguladoras do financiamento da educação pública: a) vinculação de receitas tributárias; b) salário-educação.
Processo decisório	Elaboração constitucional.
Etapa atual do processo decisório	Início do processo de elaboração constitucional.
Arena institucional	Assembleia Nacional Constituinte.
Protagonistas	Grupos defensores do ensino público e gratuito.
Antagonistas	Grupos ligados ao ensino privado, leigo e confessional.
Decisores	Constituintes.
Recursos de barganha	Mobilização exercida pelos grupos em defesa da universalização do ensino público e gratuito; Mobilização exercida pelos grupos ligados ao ensino privado; Negociação em torno da exclusividade de recursos para o ensino público; Legado das políticas de educação: a) oferta descentralizada entre estados e municípios, com menor capacidade de coordenação da União; b) vinculação de receitas tributárias para manutenção e desenvolvimento do ensino; c) recursos do salário-educação.

Fonte: Elaboração própria a partir do quadro de Ruiz e Bucci (2019).

A próxima seção discute como foram travadas disputas na ANC, visando alterar o cenário jurídico-institucional das políticas públicas de educação.

5.2 A educação básica na Assembleia Nacional Constituinte

A regulamentação constitucional da educação despertou controvérsias ligadas à relação público-privado na provisão de serviços educacionais, ao grau de desmercadorização e de estratificação a ser conferido à educação pública – traduzido na recorrente discussão quanto à extensão da gratuidade do ensino – e ao acesso do setor privado a recursos públicos.

A defesa do ensino público foi vocalizada pelo Fórum Nacional da Educação na Constituinte em Defesa do Ensino Público e Gratuito (Fórum), que formulou a "Proposta Educacional para a Constituição"[373] (FAGNANI, 2005, p. 260). No outro polo, estavam a Federação Nacional de Estabelecimentos de Ensino (Fenen), representante do setor privado leigo, que formulara a "Proposta da Escola Particular para o Capítulo da Educação na Constituinte",[374] e as entidades representativas do setor

---

[373] O Fórum da Educação na Constituinte e em Defesa do Ensino Público e Gratuito (BRASIL, 1987e, p. 243-244) defendia: a) a educação baseada em princípios de democracia, liberdade de expressão, soberania nacional e respeito aos direitos humanos; b) o ensino público, gratuito e laico em todos os níveis de escolaridade; c) a aplicação anual mínima de 13% da receita tributária da União e 25% da receita tributária de estados, Distrito Federal e municípios na manutenção e desenvolvimento dos sistemas oficiais de ensino; d) a vedação à transferência de recursos públicos a estabelecimentos educacionais que não integrassem os sistemas oficiais de ensino; e e) a autorização para funcionamento de escolas particulares condicionada a padrões de qualidade e subordinação a normas ordenadoras da educação nacional, vedado o recebimento de recursos públicos por essas entidades e as isenções fiscais. Quanto ao desenho federativo da educação pública, estabeleceu-se que: f) caberia à União elaborar o Plano Nacional de Educação, com participação dos demais entes, e exercer função supletiva em relação a estados, Distrito Federal e municípios, para assegurar os meios necessários ao cumprimento da obrigatoriedade do ensino de primeiro grau; e g) lei posterior regulamentaria a responsabilidade dos estados e municípios na administração de seus sistemas de ensino e a participação da União, com vistas a assegurar padrões de qualidade.

[374] Aprovada em um congresso nacional, por 1.200 delegados, que representavam mais de 35 mil estabelecimentos particulares de ensino, a proposta da Fenen (BRASIL, 1987e, p. 213-214) preconizava: a) a educação como "direito natural de todos, inalienável e efetivo da família", assegurada pelo Estado e livre à iniciativa privada; b) a escolha, pela família, do gênero de educação a ser ministrado aos filhos; c) a gratuidade aos que provassem insuficiência de recursos, acrescentando que, no ensino de 2º e 3º graus, a gratuidade seria retribuída pelos beneficiários mediante prestação de serviços de interesse público; d) a imunidade das atividades educacionais e de ensino à tributação e à taxação parafiscal ou assemelhada; e)

privado confessional (FAGNANI, 2005, p. 261-262; NEPP, 1989, p. 392). O setor privado não era homogêneo, pois o segmento confessional reivindicava a qualidade de prestador de serviços educacionais de interesse público ("escolas públicas não estatais", "escolas comunitárias" e "escolas sem fins lucrativos"), mas comungava da oposição à destinação exclusiva de recursos públicos para a escola pública (FAGNANI, 2005, p. 262). Como observa Fagnani (2005, p. 261), a aspiração de que recursos públicos fossem canalizados ao setor privado transformou a Fenen na entidade que reivindicou os maiores percentuais de vinculação de recursos do orçamento para a educação.

Na primeira etapa da elaboração constitucional, a educação coube à Subcomissão de Educação, Cultura e Esportes, presidida por Hermes Zaneti e sob relatoria de João Calmon. A subcomissão era vinculada à Comissão da Família, da Educação, Cultura e Esportes, da Ciência e Tecnologia e da Comunicação.

As primeiras discussões da Subcomissão contaram com a manifestação de constituintes favoráveis às teses da escola pública, ainda sem contraponto por parte dos que defendiam o segmento privado (PINHEIRO, 2014, p. 330). As audiências públicas tiveram como principal tema a destinação de recursos públicos para ações e serviços de educação (PINHEIRO,[375] 1988 *apud* NEPP, 1989, p. 390), embora tópicos como a definição de educação, os deveres do Estado e os critérios de distribuição de recursos também tenham sido tratados. A maior parte das entidades se pronunciou favoravelmente às propostas do Fórum (NEPP, 1989, p. 393) e algumas dessas manifestações se detiveram na importância do papel da União no desenvolvimento do ensino básico e nos riscos de transferência de responsabilidades aos municípios sem os correspondentes recursos, frisando os maus resultados alcançados pela Lei nº 5.692/1971.[376]

Apesar da proeminência das posições favoráveis ao ensino público, o primeiro anteprojeto apresentado à Subcomissão incorporou predominantemente reivindicações do setor privado (NEPP,

---

que os estados e o Distrito Federal organizariam seus sistemas de ensino – com assistência técnica e financeira da União – e que a União organizaria os sistemas nos Territórios e os de âmbito federal, obedecidas diretrizes e bases da educação nacional; e f) a vinculação da receita resultante de impostos na manutenção e desenvolvimento do ensino no importe de 25% para a União e de 40% para estados, Distrito Federal e municípios.

[375] PINHEIRO, Maria Francisca. *O público e o privado na educação na Constituinte.* Texto apresentado na V Conferência Brasileira de Educação – CBE, 1988. p. 6-7.

[376] Nesse sentido, a manifestação de Elba Barreto, representante da Andes (BRASIL, 1987e, p. 48).

1989, p. 393; PINHEIRO, 2014, p. 330). Após a votação das emendas e do substitutivo, e sob intensa pressão da sociedade civil, o texto final (BRASIL, 1987e, p. 565-566) era mais próximo das propostas do Fórum (PINHEIRO, 2014, p. 330-332).[377]

Das disposições aprovadas pela Subcomissão, destacam-se a garantia do ensino fundamental a todos, a gratuidade do ensino público em todos os níveis (art. 2º, VI), a valorização do magistério (art. 2º, VII) e a fixação de conteúdo mínimo obrigatório para o ensino fundamental (art. 5º). Em relação ao desenho federativo da educação pública, previu-se que estados e Distrito Federal organizariam seus sistemas de ensino, ao passo que a União organizaria o sistema dos Territórios e, em caráter supletivo, o sistema federal (art. 10); os municípios teriam atuação prioritária no ensino fundamental (art. 10, §3º). O Plano Nacional de Educação visaria à articulação e ao desenvolvimento dos níveis de ensino e à integração das ações de todos os entes, para compatibilizar metas e recursos que levassem à erradicação do analfabetismo, à universalização do atendimento escolar e à melhoria da qualidade do ensino (art. 14). Quanto ao financiamento, assegurou-se a vinculação da receita resultante de impostos na manutenção e no desenvolvimento do ensino, no importe de 18% para a União e 25% para os demais entes (art. 11). Por fim, assegurou-se a liberdade de ensino à iniciativa privada, vedado o repasse de verbas públicas para a criação e manutenção de entidades de ensino privadas (art. 7).

Na Comissão da Família, da Educação, Cultura e Esportes, da Ciência e Tecnologia e da Comunicação, de maioria conservadora, controvérsias relacionadas não apenas à educação, mas a outras matérias sob competência da Comissão, levaram a um impasse na aprovação do anteprojeto (PILATTI, 2008, p. 133-143). Os dois substitutivos (BRASIL, 1987h e 1987j) apresentados pelo relator Artur da Távola foram rejeitados pelo bloco conservador e, por outro lado, a tentativa da Mesa de colocar em votação apenas os destaques foi obstruída pelo bloco progressista (PILATTI, 2008, p. 141-142). A não aprovação de anteprojeto pela Comissão foi comunicada à Comissão de Sistematização, acompanhada da proposta subscrita por 37 integrantes daquele órgão (BRASIL, 1987a, p. 2-47).

---

[377] Pinheiro (2014, p. 332) argumenta que a pressão exercida pela sociedade civil em torno das propostas favoráveis à escola pública influenciou o resultado alcançado na Subcomissão, de forma que "(...) mesmo com o apoio do relator da Subcomissão, do ministro da Educação e, em parte, do Conselho de Reitores às propostas do setor particular, as teses da escola pública foram aprovadas quase na íntegra".

Sem um texto-base aprovado na etapa anterior, a Comissão de Sistematização recuperou o anteprojeto da Subcomissão, com acréscimos das propostas produzidas pela Comissão Temática. Em relação ao anteprojeto da Subcomissão, o resultado guardava uma diferença crucial: a perda de exclusividade na destinação de recursos públicos para escolas públicas (art. 247). Quanto à repartição de competências, previu-se um regime de colaboração entre todos os entes – tal como previsto no primeiro substitutivo da Comissão Temática (BRASIL, 1987h) – e a prestação de assistência técnica e financeira da União aos demais entes para desenvolvimento de seus sistemas de ensino e atendimento prioritário à escolaridade obrigatória (art. 244, caput e §1º). Atribuiu-se aos municípios a atuação prioritária no ensino fundamental e pré-escolar (art. 244, §2º).

Na passagem para o Plenário, a gratuidade do ensino público voltou à baila. A Emenda Substitutiva nº 2P2044-0, proposta pelo Centrão, previa a obrigatoriedade e a gratuidade do ensino fundamental e sua progressiva extensão ao ensino médio (art. 240, I e II). Por outro lado, conservava a distribuição de competências e a previsão de recursos públicos para escolas comunitárias, confessionais ou filantrópicas, na forma estabelecida pela Comissão de Sistematização.

As negociações prévias ao primeiro turno de votação em Plenário levaram a uma proposta conjunta para o Capítulo da Educação, Cultura e Esportes (PINHEIRO, 2014, p. 343). O acordo assegurava a gratuidade do ensino público em todos os níveis e, em contrapartida, escolas públicas perdiam a exclusividade de recebimento de verbas públicas, admitindo-se a destinação desses recursos sob a forma de bolsas de estudo, na falta de vagas e cursos regulares na rede pública no local de residência do educando. Em segundo turno, não houve modificações de conteúdo.[378]

As disposições ao final aprovadas previram a expansão do ensino público obrigatório e gratuito, apoiada em um conjunto de garantias e princípios igualmente constitucionalizados. Nas novas bases, a política de educação passou a contar com três peças-chave: políticas nacionais orientadoras e planejadoras (LDB e PNE), descentralização, sobretudo pela municipalização, e regime de colaboração entre os níveis de governo (ABRUCIO, 2010, p. 40). Não houve, todavia, atribuição de

---

[378] Após o primeiro turno, o constituinte Florestan Fernandes apresentou a emenda supressiva nº 2T01338-8, visando obstar a destinação de recursos a escolas não públicas, a qual foi rejeitada (BRASIL, 1988a).

responsabilidades prioritárias aos estados, apenas aos municípios, a quem coube o ensino fundamental e pré-escolar (art. 211, §2º).

A par das conquistas em prol do ensino público, o resultado do processo constituinte trouxe pontos críticos, cujos efeitos seriam sentidos posteriormente. O desenho federativo da educação pública foi objeto de menor atenção (ARRETCHE, 2011, p. 138; NEPP, 1989, p. 388) e, conquanto o modelo de um sistema nacional não fosse estranho aos debates contemporâneos à ANC,[379] não encontrou força nas propostas então debatidas. Foram, então, mantidas as formas de organização da educação autônomas e desconectadas nos âmbitos federal, estadual e municipal (DUARTE, 2019, p. 943), sem enfrentamento do problema da dualidade de redes de ensino (ARRETCHE, 2011, p. 140) e sem ampliação do comprometimento da União com a educação básica.[380] Não menos importante é registrar a força dos grupos ligados à educação privada, exitosos ao impedir a destinação de recursos públicos exclusivamente para as redes públicas de ensino, o que abriu espaço para a competição entre segmentos públicos e privados por recursos públicos.

Mais uma vez, esse resultado não refletiu apenas a preferência dos constituintes, mas também as regras de regência da ANC. O texto voltado para a expansão e para o fortalecimento do ensino público obrigatório e gratuito, confeccionado na Subcomissão, criou as bases que seriam posteriormente recuperadas pela Comissão de Sistematização. Esse resultado inicial garantiu condições para negociação nas etapas subsequentes, limitando a incorporação das propostas ligadas ao segmento privado.

Promulgada a Constituição, implantar o regime de colaboração e imprimir algum grau de homogeneidade à oferta do ensino em território nacional exigiria transformar uma área em que as esferas de governo historicamente atuaram sem articulação e marcada por profundas desigualdades. A cooperação necessária para evitar choques ou ações descoordenadas que piorassem a qualidade da política (ABRUCIO, 2010, p. 60) exigiria o reposicionamento e a criação de

---

[379] *Vide*, a propósito, Barreto (1988, p. 20).

[380] Em tese, o compromisso da União com a educação básica poderia ser extraído da previsão contida no art. 60 do ADCT, segundo o qual, no primeiro decênio de vigência da Constituição, no mínimo 50% dos recursos vinculados à manutenção e ao desenvolvimento do ensino seriam destinados à eliminação do analfabetismo e à universalização do ensino fundamental. Porém, a União não poderia cumprir essa disposição, pois o pagamento de salários aos professores das universidades federais absorvia 75% dos gastos do MEC (GOLDEMBERG, 1993, p. 22 *apud* ARRETCHE, 2011, p. 139). Cf. GOLDEMBERG, José. *O repensar da educação no Brasil*. São Paulo: IEA/USP, maio 1993. (Coleção Documentos; Série Educação para a cidadania, nº 3). Mimeografado.

pontes que conectassem os vários entes federativos nas políticas educacionais. Porém, essa reformulação somente teria início na segunda metade da década de 1990.

5.3 De 1988 a 2006: definição da base normativa e início da implantação de um novo arcabouço jurídico-institucional

A definição e a implantação da política de educação nacional, em conformidade com a Constituição, contaram com um primeiro longo ciclo descendente que foi até 2006. Nesse interregno, oito anos transcorreram até que se completasse a definição da base normativa das políticas de educação, com a promulgação da Emenda Constitucional nº 14/1996 e da Lei de Diretrizes e Bases da Educação Nacional (Lei nº 9.394/1996), inovações que delimitaram melhor as responsabilidades educacionais dos poderes públicos e criaram os fundamentos normativos para a União atuar em um campo dominado por governos subnacionais (ABRAMO; LÍCIO, 2020, p. 83). Ainda nesse primeiro ciclo, houve um novo esforço de planejamento das políticas educacionais, por meio do Plano Nacional de Educação 2001-2010. As seções a seguir tratam desse primeiro ciclo.[381]

5.3.1 Ainda a "Torre de Babel"[382]

Entre 1988 e 1996, as relações entre os diferentes níveis de governo permaneceram em um padrão de autoridade independente,[383] com a organização e o funcionamento das redes de ensino sob a esfera de autonomia de cada ente (CURY, 2008, p. 1201). Sem uma arena institucional

---

[381] Embora promulgada depois da EC nº 14/1996, a LDB é abordada antes da emenda. Isso porque a tramitação dessa lei começou em 1988 e sua apresentação em primeiro lugar permite compreender como o tema da articulação federativa e de um possível sistema nacional foi evoluindo ao longo dos anos.

[382] A referência à "Torre de Babel" na educação básica vem de Oliveira (1998, p. 24): "No caso da educação básica, temos uma torre de Babel, protegida sobre o conceito politicamente conveniente de 'regime de colaboração'. Segundo esse conceito, as três instâncias da Federação podem operar (ou não) redes de ensino; podem financiar (ou não) a educação; e podem escolher onde desejam (ou não) atuar. Resultado: não existe uma instância do poder público que seja responsável (e responsabilizável) pela oferta (ou não) de ensino fundamental aos munícipes. Cada instância faz o que pode e o que quer, supostamente em regime de colaboração".

[383] Cf. *supra* 2.5.

e sem critérios claros de repasses de funções, a descentralização dependeu mais do jogo federativo do que da política educacional (ABRUCIO, 2010, p. 61) e a distribuição de recursos federais seguiu marcada por clientelismo e desprovida de uma estratégia clara de indução (ABRAMO; LÍCIO, 2020, p. 90). Como não houve programa federal de municipalização do ensino fundamental até 1996[384] (ARRETCHE, 2011, p. 141), a transferência de responsabilidades educacionais aos municípios e a articulação entre redes de ensino dependiam de iniciativas estaduais e, por conseguinte, "(…) da extrema variedade de orientações políticas, da disponibilidade de recursos humanos e financeiros e da forma como os sistemas de ensino estavam estruturados em cada unidade subnacional" (ALMEIDA, 1995, p. [12]).

À míngua de outros elementos unificadores e equalizadores do ensino público nacional, a garantia constitucional de aplicações mínimas de receitas tributárias na manutenção e desenvolvimento do ensino (CF, art. 212) levou à expansão dos gastos nas mais variadas direções, com baixa convergência entre as políticas subnacionais e desigual capacidade de gasto entre elas (ARRETCHE, 2015, loc. 2964-2968). Tampouco houve destinação preferencial de recursos para o ensino fundamental por parte das administrações municipais (ARRETCHE, 2011, p. 157). A discricionariedade dos estados e municípios na alocação dessas verbas, somada à desigualdade de arrecadação entre os entes, resultou em grande diversidade de investimentos, inclusive entre redes estaduais e municipais do mesmo estado (FRANZESE, 2010, p. 106). O reforço à heterogeneidade das redes de ensino criou distâncias ainda maiores para implantar o regime de colaboração e, por via de consequência, para efetivar o direito à educação em bases igualitárias.

As primeiras sinalizações em prol da cooperação federativa e da coordenação nacional na educação básica surgiram no governo de Itamar Franco e no primeiro mandato de Fernando Henrique Cardoso. Nesse período, foram elaborados documentos como o Plano Decenal de Educação para Todos (1993), o Pacto pela Valorização do Magistério e Qualidade da Educação (1994) e o Manifesto pela Educação (1995) (SANO, 2008). Em 1994, o Conselho Federal de Educação foi extinto

---

[384] Entre 1980 e 1994, inclusive, houve aumento da participação estadual nas matrículas, com redução do espaço dos municípios (ABRUCIO; COSTA, 1999, p. 150 *apud* ABRUCIO, 2010, p. 61). Cf. ABRUCIO, Fernando Luiz; COSTA, Valeriano Mendes Ferreira. *Reforma do Estado e o contexto federativo brasileiro*. São Paulo: Fundação Konrad Adenauer, 1999.

e suas atribuições foram transferidas ao CNE,[385] órgão dotado de atribuições normativas, deliberativas, de assessoramento e de monitoramento de múltiplos aspectos da política educacional, no ensino básico e no superior.[386] Houve ainda o aprimoramento do Sistema Nacional de Avaliação da Educação Básica (Saeb) e do Censo Escolar, medidas relevantes para o Ministério da Educação redefinir e fortalecer seu papel coordenador (SUMIYA, 2005, p. 78-80). Mas as transformações normativas que alavancaram a coordenação nacional da educação básica e procuraram fazer frente à desigual capacidade de gasto de estados, Distrito Federal e municípios vieram apenas em 1996.

5.3.2 A Lei de Diretrizes e Bases da Educação Nacional: uma oportunidade a menos para criação do SNE

O ano de 1996 marcou a promulgação da Lei de Diretrizes e Bases da Educação Nacional (Lei nº 9.394/1996), cuja discussão começou ainda em 1988, a partir do PL nº 1.258, de autoria do deputado Octávio Elísio.

A proposição dedicava um título ao Sistema Nacional de Educação, que articularia as redes federal, estadual, municipal e particular nos diferentes graus, modalidades e tipos de educação (art. 7º).[387] Previu-se a atuação supletiva da União para a superação de desigualdades e deficiências no Sistema Nacional de Educação (art. 10) e a atribuição, aos sistemas estaduais, da função de articular as redes estaduais, municipais e particulares, garantindo padrões mínimos de qualidade ao conjunto das unidades federadas (art. 8º, §2º). O arranjo mitigava a autonomia municipal, ao prever que a organização de seus sistemas de ensino deveria observar as normas definidas em cada unidade federada (art. 8º, §3º) e atribuir aos estados a autorização e a supervisão dos estabelecimentos municipais (art. 16º). A estrutura do sistema contaria ainda com órgãos normativos, deliberativos e de assessoramento, com destaque para o Conselho Nacional de Educação como órgão superior do SNE (art. 20 e seguintes).

Ainda na Câmara dos Deputados, o substitutivo apresentado pelo relator, deputado Jorge Hage, manteve o SNE como articulador dos

---

[385] Medida Provisória nº 661/1994 e reeditada diversas vezes até sua conversão na Lei nº 9.131/1995.

[386] Cf. Lei nº 9.131/1995, art. 7º, *caput* e §1º.

[387] As referências aos artigos consideram a proposição consolidada contida na terceira emenda do autor, apresentada em junho de 1989 (BRASIL, 1988c).

vários sistemas de ensino, com o objetivo de garantir a universalização da educação e seu padrão de qualidade em todo o território nacional (art. 9º). Ao lado do CNE, órgão normativo e de coordenação do sistema, previu-se o Fórum Nacional de Educação (FNE), instância consultiva e de articulação com a sociedade (art. 10). Por fim, frisam Lício e Pontes (2020a, p. 315), o substitutivo alterava o processo decisório da política educacional e se preocupava com a coordenação intergovernamental, ao prever um órgão normativo coordenador em cada sistema de ensino, com a participação de representantes federais nos órgãos estaduais e de representantes estaduais nos órgãos municipais (art. 15).

O projeto aprovado na Câmara dos Deputados alterava o título "Do Sistema Nacional de Educação" para "Da Organização da Educação Nacional", mas ainda previa que a educação nacional seria organizada sob forma sistêmica (art. 8º) e preservava o CNE (art. 23) e o FNE (art. 25) em seu desenho institucional.

No Senado Federal (PLC nº 101/1993), sob relatoria do senador Cid Sabóia de Carvalho, um novo substitutivo foi apresentado. O texto não mais previa a organização sob a forma sistêmica, apenas a articulação e a coordenação entre os diversos sistemas de ensino, a serem exercidas pelo CNE, como órgão normativo, e pelo Ministério responsável pela área, como órgão executivo e de coordenação (art. 8º). Todavia, a proposta foi suplantada pelo substitutivo do senador Darcy Ribeiro – ele próprio autor de outro projeto de LDB (PL nº 67/1992) –, apoiado pelo Poder Executivo (TOLEDO, 2019, p. 113-114). A prevalência do novo projeto levou a um capítulo mais enxuto quanto à organização da educação nacional e à restrição do conceito de "sistema" ao conjunto de instituições sob responsabilidade de cada nível de governo (LÍCIO; PONTES, 2020a, p. 315).

O texto aprovado contou, então, com o "Título IV – Da Organização da Educação Nacional" (art. 8º et seq.), que atribuiu a cada ente federativo a organização de seus respectivos sistemas de ensino, em regime de colaboração com os demais, e especificou as funções próprias, redistributivas e supletivas de cada um deles.

Em relação às competências atribuídas à União, destacam-se: a) a coordenação da política nacional de educação – competência não explicitada na Constituição –, a articulação dos diferentes níveis e sistemas, bem como o exercício da função normativa, redistributiva e supletiva em relação às demais instâncias educacionais (art. 8º, §1º); b) a elaboração do PNE, em colaboração com os demais entes (art. 9º, I);

c) a prestação de assistência técnica e financeira aos estados, ao Distrito Federal e aos municípios para o desenvolvimento de seus sistemas de ensino e o atendimento prioritário à escolaridade obrigatória, exercendo sua função redistributiva e supletiva (art. 9º, III); d) o estabelecimento, em colaboração com os demais entes, de competências e diretrizes para a educação infantil, o ensino fundamental e o ensino médio, que nortearão os currículos e seus conteúdos mínimos, de modo a assegurar formação básica comum (art. 9º, IV); e) a coleta, análise e disseminação de informações sobre educação (art. 9º, V); f) o processo nacional de avaliação do rendimento escolar no ensino fundamental, médio e superior, em colaboração com os sistemas de ensino, visando à definição de prioridades e à melhoria da qualidade do ensino (art. 9º, VI); g) a regulação, supervisão e avaliação do ensino superior (art. 9º, VII a IX); e h) a manutenção das instituições federais de ensino (art. 9º, II).

Em relação às responsabilidades educacionais dos estados, coube-lhes assegurar o ensino fundamental e oferecer, com prioridade, o ensino médio (art. 10, VI). Os estados ainda tiveram reconhecido seu papel coordenador de políticas educacionais, com competência para definir formas de colaboração com os municípios para a oferta do ensino fundamental e para elaborar e executar políticas e planos educacionais, integrando e coordenando suas ações com as dos municípios (art. 10, II e III).

Aos municípios, coube a oferta da educação infantil em creches e pré-escolas e, com prioridade, do ensino fundamental. Sua atuação em outros níveis de ensino foi condicionada ao atendimento pleno das necessidades de sua área de competência e ao emprego de recursos acima dos percentuais mínimos previstos pela Constituição (art. 11, V). Facultou-se a integração dos sistemas de ensino municipais aos sistemas estaduais ou a composição conjunta de um sistema único de educação básica (art. 11, parágrafo único).

No que se refere aos órgãos decisórios da educação, atribuiu-se ao CNE funções normativas e de supervisão (art. 9º, §1º), já sem a previsão do FNE, cabendo aos entes subnacionais a criação de seus próprios conselhos. Em relação aos estados, Distrito Federal e municípios, a LDB faz referência a "órgãos de educação" (arts. 17, IV e 18, III), "órgãos normativos" (arts. 28, parágrafo único, 51, 60 e 90) e "órgãos fiscalizadores" (art. 73).

A referida organização, contudo, revelou-se carecedora de uma estrutura que conferisse organicidade ao conjunto de sistemas.[388] Como afirmam Abramo e Lício (2020, p. 93), "(...) a LDB não chegou a racionalizar a ação conjunta dos entes federativos nem avançar na construção de um sistema orgânico ou de estruturas para concertação de ações" e, apesar das diversas referências à execução de ações "em regime de colaboração", manteve-se a indefinição sobre como operacionalizar essa cooperação (FRANZESE, 2010, p. 145). Dada a lacuna de mecanismos de articulação federativa, as interações entre os entes federativos ficaram dependentes de arranjos *ad hoc*, tornando a própria interação objeto de potenciais controvérsias.

Dessa forma, a especificação das competências de cada nível de governo – o que inclui, pela primeira vez, a definição clara do papel coordenador e articulador da União – foi o principal aspecto da LDB no que se refere às relações intergovernamentais (SUMIYA, 2005, p. 75). Porém, a estrutura organizacional e decisória da educação nacional favoreceu a continuidade de sistemas justapostos.

5.3.3 De volta à Constituição: a EC nº 14/1996 e a criação do Fundef

O ano de 1996 trouxe ainda o marco inaugural do regime de colaboração previsto pela Constituição (DUARTE; SANTOS, 2014, p. 1123), com a promulgação da EC nº 14.

A emenda alterou o art. 211 da Constituição para especificar as competências materiais de cada nível federativo na oferta da educação pública. Atribuiu-se à União o exercício da função redistributiva e supletiva, "(...) de forma a garantir equalização de oportunidades educacionais e padrão mínimo de qualidade do ensino mediante assistência técnica e financeira aos estados, ao Distrito Federal e aos municípios", a organização do sistema federal de ensino e o dos Territórios, bem como o financiamento das instituições de ensino públicas federais (§1º). Aos estados e ao Distrito Federal, atribuiu-se a atuação prioritária no ensino fundamental e médio (§3º) e, aos municípios, a atuação prioritária no ensino fundamental e na educação infantil (§2º). Previu-se

---

[388] Acerca das limitações para que o CNE cumpra esse papel, Bucci e Vilarino (2013, loc. 3237) ressaltam que, no sistema educacional, os Conselhos são "(...) mais um foco de edição de normas, com reduzido papel de articulação".

ainda a colaboração entre estados e municípios na organização dos seus sistemas de ensino, para assegurar a universalização do ensino obrigatório (§4º).

Mas a principal inovação promovida pela emenda se referiu ao financiamento do ensino fundamental. Visando reduzir assimetrias no gasto com essa etapa do ensino e dispondo de limitados instrumentos de indução das políticas subnacionais – uma vez que a indução por meio de transferências condicionadas seria mais custosa do que a aprovação de uma emenda constitucional, haja vista as restrições fiscais e o gigantismo da população beneficiária (ARRETCHE, 2015, loc. 2980-2989) –, o Poder Executivo adotou como estratégia prioritária a regulação do gasto subnacional, acompanhada do financiamento federal em caráter supletivo. Para tanto, criou-se o Fundo de Desenvolvimento e Manutenção do Ensino Fundamental e Valorização do Magistério, de vigência decenal, tendo por objetivo assegurar a universalização do ensino fundamental e a remuneração condigna do magistério (ADCT, art. 60, *caput*).

Regulamentado pela Lei nº 9.424/1996, o Fundef consistiu em um fundo de natureza contábil, formado pela subvinculação de recursos constitucionalmente destinados à manutenção e ao desenvolvimento do ensino (CF, art. 212). A operacionalização do arranjo se dava pela criação de um fundo em cada estado e no Distrito Federal, composto por 15% das seguintes receitas: ICMS (CF, art. 155, II), parcela do ICMS transferida aos municípios (CF, art. 158, IV), Fundo de Participação dos Estados e do Distrito Federal (CF, art. 159, I, a), Fundo de Participação dos Municípios (CF, art. 159, I, b), parcela do IPI transferida aos estados e ao Distrito Federal, proporcionalmente às respectivas exportações de produtos industrializados (CF, art. 159, II) (ADCT, art. 60, §§1º e 2º), e compensação financeira pela desoneração das exportações na forma da LC nº 87/1996 (Lei nº 9.424/1996, art. 1º, §2º).

Os recursos destinados aos fundos eram distribuídos aos estados e municípios proporcionalmente ao número de matrículas no ensino fundamental em suas respectivas redes, com destinação mínima de 60% do montante para pagamento de professores e professoras do ensino fundamental em efetivo exercício no magistério (ADCT, art. 60, §5º). A União, a seu turno, complementaria esses recursos de forma a garantir um valor mínimo por estudante, definido nacionalmente (ADCT, art. 60, §3º). Previu-se, ademais, que todos os entes ajustariam suas contribuições ao Fundef, "(…) de forma a garantir um valor por aluno correspondente a um padrão mínimo de qualidade de ensino, definido nacionalmente" (ADCT, art. 60, §4º).

A implantação do Fundef foi prevista para 1998, com possibilidade de antecipação pelos estados e pelo Distrito Federal, e perdurou até 2006. Sua efetivação promoveu o reposicionamento de todas as esferas federativas em relação ao ensino fundamental e mudou o padrão do financiamento federal desta etapa do ensino, que deixou de se restringir a programas focalizados e se voltou ao custeio da oferta regular do ensino. Além disso, destaca Franzese (2010, p. 113), "(...) a ideia de que cabe ao governo central a fixação de um piso nacional em uma área que é de responsabilidade subnacional, representa um grande salto rumo à homogeneização de parâmetros de bem-estar social ao longo do território".[389]

Os estados passaram a exercer função redistributiva, como cofinanciadores do ensino fundamental. Uma vez que a transferência de recursos acompanhava as matrículas dentro de cada estado, fossem elas vinculadas à rede estadual ou municipal, recursos estaduais poderiam ser deslocados para municípios que oferecessem vagas no ensino fundamental. O Fundef se revelou ainda um importante instrumento para os governos estaduais que tinham uma agenda de transferência dos serviços de ensino (GOMES, 2009, p. 679), potencializando a municipalização.

Os municípios também experimentaram transformações significativas. As capacidades estatais em âmbito municipal para a oferta do ensino fundamental foram fortalecidas com o recebimento de recursos e construção de uma nova rede de serviços, que demandou a estruturação das secretarias de educação e a construção de uma burocracia local voltada ao atendimento da nova rede (FRANZESE, 2010, p. 113-114). Além disso, a abertura de vagas no ensino fundamental significou a recuperação de parte dos recursos retidos no Fundef e a ampliação de créditos políticos dos prefeitos (FRANZESE, 2010, p. 108).

Por todos esses fatores, a criação do Fundef alterou os cálculos e as escolhas dos governos subnacionais (GOMES, 2008, p. 15) e efetivamente vinculou todos os entes federativos à agenda nacional de priorização da universalização e equidade no ensino fundamental (FRANZESE, 2010, p. 113). A uma, porque trouxe maior ordenação para a oferta do

---

[389] A ADI nº 1.749 discutiu perante o STF eventual incompatibilidade entre o Fundef e o princípio federativo, oposição rechaçada pela Corte na apreciação da Medida Cautelar (ADI nº 1749 MC, Relator: Min. Octavio Gallotti. Tribunal Pleno. Data da decisão: 18.12.1997. Diário da Justiça, 24.10.2003, p. 11). O mérito da ação não foi julgado.

ensino público fundamental, com a expansão e quase universalização de matrículas nessa etapa de ensino e elevação da taxa de escolarização líquida no ensino fundamental de 85,4% para 94,8%, entre 1996 e 2006 (FRANZESE, 2010, p. 110). A duas, porque incentivou a municipalização do ensino fundamental,[390] mediante expansão de redes próprias ou transferência de vagas da rede estadual (GOMES, 2009; VAZQUEZ, 2014), com aumentos reais nos repasses, superiores aos de expansão das redes (VAZQUEZ, 2014, p. 982). A três, porque incorporou às regras sobre financiamento da educação uma diretriz de equalização nacional do gasto anual por estudante, conferindo um sentido maior de equidade na concretização do direito subjetivo à educação.

Esses aspectos, contudo, coexistiram com pontos críticos que distanciaram a política de parte de seus objetivos iniciais. Conquanto o resultado prevalente desse arranjo de financiamento tenha sido a expansão da oferta municipal de vagas no ensino fundamental, alguns estados também buscaram a ampliação de suas vagas, em uma espécie de competição pelas matrículas e pelos recursos a elas correspondentes.[391] Onde isso ocorreu – e ausentes outros condicionamentos quanto à qualidade da oferta do ensino –, produziram-se mais diferenças entre as redes estadual e municipal.

Tampouco é possível reconhecer um efeito inequívoco e sincronizado de aprimoramento da carreira docente, aspecto que não pode

---

[390] Entre 1996 e 2006, o percentual de matrículas a cargo dos municípios foi de 37,12% a 60,25%. Nos estados, o caminho foi inverso: de 62,77% para 39,66% (FRANZESE, 2010, p. 109). Gomes (2008, 2009) defende que a municipalização do ensino não pode ser explicada apenas pelo Fundef, visto inexistir regra que priorize a distribuição de recursos aos municípios (GOMES, 2008, p. 11-12), e argumenta que, apesar da importância do Fundef para alterar os cálculos dos atores políticos, o interesse dos governos estaduais na transferência do ensino fundamental para os municípios é central para explicar o resultado dessa política (GOMES, 2009, p. 661). De qualquer maneira, como pondera Vazquez (2014, p. 981), mesmo admitindo que a mudança no financiamento não tenha sido o único motivo a desencadear o processo de municipalização da educação, o fundo foi um pré-requisito relevante, pois garantiu recursos adicionais para as novas matrículas.

[391] Sales e Silva (2013, p. 1284) relatam que: "No Piauí, era comum, nos primeiros anos do Fundef, as redes de ensino público responsáveis pela oferta do Ensino Fundamental veicularem propagandas com o objetivo de atrair novos alunos. Essa situação se configurou como uma disputa por alunos, envolvendo as redes municipais e estaduais". Arretche (2015, loc. 2994-3001) registra que "(...) *surveys* realizados em São Paulo e Salvador apontam que, em cada município, as duas redes públicas – estadual e municipal – adotavam prioridades e programas voltados para a educação inteiramente distintos, quanto a transporte escolar, uniforme dos alunos, condições de acesso aos equipamentos escolares, infraestrutura da escola e tempo de permanência dos alunos (Figueiredo *et al.*, 2006b; Figueiredo e Torres, 2006). É possível especular que essas ações diferenciadas sejam resultado da maior 'competição' entre as redes para angariar matrículas".

ser dissociado do caráter temporário do Fundef e dos riscos impostos aos entes subnacionais que assumissem compromissos financeiros com duração superior ao prazo de vigência do fundo. Nesse ponto, Toledo (2019, p. 127-131) registra a ausência de consenso nas pesquisas sobre os efeitos do Fundef na valorização do magistério e destaca a proliferação de gratificações, adicionais e abonos, mas não de planos de carreira. E conclui que "(...) apesar do discurso oficial, não se mostram convincentes as alegações de uma generalizada valorização remuneratória e de um efetivo estímulo à criação de planos de carreira, como efeitos diretos da sua implantação" (TOLEDO, 2019, p. 131).

Finalmente – e mais importante –, comportamentos unilaterais da União frustraram o objetivo original do Fundef de reduzir desigualdades interestaduais no ensino fundamental público.

A Lei nº 9.424/1996 previa a complementação dos recursos do Fundef pela União, para o atingimento do valor mínimo anual por aluno, definido nacionalmente (art. 6º) e estipulado em R$300 no primeiro ano de vigência da lei (§4º). Para os anos seguintes, esse mínimo anual seria fixado por ato do Presidente da República, em montante não inferior à razão entre a previsão da receita total para o Fundo e a matrícula total do ensino fundamental do ano anterior, acrescida da estimativa de novas matrículas (§1º). Portanto, a equalização nacional do gasto por estudante ocorreria a partir da apuração de um valor médio nacional.

Porém, a previsão legal não se cumpriu. A partir de 1999, o valor mínimo anual foi congelado em R$315 por aluno (SENA, 2017, p. 276) e, exceto em 2004, os reajustes foram inferiores ao crescimento das receitas do fundo (VAZQUEZ, 2014, p. 984).[392] Ao final da vigência do Fundef, a complementação federal representava 1% do valor total do fundo e, em 2006, beneficiou apenas dois estados da federação (SENA, 2017, p. 277). A progressiva defasagem do valor mínimo nacional[393] reforçou a sobrecarga dos entes com menores condições de financiar ações e serviços educacionais, que tiveram que custear a oferta do ensino fundamental após a expansão das matrículas em suas redes (VAZQUEZ, 2014, p.

---

[392] A conduta da União ensejou o ajuizamento de uma ADPF e de diversas Ações Cíveis Originárias (ACOs) em face da União, por meio das quais os estados discutiram o cálculo da complementação federal ao Fundef (cf. ADPF nº 71/DF, ACO nº 648/BA, ACO nº 658/PE, ACO nº 660/AM, ACO nº 661/MA, ACO nº 669/SE, ACO nº 683/CE, ACO nº 700/RN, 701/AL, ACO nº 718/PA e ACO nº 722/MG).

[393] Sobre as perdas advindas dessa alteração de critérios de cálculo da complementação federal, Davies (2006, p. 757) estima que os valores não aplicados pelo governo federal no Fundef superaram R$30 bilhões.

985), estimulada pelas regras do Fundef – e que supunham o aporte financeiro da União em consonância com as normas promulgadas.

Como consequência, salvo em situações extremas de subfinanciamento, a redução de desigualdades interestaduais, por meio dos repasses federais, foi frustrada pela defasagem da complementação. Ainda assim, o Fundef teve os méritos de inaugurar um modelo de financiamento calcado no regime de colaboração entre os diversos níveis federativos e de caminhar no sentido de maior articulação intergovernamental para o custeio do ensino fundamental. Além disso, essa primeira reforma teve o efeito de impulsionar demandas por maior participação financeira da União (DUARTE; SANTOS, 2014, p. 1123), o que influenciou a construção do Fundeb em 2006.

5.3.4 O Plano Nacional de Educação 2001-2010

Sob a nova ordem constitucional, a Lei nº 10.172/2001 incorporou ao ordenamento jurídico o primeiro Plano Nacional de Educação (PNE 2001-2010), com vigência até 2010, cuja função seria a de articular e desenvolver o ensino em seus diversos níveis, além de integrar as ações do poder público (CF, art. 214, redação original).

As discussões legislativas quanto a esse instrumento tiveram início com o PL nº 4.155/1998, encabeçado pelo deputado federal Ivan Valente. Elaborado pela Comissão Organizadora do II Congresso Nacional de Educação (II Coned), o documento refletiu discussões realizadas em congressos (Coneds I e II), seminários e debates (BRASIL, 1998, v. 1, p. 7). O projeto retomou a criação do SNE, composto pelos sistemas de cada esfera federativa e por outras instituições, públicas e privadas, prestadoras de serviços educacionais em todos os níveis de ensino. Esse arranjo teria o FNE como instância máxima de deliberação e o CNE como órgão normativo e de coordenação superior do sistema.

Em seguida, o Poder Executivo federal encaminhou sua própria proposta de PNE (PL nº 4.173/1998), apensada à proposição original. A proposta consolidava discussões em âmbito estatal, envolvendo entidades profissionais, administrações locais, Consed e Undime (TOLEDO, 2019, p. 181). Um dos pontos criticados desse projeto, apontado pela Anped, foi a atribuição aos estados e municípios da maior parte das responsabilidades pelo atingimento das metas, com a omissão do papel da União, e a não contemplação do sistema nacional, reivindicado pela área (AGUIAR, 2010, p. 711).

O PL nº 4.155/1998 perdeu força ainda na Câmara dos Deputados. O substitutivo elaborado pelo relator, deputado Nelson Marchezan, tomou por base o PL nº 4.173/1998, qualificado como mais realista e portador de metas mais viáveis (BRASIL, 1998a, p. 355). As emendas que visavam à organização do SNE foram rejeitadas, sob o fundamento de que a questão já havia sido dirimida na tramitação da LDB. Esse ponto não foi alterado no Senado.

O Plano contava com diagnóstico, diretrizes, objetivos e metas detalhadas para cada nível e modalidade de ensino, mas essas metas não levaram em conta o ritmo das melhorias educacionais anteriores, tampouco relacionaram as ações que seriam implementadas para o alcance delas (ABRAMO; LÍCIO, 2020, p. 93). Além disso, recaíram vetos sobre nove dispositivos do texto aprovado pelo Congresso Nacional,[394] a maioria deles tendo por objeto o financiamento, incluindo a elevação dos gastos públicos em educação, de forma a atingir o mínimo de 7% em relação ao PIB.

Com isso, o cumprimento das metas restou inviabilizado e, como concluem Abramo e Lício (2020, p. 94) "(…) o potencial organizador e condutor do PNE 2001-2011 como instrumento capaz de promover a coordenação da política não se revelou na prática".[395] Uma vez mais, portanto, a produção normativa no âmbito da educação se afastou da proposta de um sistema nacional e do aprimoramento das estratégias de articulação federativa que pudessem contribuir para maior entrelaçamento entre os níveis de governo.

Nesses termos, o primeiro ciclo de implantação da política de educação sob a égide da Constituição de 1988 se encerrou com um modelo incipiente de colaboração entre os entes federativos, mas relevante para a expansão e municipalização do ensino fundamental público, que seria desenvolvido nos anos subsequentes. Ainda assim, a baixa articulação entre os diversos níveis de governo e a dispersão de ações persistiam como óbices à superação de desigualdades em matéria educacional e à melhoria da qualidade do ensino.

---

[394] Mensagem de Veto nº 9/2001.
[395] Apesar do insucesso quanto ao alcance das metas, duas contribuições podem ser ressaltadas como legado do PNE. A primeira foi a de servir como referência para a adoção de políticas públicas em todas as esferas de governo (MARTINS, 2015, p. 167). A segunda consistiu na oportunidade de aprendizado aos atores envolvidos, valiosa para a elaboração do PNE seguinte (TOLEDO, 2019, p. 185).

5.4 De 2006 a 2008: um novo compromisso da União

O período de 2006 a 2009 marcou uma etapa de reformas na política educacional que reforçou o comprometimento da União com a educação básica. Mantidas as rotas iniciadas pela EC nº 14/1996, o período se caracterizou pela diversificação e pela ampliação dos instrumentos mobilizados no período anterior e, de igual forma, pela ampliação das funções supletiva e redistributiva da União na condução da política nacional (ABRAMO; LÍCIO, 2020, p. 83). As próximas seções tratam das duas inovações que traduzem esse reposicionamento: o Fundo de Manutenção e Desenvolvimento da Educação Básica e de Valorização dos Profissionais da Educação e o Plano de Ações Articuladas (PAR).

5.4.1 O Fundeb: o reforço ao modelo de financiamento

A discussão em torno de um arranjo de financiamento sucessor do Fundef remonta à década de 1990 e levou à apresentação de diversas PECs.[396] Já no início do primeiro mandato do governo Lula, o Poder Executivo promoveu debates a esse respeito, dialogando com representantes de governos subnacionais – mobilizados pelo Consed e pela Undime – e da sociedade civil (ABRUCIO, 2010; SANO, 2008; MARTINS, 2015; TOLEDO, 2019). Essa interlocução – que contrastou com a construção do Fundef, na qual estados e municípios exerceram um papel mais "homologatório" da proposta do Executivo (SANO, 2008, p. 214) – resultou na PEC nº 415/2005, proposta pelo Executivo.

No Congresso Nacional, as propostas para o novo fundo foram objeto de intensa negociação, com a formação de coalizões suprapartidárias para alterar a proposta do governo (TOLEDO, 2019, p. 132). O debate contou com o movimento social reorganizado a partir dos congressos nacionais de educação (Coneds) e com a Campanha Nacional pelo Direito à Educação (CNDE)[397] (MARTINS, 2015, p. 171). O Consed e a Undime se mobilizaram tanto pela aprovação do Fundeb quanto pela solução do ponto de divergência entre as duas entidades: a inclusão das creches públicas e conveniadas nos cálculos do novo fundo, que

---

[396] Cf. PEC nº 536/1997 (autoria: Valdemar Costa Neto), PEC nº 112/1999 (autoria: Padre Roque), PEC nº 312/2000 (autoria: Carlos Alberto Rosado), PEC nº 415/2001 (autoria: Inácio Arruda), PEC nº 190/2003 (autoria: Maurício Rabelo), PEC nº 216/2006 (autoria: Carlos Abicalil e outros) e PEC nº 105/2003 (autoria: Janete Capiberibe).

[397] Sobre a CNDE, *vide* Martins (2014, p. 23).

elevaria as matrículas na rede municipal e era defendida pela Undime (SANO, 2008, p. 212).

A mobilização resultou na EC nº 53/2006, que criou o Fundo de Manutenção e Desenvolvimento da Educação Básica e de Valorização dos Profissionais da Educação,[398] com duração de 14 anos. Em um percurso de mudanças incrementais que aprofundaram e reforçaram escolhas institucionais prévias, o Fundeb manteve a lógica do Fundef de regulação do gasto subnacional e de complementação provida pela União. Ao mesmo tempo, acoplou a esse arranjo as respostas a dois pontos críticos do antecessor: o atendimento a apenas uma etapa da educação básica (ensino fundamental) e o baixo comprometimento federal com o aporte de recursos ao fundo.

No novo formato, o Fundeb se voltou para a manutenção e desenvolvimento de toda a educação básica, de acordo com metas de universalização definidas no PNE (ADCT, art. 60, III). Por conseguinte, a destinação mínima de 60% de cada fundo para a remuneração do magistério passou a alcançar profissionais de toda a educação básica em efetivo exercício (ADCT, art. 60, XII). Previu-se, ademais, a edição de lei específica para tratar do piso do magistério na educação básica (ADCT, art. 60, III, "e").

A ampliação do escopo da política foi acompanhada da elevação de suas fontes de receita, que passaram a corresponder a 20% das seguintes receitas (Lei nº 11.494/2007, art. 3º, §1º): ITCMD (CF, art. 155, I), ICMS (CF, art. 155, II), IPVA (CF, art. 155, III); parcela dos impostos instituídos pela União no exercício de competência residual, transferida aos estados e ao Distrito Federal (CF, art. 157, II); parcela do ITR transferida aos municípios (CF, art. 158, II); parcela do IPVA transferida aos municípios (CF, art. 158, III); parcela do ICMS transferida aos municípios (CF, art. 158, IV); Fundo de Participação dos Estados e do Distrito Federal (CF, art. 159, I, a); Fundo de Participação dos Municípios (CF, art. 159, I, b); parcela do IPI transferida aos estados proporcionalmente às respectivas exportações de produtos industrializados (CF, art. 159, II); e compensação financeira pela desoneração das exportações na forma da LC nº 87/1996.

A União permaneceu na função de suplementar o financiamento nas hipóteses em que, nos estados ou no Distrito Federal, o valor por aluno não alcançasse o mínimo definido nacionalmente (ADCT, art. 60, V). Como fruto da reação das pressões da sociedade civil (DUARTE,

---

[398] Regulamentado pela MP nº 339/2006, convertida na Lei nº 11.494/2007.

2019, p. 963-964) aos comportamentos unilaterais que mitigaram a participação federal no Fundef, a complementação paga pela União foi majorada e passou a seguir um critério fixo: 10% do total transferido pelos demais entes,[399] a partir do quarto ano de vigência dos fundos, precedido de um período de elevação escalonada (ADCT, art. 60, VII; Lei nº 11.494/2007, art. 6º). Do valor dessa complementação, 10% poderiam ser destinados a programas de melhoria de qualidade da educação (ADCT, art. 60, VI).

Segundo Bucci e Vilarino (2013, loc. 2894-2897), o aumento do aporte financeiro da União alterou o padrão do relacionamento federativo, "(...) visto que a União deixou de enunciar, apenas nominalmente, a sua participação na Educação Básica e passou a exercer responsabilidade ativa, comprometendo-se com o seu financiamento". Nessa medida, contribuiu para reduzir desigualdades regionais na oferta educacional, aproximando os valores investidos pelos diferentes estados (DUARTE; MELO, 2018, p. 74), ainda que o papel redistributivo tenha continuado a ser desempenhado sobretudo pelos estados (DUARTE; MASCARENHAS, 2018, p. 55). Além disso, possibilitou a adoção do Piso Salarial Profissional Nacional (PSPN)[400] para profissionais do magistério público da educação básica, por meio da Lei nº 11.738/2008, um avanço na regulação nacional da carreira docente, cuja constitucionalidade foi reconhecida pelo STF,[401] mas que ainda encontra limitações ao seu integral cumprimento.[402]

Ainda para a discussão que interessa a este trabalho, a aprovação e a regulamentação do Fundeb trouxeram consigo uma importante mudança organizacional: a instituição da Comissão Intergovernamental de Financiamento para a Educação Básica de Qualidade (Comissão Intergovernamental do Fundeb). A Comissão é composta por um

---

[399] A definição do percentual mínimo de participação federal contrariou a pretensão do governo, que era a de estabelecer valores fixos (MARTINS, 2014, p. 16).

[400] A Portaria MEC nº 618/2015 criou o Fórum Permanente para acompanhamento da atualização progressiva do valor do piso salarial nacional para os profissionais do magistério público da educação básica, tendo por objetivos: a) propor mecanismos para obter e organizar informações sobre o cumprimento do piso pelos entes federativos, bem como sobre os planos de cargos, carreira e remuneração; e b) acompanhar a evolução salarial por meio de indicadores da Pesquisa Nacional por Amostra de Domicílios (art. 1º, I e II). O Fórum é composto por representantes do Ministério da Educação, representantes estaduais e municipais indicados, respectivamente, pelo Consed e pela Undime, e profissionais da educação pública básica, indicados pela Confederação Nacional dos Trabalhadores em Educação (CNTE).

[401] Cf. ADIs nº 4.167 e ADI nº 4.848.

[402] Sobre o percentual de estados e municípios que cumprem a Lei nº 11.738/2008, vide Toledo (2019, p. 145).

representante do Ministério da Educação, um representante dos secretários estaduais de educação de cada uma das cinco regiões político-administrativas do Brasil, indicado pelo Consed, e um representante dos secretários municipais de educação de cada uma das cinco regiões político-administrativas do Brasil, indicado pela Undime (Lei nº 11.494/2007, art. 12). Com competências para a fixação de critérios para distribuição de recursos do Fundeb (Lei nº 11.494/2007, art. 13, I e II), esse colegiado foi a primeira estrutura de pactuação federativa dentro da organização nacional da educação.

Assim, o Fundeb contribuiu para sedimentar um modelo de colaboração marcado pela ampliação das funções coordenadora, redistributiva e supletiva da União, bem como pela função redistributiva desempenhada pelos estados. Além disso, estruturou as políticas de educação básica em função de dois pilares: o valor do investimento por estudante e a valorização da carreira docente. Em torno do arranjo inaugurado pelo Fundef e aperfeiçoado pelo Fundeb, organizaram-se interesses e preferências dos entes subnacionais e da sociedade civil, que acabaram por se tornar importantes coalizões de defesa desse mecanismo.

5.4.2 O Plano de Desenvolvimento da Educação e o Plano de Ações Articuladas

Em 2007, foi lançado o Plano de Desenvolvimento da Educação (PDE), um conjunto de 30 ações com o objetivo principal de melhorar a qualidade da educação brasileira em todos os níveis e modalidades (TERTO; CASTRO; SANO, 2017, p. 397). Tendo como um de seus pilares uma visão sistêmica da educação, o Plano buscou "(...) reconhecer as conexões intrínsecas entre educação básica, educação superior, educação tecnológica e alfabetização e, a partir dessas conexões, potencializar as políticas de educação de forma a que se reforcem reciprocamente" (HADDAD, 2008, p. 7). Nesse percurso, tinha como propósitos superar a fragmentação na atuação do MEC e propiciar a articulação interfederativa (TOLEDO, 2019, p. 251).

O carro-chefe do PDE foi o Plano de Metas Compromisso Todos pela Educação[403] (SAVIANI, 2007, p. 1233), instituído pelo Decreto nº 6.094/2007. O Compromisso Todos pela Educação visa conjugar

---
[403] A denominação alude ao Movimento Todos pela Educação (MTPE) que influenciou a elaboração do programa (MARTINS, 2015, p. 171-172). Sobre a origem, composição e objetivos do MTPE, vide Martins (2014, p. 24).

esforços de todos os níveis federativos, das famílias e da comunidade em prol da melhoria da qualidade da educação básica (art. 1º). Para tanto, fixou diretrizes de atuação da União (art. 2º); estipulou o Índice de Desenvolvimento da Educação Básica (Ideb) para aferição da qualidade da educação básica (art. 3º);[404] possibilitou a adesão voluntária de estados, Distrito Federal e municípios aos termos do Compromisso (art. 5º); e previu a assistência técnica e financeira pela União aos entes que aderissem ao Compromisso.

A assistência do governo federal foi organizada em quatro eixos (gestão educacional, formação de professores e profissionais de serviços e apoio escolar, recursos pedagógicos e infraestrutura física) e condicionada à elaboração do Plano de Ações Articuladas, um conjunto articulado de ações voltadas ao cumprimento de metas e à observância das diretrizes do Compromisso (arts. 3º, parágrafo único, 8º e 9º). A elaboração do PAR contava com uma etapa de diagnóstico do sistema local, seguida da elaboração do Plano de vigência quadrienal, conferindo-se prioridade de atendimento e apoio técnico aos municípios com piores indicadores segundo o Ideb (arts. 8º, §2º, e 9º, §§1º e 2º). Formalizado o termo de convênio ou de cooperação com base no PAR, os repasses financeiros foram condicionados ao cumprimento das metas estabelecidas no compromisso, monitoradas com base no Ideb.

O PAR alcançou a adesão de 100% dos estados e municípios (BUCCI; VILARINO, 2013, loc. 2944-2945) e, ao longo de sua implementação, ganhou autonomia em relação ao PDE, convertendo-se no principal instrumento de planejamento e de transferências voluntárias de recursos federais para a atuação básica (FERNANDES; NOGUEIRA, 2020, passim). A partir de 2012, o PAR passaria a contar com suporte em lei ordinária, a qual previu ainda um Comitê Estratégico, com participação do Consed e da Undime, com o objetivo de definir, monitorar e revisar ações, programas e atividades destinatários do apoio técnico ou financeiro da União (Lei nº 12.695/2012, art. 3º). Assim, a assistência técnica e financeira prestada pela União por meio do PAR passou a contar com a previsão de uma estrutura de articulação dedicada à definição das ações prioritárias.

---

[404] Elaborado pelo Instituto Nacional de Estudos e de Pesquisas Educacionais Anísio Teixeira (Inep), o Ideb é apurado a partir de dados referentes ao rendimento escolar e desempenho dos alunos. Para tanto, utiliza-se do censo escolar e do Saeb, este último composto pela Avaliação Nacional da Educação Básica (Aneb) e pela Avaliação Nacional do Rendimento Escolar (Prova Brasil) (Decreto nº 6.094/2007, art. 3º).

O referido instrumento constituiu uma inovação relevante para promover a conformidade das políticas subnacionais às prioridades nacionais para aprimoramento da educação básica. O apoio à atividade de planejamento dos municípios com menor Ideb permitiu o atendimento às localidades que, com menores recursos técnicos e financeiros, encontravam mais dificuldades para cumprir os requisitos para o recebimento de transferências voluntárias[405] (GRIN, 2016; FERNANDES; NOGUEIRA, 2020). Além disso, as medidas voluntárias de apoio técnico e financeiro da União foram canalizadas para um instrumento de vigência plurianual, apto a evitar a dispersão e a descontinuidade de iniciativas.

Dessa forma, reconhece-se no PAR uma medida de aprimoramento do regime de colaboração, pelo reforço ao papel indutor exercido pela União. Por outro lado, como enfatizam Terto, Castro e Sano (2017, p. 404), não se trata de um instrumento que, isoladamente, possa efetivar a colaboração intergovernamental no campo educacional, uma vez que essa colaboração vai além da coordenação e requer decisões e atuação conjunta.[406] O ponto destacado pelos autores remete ao fato de que, embora previamente discutidos com a Undime e com o Consed, a formulação do PDE e do PAR não se fez por meio de pactuação federativa (GRIN; ABRUCIO, 2018, p. 101), o que novamente lança luzes para a carência de estruturas destinadas à tomada de decisões conjunta na educação nacional.[407]

A criação e a implementação do PAR encerram o segundo (e breve) ciclo descendente de implantação da política de educação. Nesse ciclo, o regime de colaboração avançou por força do Fundeb e do PAR, que reforçaram as funções coordenadora, supletiva e redistributiva da União na educação básica e, além disso, inauguraram instâncias de negociação federativa para tratar de temas específicos dessas duas políticas. A proposta de um Sistema Nacional de Educação encontrou um ambiente bastante diverso em relação às ocasiões anteriores em que o tema entrou na pauta do Poder Legislativo, o que permitiu novas alterações normativas e o início de uma nova fase da política educacional.

---

[405] Grin (2016, p. 231-232) registra que, em 2007, havia 1.242 localidades com Ideb inferior à média nacional que, em sua maioria, nunca haviam recebido transferências voluntárias.

[406] Acerca dos limites do PAR para induzir o desenvolvimento de capacidades estatais nas secretarias municipais de educação, *vide* Grin (2016, p. 242-255).

[407] *Vide*, a propósito, Grin (2016, p. 227-242), Grin e Abrucio (2018, p. 101-104) e Sano (2008, p. 224-225).

5.5 De 2009 a 2015: um novo pacto federativo no horizonte da educação básica

A principal inflexão das políticas educacionais, no sentido de reorganização da educação pública nacional, ocorreu em 2009. Na esteira das medidas descritas nas seções anteriores e de seus *feedbacks*, a proposta do Sistema Nacional de Educação foi retomada e resultou na aprovação da EC nº 59/2009. Também na perspectiva de construção do sistema, foi aprovado o PNE 2014-2024. Essas duas transformações são objeto das seções a seguir.

5.5.1 A Emenda Constitucional nº 59/2009

A proposta de alteração da Constituição para tratar do SNE foi apresentada no bojo da PEC nº 277/2008[408] que tramitava na Câmara dos Deputados. O objeto inicial da PEC era restrito à progressiva redução do percentual da DRU incidente sobre recursos destinados à manutenção e ao desenvolvimento do ensino. Na Câmara dos Deputados, constituiu-se uma Comissão Especial para examinar a proposta, sob relatoria do deputado federal Rogério Marinho.

Após a realização de audiência pública com participação do ministro da educação, o relator da Comissão apresentou substitutivo que ampliava o escopo da PEC e incluía a organização do SNE. Segundo Farenzena (2010, p. 202-203), tudo indica que esses novos dispositivos resultaram das propostas do Ministério da Educação levadas à audiência pública, as quais já circulavam pelo país no período. Retomando a referência de Clune (1983), reconhece-se aqui a influência exercida por um dos atores da política educacional visando modificar a base normativa dessa política.

O texto elaborado pela Comissão Especial se manteve nas demais etapas do processo legislativo (FARENZENA, 2010) e resultou na EC nº 59/2009.

No que tange à dimensão substantiva das políticas educacionais, a emenda alterou o art. 208 da Constituição para tornar a educação básica obrigatória entre os quatro e os 17 anos de idade (inciso I) e assegurar programas suplementares de atendimento ao educando em todas as etapas da educação básica (inciso VII).

---
[408] PEC originada no Senado Federal (PEC nº 96/2003).

Na dimensão estruturante, previu-se a colaboração entre todos os níveis federativos, para assegurar a universalização do ensino obrigatório (CF, art. 211, §4º), ampliando a previsão anterior, que se referia apenas a estados e municípios. E, ponto central para o tema deste trabalho, o *caput* do art. 214 da Constituição foi alterado para prever a organização de um Sistema Nacional de Educação, articulado por meio do Plano Nacional de Educação, alcançando todos os níveis, etapas e modalidades de ensino. Nesse novo regramento, o PNE foi alçado à categoria de plano de Estado, e não de governo, tanto pela sua duração decenal quanto pela função de articular o sistema (MARTINS, 2015, p. 168) – função que lhe havia sido negada na elaboração do PNE 2001-2010.

No que se refere à dimensão instrumental das políticas em exame, houve alterações nas regras sobre financiamento. Determinou-se a priorização de atendimento às necessidades do ensino obrigatório, quanto à universalização, garantia de padrão de qualidade e equidade (CF, art. 212, §3º). E, quanto ao volume desses recursos, foram previstas metas de aplicação de recursos públicos em educação proporcionais ao PIB (CF, art. 214, VI) e a progressiva extinção da DRU no que toca às verbas previstas no art. 212 da Constituição (ADCT, art. 76, §3º).

Constitucionalizado o SNE, surgiu o desafio de mobilizar agentes governamentais e não governamentais na reconfiguração jurídico-institucional da educação pública. As Conferências Nacionais de Educação (Conaes) de 2010,[409] 2014 e 2018 tiveram o SNE como tema central (LÍCIO; PONTES, 2020a, p. 311). O Poder Executivo criou a Secretaria de Articulação com os Sistemas de Ensino (Sase), encarregada de estimular a ampliação do regime de cooperação entre os entes federados, apoiando o desenvolvimento de ações para a criação de um Sistema Nacional de Educação (Decreto nº 7.480/2011, art. 31, I).[410] Além disso, foram apresentados diversos projetos de lei visando regulamentar esse

---

[409] Na Conae 2010, ressurgiu a reivindicação de criação do Fórum Nacional de Educação, como instância de interlocução entre Estado e sociedade civil, o qual foi instituído pela Portaria MEC nº 1.407/2010, "(...) com a finalidade de coordenar as conferências nacionais de educação, acompanhar e avaliar a implementação de suas deliberações, e promover as articulações necessárias entre os correspondentes fóruns de educação dos Estados, do Distrito Federal e dos Municípios". (art. 1º). O PNE 2014-2024 dispôs sobre as atribuições do FNE e sobre a realização das Conaes em seu art. 6º.

[410] Atribuição transferida para a Secretaria de Educação Básica em 2019 (cf. Decretos nº 9.665/2019 e 10.195/2019).

sistema.[411] A próxima etapa desse percurso viria com a aprovação de um novo PNE.

5.5.2 O Plano Nacional de Educação 2014-2024

Às vésperas do termo final de vigência do PNE 2001-2010, o Poder Executivo encaminhou ao Congresso Nacional a proposta do plano para o decênio seguinte (PL nº 8.035/2010). Após quase quatro anos de tramitação,[412] o Congresso Nacional aprovou o Plano Nacional de Educação, com vigência até 2024 (PNE 2014-2024), sancionado e promulgado sob a Lei nº 13.005/2014.

O PNE 2014-2024 se organiza em torno de dez diretrizes e 20 metas, cada uma contendo específicas estratégias de efetivação. Entre elas, Sena (2017) identifica duas estratégias estruturantes para o sucesso do Plano: a criação do SNE (art. 13 e estratégia 20.9), "(...) responsável pela articulação entre os sistemas de ensino, em regime de colaboração, para efetivação das diretrizes, metas e estratégias do Plano Nacional de Educação" (art. 13), e a adoção do Custo Aluno-Qualidade, o CAQ (estratégias 20.6 a 20.8 e 20.10).

A criação do SNE representa a definição de uma política estruturante de caráter permanente para a educação pública nacional. Partindo da caracterização de sistemas de políticas públicas apresentado no início deste trabalho,[413] pode-se vislumbrar que a adoção desse modelo impõe transformações no desenho federativo das políticas de educação, no que toca à repartição de responsabilidades, à padronização de oferta de serviços educacionais, ao cofinanciamento e à criação de estruturas de articulação federativa. Todas essas questões deveriam ter suas linhas mestras traçadas pela lei a ser editada no prazo de dois anos.

Aqui é necessário pontuar um impasse na relação entre o SNE e o PNE. Como previsto pela Constituição, a articulação do SNE foi atribuída ao PNE, que, por sua vez, remeteu a criação do sistema a legislação complementar. Porém, como aponta Duarte (2019, p. 953), a previsão de que o PNE articulará o SNE traz consigo uma dificuldade prática, pois "(...) sem o sistema – que tem caráter permanente e deveria preceder o plano – o cumprimento das metas do PNE fica

---

[411] Cf. *infra* 5.8.
[412] Sobre a elaboração do PNE 2014-2024, especialmente no que toca ao financiamento, cf. Martins (2015).
[413] Cf. *supra* Introdução, tópico 5.

prejudicado, pois é a partir da existência daquele que este deveria se apoiar para alcançar suas metas (SAVIANI, 2018)". Ao final, tanto a existência do SNE quanto a efetivação do PNE 2014-2024 permaneceram subordinadas a um evento futuro e incerto: a promulgação de lei regulamentando o sistema.

Porém, sem prejuízo da institucionalização do sistema, o PNE 2014-2024 previu a criação de instâncias de articulação federativa que poderiam funcionar como precursoras da estrutura decisória do SNE e suprir parcialmente os vazios de articulação decorrentes da ausência do sistema. Trata-se da instância permanente de negociação e cooperação entre União, estados, Distrito Federal e municípios (IPNF) e das instâncias permanentes de negociação, cooperação e pactuação em cada estado (IPNEs), estas voltadas ao fortalecimento do regime de colaboração entre os estados e respectivos municípios (art. 7º, §§5º e 6º). À IPNF, atribuiu-se competência para pactuar a implantação das diretrizes pedagógicas e dos direitos e objetivos de aprendizagem e desenvolvimento da Base Nacional Comum Curricular (BNCC)[414] do ensino fundamental e médio (estratégias 2.2, 3.3 e 7.1), além de definir critérios para distribuição de recursos adicionais para a educação, ao longo do decênio (estratégia 20.12).

A segunda inovação estruturante do PNE 2014-2024, inserida no espectro de reformulação do financiamento da educação, foi a previsão de uma unidade de referência que confere objetividade às normas que garantem o padrão de qualidade no ensino:[415] o Custo Aluno-Qualidade (CAQ). Na forma prevista pela estratégia 20.7, o CAQ mensura o investimento para a garantia de padrões mínimos de qualidade, definidos como a variedade e a quantidade mínimas, por estudante, de insumos indispensáveis ao desenvolvimento do processo de ensino-aprendizagem. A estratégia 20.6 previu ainda a implantação, em dois anos, do Custo Aluno-Qualidade inicial (CAQi), parâmetro de transição até a completa implantação do CAQ. Atrelado a esses indicadores, afirmou-se a obrigação de a União suplementar recursos para o atingimento do CAQi e, posteriormente, do CAQ (estratégia 20.10).

---

[414] Sobre a BNCC, confira-se Duarte (2019, p. 966): "O conceito de formação básica comum com respeito a valores culturais e artísticos, nacionais e regionais foi previsto no art. 210 da CF/88 e nos artigos 26 e 27 Lei 9394/96 (LDB), mas foi somente a partir da lei 13.005/14, a Lei do PNE, que a determinação de elaboração de uma Base Nacional Comum Curricular (BNCC) foi inscrita de modo explícito na legislação brasileira".

[415] Cf. CF, art. 206, VII, 211, §§1º e 7º, e 212, §3º; LDB, arts. 3º, IX, 4º, IX, 74 e 75.

A implementação do CAQi e do CAQ mudaria a natureza das obrigações relacionadas ao custeio da educação. Como descreve Cara (2014, p. 81), inverte-se a lógica da definição dos orçamentos públicos para educação no país, pois "(...) parte do que é necessário para garantir a educação com um padrão mínimo de qualidade e não do que está disponível no orçamento". Os investimentos em educação deixariam, portanto, de ser obrigação de meio (aplicar percentuais constitucionalmente previstos) e se tornariam obrigação de resultado (proporcionar padrões mínimos de qualidade de ensino).

A reestruturação do financiamento da educação básica, com maior responsabilização financeira da União,[416] foi apoiada por outros dispositivos do plano, como a previsão de que, em acréscimo à vinculação prevista constitucionalmente, o investimento público em educação seria majorado[417] mediante destinação de parcela da participação no resultado ou da compensação financeira pela exploração de petróleo e gás natural[418] (art. 5º, §5º), além da meta 20, consistente na ampliação do investimento público em educação pública de forma a atingir o mínimo de 7% do Produto Interno Bruto (PIB) no quinto ano de vigência do PNE e o mínimo de 10% ao final do decênio (meta 20).

A aprovação do PNE 2014-2024 fecha uma década em que se delineiam processos de tomada de decisão conjunta, em uma área que se construiu de forma majoritariamente descentralizada, e de assunção de maiores encargos de coordenação e de custeio para a União. Porém, essa trajetória foi interrompida em 2016.

5.6 De 2016 a 2019: entre estagnações e retrocessos

O período de 2016 a 2019 contrasta com o interregno imediatamente anterior pela atuação da União como ator de veto das medidas de

---

[416] Martins (2015, p. 181) relata que o CAQ e o CAQi foram objeto de pressão por parte do governo e a estratégia 20.10 chegou a ser suprimida do texto encaminhado ao Senado Federal, mas foi reincorporada ao texto final.

[417] Nos debates que antecederam o PNE 2014-2024, houve consenso quanto à ampliação dos recursos públicos para a educação e disputas quanto a quem poderia se aproveitar deles (DUARTE, 2019, p. 960-961). O substitutivo elaborado no Senado favoreceu o setor privado, porque permitiu o cômputo de incentivos, isenções e subsídios como investimento público em educação (PNE 2014-2024, art. 5º, §4º); mas, paradoxalmente, manteve a referência ao investimento público em educação *pública* na meta 20 (MARTINS, 2015). Acerca da inconstitucionalidade do art. 5º, §4º, do PNE 2014-2024, vide Martins (2015, p. 182-183).

[418] *Vide* Lei nº 12.858/2013.

incremento à articulação federativa voltadas para a educação básica. Os esforços de implantação das estratégias estruturantes do PNE 2014-2024 arrefeceram com a recessão econômica e a crise política que culminou com o *impeachment* da presidenta Dilma Rousseff. As perspectivas de concretização das metas do Plano foram reduzidas por força da EC nº 95/2016 e de uma nova agenda do Poder Executivo federal, que contrastava com a da década anterior. As seções que se seguem tratam desses eventos e de seus efeitos.

5.6.1 A Emenda Constitucional nº 95/2016

À semelhança do que ocorreu na saúde e na assistência social, a promulgação da EC nº 95/2016 afetou o financiamento da educação. De acordo com essa emenda, no período de 2018 a 2036, a aplicação de recursos federais na manutenção e desenvolvimento do ensino deverá corresponder à aplicação mínima do exercício imediatamente anterior, corrigida pela variação do IPCA – e não mais a regra de 18% da receita proveniente de impostos.[419] O único dispêndio imune à limitação instituída pela EC nº 95/2016 foi a complementação paga pela União no âmbito do Fundeb (ADCT, art. 107, §6º, I).

Como afirma Sena (2017, p. 291-292), a EC nº 95/2016 retirou a execução do PNE da agenda política e trouxe consigo o risco de inviabilizar a implementação do CAQ e do SNE. De fato, as prescrições do PNE 2014-2024, quanto às funções redistributiva e supletiva da União, foram pautadas pela expectativa de expansão do financiamento federal (DUARTE; MASCARENHAS, 2018, p. 69), de forma que a corrosão da dimensão econômico-financeira do Plano compromete suas demais metas e estratégias. Além disso, a emenda produz a compressão de investimentos e despesas discricionárias, como os recursos do PAR (SENA, 2017, p. 292).

Considerando que a superação de desigualdades socioeducacionais relacionadas com o arranjo federativo é o que fundamenta a criação do SNE (DUARTE; SANTOS, 2014, p. 1123) e que a correção dessas desigualdades passaria pela maior responsabilização da União com relação à educação básica, a retração do cofinanciamento federal fragilizou a perspectiva de um arranjo permanente voltado à efetivação

---

[419] Cf. *supra* 2.8.3.

do direito social à educação, em consonância com os princípios inscritos no art. 206 da Constituição.

5.6.2 Paralisia como instrumento de gestão da política

O período de 2016 a 2019 marcou o esvaziamento da pauta instituída pela EC nº 59/2009. Entre 2015 e 2016, o Poder Executivo discutiu alguns anteprojetos de regulamentação do SNE, mas o tema perdeu espaço na agenda do Ministério da Educação após o *impeachment* da presidenta Dilma Rousseff (PONTES; LÍCIO, 2020, p. 10) e nenhum projeto de lei de iniciativa do Presidente da República foi formalizado. Os outros projetos regulamentadores do sistema tampouco avançaram.

Em paralelo, a IPNF teve seu potencial amesquinhado. A instância foi instituída em 2015,[420] com previsão de reuniões semestrais e decisões tomadas por consenso. Sua composição não é paritária; são seis representantes da União, cinco dos estados e do Distrito Federal, indicados pelo Consed, e cinco dos municípios, indicados pela Undime.

Apesar de o PNE 2014-2024 prever uma série de temas a serem pactuados, a portaria que regula o funcionamento dessa instância não faz qualquer referência à pactuação. Ao contrário, delineia-se um órgão essencialmente consultivo e propositivo, competente para: a) analisar propostas e ações para o alcance das metas e para a implementação das estratégias definidas pelo PNE; e b) colaborar para o fortalecimento dos mecanismos de articulação entre os sistemas de ensino, por intermédio do desenvolvimento de ações conjuntas. Ainda que a portaria não derrogue a previsão legal constante do PNE 2014-2024, o estabelecimento desse rol de competências dá azo a discussões sobre a validade e o caráter vinculante das deliberações do colegiado.

Mas o insucesso da IPNF como lócus de construção de um regime de colaboração se deve a um fator mais prosaico do que seu rol de competências: o não funcionamento dessa instância até o final de 2019, quando ocorreu sua primeira reunião. Esse aspecto foi ressaltado pelo TCU no Relatório de Acompanhamento Anual do PNE 2014-2024,[421] que atribuiu a fragilidade do regime de colaboração à ausência de

---

[420] Cf. Portarias MEC/GM nº 619/2015, 1.547/2016, 50/2018 e 1.716/2019.

[421] O relatório dedicou especial atenção à atuação do MEC na coordenação de estratégias voltadas à cooperação federativa em prol do cumprimento do PNE. Esse recorte justificou-se pela identificação de dois fatores de risco para o êxito do plano: a complexidade do modelo federativo brasileiro e a ausência de normas de cooperação federativa suficientemente regulamentadas no setor educacional. (BRASIL, 2020k, p. 3).

implementação efetiva das instâncias permanentes de negociação, cooperação e pactuação entre os entes federados, bem como à insuficiência das ações desenvolvidas pelo MEC para estimular o fortalecimento do regime de colaboração entre os entes federativos (BRASIL, 2020k, p. 58). Sobre o ponto, vale a transcrição:

> 53. Está claro que o papel da instância [IPNF] é de alta relevância para efetivação do regime de colaboração da política educacional, visto ser um espaço de negociação com participação de todos os entes da federação. Tal papel se mostra ainda mais destacado diante do fato de que o Sistema Nacional de Educação ainda não foi regulamentado por lei, como preconizado pelo art. 13, da Lei 13.005/2014. 54. A falta da regulamentação do SNE, embora seja um complicador, não é escusa para que a instância permaneça inerte, senão o contrário, é um imperativo para sua atuação. Seu papel atual é o de servir como um espaço de negociação para decisão de áreas de atuação comum e concorrente dos entes até que a lei do SNE clarifique tais questões, e, sob esse aspecto, a instância pode ser precursora e consolidadora de um incipiente regime de colaboração (BRASIL, 2020k, p. 7).

O mesmo relatório registra a não instalação das instâncias estaduais de pactuação e o não funcionamento do Comitê Estratégico do PAR até 2019, com o comprometimento da gestão estratégica do plano, do diagnóstico e do planejamento do apoio técnico e financeiro prestado pela União (BRASIL, 2020k, p. 58 e 26). Não menos importante é anotar que o Comitê Estratégico do PAR conta com dez integrantes, dos quais um representa a Undime e um representa o Consed.[422] Portanto, não se trata de um fórum paritário de negociação federativa.

Esses achados indicam resistências ao funcionamento das instâncias de articulação federativa por parte da União, o que é corroborado pela manifestação do Consed e da Undime, no sentido da necessidade de implementação efetiva da IPNF (BRASIL, 2020k, p. 8). O déficit de articulação federativa é ainda citado como fator explicativo da alta probabilidade de não atendimento de 18 das 20 metas do PNE 2014-2024 (BRASIL, 2020k, p. 56), deixando patente que o descumprimento de estratégias relacionadas à dimensão estruturante da política educacional

---

[422] Portaria MEC nº 1.462/2019.

é um entrave à consecução das metas relacionadas com a sua dimensão substantiva.[423]

As tentativas de implantar o CAQi foram igualmente obstruídas. A Lei de Diretrizes Orçamentárias para 2018 (Lei nº 13.473/2017) sofreu um veto ao artigo que estabelecia que a alocação de recursos na educação teria por objetivo o cumprimento das metas previstas no PNE 2014-2024 e deveria buscar a implantação do CAQi (art. 21). Justificou-se o veto com o argumento de que a medida implicaria restrição à discricionariedade alocativa do Poder Executivo e reduziria a flexibilidade na priorização das despesas discricionárias em caso de necessidade de ajustes, na forma da LC nº 101/2000 (BRASIL, 2017).

A definição do CAQi no CNE retrocedeu. Desde 2010, pendia de homologação pelo Ministério da Educação[424] o Parecer CEB/CNE nº 8/2010,[425] que trazia um projeto de resolução detalhando a matriz de padrões mínimos de qualidade na educação básica na rede pública, que comporia o CAQi. Nesse ínterim, alguns municípios ajuizaram ações em face da União visando à implantação do CAQi,[426] o que motivou a revisitação do tema pela Câmara de Educação Básica do CNE. Após debates que contaram com a presença da Consultoria Jurídica do MEC, a CEB/CNE emitiu o Parecer CEB/CNE nº 3/2019, no qual se declarou incompetente para definir o valor financeiro e a precificação do CAQi, o que foi homologado pelo Ministério da Educação.[427] Um dos fundamentos do parecer é o de que, sem a regulamentação do SNE, não há instrumentos legais para definir as fontes orçamentárias de onde seriam alocados os recursos para o cumprimento do CAQi (CONSELHO NACIONAL DE EDUCAÇÃO, 2019, p. 6).

---

[423] Duarte (2019, p. 958) registra duas avaliações dissonantes quanto à possibilidade de cumprimento das metas do PNE sem a institucionalização do SNE. A CNDE se posicionou no sentido de comprometimento do cumprimento integral das metas, ao passo que o MTPE sustentava que a falta do sistema não comprometeria o restante do Plano. Os dados apontados pelo TCU apontam para o acerto da primeira avaliação.

[424] A Lei nº 9.131/1995, art. 2º, prevê a homologação das deliberações e pronunciamentos do Conselho Pleno e das Câmaras pelo ministro da educação, mas não fixa prazo para tanto.

[425] O parecer foi elaborado por uma comissão instituída pela Câmara de Educação Básica do Conselho Nacional de Educação (CEB/CNE) com a função de apresentar proposições para melhoria da educação básica.

[426] Extrai-se do Parecer CEB/CNE nº 3/2019 (CONSELHO NACIONAL DE EDUCAÇÃO, 2019, p. 4-5) que as ações foram ajuizadas por diversos municípios do Mato Grosso. O conteúdo das decisões judiciais variou entre ordens para que a União: a) homologasse a Resolução CNE nº 8/2010, adotando os parâmetros e valor do CAQi ali definidos; b) decidisse o valor do CAQi; e c) decidisse pela aprovação ou não do valor do CAQi.

[427] Despacho do ministro da educação, publicado no DOU de 29.04.2019, Seção 1, p. 27.

Em tese – e contrariamente ao entendimento estampado no Parecer CEB/CNE nº 3/2019 – CAQ e SNE não são condição de existência um do outro. A implantação do SNE não se reduz à implantação do CAQi e do CAQ e, por outro lado, a implantação do CAQ é defendida inclusive por agentes contrários ao SNE (LÍCIO; PONTES, 2020a, p. 336-338). Porém, tendo em vista que a efetivação do SNE passa pela definição de uma matriz de prestações a ser assegurada para a educação de qualidade e que o CAQ tem a finalidade de preencher essa matriz, os dois tópicos se influenciam mutuamente, seja para criar um círculo virtuoso de avanços na política educacional, seja para criar um círculo vicioso de estagnação.

Assim, o ciclo descendente iniciado em 2016 encerrou-se em 2019, em meio a retrocessos e bloqueios às medidas de aprofundamento do regime de colaboração. Remanesceu o Fundeb como barreira à maior desresponsabilização da União em relação ao financiamento da educação básica, o que permitiu, em 2020, a retomada das ações anteriores a 2016.

5.7 De 2020 a 2021: a perenização do Fundeb e a manutenção das vinculações constitucionais

A partir de 2020, o desenho jurídico-institucional das políticas educacionais passou por novas alterações e testes de resiliência. O regime de colaboração via Fundeb foi adensado e a regra constitucional que impõe a aplicação de recursos mínimos na manutenção e desenvolvimento do ensino foi mantida. Embora os efeitos dessas transformações ainda não possam ser captados na íntegra, sinaliza-se um freio às medidas de retração do quadriênio anterior e a remoção de algumas barreiras à institucionalização do SNE.

5.7.1 A Emenda Constitucional nº 108/2020

O período próximo ao termo final do Fundeb instituído pela EC nº 53/2006 foi marcado por inseguranças. Um dos principais motivos dessa insegurança dizia respeito à impossibilidade de os municípios arcarem sozinhos com a oferta educacional sob sua responsabilidade, na hipótese de não renovação do fundo. A necessidade de um mecanismo estável de cofinanciamento do ensino básico conduziu à apresentação de propostas de conversão do Fundeb nesse mecanismo e, assim, a PEC nº 15/2015 (PEC nº 26/2020 no Senado Federal), de autoria da deputada

Raquel Muniz, tramitou ao longo de mais de cinco anos até resultar na EC nº 108/2020.[428]

A aprovação da emenda mobilizou agentes governamentais e não governamentais.[429] O legado de mais de duas décadas de existência dos fundos levara à organização de redes de ensino apoiadas nas transferências financeiras, com destaque para o aumento da participação municipal nas matrículas, induzido pela política de fundos, que rompeu o equilíbrio entre alunos atendidos e capacidade financeira dos municípios (PINTO, 2007, p. 881). Os mecanismos de autorreforço e os elevados custos de conversão na hipótese de extinção do Fundeb tornaram os governos subnacionais uma importante coalizão de defesa da perenização do Fundeb e de seus aprimoramentos (CONSED; UNDIME, 2019; FÓRUM NACIONAL DE GOVERNADORES, 2020; UNDIME, 2020a), ao que se soma a atuação de grupos da sociedade civil (CONCI; TALPAI, 2022, no prelo).

Dois dias antes da votação da PEC nº 15/2015 na Câmara dos Deputados, o Poder Executivo fez chegar uma contraproposta às lideranças do Congresso. De acordo com a proposta, o Fundeb somente vigoraria a partir de 2022 e parte da complementação a cargo do governo federal seria destinada ao custeio do Programa Renda Brasil, à época cogitado como sucessor do Bolsa-Família (SALDAÑA; BRANT; CARAM, 2020; VASCONCELLOS, 2020). A proposta despertou reações desfavoráveis do Consed (2020) e de parlamentares (SALDAÑA; BRANT; CARAM, 2020), e a votação da PEC sequer foi adiada.

Concluído o processo de votação da PEC nº 15/2015 e promulgada a EC nº 108/2020, o Fundeb se converteu em arranjo permanente de financiamento da educação básica. A cesta de recursos para o fundo é a mesma prevista pela EC nº 53/2006,[430] mas o percentual de complementação da União sofreu incremento expressivo em relação à versão anterior. Com elevação escalonada até 2026, a regra definitiva do Fundeb prevê a complementação de 23% do total de aportes efetuados pelos outros entes para composição dos fundos. Somente 30% dessa complementação pode ser contabilizada como parte do limite mínimo de aplicação de receitas de impostos na manutenção e desenvolvimento do

---

[428] A primeira proposta nesse sentido foi veiculada pela PEC nº 191/2012, de autoria do deputado Francisco Escórcio e outros, mas acabou arquivada.

[429] Acerca do processo de aprovação da EC nº 108/2020, *vide* Conci e Talpai (2022, no prelo).

[430] A tentativa de constitucionalizar as compensações previstas na LC nº 87/1996 (Lei Kandir), como parte da base de cálculo do Fundeb, não alcançou êxito e acabou excluída da composição do fundo.

ensino (CF, art. 212-A, VIII) e veda-se o emprego do salário-educação (CF, art. 212-A, XIII), o que conduz à efetiva majoração dos recursos federais alocados na educação básica.

O aporte de 23% referente à complementação da União foi subdividido em três diferentes categorias, a saber: a) 10 pontos percentuais distribuídos aos estados e ao Distrito Federal, nas hipóteses em que o quociente da divisão dos recursos do fundo estadual ou distrital pelo número de matrículas nas redes públicas em seus territórios não alcançar o valor anual por aluno (Vaaf) definido nacionalmente; b) 10,5 pontos percentuais distribuídos às redes públicas de ensino, nas hipóteses em que o quociente da divisão de todos os recursos destinados à educação na unidade federativa (não apenas os recursos do Fundeb) pelo número de matrículas em sua respectiva rede não alcançar o valor anual total por aluno (Vaat) definido nacionalmente; c) 2,5 pontos percentuais distribuídos às redes públicas que cumprirem condicionalidades de melhoria de gestão e alcançarem a evolução de indicadores de atendimento e melhoria da aprendizagem com redução das desigualdades (Vaar).[431] As duas primeiras modalidades de complementação permitem a distribuição mais equitativa de recursos: o Vaaf mantém a lógica da EC nº 53/2006 e o Vaat reforça a função supletiva da União em favor dos entes com menor capacidade de custeio da educação pública. A terceira modalidade, o Vaar, induz a conformidade da oferta educacional a padrões de gestão e de desempenho nacionalmente fixados.

A EC nº 108/2020 previu ainda a adoção do CAQ como unidade de referência do padrão mínimo nacional de qualidade no ensino, constitucionalizando um dos principais pontos de controvérsia para o avanço do SNE, e impôs sua pactuação em regime de colaboração na forma da lei complementar (CF, art. 211, §7º). Com isso, afastou-se a possibilidade de a União definir unilateralmente o valor do CAQ e, em contrapartida, ampliou-se a possibilidade de entes subnacionais influenciarem a definição desse indicador. Porém, ao remeter a pactuação ao regime de colaboração "na forma disposta em lei complementar", o texto condiciona essa definição à promulgação de lei complementar, afastando a possibilidade de que seja tratada pela IPNF desde logo.

Outras três inovações de destaque foram: a) a elevação, para 70%, da parcela de recursos do Fundeb destinada à remuneração de profissionais da educação básica em efetivo exercício (CF, art. 212-A,

---

[431] Sigla introduzida pela Lei nº 14.113/2020.

XI); b) a tipificação, como crime de responsabilidade, da retenção de recursos do Fundeb (CF, art. 212-A, IX); e c) a vedação ao pagamento de aposentadorias e pensões com recursos oriundos de vinculações constitucionais de impostos para a educação e do salário-educação (CF, art. 212, §7º).[432]

Aprovada a EC nº 108/2020, sua regulamentação foi objeto da Lei nº 14.113/2020, fruto do PL nº 4.372/2020. Um dos pontos fortemente disputados – e que reaviva disputas travadas durante a ANC e durante a elaboração do PNE 2014-2024 – dizia respeito à possibilidade de destinação de recursos do Fundeb para instituições comunitárias, filantrópicas ou confessionais e para o Sistema "S", incluindo a remuneração de profissionais terceirizados.

A Lei nº 11.494/2007 admitia o cômputo de matrículas na educação infantil e na educação especial junto a instituições comunitárias, confessionais ou filantrópicas sem fins lucrativos, conveniadas com o poder público. Na tramitação da PEC nº 15/2015, foram rechaçadas as emendas que buscavam ampliar o rol de entidades privadas potencialmente beneficiárias de recursos do Fundeb. No PL nº 4.372/2020, o texto aprovado na Câmara dos Deputados permitiu que, além das categorias já contempladas na legislação anterior, os recursos do Fundeb fossem direcionados aos ensinos fundamental e médio oferecidos por essas instituições privadas, bem como ao Sistema "S".[433] Além disso, o rol de profissionais de educação cuja remuneração poderia ser custeada pelo Fundeb, incluindo terceirizados e profissionais das entidades privadas conveniadas, seria ampliado.

A medida despertou reações de agentes governamentais contrários ao PL nº 4.372/2020, incluindo a Undime[434] e o Consed, além da

---

[432] À época da promulgação da EC nº 108/2020, a controvérsia estava em discussão no STF e foi pacificada no mesmo sentido da nova regra constitucional. Cf. ADI 5719 (Relator: EDSON FACHIN, Tribunal Pleno, julgado em 18.08.2020, PROCESSO ELETRÔNICO DJe-223 DIVULG: 08.09.2020 PUBLIC: 09.09.2020).

[433] Cf. PL nº 4.372/2020, arts. 7º, §3º, e 26.

[434] A Undime (2020b), no PL nº 4.372/2020, opôs-se ao repasse de recursos para entidades privadas, tanto do Sistema "S" quanto para escolas confessionais, filantrópicas e assistenciais. Em sua manifestação, destaca-se que "(...) a possibilidade de conveniamento era uma exceção à lei para situações de não cobertura do atendimento, como o caso das creches e pré-escolas, o que não se aplica e não se justifica ao Ensino Fundamental e ao Ensino Médio, cujas matrículas já são universalizadas", acrescentando que essa prática retiraria recursos de municípios menores, já que os estabelecimentos privados, em sua maioria, estão em grandes centros urbanos. A entidade também criticou a possibilidade de ampliação do rol de profissionais cuja remuneração poderia ser paga com recursos do Fundeb, pelo risco de desvalorização dos profissionais do magistério.

mobilização de grupos da sociedade civil, como a CNDE e o grupo de mais de 300 juristas que firmou Nota Técnica apontando inconstitucionalidades no projeto de lei (PINTO *et al.*, 2020). No Senado Federal, essas disposições foram suprimidas, alteração mantida na Câmara dos Deputados, e a lei foi finalmente sancionada.

A imposição de limites ao custeio da oferta educacional de entidades privadas com recursos do Fundeb, embora não seja uma disputa encerrada, é um ponto favorável à construção do SNE. A uma, porque a priorização de recursos para as redes públicas de ensino básico favorece o desenvolvimento de capacidades estatais ligadas à oferta educacional, que podem funcionar como mecanismos de resiliência do sistema, situação bastante diversa daquela em que os recursos são apenas direcionados a prestadores privados. A duas, porque direcionar recursos para estabelecimentos privados aumentaria iniquidades regionais, pela possibilidade de deslocamento de recursos de municípios mais vulneráveis para aqueles com maior concentração da oferta privada (TODOS PELA EDUCAÇÃO, 2020).

Dessa forma, a regulamentação final do Fundeb promoveu outra transformação relevante no desenho jurídico-institucional das políticas educacionais. A perenização desse mecanismo conferiu maior segurança aos entes subnacionais para a configuração de seus sistemas de educação e assunção de despesas com pessoal. Reforçou, ademais, a responsabilidade de todos os níveis federativos pelo cofinanciamento do ensino básico e promoveu um salto de responsabilização da União pela majoração do custeio federal. Não menos importante, a constitucionalização do CAQ e a previsão de repasses segundo três critérios distintos (Vaaf, Vaat e Vaar) refinaram os instrumentos de equalização de gasto e de uniformização da educação pública ofertada no país. Assim, ao mesmo tempo em que o aprofundamento de um modelo, cuja gênese remonta a 1996, mostra continuidades na política pública, seus aperfeiçoamentos podem viabilizar reformas mais profundas na organização da educação nacional, alterando qualitativamente sua estruturação e suas ofertas.

5.7.2 A PEC nº 186/2019 e a preservação dos pisos de investimentos

A tramitação da PEC nº 186/2019 ("PEC Emergencial") representou um marco importante no teste de resiliência das políticas de educação, cujos detalhes de tramitação foram tratados no capítulo dedicado ao SUS, ao qual se faz remissão.[435]

Entre os atores ligados à educação, as reações contra a proposta foram análogas às de grupos ligados à saúde. O Consed destacou que a supressão da obrigatoriedade de aplicação mínima de 25% das receitas de impostos dos entes federados subnacionais teria impacto na concepção redistributiva do Fundeb, em especial na complementação da União, calculada a partir dos recursos dos demais entes federados (CONSED, 2021). A Undime (2021), de igual forma, destacou que a proposta afetava "(…) radicalmente o planejamento, a gestão e a oferta dessas políticas sociais, atingindo diretamente a população brasileira", asseverando que uma política emergencial necessária à população na pandemia de Covid-19 não poderia sacrificar políticas estruturantes de saúde e educação. Posicionamentos semelhantes e mobilizações contrárias à proposta de desvinculação vieram da Frente Parlamentar de Educação, da CNDE e da CNTE.

O insucesso da tentativa de eliminar do texto constitucional a obrigatoriedade de investimentos mínimos nessas duas áreas mostrou que a vinculação constitucional de recursos constitui um fator de resiliência relevante para a sustentação das políticas de saúde e educação. A regulação constitucional dos gastos públicos levou governos subnacionais a organizarem suas preferências e interesses em torno da preservação desse arranjo de financiamento, mantendo, inclusive, suas próprias obrigações para com o custeio dessas políticas. Essa preservação cumpre ao menos dois papéis: evitar a disputa por recursos entre diferentes áreas de política social e evitar a sobrerresponsabilização de um nível federativo em razão da menor participação de outro nível.

5.8 Propostas de regulamentação do SNE

Esta seção examina os Projetos de Lei Complementar (PLPs) em discussão no Congresso Nacional que tratam da regulamentação do SNE.[436] Pretende-se, dessa forma, avaliar em que medida os arranjos

---

[435] Cf. *supra* 3.9.2.
[436] Foram analisadas apenas as propostas de lei complementar apresentadas após a promulgação do PNE 2014-2024 – uma vez que a estratégia 20.9 do Plano faz referência expressa a essa espécie legislativa – e que não foram arquivadas. Cabe consignar que há dois projetos mais antigos já arquivados: a) PLP nº 413/2014, com proposição originária do deputado Ságuas Moraes e substitutivos do deputado Glauber Braga; b) PLP nº 448/2017, apresentado pelo

propostos podem preencher as fissuras que, na organização da educação nacional, obstam a superação de desigualdades socioeducacionais e a melhoria da qualidade do ensino público. Além disso, busca-se sublinhar pontos de convergência entre o desenho jurídico-institucional do SUS e do Suas e as proposições para o SNE.

Até março de 2021, foram identificados quatro projetos em curso, com proposições originárias bastante diferentes entre si. Na Câmara dos Deputados, tramita o PLP nº 25/2019, de autoria da deputada Professora Dorinha Seabra Rezende, ao qual estão apensados o PLP nº 216/2019, de autoria da deputada Professora Rosa Neide, e o PLP nº 267/2020, de autoria das deputadas Rose Modesto e Mara Rocha. No Senado Federal, corre o PLP nº 235/2019, de autoria do senador Flávio Arns. Após a aprovação de substitutivos pelas duas Casas Legislativas,[437] as diferenças entre os quatro projetos foram matizadas. A análise que segue se detém sobre os dois substitutivos – na Câmara dos Deputados, sob relatoria do deputado Idilvan Alencar, e no Senado Federal, sob relatoria do senador Dário Berger.

Tanto o PLP nº 25/2019 quanto o PLP nº 235/2019 concebem o SNE como um "sistema de sistemas" (ABICALIL, 2012), isto é, um sistema que articula os sistemas de cada esfera de governo (LÍCIO; PONTES, 2020a, p. 324). Não se prevê direção única em cada esfera de governo, como ocorre com o SUS e com o Suas. Quanto ao segmento privado, há referências à integração ou à articulação entre as redes públicas e privadas, mas o tema não é objeto de maior detalhamento.

Para a conformação de um arranjo sistêmico na educação pública básica, dois são os temas que exigem maior atenção: as estruturas de articulação federativa e o regramento do CAQ.

Começando pelas estruturas de articulação federativa, a ênfase se justifica porque a institucionalização de arenas competentes para a tomada de decisões conjuntas determina como a autonomia e a discricionariedade dos entes federativos poderão ser impactadas pela criação do SNE. Seu rol de competências determina ainda o grau de negociabilidade e de revisibilidade dos parâmetros nacionais de organização e

---

deputado Giuseppe Vecci, que traz propostas do Fórum Nacional dos Conselhos Estaduais de Educação. Para outras análises das propostas de regulação do SNE, incluindo as que foram apenas debatidas no âmbito do Poder Executivo, *vide* Dourado (2018), Duarte e Santos (2014), Lício e Pontes (2020a), Pontes e Lício (2020) e Tamanini e Souza (2018).

[437] No Senado Federal, trata-se do substitutivo aprovado em 11 de novembro de 2021. Na Câmara dos Deputados, trata-se do substitutivo aprovado em 07 de dezembro de 2021.

oferta da educação pública, dos instrumentos de articulação empregados na política e da própria extensão das funções coordenadora, redistributiva e supletiva da União e dos estados. Além disso, como notam Lício e Pontes (2020a, p. 338), a principal novidade das propostas de regulamentação do SNE é justamente o fortalecimento dos espaços de negociação federativa, pois os demais instrumentos já estão previstos em leis específicas.[438]

As duas propostas preveem a Comissão Intergestores Tripartite da Educação (Cite) e as Comissões Intergestores Bipartites da Educação (Cibes), conceituadas como fóruns responsáveis por definir parâmetros, diretrizes e aspectos operacionais, administrativos e financeiros da cooperação federativa, com vistas à gestão coordenada da política educacional.

Em relação à Cite, os dois substitutivos são coincidentes quanto à sua composição paritária, formada por cinco representantes de cada nível de governo, assegurada a indicação dos representantes estaduais e municipais das comissões, respectivamente, pelo Consed e pela Undime.[439]

O projeto do Senado Federal prevê que as deliberações da Cite serão tomadas preferencialmente por consenso, em conformidade com seus regimentos internos (art. 10º), norma sem correspondente no texto da Câmara dos Deputados. Ambos os projetos trazem norma especial quanto ao quórum de votação das deliberações que resultem em obrigações administrativas ou financeiras a ente federado: maioria da representação dos entes gravados, segundo o PLP nº 25/2019 (art. 9º, §3º); e mais de dois terços dos representantes indicados, de acordo com o PLP

---

[438] Lício e Pontes (2020a) fazem essa afirmação a partir do exame do PLP nº 413/2014 (original e substitutivo apresentado em 2015), da proposta da SAE, da proposta do FNE e da proposta da SASE/MEC. Todavia, a constatação permanece válida, considerando os projetos posteriores àqueles analisados pelos autores.

[439] Os PLPs nº 25/2019 e 267/2020 previam uma instância integrada apenas por representantes de entes federados, denominadas, respectivamente, Comissão Tripartite de Pactuação Federativa e Comissão Nacional Tripartite de Pactuação Federativa. O PLP nº 216/2019 previa duas instâncias nacionais permanentes de negociação e cooperação federativa: a Comissão Tripartite Permanente de Pactuação Federativa – integrada por representantes dos entes federados, do Fórum Nacional de Educação e das instituições de educação superior e de educação profissional e tecnológica – e o Fórum Nacional dos Conselhos de Educação. Já a proposição originária do PLP nº 235/2019 não tratou de novos colegiados intergestores ou mesmo dos já existentes, limitando-se a listar como "instrumentos do federalismo cooperativo destinados a promover o regime de colaboração entre os sistemas de ensino" aqueles já existentes. A participação do Consed e da Undime estava prevista nos PLPs nº 216/2019 e 267/2020, ao passo que o PLP nº 25/2019 era silente a esse respeito.

nº 235/2019 (art. 10º, §1º). Os textos são ainda coincidentes ao estabelecer que as pactuações da Cite resultarão em Normas Operacionais Básicas (NOBs) de efeito vinculante e cumprimento obrigatório pelas instâncias envolvidas (PLP nº 25/2019, art. 10, §6º; PLP nº 235/2019, art. 14, §5º).

O PLP nº 235/2019 se distingue do PLP nº 25/2019 por prever a Câmara de Apoio Normativo (CAN). Trata-se de câmara técnica ligada à Cite, formada por representantes dos conselhos de educação dos três níveis de governo, como instância consultiva nacional de negociação e de pactuação de diretrizes nacionais normativas para a educação (arts. 19 a 21). Essa disposição cria um canal de interlocução permanente entre as instâncias normativas e a instância de pactuação federativa, o que funciona como mecanismo de vocalização da participação social nos temas submetidos à pactuação no âmbito do sistema.

Os dois projetos trazem um rol bastante detalhado e semelhante.[440] Prevê-se a absorção, pela Cite, da Comissão Intergovernamental do Fundeb, reorganização relevante para evitar a fragmentação e a sobreposição de instâncias decisórias (PLP nº 25/2019, art. 45 e 46, e PLP nº 235/2019, art. 15).[441] Embora o rol de atribuições não seja idêntico nos dois PLPs, são convergentes ao estabelecer competências para pactuação de: assistência técnica e financeira da União aos demais entes e suas contrapartidas; diretrizes para acesso e oferta de educação básica pública de qualidade; diretrizes relacionadas a recursos humanos, tanto no magistério quanto na gestão escolar; recursos materiais; diretrizes para o fortalecimento da capacidade institucional dos entes subnacionais; diretrizes para monitoramento e avaliação da política;

---

[440] As propostas se distinguiam em relação ao teor e à especificidade com que dispõem sobre a pactuação do financiamento. O PLP nº 25/2019 dispunha expressamente que caberia à instância tripartite pactuar critérios para a distribuição de recursos, pactuar as transferências voluntárias e definir os valores a serem suplementados (art. 7º, IV e VIII, e 19). O PLP nº 216/2019, mais genérico, somente atribuía a essa instância a pactuação de normas operacionais básicas para orientar as ações de caráter supletivo (art. 17, III). O PLP nº 267/2020 também adotava formulação mais genérica, prevendo a pactuação de assistência financeira da União aos estados, ao Distrito Federal e aos municípios (art. 10, III). Desse modo, o PLP nº 25/2019 é o que, de forma mais contundente, procurava afastar a possibilidade de a União decidir sozinha sobre os repasses de recursos.

[441] A reorganização não era objeto do PLP nº 25/2019. O PLP nº 216/2019 não dispunha sobre a Comissão Intergovernamental do Fundeb, mas previa o Fórum Permanente de Valorização dos Profissionais da Educação, que absorveria competências do Fórum Permanente do Piso do Magistério. O PLP nº 267/2020 previa a extinção da Comissão Intergestores do Fundeb e a transferência de suas atribuições para a Comissão Intergestores a ser criada (arts. 10 e 27). Nenhum dos projetos tratava do Comitê do PAR.

e temas relacionados à formulação e ao planejamento da política. Há diferenças relacionadas com o CAQ, que serão tratadas a seguir.

Como adiantado, o projeto prevê ainda Comissões Bipartites de Educação, compostas por gestores representantes dos governos estaduais e municipais, estes últimos indicados pela seccional da Undime no estado (PLP nº 25/2019, art. 13, II; PLP nº 235/2019, art. 16, II). Em relação aos processos de deliberação, aplicam-se as regras previstas para a Cite (PLP nº 25/2019, art. 9º, §3º; PLP nº 235/2019, art. 10º, *caput* e §1º). De igual modo, as pactuações dos colegiados bipartites devem ser transformadas em NOBs, de efeito vinculante e cumprimento obrigatório (PLP nº 25/2019, art. 13, §5º; PLP nº 235/2019, art. 16, §3º).

Nos dois projetos analisados, o rol de competências da Cibe guarda simetria com a Cite e estabelece competências para pactuar: assistência técnica e financeira dos estados e suas contrapartidas; diretrizes para acesso e oferta de educação básica pública de qualidade; planejamento e implementação da política; diretrizes relacionadas a recursos humanos, tanto no magistério quanto na gestão escolar; de recursos materiais; diretrizes para o fortalecimento da capacidade institucional dos municípios; diretrizes para monitoramento e avaliação da política; avaliações educacionais e temas relacionados à formulação e ao planejamento da política. As atribuições relacionadas ao CAQ serão tratadas adiante.

O estabelecimento desse rol mais extenso de atribuições da Cibe é relevante para criar vetores nacionais de regência da colaboração entre estados e municípios, protagonistas da educação básica. A prevalência de um rol mais detalhado e com maiores condicionamentos às relações entre esses níveis federativos – em contraste com algumas das proposições originais dos PLPs analisados[442] – diminui a margem para decisões unilaterais sobre assistência técnica e financeira prestada pelos estados, contribui para a convergência entre as políticas de diferentes municípios e assegura a participação, no processo de formulação da política, dos entes responsáveis por expressiva parcela do ensino básico. Sendo assim, o fortalecimento da Cibe favorece tanto o papel coordenador

---

[442] Originalmente, o PLP nº 25/2019 impunha maiores condicionamentos à assistência financeira prestada pelos estados aos municípios e, nessa medida, fortalecia a posição destes últimos. Já o PLP nº 216/2019 conferia maior autonomia aos entes estaduais, pois previa a edição de leis complementares estaduais para "(...) definir a composição das ações integradas no âmbito da respectiva Unidade da Federação e a efetivação do seu apoio técnico e financeiro prestado em caráter suplementar" (art. 43).

dos estados quanto a participação dos municípios na formulação das políticas, o que pode reduzir déficits de articulação entre os sistemas de ensino e contribuir para a efetividade das políticas implementadas.

Além das comissões intergestores, o CAQ[443] é o segundo ponto relevante da regulamentação do SNE, pois estabelece um referencial para a elevação da qualidade do ensino público e a correção de assimetrias socioeducacionais, a partir do qual serão distribuídos e calibrados os encargos dos diversos níveis de governo.

Os projetos examinados contemplam a participação da Cite e da Cibe na definição do CAQ. O PLP nº 25/2019 fixa os critérios a serem considerados na apuração desse indicador, atribui à Cite a pactuação de sua metodologia de cálculo e à Cibe o cálculo em âmbito estadual. O PLP nº 235/2019 traz as mesmas previsões, mas com diferenças nos critérios de apuração, e prevê que a Cite fixará o valor do CAQ em âmbito nacional. Este último projeto também elucida as relações entre o CAQ nacional e o CAQ estadual, ao dispor que este último será definido "(...) a partir da pactuação acerca da compatibilidade entre o CAQ em âmbito nacional e a efetiva disponibilidade de recursos financeiros em cada Estado para aplicação em manutenção e desenvolvimento de ensino" e que "O valor do CAQ em âmbito nacional será progressivamente assegurado a todos os estabelecimentos públicos de educação básica do País" (PLP nº 235/2019, arts. 36 e 37).

Quanto às obrigações relacionadas à implementação do CAQ, os projetos promovem o "(...) entrelaçamento entre as diretrizes para aplicação dos recursos do Fundeb e o estabelecimento do CAQ" (BRASIL, 2021d, p. 13). Os dois projetos atribuem à União a suplementação dos recursos financeiros necessários ao atingimento do CAQ, levando em conta a complementação pela via do Fundeb e outras transferências federais. O PLP nº 25/2019 dispõe que a suplementação levará em conta a disponibilidade orçamentária da União, ao passo que o PLP nº 235/2019 alude à efetivação progressiva do CAQ, na forma do regulamento.

O cotejo entre os dois substitutivos mostra que as propostas em curso já não trazem diferenças expressivas quanto ao desenho institucional do SNE. Ambas almejam transformações na dimensão substantiva da educação básica pública, ao buscar maior uniformidade na oferta do

---

[443] O PLP nº 25/2019 previa o VAA como unidade de referência para cálculo do investimento por estudante na educação básica, aspecto superado pela aprovação da EC nº 108/2020, que adotou o CAQ como referência.

ensino público de qualidade e adotar um indicador objetivo para esse fim. Da mesma forma, promovem alterações na dimensão estruturante dessa política, ao instituírem uma nova lógica de formulação e implementação de políticas educacionais, mais interdependente e negociada. Essas transformações não são apenas uma questão de "ajuste fino" na estrutura organizacional e decisória da educação básica; ao contrário, as peças que faltam para montagem do SNE são as que mais diretamente importam para alterar o padrão de relações intergovernamentais na educação básica, reduzindo espaços regidos por padrões de autoridade independente, em prol de um modelo de autoridade sobreposta que torne mais equânime a provisão de educação pública.

5.9 Quadro de institucionalização do regime de colaboração e quadro de referência da organização da educação básica pública nacional

Vistas as transformações jurídico-institucionais, por meio das quais o regime de colaboração na educação básica vem sendo construído, apresenta-se a síntese dessa evolução:

Quadro 22 – Trajetória de institucionalização do regime de colaboração da educação básica

(continua)

	1º CICLO DESCENDENTE (1988-2006)
Definição da base normativa da política pública	Constituição; EC nº 14/1996; Lei de Diretrizes e Bases da Educação (Lei nº 9.394/1996).
Implantação dos mecanismos de articulação	Implantação do Fundef e do PNE 2001-2010.
Respostas dos entes subnacionais	Expansão de vagas no ensino fundamental.
Interações implantação-resposta	Universalização do ensino fundamental: taxa de escolarização líquida no ensino fundamental de 94,8% em 2006; Aumento da municipalização do ensino fundamental; Maior equidade no gasto intraestadual por estudante do ensino fundamental; Defasagem da complementação da União: frustração do objetivo de promover maior equidade do gasto nacional por estudante; Baixo cumprimento do PNE 2001-2010.

(continua)

1º CICLO ASCENDENTE (1997-2007)	
Influência nas políticas formais das agências reguladoras por *insiders* e alianças entre *insiders-outsiders*	Elaboração do Plano de Metas Compromisso Todos pela Educação.
Influência sobre as legislaturas por *insiders* e *outsiders* para obter alterações na base normativa	Propostas de prorrogação e aperfeiçoamento do Fundef, com maior comprometimento da União e beneficiamento de todas as etapas da educação básica.
2º CICLO DESCENDENTE (2006-2008)	
Definição da base normativa da política pública	EC nº 53/2006; Lei nº 11.494/2007; Lei nº 11.738/2008; Decreto nº 6.094/2007.
Implantação dos mecanismos de articulação	Implantação do Fundeb, PAR e do PSPN.
Respostas dos entes subnacionais	Subvinculação de recursos conforme Fundeb; Adesão de 100% dos estados e municípios ao PAR; Judicialização do PSPN.
Interações implantação-resposta	Redução de desigualdades interestaduais no gasto *per capita* com a educação básica; PAR: a) canalização das transferências voluntárias da União para um instrumento; b) qualificação do planejamento pela aproximação com o MEC; PSPN: cumprimento parcial.
2º CICLO ASCENDENTE (2009-2014)	
Influência sobre as legislaturas por *insiders* e *outsiders* para obter alterações na base normativa	Inserção da proposta do SNE na discussão da PEC nº 277/2008; Propostas para o Plano Nacional de Educação.
3º CICLO DESCENDENTE (2009-2015)	
Definição da base normativa da política pública	EC nº 59/2009; PNE 2014-2024; Portaria MEC/GM nº 619/2015.
Implantação dos mecanismos de articulação	Instituição da IPNF.
Respostas dos entes subnacionais	Manutenção do Fundeb.
Interações implantação-resposta	Não funcionamento da IPNF, apesar da sua instituição; Não implantação do CAQ.

(conclusão)

3º CICLO ASCENDENTE (2014-2018)	
Influência nas políticas formais das agências reguladoras por *insiders* e alianças entre *insiders-outsiders*	Ações judiciais visando à implantação do CAQi.
Influência sobre as legislaturas por *insiders* e *outsiders* para obter alterações na base normativa	Apresentação de propostas de regulamentação do SNE; Proposta do governo federal de instituição do teto de gastos com manutenção e desenvolvimento do ensino.
4º CICLO DESCENDENTE (2016-2019)	
Definição da base normativa da política pública	EC nº 95/2016; Parecer CEB/CNE nº 3/2019.
Implantação dos mecanismos de articulação	Início das reuniões da IPNF em 2019;
Respostas dos entes subnacionais	Manutenção do Fundeb e do PAR; Participação nas reuniões da IPNF.
Interações implantação-resposta	Funcionamento incipiente da IPNF; Declaração de incompetência do CNE para definição do CAQ.
4º CICLO ASCENDENTE (2019-2021)	
Influência sobre as legislaturas por *insiders* e *outsiders* para obter alterações na base normativa	Propostas de perenização e aperfeiçoamento do Fundef, com maior comprometimento da União; Proposta de desvinculação de aplicações mínimas de recursos para manutenção e desenvolvimento do ensino. Resistência dos entes subnacionais e da sociedade civil. Manutenção das vinculações constitucionais.
5º CICLO DESCENDENTE (2020-2021)	
Definição da base normativa da política pública	EC nº 108/2020; Lei nº 14.113/2020.

Fonte: Elaboração própria.

A trajetória registrada ao longo do capítulo e sintetizada no quadro resulta no seguinte desenho jurídico-institucional:

Quadro 23 – Quadro de referência da organização
da educação básica pública nacional

(continua)

Nome oficial do programa de ação	Organização da educação pública básica nacional.
Gestão governamental	[Não se aplica].
Base normativa	Constituição; Lei de Diretrizes e Bases da Educação (Lei nº 9.394/1996); Lei nº 12.695/2012; PNE 2014-2024 (Lei nº 13.005/2014); Lei do Piso Salarial Profissional Nacional (Lei nº 11.738/2008); Lei nº 14.113/2020; Decreto nº 6.094/2007; outras portarias.
Desenho jurídico-institucional	Política nacional destinada à efetivação do direito social à educação, por meio do acesso à educação básica obrigatória e gratuita dos quatro aos 17 anos de idade, assegurada sua oferta gratuita aos que não tiveram acesso na idade própria, com garantia de gratuidade em todos os níveis de ensino. Oferta educacional organizada segundo: a) regime de colaboração entre União, estados, Distrito Federal e municípios; b) descentralização da oferta da educação básica pública, com a definição de áreas prioritárias de atuação de cada nível federativo; c) diretrizes de universalização do ensino fundamental e progressiva universalização do ensino médio gratuito; d) diretrizes de equalização de oportunidades educacionais, com garantia de padrão mínimo de qualidade do ensino e valorização dos profissionais da educação escolar; e e) gestão democrática do ensino público.
Agentes governamentais	União: a) estabelecimento de diretrizes e bases da educação nacional; b) coordenação da política nacional de educação; c) função normativa, redistributiva e supletiva em relação aos demais níveis de governo; d) prestação de assistência técnica e financeira aos demais entes federativos para o desenvolvimento de seus sistemas de ensino e o atendimento prioritário à escolaridade obrigatória; e) em colaboração com os demais entes, elaboração do PNE e estabelecimento de competências e diretrizes norteadoras dos currículos da educação básica e seus conteúdos mínimos; e f) organização e financiamento do sistema federal de ensino e o dos Territórios.
	Estados: a) atuação prioritária no ensino fundamental e médio; b) competência para definir formas de colaboração com os municípios para a oferta do ensino fundamental; e c) elaboração e execução de políticas e planos educacionais de forma coordenada e integrada com os municípios.

(conclusão)

Nome oficial do programa de ação	Organização da educação pública básica nacional.
Agentes governamentais	Municípios: a) atuação prioritária na oferta da educação infantil, em creches e pré-escolas, e no ensino fundamental; b) atuação em outros níveis de ensino condicionada ao atendimento pleno das necessidades de sua área de competência e ao emprego de recursos acima dos percentuais mínimos previstos pela Constituição; e c) faculdade de integração de seus sistemas de ensino aos sistemas estaduais ou de composição conjunta de um sistema único de educação básica.
	Distrito Federal: funções atribuídas aos estados e aos municípios.
Agentes não governamentais	Escolas comunitárias, confessionais ou filantrópicas: destinatárias de recursos públicos nas hipóteses previstas na Constituição e na legislação ordinária (CF, art. 213, Lei nº 13.005/2014, art. 5º, §4º, e Lei nº 14.113/2020, art. 7º, §§3º a 7º).
Mecanismos jurídicos de articulação	Estruturas: a) Estruturas de articulação federativa: IPNF, IPNEs, Comissão Intergovernamental do Fundeb, Comitê Estratégico do PAR, Fórum Permanente do Piso do Magistério;[444] b) Estruturas de participação social: Conselhos de Educação, Conferências de Educação, Conselhos de Acompanhamento e de Controle Social do Fundeb, Fórum Nacional de Educação; c) Entidades representativas dos entes estaduais e municipais: Consed e Undime.
	Instrumentos: Fundeb, planos de educação, termos de cooperação (v.g., PAR), BNCC. Instrumentos de avaliação dos sistemas de ensino: Ideb, Saeb.
Escala e público-alvo	Escala: universal; Público-alvo: a) população com idade entre quatro e dezessete anos de idade; e b) população que não teve acesso à educação básica na idade própria; Identificação por meio de: a) Censo Escolar; e b) busca ativa de crianças e jovens fora da escola.
Dimensão econômico-financeira de programa	Fontes de receitas: a) vinculação constitucional de recursos, com incidência das alterações introduzidas pela EC nº 95/2016 (CF, art. 212, c.c. ADCT, art. 110); b) complementação da União ao Fundeb, além da aplicação mínima prevista pela Constituição; e c) salário-educação.

---

[444] O Fórum não tem competência para pactuação, apenas para monitoramento de questões atinentes à carreira docente.

(continua)

Nome oficial do programa de ação	Organização da educação pública básica nacional.
Dimensão econômico-financeira de programa	Alocação de recursos: a) subvinculação de receitas tributárias destinadas à manutenção e desenvolvimento do ensino por meio do Fundeb; b) complementação do Fundeb pela União, repassada sob a forma de complementação-Vaaf, complementação-Vaat, complementação-Vaar; e c) repasses referentes ao PAR. Operacionalização: a) Fundeb: transferências periódicas e automáticas; e b) PAR: transferências mediante celebração de termos de compromisso.
Estratégia de implantação	1. Estágio inicial de universalização do ensino fundamental, com ampliação da oferta municipal de vagas e equalização do gasto dentro dos estados, incentivada pelo Fundef; 2. Adoção de instrumentos de articulação visando: a) à universalização e à equalização do gasto mínimo por estudante em toda a educação básica; b) à maior integração e padronização das ofertas na educação básica; c) ao apoio técnico e financeiro entre entes federativos.
Funcionamento efetivo do programa	Ofertas: a universalização do ensino fundamental foi alcançada sob a vigência do Fundef. O Censo Escolar de 2021 (INEP, 2022) aponta que: a) 82,5% do total de matrículas na educação básica estão vinculados à rede pública; e b) os municípios concentram 49,6% de todas as matrículas na educação básica (pública e privada). Estrutura organizacional e decisória: a) a formulação e parte substancial da implementação da política educacional ocorrem de forma compartimentada entre os vários sistemas de ensino, fora de estruturas de negociação federativa; b) o funcionamento da IPNF é incipiente e a interlocução federativa para a formulação de políticas educacionais depende mais da vontade política do que de um arranjo institucional que promove essa interlocução de forma contínua e previsível; e c) há déficit de articulação entre redes estaduais e municipais, o que afeta a racionalização de ações nas áreas de competências comuns. Instrumentos de articulação: a) o Fundeb se consolidou como principal instrumento de cooperação federativa na educação básica; b) os PNEs apresentam baixo atingimento de suas metas; e c) o CAQi não foi implementado no prazo previsto pelo PNE 2014-2024. Financiamento: a vinculação constitucional de recursos e os regimes de fundos para financiamento de matrículas na educação básica asseguraram a expansão de vagas e redução de assimetrias nacionais no gasto por estudante. Porém, o volume desses recursos ainda permanece aquém do gasto necessário para custear os insumos necessários à implementação de um padrão mínimo de qualidade da educação básica.

(conclusão)

Nome oficial do programa de ação	Organização da educação pública básica nacional.
Aspectos críticos do desenho jurídico-institucional	Oferta: a expansão de vagas foi acompanhada de poucos mecanismos que efetivassem a garantia de padrão de qualidade do ensino. Estrutura organizacional e decisória: a educação básica é carente de estruturas que confiram organicidade ao conjunto de sistemas de educação e que coordenem as ações entre os diversos níveis federativos. As estruturas de articulação federativa em efetivo funcionamento têm competência restrita à implementação – e não à formulação – de aspectos específicos da política educacional. A lacuna abre espaço para a formulação de políticas centralizadas, o que pode comprometer o atendimento às necessidades dos entes responsáveis pela implementação desses programas e, por conseguinte, seus resultados.

Fonte: Elaboração própria a partir do quadro de Bucci (2016, 2019c).

5.10 Síntese analítica

O presente capítulo reconstituiu o histórico do regime de colaboração na educação básica pública, com o intuito de identificar os gargalos e os aspectos que favorecem a institucionalização do SNE, além de analisar a resiliência do arranjo atual no que se refere aos seus elementos sistêmicos.

O quadro de referência da organização da educação básica pública nacional (Quadro 23) revela um arranjo dotado de alta densidade institucional, apoiado em normas constitucionais e leis formais que estabelecem direitos educacionais, objetivos e responsabilidades de todos os níveis de governo. Esse arcabouço já não corresponde à imagem da Torre de Babel do início da década de 1990. Porém, ainda padece de baixa organicidade e articulação entre os sistemas dos diversos níveis federativos.

O quadro de institucionalização do regime de colaboração (Quadro 22) mostra que a configuração atual da educação básica passou por transformações menos numerosas do que as políticas estruturantes na saúde e na assistência social. Revela ainda que a espinha dorsal da colaboração consistiu nos fundos de financiamento da educação básica (Fundef e Fundeb), responsáveis pela inserção dos principais elementos sistêmicos da educação básica e cuja resiliência foi testada no ano de 2020. Por isso, a reflexão sobre as dificuldades e perspectivas de construção do SNE deve ter presente o legado institucional proporcionado por esses fundos e as peças faltantes para a organização de um sistema.

A partir da reconstituição e das sínteses apresentadas nas seções anteriores, analisa-se o porquê de não haver Sistema Nacional de Educação institucionalizado no Brasil, dentro do recorte temporal adotado neste trabalho. Se os capítulos anteriores examinaram como foram reunidas condições para a institucionalização de sistemas únicos de saúde e de assistência social, agora é preciso entender como fatores jurídico-institucionais criaram um arranjo que vem se mostrando resistente ao SNE. Essa avaliação, mais do que um diagnóstico, pode iluminar as aberturas a reformas institucionais voltadas à concretização do sistema.

O primeiro fator explicativo da dificuldade de implantação do SNE vem do legado das políticas educacionais anteriores a 1988. Historicamente, a distribuição de competências em matéria educacional conferiu aos governos subnacionais o pioneirismo nas políticas de educação básica. Não sem grandes diferenças nas capacidades institucionais e na estruturação de ofertas, os entes subnacionais efetivamente ocuparam o espaço dessas políticas públicas, ao passo que a União pouco se dedicou à coordenação e ao financiamento desse nível de ensino.

A dispersão da política educacional por diferentes níveis federativos, sem um elemento coordenador nacional, resultou em redes e sistemas de ensino heterogêneos e sobrepostos. Formou-se, assim, um legado centrífugo de políticas descentralizadas, desarticuladas e que refletiam as desigualdades que marcam a federação brasileira. E assim o país chegou a 1988.

A Constituição alterou significativamente a conformação do direito à educação e atribuiu a todos os níveis federativos responsabilidades pela sua efetivação. Porém, apesar da previsão do regime de colaboração e da vinculação constitucional de recursos, as disposições originais não enfatizaram os elementos racionalizadores da ação dos vários níveis federativos na educação básica, o que deu margem à manutenção inercial do arranjo pré-constitucional. O exame da Constituinte esclarece por que esse tópico não teve centralidade na ANC: antes de disputar o desenho federativo, foi necessário disputar a dimensão substantiva da educação pública, definindo a relação público-privado na oferta educacional e, por conseguinte, os graus de estratificação e desmercadorização a que seria vocacionada.

Assim, um dos principais desafios da educação básica pública na nova ordem constitucional não era o de promover a descentralização de uma política que nunca foi centralizada. Era, sim, o de implementar formas mais coordenadas e cooperativas de oferta educacional. Do contrário, a tendência seria de reforço à dispersão de políticas e às assimetrias nas condições de acesso e fruição ao ensino público de qualidade, o que se confirmou.

Pode-se, então, afirmar que as previsões constitucionais originárias não bastaram como referencial normativo do regime de colaboração e de coordenação nacional da educação básica. Essa insuficiência fica patente quando se constata que a primeira inovação normativa relevante após a promulgação da Constituição foi outra emenda constitucional (EC nº 14/1996), anterior à própria LDB, que detalhou competências federativas por nível de ensino e inaugurou o regime de colaboração plasmado no Fundef. Nesse intervalo de oito anos, a União foi a grande ausente das políticas de educação básica; as demais unidades federativas mantiveram seus próprios e autônomos cursos de ação, reforçando arranjos institucionais regionais e locais e, com isso, ampliando os custos de conversão e os problemas de coordenação em torno de futuros programas nacionalmente definidos.

A partir de 1996, o emendamento passou a ser o principal motor do regime de colaboração. A constitucionalização dos fundos de financiamento (Fundef e Fundeb) e sua posterior regulamentação por lei ordinária conferiram à educação básica o embrião de um sistema nacional, ao definir prioridades nacionais relacionadas à oferta de vagas e à remuneração de profissionais dedicados ao ensino básico, estabelecer referenciais mínimos de investimento por estudante e detalhar responsabilidades dos três níveis de governo. Criou-se, para tanto, uma engenharia de cofinanciamento que, por seu caráter redistributivo e supletivo, coibiu "jogos de empurra" e "corridas ao fundo do poço".

Outro papel desempenhado pelas reformas constitucionais tem sido o de positivar propostas de leis ordinárias anteriormente rejeitadas ou normas carentes de efetividade. A constitucionalização do SNE e da meta de aplicação de recursos em proporção ao PIB, por meio da EC nº 59/2009, após tentativas malsucedidas de positivação em lei ordinária, são emblemáticas da primeira situação. De igual forma, em meio a resistências do Poder Executivo à implantação do CAQ, a EC nº 108/2020 reafirmou esse indicador como referência de qualidade do ensino. Portanto, embora sujeito a um procedimento mais rígido do que o da elaboração de leis complementares e ordinárias, o emendamento tem sido uma via de positivação de temas controversos para, a partir daí, desencadear transformações jurídicas e organizacionais.

Interessa notar que essas reformas ora atenderam as preferências do governo federal (v.g., Fundef, Novo Regime Fiscal e SNE), ora contrariaram suas opções (v.g., complementação federal no Fundeb e preservação das aplicações mínimas por ocasião da PEC nº 186/2019). A variação nos interesses prevalentes ao longo dessas reformas desafia a observação geral de que entes subnacionais têm reduzido poder de veto no processo de emendamento constitucional.[445] Reforça, ainda, a importância de que as preferências e demandas das unidades constitutivas da federação sejam contempladas na definição da base normativa das políticas de educação.[446]

Portanto, o impacto das normas constitucionais para a criação do sistema deve ser avaliado sob duas perspectivas. Por se tratar de um texto inicialmente lacônico quanto ao formato institucional da colaboração, contribuiu para manter a desarticulação entre os vários sistemas de educação, o que modulou a evolução da política educacional já sob a égide da Constituição. Por outro lado, o emendamento tem sido central para o estabelecimento de um novo padrão de relações intergovernamentais na educação, pois responde pela juridificação de temas que não avançam pelo processo legislativo ordinário ou por outros instrumentos de articulação.

Porém, a base constitucional nem é suficiente para assegurar a institucionalização do sistema, nem basta para explicar as dificuldades à efetivação desse modelo institucional. Os mecanismos de articulação são outro componente que explicam a trajetória das políticas públicas. E, na educação básica, a insuficiência de mecanismos de articulação reforçou o desenvolvimento quase autárquico de sistemas de educação, contribuindo para reforçar as fontes de resiliência que dificultam a conversão institucional na direção do SNE.

A educação básica padece de uma atrofia de estruturas de pactuação federativa. A atual configuração jurídico-institucional da educação básica nacional conta com algumas instâncias interfederativas, mas que somente começaram a ser instituídas após quase duas décadas de vigência da Constituição, com competências restritas a aspectos

---

[445] Cf. *supra* 2.7.
[446] Cf. *supra* 2.5.

específicos da implementação das políticas educacionais. Além disso, tanto a IPNF quanto o Comitê Estratégico do PAR permaneceram sem funcionamento até 2019 e 2020, respectivamente.

Disso resulta o que Duarte (2019, p. 967-968) descreve como inibição dos canais de diálogo quanto às formas de cooperação que permitam superar desigualdades socioeducacionais. Sem um desenho jurídico-institucional que organize essa interlocução em bases estáveis, a tomada de decisões conjunta se torna contingente e sujeita à discricionariedade do Executivo federal,[447] o que limita a formação de propostas consensuais que deem forma a um sistema de política pública. Assim, como apontado por Grin em estudo publicado em 2016, a ausência de fóruns federativos verticais para mediar interesses dos três níveis de governo é um dos empecilhos ao SNE (GRIN, 2016, p. 226), situação que pouco se alterou diante do funcionamento incipiente e errático da IPNF.

Em relação aos instrumentos de articulação, é de se frisar que a coordenação nacional da educação básica foi intensificada por meio de inovações, como o Fundef e o Fundeb, os PNEs, o PAR e os mecanismos de avaliação dos sistemas de ensino. Porém, como registrado ao longo deste capítulo, a implantação desses instrumentos ocorreu em meados da década de 1990 e sua diversificação ocorreu mais tardiamente, no final da segunda década de vigência da Constituição. O *timing* da implementação dessas medidas impactou as perspectivas do redesenho institucional da educação básica.

O regime de colaboração avançou predominantemente por meio de normas cogentes, regulando o gasto obrigatório com manutenção e desenvolvimento do ensino. Essas normas são importantes para a sustentabilidade, para o comprometimento de todos os níveis de governo com a política educacional e para alguma equalização na capacidade de financiamento desses entes (FARENZENA; LUCE, 2014, p. 208), mas não asseguram convergência de ações desenvolvidas entre entes autônomos. Para esse fim, são necessários instrumentos que incentivem a conformidade com as políticas nacionais e ofereçam condições para o desenvolvimento análogo de capacidades estatais. A bem dizer, a imposição de gastos em uma área de ação governamental, sem outras

---

[447] Em abono a essa afirmação, Abrucio (2021) relata que, mesmo sem um sistema institucionalizado, há mais de vinte anos o MEC vinha construindo decisões e implementando ações em articulação com estados e municípios, com destaque para a interlocução com o Consed e com a Undime. Porém, acrescenta que, a partir de 2019, esses fóruns foram escanteados em grande parte das decisões do ministério.

estratégias nacionais de padronização da provisão social, pode levar a reformas-armadilha,[448] nas quais a priorização, ainda que temporária, de um objetivo político em detrimento de outro que também se busca equilibrar coloca em risco os estágios subsequentes das reformas institucionais (PRADO, 2013, p. 80).

Os efeitos de reformas-armadilha podem ser identificados na trajetória da educação básica. O Fundef foi exitoso ao promover a inadiável universalização e em induzir a municipalização do ensino fundamental, atendo-se a dois aspectos: oferta de vagas e remuneração do magistério. Já a equalização do investimento nacional mínimo por estudante foi afetada pela inadimplência da União em relação a uma parcela expressiva de suas obrigações financeiras. A frustração do papel supletivo da União no Fundef, somada à ausência de outros instrumentos de indução a padrões nacionais nas políticas de educação, fez com que o objetivo de universalização do ensino fundamental fosse alcançado, mas acompanhado de novas assimetrias[449] e da sobrecarga dos entes que dispunham de menos recursos próprios para o custeio do ensino e contavam com transferências federais.

Os planos nacionais de educação, a seu turno, têm falhado em seu papel precípuo, qual seja, o de instrumento de planejamento voltado a orientar a execução e o aprimoramento de políticas públicas de educação (DUARTE, 2019, p. 953). Embora não seja apropriado descrever os PNEs como meras "cartas de intenções" – e a sujeição ao controle pelo TCU, mencionada neste capítulo, mostra que esses planos produzem efeitos jurídicos –, tampouco se pode negar a persistente dificuldade em efetivá-los. Isso se explica pelo descompasso entre as metas estabelecidas e os instrumentos e estratégias previstos para a consecução

---

[448] Cf. *supra* 1.2.3.
[449] A propósito, veja-se Duarte (2019, p. 962): "Sobretudo a partir da década de 1990, em que o processo de descentralização em matéria educacional foi bastante intenso, os municípios assumiram inúmeras responsabilidades e atribuições com as quais muitas vezes não têm condições de arcar, principalmente aqueles menores e mais pobres. Essa relação desproporcional entre o amplo rol de obrigações assumidos pelos municípios e a existência de recursos próprios suficientes para atendê-los trouxe um impacto negativo sobre a qualidade dos serviços ofertados, contribuindo não apenas para a manutenção, como para o aprofundamento das desigualdades em matéria educacional existentes no país. (...) Como resultado dessas políticas e, na ausência de um SNE capaz de suprir as carências das localidades mais pobres, formou-se um quadro de grandes disparidades entre os serviços educacionais prestados pelos diversos entes federados, com a tendência de os municípios mais pobres oferecerem serviços educacionais de pior qualidade, fenômeno que não ocorreu da mesma forma, nem com a mesma intensidade, na área da saúde".

desses resultados[450] e pelo já referido déficit de articulação federativa na organização da educação básica (BRASIL, 2020k, p. 56). A dificuldade de estabelecer um padrão de relações intergovernamentais mais estável e colaborativo torna-se, mais uma vez, causa e consequência do insucesso dos PNEs.

Os pontos críticos destacados nos parágrafos acima conduzem a um terceiro: o modo como instrumentos de coordenação diversos da edição de normas cogentes vêm sendo mobilizados. Como afirmam Grin e Abrucio (2018, p. 90), o pacto federativo não se constitui pela imposição das prioridades oriundas do governo central, mas por mecanismos de indução considerados benéficos em nível local. Além de direcionar preferências dentro de um leque de opções disponíveis, esses mecanismos são necessários para suprir desigualdades sociais e regionais e, com isso, contornar a fragilidade orçamentária das políticas sociais, dependentes apenas da ação dos governos locais, com seus reflexos em menor cobertura e pior qualidade (CARA, 2012, p. 261).

Criar condições para que todos os entes possam formular e implementar políticas educacionais que cumpram com objetivos e parâmetros nacionalmente fixados exige instrumentos que promovam uma combinação entre distribuição de recursos e ações qualificadoras da gestão e da atividade pedagógica (FARENZENA; LUCE, 2014, p. 214). Para tanto, mesmo em uma política majoritariamente custeada pelos entes subnacionais, as transferências condicionadas federais são centrais para produzir esse alinhamento entre ações dos três níveis de governo, por ser a União o ente que aufere o maior percentual de arrecadação tributária (TOLEDO, 2019, p. 215). Ou seja, o reforço à coordenação nacional não se faz sem a ampliação das funções supletiva e redistributiva da União, o que não se confunde com atuação subsidiária deste ente (RANIERI, 2020).

No entanto, instrumentos de coordenação que alcançassem searas não abrangidas pelos fundos de financiamento e que lidassem com as assimetrias associadas à municipalização tiveram menor espaço na estruturação da educação básica e foram desenvolvidas mais tardiamente. O PAR, que se propôs a qualificar quatro dimensões dos sistemas de educação, somente foi previsto em 2007. A implantação do

---

[450] Nesse sentido, a Exposição de Motivos nº 33/2010 do PL nº 8.035/2010, que resultou no PNE 2014-2024, reconhece que o PNE 2001-2010 vinha desacompanhado de instrumentos executivos para consecução das metas por ele estabelecidas (BRASIL, 2010b, p. 22).

CAQi e do CAQ, que levaria a todas as escolas públicas do país maiores exigências de conformidade com padrões mínimos de qualidade e, junto delas, os recursos necessários ao alcance desses patamares, foi igualmente refreada e suas perspectivas de efetivação somente foram recuperadas em 2020.

A restrita e lenta mobilização de instrumentos que induzam ações de escala nacional, mais uma vez, contribuiu para sedimentar as organizações locais e reforçar a lógica decisória fragmentada. Essa limitação dos instrumentos denota a resistência, na maior parte do tempo, da própria União a ampliar sua função coordenadora, função que não pode prescindir do reforço aos seus papéis redistributivo e supletivo. Tampouco pode ser dissociada da ausência de um lócus institucionalizado de negociação federativa, que limita a formulação e a revisão de prioridades e estratégias de operacionalização.

Portanto, o processo de institucionalização do SNE, de desfecho ainda incerto, pode ser explicado a partir da trajetória de construção jurídico-institucional da educação básica. Se, como ensina o conceito de dependência da trajetória, decisões iniciais em uma política pública tendem a se converter em legados duradouros e em condicionamentos a reformas posteriores, as decisões e passos iniciais na educação básica foram no sentido de reforçar um legado dispersivo e desarticulado. Por quase duas décadas, o arcabouço jurídico das políticas educacionais mais induziu os efeitos inibitórios que o federalismo exerce para a nacionalização de políticas sociais em contextos democráticos (OBINGER; LEIBFRIED; CASTLES, 2005) do que promoveu padrões uniformes de provisão educacional.

Mas se, apesar disso, há uma organização com traços sistêmicos, cabe avaliar como os atributos já existentes ativam a capacidade de resiliência desse arranjo jurídico-institucional.

Voltando a atenção ao Fundef e ao Fundeb, de papel estruturante no atual regime de colaboração, reconhece-se que o entrelaçamento de responsabilidades advindo do desenho jurídico-institucional desses fundos vem contribuindo para tornar esse arranjo sistêmico mais denso. Na vigência do Fundef, a expansão da responsabilidade de estados e municípios com a oferta de vagas e com o custeio do ensino fundamental, somada ao descumprimento das obrigações da União, não levou ao rechaço à continuidade do fundo, mas sim ao reforço do arranjo original. Disso resultou a ampliação da base constitucional e a maior responsabilização da União quando da conversão do Fundef em

Fundeb, tornando o desenvolvimento das políticas mais dependente dos fundos para seu custeio.

A EC nº 108/2021 veio corroborar o postulado de que "(...) a probabilidade de novos passos na mesma trajetória aumenta a cada passo dado nessa trajetória" (PIERSON, 2015, p. 340). Promulgada sob a égide da EC nº 95/2016, a renovação do Fundeb desafiou as iniciativas relacionadas à redução da participação federal na coordenação e no financiamento da educação básica. O resultado foi o afastamento do caráter temporário do Fundeb, o maior detalhamento das regras constitucionais relativas a esse fundo e o aumento do percentual de complementação da União, que conferiram à educação básica um arranjo de financiamento mais denso e mais estável do que os do SUS e do Suas. Não menos importante, foi a reação dos entes subnacionais à proposta de desconstitucionalização das aplicações mínimas na manutenção e desenvolvimento do ensino, enfatizando-se o risco à participação da União no Fundeb.

Operaram-se aqui dois dos efeitos similares aos identificados na análise do SUS: a expansão de compromissos recíprocos e a imposição de limites a ações unilaterais de outros níveis de governo. Porém, esse arranjo não impede que outras áreas da educação básica, não alcançadas pelo Fundeb, operem sob um padrão de autoridade independente nas relações federativas. Nessas áreas, a fragilidade de mecanismos de articulação não cria os mesmos condicionamentos ao alinhamento das ofertas educacionais nem promove o compartilhamento do poder decisório em torno da formulação do regime de colaboração.

Mas, apesar de seus aspectos críticos, as mudanças graduais operadas desde a promulgação da Constituição têm criado condições para que, quase um século depois do Manifesto dos Pioneiros, o país possa contar com um Sistema Nacional de Educação. A promulgação da EC nº 108/2020 e a recente convergência entre as propostas de regulamentação do SNE sinalizam a tendência a um novo pacto federativo em torno da concretização do direito à educação, principal motor da justiça social de um país (PAULA; NOGUEIRA, 2017, p. 184). É por meio de um arranjo até aqui construído sem rupturas que se vislumbram os caminhos para uma transformação profunda no desenho institucional das políticas de educação básica, nos moldes previstos pela Constituição de 1988.

CAPÍTULO 6

OS FIOS DEVOLVIDOS À MEADA: ANÁLISE CONJUNTA DOS SISTEMAS DE POLÍTICAS PÚBLICAS

Os capítulos 3 a 5 analisaram a trajetória das políticas públicas de saúde, de assistência social e de educação básica. Reconstituiu-se as transformações normativas e organizacionais engendradas em cada área, a emergência das propostas de sistemas únicos ou sistemas nacionais como políticas estruturantes e os fatores jurídico-institucionais que interferiram na adoção do modelo em pauta. O presente capítulo restitui os fios à meada para análise conjunta das políticas públicas selecionadas para este estudo, conjugando o referencial teórico do trabalho, os recursos analíticos empregados na pesquisa e os achados relativos a cada um dos sistemas analisados.

Para tanto, três temas orientam as reflexões que seguem. O primeiro, abordado na primeira e na última seção do capítulo, trata da institucionalização de sistemas de políticas públicas como parte da construção do Estado social positivado pela Constituição de 1988. O segundo avalia como a implantação de sistemas de políticas públicas é impactada pela trajetória jurídico-institucional de cada área. O terceiro discute a resiliência de políticas organizadas sob a forma de sistemas.

As próximas seções retomam temas abordados anteriormente e incluem referências para melhor sistematização dos resultados da pesquisa. A seção 6.1 traça um panorama do desenvolvimento das políticas sociais brasileiras após 1988 e identifica as formas de transformações jurídico-institucionais prevalentes a cada fase. A seção 6.2 discorre sobre os fatores que explicam os diferentes cursos de construção dos sistemas de políticas públicas e seus resultados. A seção 6.3 discute a resiliência provida por políticas públicas organizadas sob a forma de sistemas. A seção 6.4 contém um referencial de análise da institucionalização de sistemas de políticas públicas. A seção 6.5 discorre sobre o significado da institucionalização dos sistemas para a reorganização do Estado social brasileiro após 1988.

6.1 A construção do Estado social e seu arcabouço jurídico-institucional

A Constituição de 1988 representou um divisor de águas no paradigma de bem-estar social e no desenho federativo do Estado brasileiro, ao apontar para a universalização de direitos sociais e enfatizar a cooperação federativa e a superação de desigualdades regionais (BERCOVICI, 2003, p. 149).[451] Desde então, as políticas de saúde, assistência social e educação passaram por reformulações gradativas que as distanciaram dos arranjos vigentes antes de 1988. Mesmo com diferenças entre as áreas, esse desenvolvimento institucional foi influenciado por contextos comuns de expansão e de retração, além de marcado por padrões análogos de construção de seu arcabouço jurídico-institucional.

Da substituição constitucional ao final de 1992, sob a presidência de Fernando Collor, houve resistência à redefinição de prestações, objetivos e relações federativas nas políticas sociais. Na saúde, a lei orgânica foi aprovada em duas etapas (Lei nº 8.080/1990 e Lei nº 8.142/1990), mas a área teve dificuldade em estabelecer novos padrões de relações intergovernamentais e em implementar a descentralização. Na assistência social, o veto ao primeiro projeto de lei orgânica deixou patentes os óbices à modificação do legado pré-constitucional. A educação seguiu carente de articulação nacional enquanto se discutia uma nova lei de diretrizes e bases.

O interregno de 1993 a 2015 marcou a expansão e a reorganização institucional das políticas sociais. Seguindo a tendência latino-americana[452] e sob a estabilização econômica alcançada pelo Plano Real (ABRUCIO, 2005), essa ampliação teve início em meados da década de 1990 e foi intensificada nos anos 2000. Em todo esse tempo, cabe frisar, as pressões pela contenção do gasto social estiveram presentes.

---

[451] Cf. *supra* Capítulo 2.
[452] Cf. *supra* 2.1.

A aludida reorganização começou de forma lenta e desprovida de uma lógica unificadora,[453] ainda em 1993, com Itamar Franco na Presidência da República. Na saúde, esse foi o período de extinção do Inamps, de criação das comissões intergestores e de início da descentralização organizada por habilitação em diferentes níveis de gestão; mas 1993 foi também comprometido pelo "apagão" do financiamento do SUS.[454] Na assistência social, a promulgação da Loas e a extinção do CNSS abriram espaço para um novo modelo de ação pública, perspectivas que não se concretizaram de imediato. Na educação, houve retomada do diálogo federativo e a criação do CNE.

Ao longo dos mandatos presidenciais de Fernando Henrique Cardoso (1995 a 2002), houve diversificação de mecanismos de articulação federativa e reorganização do financiamento das políticas sociais. As funções coordenadora, supletiva e redistributiva da União foram mais bem definidas. Na dimensão substantiva, em cada grande item de política social, enfatizou-se um aumento de eficiência e efetividade do gasto: atenção básica na saúde, ensino fundamental na educação e transferência de renda na assistência social (KERSTENETZKY, 2012, p. 221-222).

O SUS contou com avanços na definição de responsabilidades e na descentralização de ações e serviços. Paralelamente, buscou-se estabilizar seu financiamento por meio da CPMF – desvirtuada como fonte adicional de recursos para o SUS[455] – e da vinculação de recursos em todos os níveis federativos. A educação assistiu à universalização e à municipalização do ensino fundamental, impulsionadas a partir do Fundef e da LDB, mas a diminuta participação federal no aporte de recursos para o financiamento do ensino fundamental prejudicou a equalização de oportunidades educacionais e a busca de um padrão mínimo de qualidade de alcance nacional. A assistência social conheceu reformulações com a extinção da LBA, a aprovação da PNAS/1998, a implantação da institucionalidade prevista pela Loas, a implantação

---

[453] Nesse sentido, em trabalho publicado em 1995, Almeida (1995, [p. 4]) asseverou que o governo federal não havia sido capaz de formular "(...) uma estratégia de redefinição das funções dos três níveis de governo na área social", acrescentando que a redistribuição de competências e atribuições, ou sua ausência, foram presididas por lógicas particulares (ALMEIDA, 1995, [p. 6]).
[454] Cf. *supra* 3.4.2.
[455] Cf. *supra* 3.5.1.

do BPC e os projetos de enfrentamento da pobreza, mas manteve ações fragmentadas.

Durante os mandatos de Luís Inácio Lula da Silva (2003 a 2010), ao lado da expansão das políticas sociais, buscou-se maior similitude entre os desenhos institucionais das diversas áreas. Na saúde, as inovações visaram à regionalização das ações e serviços de saúde, com a adoção de novos instrumentos de articulação federativa. Na assistência social, assistiu-se à criação e à implantação do Suas, além da reestruturação e da ampliação dos programas de transferência de renda. Na educação, houve a aprovação do Fundeb, a criação do PAR e a previsão constitucional do SNE.

Sob a presidência de Dilma Rousseff (2011 a 2016), houve reforço das políticas implementadas nas gestões anteriores e de seus suportes jurídicos. O SUS contou com a regulamentação da EC nº 29/2000, por meio da LC nº 141/2012; com a tentativa de implantação do Coap que, sem êxito, resultou na manutenção dos Pactos de Gestão; e com a promulgação da Lei nº 12.858/2013, que sinalizava ampliação de recursos para a política sanitária, mas foi refreada pela EC nº 86/2015. Na assistência social, a promulgação da Lei nº 12.435/2011 e a aprovação da NOB Suas/2012 consolidaram o Suas como política estruturante da assistência social. Na educação, o PAR passou a contar com previsão em lei (Lei nº 12.695/2012) e o PNE 2014-2024 intensificou a agenda do regime de colaboração, ao fixar prazo para a regulamentação do SNE, prever instâncias de negociação federativa e instituir um padrão de referência para o financiamento do ensino de qualidade (CAQ e CAQi).

O afastamento e posterior *impeachment* da presidenta Dilma Rousseff, em 2016, marcaram o reposicionamento das políticas sociais no discurso e na agenda governamental (IPEA, 2018, p. i).

Desde que Michel Temer assumiu a presidência da República, em 2016, o paradigma de bem-estar social positivado na Constituição, voltado à universalização da proteção social, passou a ser pressionado por reformas que, guiadas por um paradigma liberal, incidiram sobre os elementos que conferem unidade e estabilidade aos arranjos até então estruturados.[456] Esse tensionamento se traduziu na fragilização de estratégias de integração e de coordenação intergovernamental (JACCOUD,

---

[456] Para um quadro analítico da desestruturação de um arranjo institucional e sua aplicação ao Suas, *vide* Ruiz (2021, p. 217-231).

2020b, p. 31), incluindo a constitucionalização da participação regressiva da União no custeio de políticas sociais (EC nº 95/2016).

A partir de 2019, a agenda do Executivo federal combinou a radicalização da austeridade permanente e o rechaço ao paradigma cooperativo de federalismo, este último expresso nas tentativas de entabular relações intergovernamentais ora sob uma lógica de autoridade independente, ora hierárquica. Ensaios de reformas abruptas no núcleo duro das políticas sociais incluíram a proposta de desconstitucionalização das aplicações mínimas obrigatórias em saúde e educação, a extinção temporária da CIT-Suas, o conflito federativo durante a pandemia de Covid-19[457] e a proposta de renovação do Fundeb a partir de 2022, com canalização parcial dos recursos para um programa de transferência de renda.[458]

A conjuntura crítica desencadeada pela pandemia de Covid-19 levou ao entrecruzamento entre a agenda de institucionalização de um paradigma de bem-estar social diverso daquele contido na Constituição de 1988 e as demandas de proteção social ligadas à pandemia, todas elas dependentes das instituições e dos instrumentos ameaçados pelas reformas estruturais em curso (DWECK, 2021). Sinais de perda de consenso em torno da agenda que vinha sendo implementada desde 2016 podem ser extraídos da reação dos governos subnacionais às ações do governo federal na pandemia, da reafirmação do caráter cooperativo do federalismo brasileiro pelo STF, da aprovação do auxílio-emergencial em valor superior ao proposto pelo Executivo, dos novos termos do Fundeb e da manutenção de aplicações mínimas em saúde e educação. Porém, ainda falta o distanciamento temporal necessário à avaliação dos acontecimentos mais recentes e de seus desdobramentos.

Quando se observa a construção do arcabouço jurídico que sustentou essas diversas fases, constata-se a presença dos quatro tipos de mudança institucional descritos por Mahoney e Thelen (2010)[459] – substituição, estratificação, redirecionamento e conversão –, mas com variações no tipo de mudança prevalente a cada etapa.[460]

---

[457] Cf. *supra* 3.9.1.
[458] Cf. *supra* 5.7.1.
[459] Cf. *supra* 1.2.3.
[460] Menezes (2012, p. 108) analisa a institucionalização do SUS e do Suas e conclui haver a combinação entre estratificação, redirecionamento e conversão, sem apontar padrões prevalentes em cada etapa.

No estágio inicial de definição da base normativa, predominaram mudanças por substituição. Além da substituição constitucional, a LOS, a Loas e a LDB prescreveram uma nova institucionalidade para suas respectivas áreas, definiram competências e estipularam parâmetros para a oferta da provisão social. Essa mesma espécie de transformação respondeu pela extinção dos órgãos e entidades responsáveis pela execução das políticas pré-constitucionais (v.g., Inamps, LBA e CFE).

A expansão e a operacionalização dessas políticas, a seu turno, valeram-se de mudanças por estratificação, isto é, pelo acoplamento de novas normas às preexistentes. Essa produção normativa tanto respondeu aos *feedbacks* da implantação das políticas públicas quanto preencheu vazios normativos. E, assim, a estratificação teve um papel central na definição das feições de cada área, dentro das possibilidades abertas pela moldura constitucional e legislativa inicial.

Sob o prisma da hierarquia das normas, essa produção normativa avançou por dois extremos: emendas à Constituição e normas infralegais. As emendas constitucionais reduziram a instabilidade do financiamento do SUS e conferiram caráter sistêmico ao regime de colaboração na educação básica (v.g., Fundef, Fundeb, PNE, SNE, CAQ). Por outro lado, as normas infralegais foram o principal instrumento de coordenação das ações nacionais de saúde (ARRETCHE, 2004a, p. 22) e, no caso da assistência social, respondem pela origem e desenvolvimento de seu sistema único.

A par do deslocamento de parcela significativa da autoridade decisória sobre o conteúdo das políticas para o Poder Executivo, após a aprovação da legislação reformadora (ARRETCHE, 2002, p. 452-453), a promulgação de leis complementares e leis ordinárias conservou o papel de consolidar, também por estratificação, as inovações adotadas na expansão dessas políticas. De um lado, pela regulamentação de emendas constitucionais (v.g., LC nº 141/2012, Leis nº 11.494/2007 e nº 14.113/2020). Depois, pela elevação do *status* normativo das inovações introduzidas por normas infralegais. A incorporação da CIT-SUS à LOS, a reforma da Loas para incluir a previsão do Suas e a previsão legal do PAR como instrumento de coordenação na educação mostram a produção legislativa não como fonte de inovações, mas como elemento de reforço e de elevação da densidade institucional de inovações infralegais.

Na fase de retração dessas políticas, ao lado da estratificação, medidas de redirecionamento e de conversão ganharam força. O recurso a formas de transformação institucional que não impliquem remoção das regras anteriores aparece como alternativa a reformas abruptas, cuja chance de êxito é menor,[461] como mostram as reações à proposta de desconstitucionalização das aplicações mínimas em saúde e educação (PEC nº 186/2019) e à extinção temporária da CIT no Suas.[462] Assim, o esvaziamento ou o redirecionamento das políticas sociais ocorre por meio de dribles institucionais ou por alterações periféricas que formalmente mantêm seu arcabouço jurídico-institucional.

As alterações normativas que, desde 2016, vêm modificando as políticas sociais em estudo mostram combinação entre estratificação, redirecionamento e conversão. A EC nº 95/2016 representou uma mudança por estratificação por meio da qual regras de vigência temporária alteraram o financiamento das políticas sociais, mesmo sem a revogação das disposições permanentes. A longo prazo, porém, a EC nº 95/2016 tende a induzir também transformações por redirecionamento, pois a estagnação do financiamento, a despeito de mudanças demográficas e de outras necessidades sociais, altera o desempenho dessas políticas sociais e, por conseguinte, o nível de proteção social ofertada. O redirecionamento também pode ser percebido: a) pela inoperância da IPNF na educação, expressão do negligenciamento das disposições do PNE 2014-2024; b) pela não criação dos instrumentos de controle da conformidade entre o Programa de Trabalho do Orçamento Geral da União e a aplicação desses recursos em ações e serviços de saúde, na forma da Portaria MS nº 3.992/2017; e c) pela tomada de decisões pelo Executivo federal à margem das estruturas decisórias do SUS e do Suas, que permanecem formalmente intactas, mas acabam esvaziadas. Já a conversão fica patente pela reinterpretação das regras que regem as políticas analisadas, o que ocorreu no tema da convocação das conferências nacionais de assistência social e da competência da CEB/CNE para definir o valor do CAQi.

Portanto, apesar das diferenças de trajetórias e de conformação final, a formação da base jurídica das políticas sociais passou por transformações eminentemente incrementais e que seguiram padrões análogos. As aludidas transformações graduais levaram a mudanças profundas na construção das políticas de bem-estar social brasileiras e vêm se revelando igualmente relevantes na sua desinstitucionalização.

---

[461] Cf. *supra* 1.2.3 e 1.5.2.2.
[462] Cf. *supra* 3.9.2 e 4.7.2.

Esses padrões comuns de fluxo e refluxo no desenvolvimento das políticas sociais estão condensados no quadro a seguir:

Quadro 24 – Transformações jurídico-institucionais nas políticas sociais

Etapa	Tipo de mudança	Suporte jurídico	Exemplos
Definição da base normativa	Substituição	Constituição	Constituição
		Leis	LOS; Loas; LDB.
Operacionalização e expansão	Estratificação	Emendas à Constituição	EC nº 12/1996; EC nº 14/1996; EC nº 29/2000; EC nº 53/2006; EC nº 59/2009 e EC nº 108/2020.
		Normas infralegais	Normas operacionais do SUS e do Suas; Resolução CNAS nº 145/2004.
Consolidação	Estratificação	Leis	Lei nº 12.435/2011; Lei nº 12.466/2011; Lei nº 12.695/2012.
Retração	Estratificação	Emendas à Constituição	EC nº 95/2016.
		Normas infralegais	Portaria MCid/GM nº 2.362/2019, Portaria MS/GM nº 2.979.
	Redirecionamento	Emendas à Constituição	EC nº 95/2016 (possíveis efeitos de longo prazo).
		Normas infralegais e outros atos administrativos	Não funcionamento da IPNF; não implementação dos instrumentos de controle de conformidade da aplicação de recursos na forma da Portaria MS nº 3.992/2017; Decreto nº 8.805/2016; Decreto nº 8.869/2016.
	Conversão	Normas infralegais e outros atos administrativos	Parecer CEB/CNE nº 3/2019; Parecer nº 00201/2019/CONJUR-MC/CGU/AGU.

Fonte: Elaboração própria.

A constatação das múltiplas formas pelas quais o direito social estrutura-se e reformula-se corrobora o alerta de Clune (2021, p. 47), no sentido de que o histórico de implementação de uma política pública deve ir além e abaixo dos divisores de águas. Se a Constituição é central para conferir o sentido global da reforma nas políticas sociais analisadas, as transformações incrementais formalizadas por normas infraconstitucionais não são menos importantes para explicar como esses arranjos se materializaram e assumiram formas que não estavam todas definidas na Constituição. É nessa miríade de transformações jurídico-institucionais que se deve buscar os fatores que interferem na formação e na capacidade de resiliência dos sistemas de políticas públicas.

6.2 A formação de sistemas de políticas públicas: diferentes percursos e seus resultados

A primeira hipótese desta pesquisa era a de que as diferenças de resultados na conformação de sistemas de políticas públicas poderiam ser explicadas pelos elementos jurídico-institucionais que conformaram a trajetória de cada área. Examinados o legado pré-constitucional, a base constitucional das políticas públicas, as estruturas tripartites de pactuação federativa e os instrumentos de coordenação nacional de três políticas sociais, foi possível constatar que fatores de natureza jurídico-institucional funcionam como impulsos ou entraves à implantação dos referidos sistemas. As próximas quatro seções discutem como cada um dos fatores explicativos selecionados para análise interfere nas condições para a formação desses arranjos.

6.2.1 Legado pré-constitucional das políticas sociais: o pioneirismo na ocupação do espaço da política pública

O primeiro fator de impacto na formação dos sistemas de políticas públicas atine ao arranjo jurídico-institucional vigente antes da Constituição de 1988, mais precisamente ao pioneirismo na ocupação do espaço da política pública.[463]

O pioneirismo ou a ocupação antecipada de uma área de política pública por entes subnacionais reduz a margem de ação do governo central para iniciativas na mesma seara (OBINGER; LEIBFRIED; CASTLES, 2005; PIERSON, 1995). A maior institucionalização de políticas locais, com a multiplicação de arranjos diversos entre si, aumenta os custos para eventual reforma e dificulta iniciativas de coordenação intergovernamental (SANO, 2008, p. 49). Por conseguinte, em federações

---
[463] Cf. *supra* 2.6.

democráticas, a ação do governo federal pode sofrer retardos ou bloqueios por fatores como o maior número de pontos de veto ou de atores envolvidos nas negociações, a rigidez de processos de emendamento constitucional e a judicialização (OBINGER; LEIBFRIED; CASTLES, 2005, p. 318-325). Inversamente, o pioneirismo do governo central pode mitigar esses condicionamentos e, assim, favorecer a implantação de políticas sociais de alcance nacional.

Nas três áreas avaliadas, a promoção de convergência de todos os níveis federativos em torno de um modelo sistêmico foi influenciada pelo ente federativo que protagonizou a ação governamental antes de 1988. As áreas com histórico de centralização de ações e de recursos, em que a formação de um sistema único demandaria a desagregação de atribuições e de recursos financeiros, encontraram cenário mais favorável. Na área em que o pioneirismo coube às esferas subnacionais, na qual a formação do sistema exigiria a agregação de arranjos preexistentes e fortalecimento das responsabilidades de coordenação e de financiamento pelo nível central, a nacionalização de padrões de provisão social foi retardatária e conservou boa parte das políticas dos níveis subnacionais, exatamente como descrevem Obinger, Leibfried e Castles (2005, p. 323).

As políticas de saúde e assistência social se subsomem à primeira hipótese, isto é, de pioneirismo do governo central. Na política sanitária, o protagonismo do governo federal na formulação, coordenação e execução de ações e serviços de saúde favoreceu a coordenação e a descentralização após 1988. A assistência social, a seu turno, contava com um arranjo centralizado e capilarizado em território nacional que, embora não tenha fomentado a capacidade de coordenação federativa, tampouco era confrontado por políticas regionais e locais cuja sedimentação pudesse obstar reformas de alcance nacional.

Nesses dois casos, o pioneirismo não explica a maior facilidade em implantar um sistema único apenas pelo maior desenvolvimento de ofertas e capacidades estatais por parte da União. Há que se considerar também que os vazios de organização e de oferta de políticas sociais subnacionais criam menos pontos de veto e custos de conversão a um modelo apoiado em padrões nacionalmente fixados, ainda que de execução descentralizada. E, não menos importante, é ter em conta o interesse da União em transferir encargos aos entes subnacionais, gerando incentivos para a assunção de responsabilidades.

Na política de educação básica, em sentido oposto, havia o pioneirismo dos governos subnacionais sem o desenvolvimento da coordenação nacional. A formação de uma pluralidade de sistemas subnacionais autônomos, heterogêneos e marcados por iniquidades criou dificuldades crescentes à articulação em torno de modelos unificados de provisão educacional. Esse legado favoreceu ainda a ausência inercial da União após 1988, que se mostrou resistente a ampliar sua função coordenadora, redistributiva e supletiva na educação básica.

A conclusão a que se chega é a de que a distribuição de competências prévia à Constituição impacta a organização de sistemas únicos (ou sistemas nacionais) na medida em que modula os recursos à disposição da União e seus interesses em relação a esse arranjo, assim como contribui para a sedimentação de arranjos e a formação de preferências dos entes subnacionais, o que influencia a conformidade de suas ações a um modelo nacional. Nas áreas com legado de centralização de atribuições e recursos, a criação de sistemas nacionais é favorecida pela presença de: a) maior capacidade coordenadora da União; b) baixa institucionalização de arranjos subnacionais, com diminuição dos pontos de veto e custos de coordenação para a adesão a um modelo estabelecido nacionalmente; e c) interesse da União em transferir encargos aos entes subnacionais, com a oferta de incentivos a essa adesão. Em sentido oposto, o pioneirismo subnacional na formulação e na execução da política pública impõe gargalos à formação de um sistema nacional pela criação de um legado de: a) menores recursos institucionais à disposição da União para influenciar as políticas subnacionais; b) omissão inercial da União no desenvolvimento de sua função coordenadora, redistributiva e supletiva; e c) maiores custos de conversão e dificuldades de coordenação em torno de um modelo nacional.

Portanto, embora a dependência da trajetória não imponha limites absolutos a reformas de políticas públicas, a compreensão do legado institucional é relevante para apoiar uma visão prospectiva de eventuais reformas. O pioneirismo na ocupação do espaço de uma política pública impacta a organização de um sistema nacional, ao determinar se a construção desse arranjo demandará mais segregação ou mais agregação de atribuições e recursos, além de influenciar a formação de preferências e interesses dos atores a serem coordenados. Por conseguinte, influencia tanto a indução da conformidade nos ciclos descendentes da implementação da política quanto, em sentido inverso, os recursos de que os entes subnacionais dispõem para influenciar a definição nacional da política nos ciclos ascendentes da implementação. A clareza em torno desse aspecto favorece a elaboração de desenhos jurídico-institucionais que identifiquem corretamente os "nós" a serem desatados nas reformas de políticas públicas.

6.2.2 Base constitucional das políticas sociais

O segundo fator de impacto para a formação dos sistemas de políticas públicas diz respeito à base constitucional dessas políticas, tanto no que se refere às disposições originais da Constituição quanto às modificações por emendamento.

Normas constitucionais afetam o leque de escolhas institucionais possíveis segundo o ordenamento jurídico, na medida em que facilitam ou impedem a emergência de determinados desenhos institucionais (ARRETCHE, 2011, p. 31) e representam um ponto focal para a organização de atores em torno de demandas pela ação dos governos (LIMA, 2011, p. 34). Ademais, proveem fontes de resiliência a uma política pública, pois podem elevar os pontos de veto, os custos de conversão e os problemas de coordenação que se erguem à reforma constitucional.[464] Dessa forma, o regramento constitucional é fator de impacto para o desenvolvimento de uma política pública.[465]

A formação de sistemas de políticas públicas voltados para a efetivação de direitos sociais está umbilicalmente ligada a dois temas com assento na Constituição: os direitos sociais e a distribuição de poderes e responsabilidades entre diferentes níveis federativos. O tratamento

---

[464] Confira-se Lima (2011, p. 60): "Variando de acordo com cada constituição, o *status* constitucional de uma política pode lhe garantir imediato aumento nos custos de recoordenação, nos atores de veto, e nos investimentos feitos pelos atores. O aumento nos custos de recoordenação e nos atores de veto derivam principalmente das regras de emendamento e controle de constitucionalidade, enquanto o aumento dos investimentos dos atores em torno da política resultam da capacidade mobilizadora da constituição e da própria percepção sobre o aumento dos custos de mudança resultantes dos demais elementos. Da mesma maneira, é possível que a constitucionalização de uma política com fontes de resiliência possa atrair apoiadores da política como apoiadores da constituição. O uso do judiciário pelos apoiadores da política podem também aumentar o poder e a independência daquele em fazer valer as disposições constitucionais".

[465] Dimoulis (2013, p. 9-10) argumenta não ser possível comprovar, de maneira rigorosa e com base em esquemas causais, a influência da Constituição sobre a aplicação de políticas públicas "de notável intensidade". O autor adota, então, um modelo de causalidade fraca ou indiciária, que se satisfaz com indícios e suposições sobre a influência de uma constituição e, em grande medida, atribui a implementação, ainda que parcial, de um imperativo constitucional ao próprio texto constitucional, e não apenas à vontade dos agentes que o implementaram.

constitucional desses dois temas resultou em inovações nas áreas de saúde, assistência social e educação que, a par de um núcleo normativo comum,[466] foram igualmente influenciadas pelas políticas prévias e pelos debates setoriais na ANC. Por isso, há variações na regulação específica de cada área, que induziram a caminhos diferentes de reforma institucional.[467]

Começando pela saúde, sua afirmação como direito social de acesso universal e igualitário, acompanhada da previsão do SUS como política estruturante das ações e serviços de saúde, demarcou um processo de ruptura e substituição em relação à política sanitária até então vigente. A efetivação do desenho jurídico-institucional estabelecido pela Constituição necessariamente implicaria descontinuidade do modelo de assistência médica individual, que seguia um paradigma corporativista-conservador de proteção social.[468] Ainda que as feições dessa política dependessem de regulação infraconstitucional, a dimensão substantiva e as bases organizacionais desse sistema foram bem definidas no plano constitucional, evidenciando o amadurecimento das propostas levadas à ANC e o êxito em sua aprovação.

Na assistência social, ao reconhecer seu *status* de direito social e estabelecer um regime jurídico embrionário comum a outras políticas sociais, a Constituição fixou alicerces em uma área de fragilidades institucionais e permitiu a emergência de um campo próprio para essa política pública (MARGARITES, 2019). Porém, excetuado o BPC, foram mantidas muitas das indefinições no conteúdo desse direito e no sentido da mudança na ação governamental – o que reflete as políticas pré-constitucionais e a escassez de propostas para reformulação para a área durante a ANC. Dessa forma, a constitucionalização foi fulcral para desencadear as reformulações que levariam à previsão legal de um sistema descentralizado e participativo, culminando com a criação do Suas. No entanto, também deixou margem para a conservação de arranjos e práticas vigentes, isto é, para processos de sobrevivência e retorno.

Na educação, a Constituição combinou elementos de inovação e de continuidade das políticas educacionais. A afirmação do direito público subjetivo ao ensino obrigatório e gratuito, a diretriz de universalização

---
[466] Cf. *supra* 2.4.
[467] Cf. *supra* 1.2.3.
[468] Cf. *supra* 2.1.

do atendimento escolar e a gratuidade do ensino público em todos os níveis fortaleceram o caráter desmercadorizante desse direito social. Porém, a previsão do regime de colaboração e a vinculação constitucional de recursos foram insuficientes para definir uma inflexão no cenário de sistemas de ensino isolados, com ofertas sobrepostas e desiguais. Então, ao mesmo tempo em que as previsões de ordem substantiva apontavam para mudanças institucionais por ruptura e substituição, as normas concernentes à dimensão estruturante da política educacional davam azo a cenários de sobrevivência e retorno das políticas anteriores, o que explica a continuidade de arranjos e práticas nos anos seguintes à mudança da Constituição.

Pode-se concluir que, nas três áreas analisadas, as disposições originais da Constituição criaram diferentes condições para a continuidade ou descontinuidade das políticas anteriores. Na área da saúde, a implantação das disposições constitucionais concernentes ao direito à saúde e à estruturação do SUS exigiria a ruptura e a substituição do modelo anterior de atenção sanitária. Na assistência social e na educação, embora a mudança de paradigma de bem-estar social afetasse a dimensão substantiva dessas políticas, o regramento menos detalhado acerca da dimensão estruturante da política deixava espaço para processos de sobrevivência e retorno dos arranjos e práticas pré-constitucionais.

Da mesma forma, o emendamento à Constituição contribuiu para diferentes cursos de desenvolvimento das políticas analisadas, nas fases de expansão e de retração. As áreas de saúde e educação, dotadas de regulação originária mais extensa, passaram por mais reformas do que a assistência social, confirmando a relação entre o caráter analítico de uma constituição e sua maior predisposição ao emendamento. As emendas reforçaram a base constitucional dessas políticas, confirmando a tendência ao aprofundamento da disciplina constitucional de uma determinada matéria por meio das emendas.[469]

Na fase de expansão das políticas sociais, o emendamento detalhou e ampliou as responsabilidades federativas na oferta e no financiamento da provisão social, o que reduziu incertezas relacionadas ao custeio e conteve dinâmicas deletérias à efetivação de direitos sociais (v.g., "jogos de empurra" e "corridas ao fundo do poço").

Na saúde, as emendas à Constituição definiram parte substancial da dimensão econômico-financeira do SUS. As incertezas quanto

---

[469] Cf. *supra* 2.7 e quadros 11 a 13.

às fontes de financiamento e a preocupação em coibir comportamentos unilaterais que comprometessem a sustentabilidade do sistema foram motores das propostas de criação da CPMF e da vinculação de recursos.[470] Até a promulgação das ECs nº 86/2015 e nº 95/2016, essas emendas favoreceram a expansão e a continuidade das ações e dos serviços no âmbito do sistema.

Na educação básica, as emendas definiram o substrato do regime de colaboração e ampliaram os recursos institucionais para a coordenação nacional da política, dispondo sobre divisão de competências, relações federativas, mecanismos de articulação e dimensão econômico-financeira da política. A reforma constitucional – culminando com a previsão do SNE e de outros instrumentos de articulação – tem sido a principal via de definição do regime de colaboração, o que supre parcialmente a dificuldade em implementar reformas institucionais por meio de mecanismos jurídicos mais flexíveis.[471] Nessa quadra, o emendamento tem sido menos utilizado para juridicizar opções políticas consensuais entre diferentes níveis federativos e mais para desencadear processos de reforma institucional que levem à colaboração, como é o caso do SNE.

Mas o tempo decorrido desde a promulgação da EC nº 59/2009, sem que o SNE tenha sido regulamentado – em contraste com o ritmo de implantação do SUS após sua constitucionalização –, é um aspecto que merece atenção, porque diz respeito à efetividade das normas constitucionais. Lembrando que o contexto e o momento em que as reformas institucionais são adotadas influenciam seu desenvolvimento, pode-se afirmar que a constitucionalização do SNE somente em 2009 e seu condicionamento à aprovação do PNE, promulgado apenas em 2014, não resultou apenas em um atraso na comparação com sistemas implantados em outras áreas, mas também em maiores riscos de inefetividade. Isso porque a aprovação do PNE 2014-2024 coincidiu com o final do período de maior expansão das políticas sociais, e os esforços para a implantação do Plano foram refreados pela guinada na condução das políticas sociais após 2016. Portanto, parte das dificuldades à efetivação do SNE deve-se à época em que a alteração constitucional ocorreu.

Em contraste, as emendas constitucionais não tiveram papel expressivo na consolidação do Suas. A previsão constitucional do Fundo de Combate e Erradicação da Pobreza favoreceu a expansão de

---
[470] Cf. *supra* 3.4.2 e 3.5.1.
[471] Cf. *supra* 5.10.

ações socioassistenciais, mas não induziu qualquer reorganização em prol da convergência federativa na área. E, além de não haver previsão constitucional do sistema único, tampouco há vinculação de recursos,[472] o que traz maiores incertezas quanto ao custeio do sistema e pode comprometer a continuidade de suas ações.

Na fase de retração das políticas de bem-estar social, a EC nº 95/2016 limitou as obrigações de cofinanciamento federal das três políticas analisadas e, dessa forma, decidiu o "jogo de empurra" em favor da União. Porém, houve diferença no impacto dessa reforma: a saúde manteve a garantia de financiamento mínimo para suas ações e serviços; a educação manteve a vinculação de recursos e, logo depois, ainda reforçou a garantia do financiamento por meio do Fundeb; já a assistência social não só foi afetada pelo congelamento da despesa primária da União, como ficou mais suscetível à concorrência por recursos com outras áreas de ação governamental.

A visão conjunta das três políticas mostra que as normas constitucionais que compõem a base normativa das políticas públicas avaliadas trouxeram diferentes contribuições para a institucionalização de seus sistemas. Na saúde, essa contribuição foi mais direta e expressiva, tanto pela definição do sistema único como política estruturante da saúde pública quanto pelo aprofundamento da base constitucional desse sistema para dispor sobre o financiamento. Na educação básica, essas normas deram forma ao regime de colaboração, aprofundaram as regras de cofinanciamento da política e inscreveram o SNE na agenda de reformas institucionais. Na assistência social, a constitucionalização reposicionou o tema como direito social e como objeto de política de proteção social.

Em todos os casos, resta infirmada a tese de que o grau de detalhamento seria um entrave à efetividade da Constituição (SARTORI, 1997[473] *apud* MELO, 2013, p. 188). Ao contrário: até 2016, as normas constitucionais aprofundaram o compromisso original da Constituição (BUCCI, 2019b, p. 123) e criaram condições para a expansão das políticas sociais. E, mesmo na fase de retração, as políticas sociais que contavam com regramento constitucional mais detalhado acerca de seu financiamento foram menos vulnerabilizadas. Portanto, mais do

---

[472] Relembre-se que a EC nº 42/2003 apenas facultou aos estados e ao Distrito Federal a vinculação de receita a programas de inclusão e promoção social.

[473] SARTORI, Giovanni. *Comparative constitutional engineering*. Nova York: New York University Press, 1997.

que impelir transformações, a constitucionalização da base normativa, especialmente das regras sobre financiamento, atenuou as medidas de retração de políticas sociais.

6.2.3 Estruturas tripartites de pactuação federativa

O terceiro fator explicativo dos diferentes percursos e resultados na institucionalização de sistemas de políticas públicas são as estruturas tripartites de articulação federativa.

A formulação e a implementação de políticas públicas apoiam-se em mecanismos de articulação (estruturas e instrumentos) que definem e formalizam as relações entre diversos agentes, governamentais e não governamentais.[474] Nas políticas que implicam articulação federativa, esses mecanismos evitam que a autonomia e o compartilhamento de competências resvalem em fragmentação, sobreposição de ações ou vazios de atendimento. Para tanto, não só definem aspectos ligados à dimensão substantiva das políticas públicas como organizam o exercício de competências próprias, redistributivas e supletivas de diferentes níveis de governo, as relações entre eles e os processos de tomada de decisão.

A par da importância dos mecanismos de articulação em geral, as estruturas de pactuação federativa revelaram papel específico no desenvolvimento das políticas sociais avaliadas, haja vista a aptidão dessas instâncias para atender as exigências do federalismo e da produção do direito social.

No que concerne às exigências do federalismo, a produção de políticas públicas em sistemas federativos demanda um processo continuado de negociações intergovernamentais (JACCOUD, 2020c, p. 38). Compatibilizar unidade nacional com respeito à autonomia e às particularidades regionais e locais depende de diálogo federativo no cotidiano da formulação e da implementação da política, e não apenas em conjunturas críticas como os momentos de alteração constitucional ou legislativa. As condições institucionais para essa negociação podem desencadear distintas dinâmicas federativas,[475] determinar se a própria existência da interação será objeto de disputas e se os dilemas da decisão conjunta serão atenuados ou acentuados, com reflexos nos resultados dessas políticas.

---

[474] Cf. *supra* 1.5.1.
[475] Cf. *supra* 2.6.

Os colegiados intergovernamentais cumprem a função de assegurar a interlocução federativa contínua e estável. Com isso, favorecem compromissos recíprocos e evitam comportamentos oportunistas e unilaterais (GRIN; BERGUES; ABRUCIO, 2018), funcionando como salvaguardas federativas que coíbem investidas do governo federal sobre a esfera de competência dos outros entes (GRIN; BERGUES; ABRUCIO, 2018; SCHNABEL, 2017). Quanto maior a institucionalização dessas instâncias, maior a probabilidade de que interesses comuns se desenvolvam e de que os ajustes intergovernamentais não expressem apenas convergências momentâneas (SCHNABEL, 2017, p. 196), o que favorece a estabilidade e a continuidade das decisões tomadas nesses fóruns.

As referidas instâncias atendem ainda a demandas da produção jurídica própria das políticas sociais. As práticas jurídicas que estruturam o Estado social representam compromissos mutáveis entre grupos em disputa e, por esse caráter cambiante, negociações, revisões de acordos e buscas de consenso são interações habituais e necessárias à formulação e à implementação de políticas sociais (CLUNE, 2021; EWALD, 1988).[476] Por força desses atributos, desenhos jurídico-institucionais que incorporem estruturas de negociação, autocorreção e processamento de conflitos contribuem para a efetividade de uma política pública. Além disso, favorecem a construção do significado de conformidade entre a base normativa da política e as ações dos agentes responsáveis pela sua implementação,[477] por meio da ordenação de sentidos, informações e repertórios a respeito da política e de seus instrumentos (JACCOUD; MENESES; STUCHI, 2020, p. 283).

Demarcada a relevância desses fóruns para a implementação de políticas sociais em federações, pode-se afirmar que a existência e o funcionamento das estruturas tripartites de pactuação federativa contribuem para a exigência primordial de uma política social sob a forma de sistema, qual seja, a inserção de todos os entes federativos sob o mesmo arcabouço institucional (GRIN; ABRUCIO, 2018, p. 113).

De saída, sublinha-se que esses colegiados integram a institucionalidade mínima de um sistema de políticas públicas,[478] mas não são exclusivos desse modelo nem seguem um padrão de institucionalização. Na saúde, a CIT não foi originalmente prevista pela LOS; emergiu dos

---

[476] Cf. *supra* 1.6.2 e 2.1.
[477] Cf. *supra* 1.5.2.2.
[478] Cf. *supra* Introdução, tópico 5.

feedbacks das medidas iniciais de implantação do SUS, impulsionada pela percepção dos governos subnacionais de que o Executivo federal poderia afastá-los da tomada de decisões relativas à política sanitária.[479] Na assistência social, a CIT é preexistente ao sistema e teve suas competências ampliadas a partir da criação do Suas. Na educação, mesmo sem o SNE, há comissões intergovernamentais instituídas.

Na saúde e na assistência social, os esforços mais estruturados de expansão e descentralização coordenada da política contaram com essas instâncias desde seu início, o que permitiu aos entes subnacionais participarem da formulação do desenho nacional das políticas estruturantes de suas respectivas áreas. O funcionamento desses fóruns favoreceu a adaptabilidade das políticas e de seus instrumentos, respondendo às novas demandas e aos resultados da implementação de decisões anteriores, o que transpareceu em sucessivas reformulações de estratégias e instrumentos, incluindo a substituição de regulamentações iniciais mais "engessadas" por regramentos que conferiram maior autonomia aos entes subnacionais. Além disso, essas comissões estimularam a articulação federativa horizontal, ante a necessidade de produzir consensos internos nos fóruns de gestores de cada nível de governo para subsidiar a negociação com os demais.[480]

Na educação básica, ao mesmo tempo em que uma das finalidades da criação do SNE é o aperfeiçoamento da interlocução e da pactuação federativa, a fragilidade da estrutura existente é um dos óbices à institucionalização desse sistema.

Justamente na área com maior legado de descentralização, não se estabeleceu uma institucionalidade apta à modificação da lógica decisória e à tomada de decisões conjuntas sobre a conformação da política em suas múltiplas dimensões. A lacuna duradoura na instituição de fóruns intergovernamentais,[481] a posterior criação de instâncias com competências restritas à implementação de programas preestabelecidos (v.g., Comissão Intergovernamental do Fundeb e Comitê Estratégico do PAR) e o funcionamento incipiente da IPNF – que dificulta até mesmo avaliar como o colegiado interpretará suas próprias competências – tornaram a educação básica carente do que Grin (2016, p. 226) descreve como

---

[479] Cf. *supra* 3.4.1.
[480] Acerca dos efeitos das políticas nacionais de coordenação federativa e da institucionalização de arenas governamentais para a articulação federativa horizontal, *vide* Sano (2008).
[481] Cf. *supra* 5.6.2 e 5.10.

"(...) uma institucionalidade que opere de forma autônoma frente ao governo federal e que fortaleça a cooperação federativa em bases mais democráticas e articuladas". Assim, mesmo com a previsão constitucional do regime de colaboração, a interlocução federativa ficou mais sujeita a arranjos *ad hoc* e à discricionariedade do Executivo federal, o que limitou a incorporação de ações mais negociadas no cotidiano das relações intergovernamentais e abriu espaço para soluções "de cima para baixo".

A institucionalização de estruturas tripartites de pactuação federativa mostrou-se, pois, um dos fatores explicativos das diferenças na trajetória dos sistemas. A previsão de estruturas com competências para negociar e pactuar diretrizes, estratégias e responsabilidades relacionadas a aspectos operacionais, administrativos e financeiros de uma política permite-lhes funcionar como instâncias de processamento mais amplo de divergências e conflitos entre esferas de governo (PALOTTI; MACHADO, 2014, p. 418), criando um desenho institucional mais predisposto à adaptação impulsionada por ciclos ascendentes de implementação da política. Em sentido inverso, a ausência ou a restrição de funcionamento desses fóruns reforça a lógica dispersiva de decisão e de implantação das políticas pelos vários níveis federativos, além de tornar as políticas definidas nacionalmente menos permeáveis à influência dos entes subnacionais. Por isso, a criação desses colegiados não é relevante apenas como medida subsequente à implantação de um sistema, mas também como precursora desse arranjo, por favorecer consensos em torno dos caminhos para a convergência federativa em políticas de alcance nacional.

6.2.4 Instrumentos de coordenação nacional de políticas públicas

O quarto e último elemento avaliado na explicação dos percursos e resultados na institucionalização de sistemas de políticas públicas diz respeito aos instrumentos de coordenação nacional empregados em cada área de ação governamental.

Um dos desafios à realização de reformas institucionais é equacionar as dificuldades de coordenação de uma pluralidade de atores,[482] o que, no caso dos sistemas de políticas públicas, implica a coordenação

---

[482] Cf. *supra* 1.2.2.3.

de um número elevado e heterogêneo de entes federativos. Aqui entra em cena a função coordenadora da União e, com ela, a mobilização de instrumentos para influenciar a ação dos demais níveis de governo, de forma a garantir coerência e reduzir lacunas e redundâncias de ações (BOUCKAERT, 2010[483] *apud* LÍCIO; PONTES, 2020a, p. 317). Diferenças nos instrumentos de coordenação e nas combinações entre eles se refletem na conformação jurídico-institucional, na coesão de ações e na estabilidade alcançada em cada área.

Para avaliar o emprego desses instrumentos em distintas áreas de ação governamental, dois critérios são pertinentes: quanto aos objetivos ou à intensidade da coordenação (PETERS, 2004) e quanto aos tipos de instrumentos de coordenação mobilizados (TOLEDO, 2019).

Ao tratar dos objetivos ou da intensidade da coordenação, Peters (2004) identifica um *continuum* de possibilidades de integração que, em grau crescente, leva a quatro níveis de coordenação: coordenação negativa, coordenação positiva, integração de políticas e desenvolvimento de estratégias.

No primeiro nível, a coordenação negativa não visa modificar significativamente os padrões de produção de políticas públicas (PETERS, 2004, p. 5). Seu propósito é evitar interações negativas entre organizações e sobreposição de ações. Aplicada às relações intergovernamentais, essa forma de coordenação miraria basicamente à preservação de relações independentes.[484]

No segundo nível, a coordenação positiva almeja a melhor provisão de serviços. Para tanto, as organizações envolvidas adotam formas de atuação conjunta e coordenam a efetiva prestação dos programas (PETERS, 2004, p. 5-6). Não obstante, preserva-se ampla margem de autonomia para cada organização buscar seus próprios objetivos.

No terceiro nível, a coordenação por integração de políticas não se limita à prestação de serviços; em vez disso, requer compatibilização de objetivos. Para o desempenho de tarefas de forma mais integrada, mobilizam-se tanto a negociação quanto a atuação da autoridade central (PETERS, 2004, p. 6). Essa integração implica maior investimento de autonomia, incluindo harmonização legislativa, e torna os níveis de governos responsáveis uns perante os outros (SCHNABEL, 2017, p. 197).

---

[483] BOUCKAERT, Geert. Public sector reform in Central and Eastern Europe. *Administrative Culture*, [s. l.], v. 10, p. 94-104, 2010.

[484] Cf. *supra* 2.5.

O quarto e mais complexo nível de coordenação é o de desenvolvimento de estratégias de governo. Esse estágio exige acordo entre organizações quanto aos objetivos gerais, ao futuro da política e do governo, bem como quanto ao futuro das áreas de políticas públicas em questão. Nessa modalidade de coordenação, há formulação conjunta de políticas e busca de soluções mais abrangentes para problemas públicos (PETERS, 2004, p. 6). Com mecanismos e objetivos definidos de forma clara, a integração de princípios e estratégias de implementação também limita interpretações divergentes (SCHNABEL, 2017, p. 197).

A tipologia de Peters mostra que a coordenação pode definir "quem faz o quê" ou ir além e estipular "como" essas ações devem ser decididas e desenvolvidas. Além de definir atribuições – o que, via de regra, a Constituição e as principais leis de regências de uma política fazem –, a coordenação pode avançar na direção de padrões nacionais mínimos para uma política pública ou, inversamente, deixar a cada governo subnacional a adaptação de seus objetivos de forma discricionária e consentânea com suas capacidades (GRIN, 2016, p. 61). Em qualquer dessas hipóteses, a promoção de diferentes graus de integração não é indiferente aos instrumentos mobilizados para a coordenação, o que leva ao segundo critério de análise: as espécies de instrumentos de coordenação empregadas em uma política.

Nesse tópico, Toledo (2019, p. 217-219) identifica quatro formas de coordenação nas políticas públicas, efetivadas por distintos instrumentos jurídicos: absorção, direção, indução e concertação.

A coordenação por absorção, própria de políticas concentradas, cumula no governo central a formulação e a implementação da política,[485] valendo-se de alterações constitucionais e regulamentações legais. A afetação ao nível central de competências antes compartilhadas em âmbito federativo, porém, traz o risco de suscitar resistências no plano jurídico-constitucional e de mobilizar a capacidade de veto dos governos subnacionais no Congresso Nacional (TOLEDO, 2019, p. 218). Esses riscos coincidem com aqueles apontados por Obinger, Leibfried e Castles (2005) para a nacionalização de políticas sociais previamente ocupadas por entes subnacionais.

---

[485] A absorção é compreendida como instrumento de coordenação na medida em que não implique centralização de todas as atribuições relacionadas a uma área de ação governamental, hipótese em que se deixaria a seara das competências concorrentes e comuns para se ingressar no campo das competências privativas e/ou exclusivas.

A coordenação por direção, exercida em políticas regulatórias, caracteriza-se pela preponderância[486] do governo central na formulação de políticas públicas e pela ação dos entes subnacionais na implementação delas. Normas que restringem a liberdade de gasto dos governos subnacionais ou que definem responsabilidades na provisão e na gestão de políticas públicas (GOMES, 2009, p. 664) podem ser inseridas sob essa categoria. Efetivada pela via constitucional e legislativa, essa modalidade de coordenação é compatível com o federalismo cooperativo, mas também pode suscitar resistências dos entes subnacionais à ampliação da competência normativa federal (TOLEDO, 2019, p. 218).

A coordenação por indução, presente nas políticas de fomento, segue o modelo geral de repartição de competências presente nas políticas regulatórias, mas com atenuação da força cogente da atuação estatal em prol de medidas de um Estado incitador (TOLEDO, 2019, p. 218-219). Valendo-se de medidas de incentivo de cunho técnico ou financeiro, o êxito da ação de fomento empregada nessa espécie de coordenação advém dos estímulos e da capacidade de o governo central antever preferências dos entes subnacionais e incorporar suas demandas ao desenho das políticas nacionais (TOLEDO, 2019, p. 219). Os desafios suscitados por esse tipo de coordenação são o risco de baixa adesão ou de baixa efetividade das medidas adotadas.

A coordenação por concertação, inserta na categoria das políticas pactuadas, vale-se do compartilhamento de atividades de formulação e de implementação de políticas públicas. Combinando mecanismos indutivos e negociais, efetiva-se por meio de pactos, termos de cooperação e convênios (TOLEDO, 2019, p. 219). A natureza pactuada desses ajustes reduz o risco de conflitos federativos e de judicialização; porém, traz o desafio de superar assimetrias de capacidades administrativas e financeiras e de promover corresponsabilidades (TOLEDO, 2019, p. 220).

O quadro a seguir resume essas modalidades de coordenação, seus suportes jurídicos e os riscos à sua efetividade:

---

[486] Fala-se em preponderância porque essa forma de coordenação é associada a um modelo de repartição de competências de descentralização coordenada ou regulada, na qual podem remanescer decisões de formulação da política em âmbito subnacional e competências executivas em âmbito central (TOLEDO, 2019, p. 214-215).

Quadro 25 – Grade de análise: tipos de
coordenação nas políticas públicas

Tipo de coordenação	Mecanismo jurídico de efetivação	Riscos/desafios
Absorção (política concentrada)	Alteração constitucional/ regulamentação legal	Inconstitucionalidade/ bloqueio político
Direção (política regulatória)	Alteração constitucional/ regulamentação legal	Conflito federativo/ judicialização
Indução (política de fomento)	Medidas de incentivo, de cunho técnico ou financeiro	Baixa adesão/baixa efetividade
Concertação (política pactuada)	Pactos, termos de cooperação, convênios	Assimetria de capacidades/ausência de monitoramento/estrutura de governança adequada

Fonte: Toledo (2019, p. 217), com a supressão da quarta coluna, dedicada aos exemplos.

Os quatro tipos de instrumentos de coordenação desempenham papéis complementares e potencialmente sinérgicos. Apoiadas em normas jurídicas de caráter cogente, a coordenação por absorção e a coordenação por direção podem ser utilizadas para definir responsabilidades e ampliar a capacidade coordenadora da União na ausência de outros instrumentos de incentivos. No entanto, encontram limites jurídicos na autonomia federativa e limites materiais na assimetria de capacidades financeiras e administrativas dos entes federativos. Sendo assim, a atribuição de tarefas por meio de normas cogentes é necessária, mas não esgota o sentido da articulação de um sistema, que supõe o estabelecimento de formas de cooperação para o desempenho de atividades a cargo de cada esfera.

A seu turno, as formas de coordenação por indução e por concertação – que se valem de instrumentos de direito flexível, "(...) cuja aplicação se baseia predominantemente na aceitação de seus termos pelos participantes da relação jurídica" (BUCCI, 2018, p. 59) – podem preencher espaços não alcançados pela política regulatória e tratar de forma mais efetiva de peculiaridades regionais e locais que dificultam a adoção de padrões nacionais de oferta de políticas sociais. Por se valerem de indução e negociação, favorecem o alcance de níveis mais intensos de integração descritos por Peters (2004) e mitigam controvérsias concernentes à autonomia federativa, porque prestigiam a adesão voluntária às iniciativas do governo federal e a tomada de decisões conjuntas. Todavia, são formas de coordenação dependentes da adesão dos entes subnacionais, da discricionariedade do Poder Executivo e da disponibilidade financeira para incentivar a conformidade de ações em território nacional.

Assentados esses critérios de análise, reconhece-se que a diferença no emprego de instrumentos de coordenação nacional de cada área e nos objetivos buscados pela integração moldou diferentes cursos de desenvolvimento institucional.

Na saúde, a conjugação entre direção, concertação e indução, com prevalência das duas primeiras modalidades, levou ao quarto nível de coordenação. O início da implantação da reforma sanitária se apoiou em medidas de indução e, após a criação da CIT, em medidas de concertação que, fortes no uso de transferências condicionadas, criaram uma estrutura de incentivos à assunção de responsabilidades pelos entes subnacionais e ao desenvolvimento de ações segundo critérios fixados nacionalmente. As exigências de financiamento advindas da implementação da reforma sanitária contribuíram para iniciativas de regulação do gasto público com ações e serviços de saúde[487] que, por sua vez, ampliaram a participação de todos os níveis de governo no financiamento. Essa conjugação favoreceu a definição e a expansão de ações e serviços em consonância com parâmetros nacionais, o que resultou em uma construção mais coesa das ações em todos os níveis de governo e em responsabilidades de cofinanciamento bem definidas.

Na assistência social, entre a promulgação da Loas e a PNAS/2004, escassos instrumentos de coordenação por indução, que tangenciavam o segundo nível de integração, mantiveram baixa a articulação federativa e a institucionalização nacional da política de assistência social. Porém, a partir da PNAS/2004 e da NOB Suas/2005, houve uma guinada na organização da política, que se expandiu já visando ao nível mais acentuado de integração (nível 4). A partir de então, a coordenação prevalentemente por concertação induziu a padronização da oferta da proteção social e o desenvolvimento análogo de capacidades de organização e gestão dos órgãos incumbidos da política socioassistencial.

O manejo desses instrumentos levou a resultados expressivos em uma década. Uma área fracamente coordenada passou ao nível mais alto de integração, mesmo sem vinculação constitucional de recursos para a assistência social e a despeito das dificuldades de engajamento

---

[487] Cf. *supra* 3.5.1 e 3.6.1.

da esfera estadual. Todavia, a integração por meio de instrumentos mais flexíveis tornou o funcionamento do sistema dependente de transferências voluntárias de recursos da União e, nessa medida, mais suscetível a alterações unilaterais.

As experiências do SUS e do Suas mostram que a concomitância entre a expansão da oferta da provisão social e a adoção das técnicas de encorajamento e indução próprias da função promocional do ordenamento jurídico (BOBBIO, 2007) têm o condão de promover a implantação integrada e padronizada da oferta de políticas sociais em território nacional. E, de forma coerente com níveis mais elevados de integração, os instrumentos de pactuação entre gestores se revelaram uma forma privilegiada de definição conjunta de objetivos e estratégias. Desenhados de forma a dar conta da heterogeneidade federativa – prevendo, por exemplo, habilitação em níveis de gestão e pactuação individualizada –, esses instrumentos permitem incorporar a diversidade e promover o alinhamento de ações e de capacidades administrativas e financeiras. Esses instrumentos têm seus resultados potencializados e tornados mais estáveis se combinados com instrumentos de coordenação por direção, como no SUS.

Na educação básica, a coordenação oscilou entre o segundo e o terceiro níveis descritos por Peters (2004) e se desenvolveu mais sob a forma de direção – com os riscos e desafios referidos por Toledo (2019) – do que por indução e por concertação. A política regulatória, voltada precipuamente à regulação do gasto com educação básica pública (v.g., vinculação de recursos em todos os níveis de governo e Fundeb), tem sido a forma prevalente de coordenação nacional, com o mérito de elevar a densidade institucional do financiamento da educação básica. Porém, não supre o déficit de instrumentos de indução e de concertação – estes empregados mais tardiamente e focalizados na implementação de programas definidos fora de estruturas de negociação federativa – que poderiam promover a expansão da oferta educacional, segundo padrões mínimos de qualidade, e a equalização de oportunidades educacionais.

Na linha da argumentação tecida anteriormente,[488] a falta de sincronia entre a expansão da oferta e a mobilização de instrumentos de coordenação nacional que pudessem promover níveis de integração maiores não significa apenas um tempo maior para a realização de

---

[488] Cf. *supra* 6.2.2.

reformas institucionais em comparação com outras políticas. Mais do que isso, torna essas reformas mais custosas e macula suas perspectivas de êxito, pois quanto maior o tempo de vigência de um determinado arranjo institucional, mais resiliente ele se torna (PIERSON, 2004). Em outras palavras, o tempo decorrido sem a diversificação dos instrumentos de coordenação e sem um esforço para alcançar níveis mais elevados de integração contribuiu para o autorreforço de políticas locais de educação básica e para o cenário dispersivo que eleva os custos de conversão de uma constelação de sistemas autônomos e heterogêneos em um sistema dotado de unidade.[489]

Aqui seria possível objetar que os fatores ora apontados como causa da não institucionalização do SNE são, na realidade, objetivos desse sistema.

A essa ponderação, responde-se que, de fato, o aprimoramento dos instrumentos e da intensidade da coordenação é um dos resultados esperados pela implantação do sistema. Mas o grau de dificuldade para reformar as políticas estruturantes de uma área também está ligado ao modo como a coordenação nacional é exercida fora e antes do sistema. Em uma área densamente ocupada por políticas autônomas de entes subnacionais, como a educação básica, a possibilidade de reformas que ensejem mudanças abruptas é remota. Assim, a remoção de barreiras à implantação do SNE – inclusive para que eventual regulação do sistema não padeça de inefetividade – passa pelo fortalecimento da função coordenadora da União e pela diversificação de instrumentos de incentivo à conformidade.

Pelo exposto, no que diz respeito aos instrumentos de coordenação, a institucionalização de uma política pública sob a forma de sistema é favorecida: a) pela presença de instrumentos voltados a níveis mais elevados de coordenação; b) pela combinação entre instrumentos de direção, dotados de maior força cogente, com instrumentos de indução e concertação, próprios de *soft law*;[490] c) pela adoção de instrumentos

---

[489] A EC nº 108/2020, ao condicionar parte das transferências do Fundeb à melhoria de gestão e ao atingimento de indicadores (Vaar), reiterar o CAQ como unidade de referência do padrão mínimo de qualidade do ensino e impor a pactuação federativa desse indicador abre caminho para níveis de integração mais elevados, com reforço à tomada de decisão conjunta e reforço aos instrumentos nacionais de coordenação da política.

[490] A pesquisa não trouxe registros de coordenação por absorção (política concentrada).

voltados à padronização de ofertas de forma concomitante à expansão da política social, evitando, assim, os efeitos das reformas-armadilha.[491]

As considerações tecidas ao longo desta seção 6.2 respondem ao questionamento ligado aos fatores que influenciam a formação dos sistemas. Resta agora entender como se estabelece a capacidade de resiliência desses arranjos. Esse é o tema da próxima seção.

6.3 A resiliência dos sistemas de políticas públicas: ninguém solta a mão de ninguém

A despeito de trajetórias diversas, diferentes áreas de política social vêm caminhando na direção de um modelo institucional comum, o dos sistemas de políticas públicas. Para que sejam eficazes no cumprimento do papel estruturante que lhes cabe, importa que esses arranjos contem com atributos de estabilidade e de continuidade de suas ações e serviços, aspecto relevante para analisar se a disseminação desse modelo institucional protege o Estado social como um todo em períodos de retração de políticas sociais. Por isso, torna-se relevante perquirir sobre a capacidade de resiliência desse modelo.

Partiu-se da hipótese de que o modelo de sistemas de políticas públicas induz uma forma de resiliência comum às diversas áreas que o adotam. Essa resiliência, conforme enunciado, estaria atrelada à interdependência federativa ínsita ao modelo de sistemas únicos ou sistemas nacionais. Evocando as relações entre Estado social e federalismo em contextos democráticos, confirmar ou infirmar a hipótese implicaria avaliar se as fontes de resiliência institucional,[492] da qual decorrem aberturas e bloqueios às mudanças em políticas públicas, exercem setorialmente o efeito catraca descrito por Obinger, Leibfried e Castles (2005).[493]

A pesquisa confirmou que os sistemas de políticas públicas ostentam uma capacidade de resiliência comum, advinda do entrelaçamento de competências e responsabilidades na provisão social, que pode ser sintetizada pela fórmula "ninguém solta a mão de ninguém". Essa capacidade pode ser reconhecida nas áreas de saúde e de assistência social, que contam com sistemas únicos institucionalizados, e também no

---

[491] Cf. *supra* 1.2.3.
[492] Cf. *supra* 1.2.2.
[493] Cf. *supra* 2.6.

arranjo sistêmico embrionário presente na educação básica. Variam, no entanto, a intensidade e a extensão com que essa capacidade se produz.

Em síntese, a ordenação jurídico-institucional dos sistemas de políticas públicas vale-se da definição de aspectos substantivos da política para promover a conformidade das ações dos governos subnacionais aos padrões definidos nacionalmente, da criação de estruturas e do manejo de instrumentos de articulação que, ao lado da uniformização da oferta de política social, promovem crescente interdependência entre os diversos níveis federativos. Com o avanço da institucionalização, essa interdependência tende ao autorreforço, com regulações cada vez mais detalhadas acerca de padrões de provisão social, ampliação do número de ações cuja implementação mobiliza mais de um nível federativo, normas que protegem arranjos prévios e restrições a mudanças unilaterais. O aprofundamento desse desenho institucional impõe dificuldades crescentes a reformas orientadas para a retração ou para a modificação de seus objetivos, demonstrando que o arranjo federativo desacelera a retração de políticas de bem-estar social. Além disso, quando a retração ocorre, tende a ser ao menos parcialmente compensada pela ação dos demais níveis de governo.

Para elucidar os caminhos que levam à produção desse efeito, é necessário esquadrinhar como as fontes de resiliência institucional (processos de autorreforço, problemas de coordenação e pontos de veto) operam nos sistemas de políticas públicas.

Por meio de sucessivas camadas de regulação e de padronização de ofertas, a ordenação de um sistema desencadeia, tal como descreve Pierson (2004), o reforço do arranjo inicial na medida em que este favorece arranjos que lhes sejam complementares. A formulação e a implementação de políticas públicas por meio da ação articulada e padronizada das três esferas federativas implicam a construção e a manutenção de uma institucionalidade específica em todos os níveis federativos. Realizada prevalentemente pela via da estratificação, a expansão dessas políticas se dá pelo acoplamento de novas regras e arranjos àqueles previamente instituídos,[494] criando uma cadeia cada vez mais intrincada de divisão de atribuições, investimentos para operar sob esse arranjo, compromissos recíprocos e obrigações perante

---

[494] Os quadros-síntese da evolução das políticas de saúde, assistência social e educação mostram que muitas das alterações da base normativa dessas políticas reforçaram as opções prévias (cf. supra quadros 15, 19 e 22).

terceiros. Essa expansão amplia a interdependência federativa porque as ações de um nível federativo tornam-se fortemente condicionadas pelas ações a cargo dos demais.

No ciclo descendente de institucionalização de um sistema,[495] os instrumentos de coordenação incentivam ações consentâneas com o modelo definido nacionalmente e impõem custos crescentes à desconformidade. Ampliando a análise de Pinto (2007, p. 881) acerca do Fundeb[496] para outras áreas, pode-se afirmar que os incentivos aos entes subnacionais, especialmente sob a forma de transferências intergovernamentais, rompem o equilíbrio entre a oferta de políticas sociais e a capacidade de financiamento do ente responsável pela sua prestação, o que amplia a dependência em relação a outros níveis de governo. Nesse contexto, a ação dos entes subnacionais em desconformidade com prioridades e diretrizes nacionais torna-se mais onerosa, pois pode acarretar perda de apoio técnico e financeiro, com a manutenção da responsabilidade constitucional pela provisão social.

A seu turno, os ciclos ascendentes de institucionalização da política também contribuem para os processos de autorreforço. Com a ampliação de suas atribuições e maior sujeição às diretrizes nacionais, os entes subnacionais passam a reivindicar desenhos institucionais que lhes permitam influenciar as decisões relacionadas à política pública, o que fortalece as estruturas e os processos de pactuação federativa. Além disso, a fim de evitar que a redução de obrigações de um nível de governo amplie os encargos dos demais, busca-se maior proteção aos ajustes prévios e aos compromissos recíprocos. Por conseguinte, impõem-se novos obstáculos a decisões unilaterais que afetem a política pública.

De igual forma, os problemas de coordenação suscitados em eventual reforma institucional contribuem para a continuidade dos sistemas de políticas públicas. Nesses arranjos, a coordenação governamental é alcançada de forma incremental, ao longo de contínuas negociações e com o manejo de múltiplos instrumentos de articulação. Migrar para novas formas de organização gera incertezas quanto à redistribuição de responsabilidades em um novo arranjo, mormente porque os resultados de reformas institucionais não estão sob controle de um único agente nem se explicam apenas por preferências isoladas.

---

[495] Cf. *supra* 1.5.3.
[496] Cf. *supra* 5.7.1.

Finalmente, a resiliência dos sistemas conta com pontos de veto à mudança institucional. O arcabouço jurídico-institucional construído ao longo de ciclos descendentes e ascendentes de implementação da política eleva e torna mais intrincada a estrutura de pontos de veto que pode ser ativada em caso de reformas. Criam-se, pois, maiores dificuldades à desconstituição das várias camadas de regulação e de padronização de ofertas a que se fez alusão anteriormente.

Esses pontos de veto são em larga medida tributários da tessitura jurídica dos arranjos sistêmicos. No que se refere às normas constitucionais e legais que compõem a base normativa de uma política pública, os requisitos formais impostos à aprovação de alterações normativas podem ser explorados por grupos avessos à mudança no Poder Legislativo e obstar a inovação em uma política pública. No Poder Executivo, a pactuação intergovernamental cria outras cadeias de pontos de veto que podem frear medidas unilaterais de alteração da política e de menor responsabilização de um nível de governo. Finalmente, a possibilidade de controle judicial de reformas institucionais cria outros pontos de veto passíveis de serem explorados pelos próprios integrantes dos sistemas.

Tomadas em seu conjunto, essas fontes de resiliência contribuem para a estabilidade dos sistemas. E não o fazem apenas por dificultarem mudanças, sobretudo as abruptas, mas também porque podem ditar o rumo de eventuais alterações e preservar as relações de mútua responsabilização que sustentam os sistemas e limitam dinâmicas deletérias à implementação de direitos sociais, como "jogos de empurra" e "corridas ao fundo do poço". O arcabouço jurídico, formulado e reformulado ao longo dos ciclos descendentes e ascendentes de implantação desses sistemas não só define um conjunto crescente de atribuições interdependentes na oferta da provisão social, como restringe ações unilaterais passíveis de afetarem os demais integrantes desses arranjos.

Em todos esses casos, a qualidade da base jurídica e a densidade institucional, atributos ligados por uma relação de reciprocidade (BUCCI, 2021, p. 251), são fulcrais para a produção da resiliência institucional. Uma política pública pode ser bem definida em sua dimensão substantiva e contar com mecanismos de articulação que promovam elevados níveis de integração, mas adotar suportes jurídicos suscetíveis a alterações unilaterais que tornem a política vulnerável a mudanças de agenda governamental. Em contraste, políticas apoiadas em suportes jurídicos de maior densidade, mas que promovam baixa integração e coordenação entre os entes federativos, criam poucas áreas de interdependência e de atuação conjunta, ficando mais sujeitas a reformas por decisão de um único nível de governo. A situação mais estável seria a do sistema cuja base normativa seja apta a lhe conferir unidade e individualidade e que conte com elevada densidade; no extremo oposto, o arranjo menos resiliente seria aquele que trate de forma lacônica ou incompleta dos elementos que compõem um sistema e tenha base normativa de baixa densidade.

Resta avaliar mais detidamente como essas fontes de resiliência foram mobilizadas nas três políticas selecionadas neste estudo.

Na institucionalização do SUS, a descentralização de ações e serviços, coordenada pela União, resultou no aumento das responsabilidades de execução e de custeio por parte dos estados, Distrito Federal e municípios. Apoiada em transferências intergovernamentais, a condução desse processo foi exitosa ao promover a conformidade dos programas desenvolvidos pelos entes subnacionais às diretrizes fixadas nacionalmente, com expansão das ofertas de ações e serviços de saúde. Mas, conforme ampliaram suas ações em conformidade com parâmetros estabelecidos nacionalmente, os entes subnacionais buscaram maior participação na tomada de decisões ligadas à política sanitária, o que se refletiu na criação das comissões intergestores que desencadearam um processo de construção negociada da política.

A expansão das ofertas levou ainda à busca de mecanismos que trouxessem maior segurança e previsibilidade ao cofinanciamento das ações e serviços de saúde, por meio de mútua responsabilização. Houve assim a criação da CPMF, cuja aprovação contou com a mobilização do Conass ao lado do ministro de saúde. Já por ocasião da EC nº 29/2000, o Executivo federal se posicionou favoravelmente à vinculação de recursos de todos os entes federativos para ações e serviços de saúde.

As tentativas da União de reduzir sua participação no financiamento e decidir unilateralmente o direcionamento da política sanitária geraram oposição dos governos subnacionais. A oposição ficou patente nas reações à PEC nº 186/2019, em que os entes subnacionais se posicionaram pela manutenção dos gastos mínimos com saúde, rechaçando assim o argumento de "devolução" do controle sobre a alocação de recursos em prol da manutenção das obrigações de financiamento de todos os níveis federativos. De igual forma, o entrelaçamento de responsabilidades e o histórico de articulação horizontal na tomada de decisões do SUS criaram condições para que os entes subnacionais reagissem à estratégia federal de enfrentamento à pandemia de Covid-19 e atendessem às necessidades de saúde da população, inclusive acionando o STF contra as investidas do governo federal sobre a autonomia dos governos estaduais e municipais. Essas reações, conquanto não tenham bloqueado por completo as iniciativas de desconstrução da institucionalidade sedimentada ao longo da implantação do SUS, limitaram o alcance dessas reformas.

Na assistência social, o desenho nacional do Suas incentivou a expansão, a reorganização da oferta socioassistencial e a majoração do gasto em todos os níveis de governo. Estados e, sobretudo, municípios ampliaram suas atribuições e implantaram redes socioassistenciais em conformidade com a PNAS/2004, incentivados por transferências condicionadas que tornam a oferta descentralizada bastante dependente de transferências intergovernamentais. A conformidade das ações dos entes subnacionais aos parâmetros nacionais foi reforçada por normatizações que miraram patamares comuns de organização e gestão da rede socioassistencial (v.g., gestão do trabalho, CadÚnico, tipificação de serviços e IGDs). Em paralelo, os entes subnacionais expandiram sua participação na construção da política, por meio da ampliação de competências da CIT. Não menos importante foi a mobilização de atores engajados na operacionalização do Suas para incorporar à Loas a previsão do sistema único e suas formas de proteção social, reforçando a densidade do desenho jurídico-institucional previsto pela PNAS/2004 e pela NOB/Suas.

Essa institucionalidade mostrou capacidade de preservação, a despeito das recentes reformas. O funcionamento da CIT no interregno em que a Comissão esteve formalmente extinta e sua posterior recriação mostram a centralidade da tomada de decisões conjuntas para a operacionalização da política, levando o próprio Poder Executivo federal a dar continuidade às negociações. De igual forma, os entes subnacionais atuaram como atores de veto ao se recusarem a participar de novas pactuações de critérios de partilha de recursos em reação aos termos da Portaria MCid/GM nº 2.362/2019, além de envidarem esforços para a sustação da referida portaria. Esses registros mostram que os sistemas criam uma dinâmica interna que coíbe, ainda que não elimine, comportamentos unilaterais que comprometam sua integridade.

Na educação básica, a adição de elementos característicos do modelo dos sistemas vem ensejando a mesma lógica de autorreforço e operando em favor da estabilidade dos elementos sistêmicos dessa política. A colaboração instituída pelos fundos educacionais (Fundef e

Fundeb), ao direcionar a descentralização da oferta de vagas e prever o cofinanciamento com distribuição de recursos em função das matrículas, impulsionou investimentos específicos na expansão das vagas nas redes públicas de ensino. A dependência em relação aos fundos para o custeio das redes de ensino, expandidas pelo incentivo proporcionado pelos próprios fundos, criou dificuldades à reversão do modelo e contribuiu para que os entes subnacionais se mobilizassem pelo reforço desse arranjo. Disso resultaram as regras que converteram o Fundeb em mecanismo permanente de custeio e ampliaram o comprometimento da União para com o fundo. Na tramitação da PEC nº 186/2019, o entrelaçamento de obrigações de custeio e de oferta também deu ensejo à defesa, por parte dos entes subnacionais, da manutenção das aplicações mínimas de recursos no ensino.

Essas considerações permitem concluir que a institucionalidade jurídica do modelo dos sistemas propicia o desenvolvimento de um tipo de resiliência comum a diversas áreas que adotam esse formato. Nos três casos examinados, a interdependência entre vários níveis de governo levou ao autorreforço dos arranjos sistêmicos e criou uma dinâmica interna resistente a ações unilaterais que desestruturem a institucionalidade mínima dos sistemas. Essa capacidade de preservação favorece a estabilidade e a continuidade das ações e serviços ofertados segundo esse arranjo jurídico-institucional.

No entanto, a intensidade e a extensão dessa resiliência não são uniformes entre as diversas áreas. Ainda que se trate do mesmo modelo, as variações de desenho jurídico-institucional criam diferenças na intensidade dos processos de autorreforço da política, nos custos de coordenação para eventuais reformas e nos pontos de veto à mudança institucional. Além disso, a amplitude dos enlaces que dificultam reformas ou atenuam seus efeitos está ligada à extensão dos aspectos da política social tratados no âmbito do sistema. Mais uma vez, tem-se que o arcabouço jurídico não é o único fator explicativo da resiliência de uma política pública, mas tem papel central na produção dessa capacidade.

6.4 A institucionalização dos sistemas de políticas públicas: um referencial de análise

As seções anteriores pontuaram diversas semelhanças e diferenças de percurso, de configuração atual e de capacidade de resiliência presentes nas políticas ordenadas sob a forma de sistemas ou que contenham traços desse modelo institucional. Os achados da pesquisa mostraram atributos do desenho jurídico-institucional que favorecem a unidade de um sistema, suas fontes de estabilidade e aberturas a reformas. Como forma de organizar esses achados e permitir sua aplicação a outras políticas públicas, mostrou-se pertinente elaborar um referencial de análise dos sistemas de políticas públicas.

Duas funções são vislumbradas para esse referencial. Em sistemas já institucionalizados, essa ferramenta pode iluminar os aspectos que lhes conferem coesão e estabilidade, permitindo identificar ainda os pontos que demandam aperfeiçoamentos. Em áreas que não se organizam segundo esse modelo, pode apontar os elementos jurídico-institucionais a serem aperfeiçoados, reformulados ou mantidos para a organização de um sistema.

Para tanto, foram considerados atributos de qualidade da base jurídica e de densidade institucional. A qualidade da base jurídica é aferida à luz de seu regime de efeitos,[497] que, nos sistemas de políticas públicas para implementação de direitos sociais, diz respeito à sua aptidão para assegurar a implementação de políticas sociais, segundo padrões uniformes em território nacional, por meio da ação conjunta de todos os níveis federativos. A densidade institucional diz respeito à adequação dos suportes jurídicos para dissociar a organização da política pública e a pessoa do governante, protegendo esses arranjos contra alterações unilaterais pelo Poder Executivo (BUCCI, 2006; BUCCI, 2021, p. 232).

Em relação à forma, optou-se pela elaboração de quesitos[498] que esmiúçam aspectos captados pelo Quadro de Referência de uma Política Pública,[499] ligados à base normativa, às estruturas de pactuação federativa, aos instrumentos de coordenação e à dimensão econômico-financeira dos sistemas. Não se trata, pois, de um novo quadro de análise, e sim de um roteiro dos atributos específicos dos sistemas de políticas públicas a ser observado na construção do Quadro de Referência. E, cabe ressaltar, esse primeiro esforço de elaboração se atém aos fatores

---

[497] Cf. *supra* 1.3.

[498] A inspiração para a formulação de quesitos vem do Referencial de Controle de Políticas Públicas elaborado pelo TCU (BRASIL, 2021e), composto por sete blocos de controle. Um desses blocos trata do desenho e da institucionalização da política pública e é norteado pela questão "a política pública está bem desenhada e foi institucionalizada?", desdobrada em nove subquestões, com seus respectivos itens de verificação.

[499] Cf. *supra* 1.5.1.

examinados nesta pesquisa, que podem ser revistos ou complementados por pesquisas que adotem outras perspectivas.

6.4.1 Base normativa

A análise jurídica de uma política pública começa pelo exame de três aspectos de sua base normativa: a previsão normativa do sistema, a existência de ato normativo que regulamente seu funcionamento e os suportes jurídicos dessas disposições.

Os dois primeiros pontos permitem avaliar se o arranjo jurídico-institucional vigente em uma área de política pública foi estruturado em função da ideia-diretriz do sistema ou se há uma tentativa de remembramento racional[500] de normas e programas dispersos. A regulamentação que detalha o pacto federativo setorial de uma política pública é ainda a baliza para as ações a cargo dos diversos níveis de governo e para o controle de suas ações e omissões. Já a natureza das normas que preveem o sistema está relacionada com a densidade e com a resiliência da política.

Portanto, quanto à base normativa da política, os quesitos são:

a) Há previsão normativa de estruturação de uma política pública em sistema único ou sistema nacional?
b) Em caso de resposta afirmativa ao item anterior, qual o suporte normativo dessa previsão?
c) Há norma regulando o funcionamento do sistema?
d) Em caso de resposta afirmativa ao item anterior, qual o suporte normativo dessa previsão?

6.4.2 Estruturas de pactuação federativa

No que toca às instâncias tripartites,[501] a avaliação começa pela existência dessas estruturas e natureza das normas jurídicas que as preveem.[502] Considera-se que a institucionalização é maior quanto mais difícil é a modificação das normas que criam essas instâncias (PALOTTI, 2012, p. 80). Instâncias cuja existência se apoia em ato infralegal ficam

---

[500] A expressão remembramento racional é extraída de Bergel (2001, p. 230).
[501] Para um modelo de análise de desenho institucional e desempenho das instâncias de coordenação federativa, aplicado à CIT-SUS, à CIT-Suas e à Comissão Intergovernamental do Fundeb, vide Palotti (2012) e Palotti e Machado (2014).
[502] Critério também empregado por Palotti (2012) e Palotti e Machado (2014).

sujeitas à desconstituição por ato isolado do Poder Executivo, que pode assim bloquear a participação de todos os níveis federativos na tomada de decisões relacionadas com a política pública.

Outro ponto a ser observado refere-se à composição desses órgãos. A indicação dos representantes dos entes subnacionais pelos respectivos colegiados de gestores indica o quanto essa representação prestigia a autonomia dos entes subnacionais. A composição paritária indica se há equilíbrio entre os três níveis de governo na formação dos colegiados.

O último aspecto concerne às competências das instâncias tripartites, que podem resultar em desenhos que promovam níveis mais ou menos intensos de coordenação, além de diferentes constrangimentos a ações unilaterais (SCHNABEL, 2017). Novamente, sob inspiração de Palotti (2012),[503] distingue-se entre a competência para deliberar sobre múltiplos aspectos da política pública e a competência para tratar de programas ou aspectos técnicos específicos,[504] aqui indicadas, respectivamente, como competências amplas e competências restritas. Competências amplas abrem caminho para maiores níveis de integração e menor risco de comportamentos unilaterais. Competências restritas a programas específicos ou a aspectos técnicos da implementação limitam a formulação conjunta da política.

Passando às instâncias bipartites, conquanto as atribuições e o funcionamento dessas instâncias não tenham sido avaliados nesta pesquisa, a inclusão deste critério de análise se justifica pelo fato de que a presença de duas instâncias de negociação federativa torna o sistema mais complexo e pode favorecer a coordenação regional.

Portanto, quanto às estruturas de articulação federativa, os quesitos são:

---

[503] Palotti (2012, p. 82) trata desse aspecto sob a variável "abrangência das decisões tomadas", distinguindo entre temas transversais, temas vinculados a uma política pública específica ou temas ligados a uma área de atuação ou programa dentro dessas políticas. O presente trabalho se vale dessa distinção, mas exclui o que o autor denomina temas transversais, por considerar que as estruturas de articulação federativa insertas em um sistema só têm competência para deliberar sobre a política setorial a que está atrelada.

[504] Esse critério se aproxima da dimensão da saliência dos temas sujeitos a discussão nas arenas interfederativas, descritos por Grin, Bergues e Abrucio (2018, p. 6) da seguinte forma: "A dimensão da saliência indica se temas de contencioso federativo (questões que envolvem ganhadores e perdedores na distribuição federal de poder) são integrados às decisões dessas arenas intergovernamentais. Alta saliência ocorre quando há compromisso governamental para gerar acordo sobre esses temas. Baixa coordenação ocorre se apenas aspectos técnicos são objeto de debate, o que reduz a possibilidade de controvérsias de cunho político".

a) Há previsão normativa de instâncias tripartites de pactuação federativa?
b) Em caso de resposta afirmativa ao item anterior, qual o suporte normativo dessa previsão?
c) A representação de cada nível federativo é paritária?
d) Há norma que assegure aos colegiados de gestores dos estados e Distrito Federal, bem como dos municípios, a indicação dos representantes dos entes subnacionais para compor as instâncias tripartites de negociação federativa?
e) A instância tripartite dispõe de competências amplas ou restritas para deliberar sobre a política pública?
f) Há previsão normativa de instâncias bipartites de pactuação federativa?
g) Em caso de resposta afirmativa ao item anterior, qual o suporte normativo dessa previsão?

6.4.3 Instrumentos de coordenação nacional das políticas públicas

Passando aos instrumentos de coordenação nacional de políticas públicas, retomam-se os critérios relacionados aos objetivos e aos tipos de instrumentos empregados.[505] Níveis mais elevados de coordenação (níveis 3 e 4) e conjugação entre instrumentos de naturezas diversas proporcionam maior coesão às ações desenvolvidas em uma política e maior integração entre diferentes níveis federativos, o que se reflete na capacidade de resiliência do sistema. Em contraste, níveis iniciais de coordenação (níveis 1 e 2) e a baixa diversificação de instrumentos de coordenação criam mais aberturas para comportamentos unilaterais e para a dispersão de ações, prejudicando o alcance de objetivos comuns.

Dessa forma, firmam-se dois quesitos relativos aos instrumentos de coordenação:

a) Qual a intensidade da coordenação nacional promovida pelos instrumentos de articulação empregados na política pública: negativa (nível 1), positiva (nível 2), integração de políticas (nível 3) e desenvolvimento de estratégias (nível 4)?

---

[505] Cf. *supra* 6.2.4.

b) Quais os tipos de coordenação nacional prevalentes na política pública: absorção, direção, indução ou concertação?

6.4.4   Dimensão econômico-financeira

Na dimensão econômico-financeira das políticas analisadas, dois pontos são relevantes: a vinculação constitucional de recursos para o custeio da política e a competência para definir os critérios de repasses federais.

Em relação ao primeiro ponto, repisa-se que a vinculação não é condição necessária nem suficiente para a existência do sistema,[506] mas funciona como salvaguarda jurídica de proteção do gasto público vinculado a direitos sociais (CASTRO; RIBEIRO, 2009, p. 35). Isso porque assegura a participação de todos os níveis federativos no custeio de políticas sociais e garante recursos mais estáveis para as respectivas áreas. Nessa medida, regras que impõem aplicações mínimas elevam a densidade institucional de uma política pública e proporcionam condições mais estáveis de planejamento e de continuidade.

O segundo aspecto diz respeito aos critérios norteadores das transferências de recursos da União aos demais níveis federativos. Se a definição desses critérios fica sob discricionariedade da União, há risco de negligenciamento de demandas e interesses dos entes subnacionais, responsáveis pela execução descentralizada das políticas sociais, o que pode comprometer a efetividade dos programas e abrir espaço para práticas clientelistas. Daí a pertinência de verificar se os critérios norteadores de repasses federais estão submetidos à tomada de decisões conjuntas.

Assim, quanto à dimensão econômico-financeira dos sistemas, os quesitos são:

a) Há previsão normativa de aplicações mínimas de recursos por parte de todos os níveis federativos?
b) Os critérios de transferências de recursos federais para os demais níveis federativos estão sujeitos à tomada de decisões conjunta?

---

[506] Cf. *supra* 4.7.1 e 6.2.2.

6.4.5 Quadro de análise da institucionalização de um sistema

A consolidação dos quesitos acima leva ao seguinte roteiro:

Quadro 26 – Referencial de análise da institucionalização de um sistema de política pública

Elemento do Quadro de Referência de uma Política Pública	Quesito
Base normativa	Há previsão normativa de estruturação de uma política pública em sistema único ou sistema nacional?
	Em caso de resposta afirmativa ao item anterior, qual o suporte normativo dessa previsão?
	Há norma regulando o funcionamento do sistema?
	Em caso de resposta afirmativa ao item anterior, qual o suporte normativo dessa previsão?
Estruturas de articulação federativa	Há previsão normativa de instâncias tripartites de pactuação federativa?
	Em caso de resposta afirmativa ao item anterior, qual o suporte normativo dessa previsão?
	A representação de cada nível federativo é paritária?
	Há norma que assegure aos colegiados de gestores dos estados e Distrito Federal, bem como dos municípios, a indicação dos representantes dos entes subnacionais para compor as instâncias tripartites de negociação federativa?
	A instância tripartite dispõe de competências amplas ou restritas para deliberar sobre a política pública?
	Há previsão normativa de instâncias bipartites de pactuação federativa?
	Em caso de resposta afirmativa ao item anterior, qual o suporte normativo dessa previsão?
Instrumentos de articulação federativa	Qual a intensidade da coordenação nacional promovida pelos instrumentos de articulação empregados na política pública: negativa (nível 1), positiva (nível 2), integração de políticas (nível 3) e desenvolvimento de estratégias (nível 4)?
	Quais os tipos de coordenação nacional prevalentes na política pública: absorção, direção, indução ou concertação?
Dimensão econômico-financeira	Há previsão normativa de aplicações mínimas de recursos por parte de todos os níveis federativos?
	Os critérios de transferências de recursos federais para os demais níveis federativos estão sujeitos à tomada de decisões conjunta?

Fonte: elaboração própria. Elementos da primeira coluna extraídos de Bucci (2016).

Apoiada no quadro acima, a próxima seção compara as três políticas avaliadas.

6.4.6 Aplicação do quadro de análise às políticas de saúde, assistência social e educação

A aplicação do referencial apresentado na subseção anterior às políticas de saúde, assistência social e educação resulta no seguinte quadro comparativo:

Quadro 27 – Quadro comparativo da institucionalização de sistemas

(continua)

Quesito	Saúde	Assistência social	Educação
Há previsão normativa de estruturação de uma política pública em sistema único ou sistema nacional?	Sim. Sistema Único de Saúde (SUS).	Sim. Sistema Único de Assistência Social (Suas).	Sim. Sistema Nacional de Educação (SNE).
Em caso de resposta afirmativa ao item anterior, qual o suporte normativo dessa previsão?	Constituição (art. 198).	Lei ordinária (Lei nº 8.742/1993, art. 6º).	Constituição (art. 214).
Há norma regulando o funcionamento do sistema?	Sim.	Sim.	Não.
Em caso de resposta afirmativa ao item anterior, qual o suporte normativo dessa previsão?	Lei ordinária.	Lei ordinária.	Resposta prejudicada, pois o SNE não está regulamentado.
Há previsão normativa de instâncias tripartites de pactuação federativa?	Sim (CIT).	Sim (CIT).	Sim (IPNE, Comissão Intergovernamental do Fundeb e Comitê Estratégico do PAR).
Em caso de resposta afirmativa ao item anterior, qual o suporte normativo dessa previsão?	Lei ordinária (Lei nº 8.080/1990, art. 14-A).	Decreto (Decreto nº 10.009/2019, art. 1º).	Lei ordinária (IPNE: Lei nº 13.005/2014, art. 7º, §5º; Comissão Intergovernamental do Fundeb: Lei nº 14.113/2020, art. 17; e Comitê Estratégico do PAR: Lei nº 12.695/2012, art. 3º).

(continua)

Quesito	Saúde	Assistência social	Educação
A representação de cada nível federativo é paritária?	Sim.	Sim.	Não (IPNF, Comissão Intergovernamental do Fundeb e Comitê Estratégico do PAR).
Há norma que assegure aos colegiados de gestores dos estados e Distrito Federal, bem como dos municípios, a indicação dos representantes dos entes subnacionais para compor as instâncias tripartites de negociação federativa?	Sim (Resolução CIT nº 1, art. 7º, parágrafo único).	Sim (Decreto nº 10.009/2019, art. 3º, §§3º e 4º).	Sim (IPNF: Portaria MEC nº 1.716/2019, art. 2º, III; Comissão Intergovernamental do Fundeb: Lei nº 14.113/2020, art. 17; Comitê Estratégico do PAR: Portaria MEC nº 1.462/2019, art. 2º, IX e X).
A instância tripartite dispõe de competências amplas ou restritas para deliberar sobre a política pública?	Ampla: aspectos operacionais, financeiros, administrativos e organizacionais do sistema (Lei nº 8.080/90, art. 14-A, parágrafo único, II, e Regimento Interno CIT, art. 3º).	Ampla: aspectos operacionais, financeiros, administrativos e organizacionais do sistema (Decreto nº 10.009/2019, art. 2º).	Ambas. IPNF: fortalecimento dos mecanismos de articulação entre os sistemas de ensino e implantação do PNE (Lei nº 13.005/2014, art. 7º, §5º; e Portaria nº 1.716/2019, art. 4º). Comissão Intergovernamental do Fundeb: implementação do Fundeb (Lei nº 14.113/2020, art. 18); Comitê estratégico do PAR: definição das medidas que serão objeto de apoio técnico ou financeiro da União no âmbito do PAR (Lei nº 12.695/2012, art. 3º).
Há previsão normativa de instâncias bipartites de pactuação federativa?	Sim (CIBs).	Sim (CIBs).	Sim (IPNEs).
Em caso de resposta afirmativa ao item anterior, qual o suporte normativo dessa previsão?	Lei ordinária (Lei nº 8.080/1990, art. 14-A).	NOB/Suas 2012 (Resolução CNAS nº 33/2012), arts. 128, I, 130 e 136.	Lei ordinária (Lei nº 13.005/2014, art. 7º, §6º).

(conclusão)

Quesito	Saúde	Assistência social	Educação
Qual a intensidade da coordenação nacional promovida pelos instrumentos de articulação empregados na política pública: negativa (nível 1), positiva (nível 2), integração de políticas (nível 3) e desenvolvimento de estratégias (nível 4)?	Nível 4.	Nível 4.	Níveis 2 e 3.
Quais os tipos de coordenação nacional prevalentes na política pública: absorção, direção, indução ou concertação?	Direção e concertação.	Concertação.	Direção.
Há previsão normativa de aplicações mínimas de recursos por parte de todos os níveis federativos?	Sim (CF, art. 198, §2º, c.c. ADCT, art. 110).	Não.	Sim (CF, arts. 212 e 212-A, c.c. ADCT, art. 110).
Os critérios de transferências de recursos federais para os demais níveis federativos estão sujeitos à tomada de decisões conjunta?	Sim (Lei nº 8.080/1990, art. 14-A, parágrafo único, I; LC nº 141/2012, art. 17, §1º; Resolução CIT nº 1/2016, art. 3º, I).	Sim (Decreto nº 10.009/2019, art. 2º, II; NOB/Suas 2012, art. 135, IV).	Parcialmente. IPNF: Recursos adicionais dirigidos à educação (Lei nº 13.005/2014, Anexo, Meta 20, Estratégia 20.12); Comissão Intergovernamental do Fundeb: definição das diferenças e ponderações relativas ao valor anual por aluno (Vaaf, Vaat e Vaar) (Lei nº 14.113/2020, art. 18). Comitê estratégico do PAR: não.

Fonte: Elaboração própria.

O cotejo entre as três políticas mostra similitude entre o SUS e o Suas em suas estruturas de pactuação federativa, no nível de coordenação alcançado pelos sistemas, no emprego de instrumentos de indução e de concertação, e, por fim, na participação de todos os níveis de governo na definição dos critérios de transferências de recursos federais. Porém, o desenho jurídico-institucional do SUS ostenta maior densidade, pois a CIT está prevista em lei ordinária e o financiamento do sistema conta com vinculação constitucional de recursos. O Suas, em contraste, é mais suscetível a reformas por ações unilaterais do Executivo federal, seja porque a CIT tem fundamento de existência em decreto presidencial, seja porque não conta com norma de alcance nacional que assegure aplicação de recursos mínimos nesta área. Portanto, apesar de apoiados no mesmo modelo, os dois sistemas se diferenciam em sua densidade e, por via de consequência, na intensidade de sua capacidade de resiliência institucional.

A organização da educação básica nacional também dispõe de elementos que lhes conferem traços sistêmicos, mormente por força das estruturas de pactuação federativa e das regras de cofinanciamento. Esses elementos sistêmicos estão assentados em suportes jurídicos que lhes conferem elevada densidade institucional, haja vista a regulação por normas constitucionais e leis formais (v.g., aplicação mínima de recursos, Fundeb, instâncias de pactuação e CAQ). E, mesmo sem contar com um sistema, a educação básica dispõe do arranjo mais complexo de cofinanciamento, que associa a vinculação de recursos para manutenção e desenvolvimento do sistema com a subvinculação do Fundeb.

Mas o quadro também permite visualizar os gargalos para que a institucionalidade desse protossistema reduza disparidades regionais e promova maior homogeneidade na oferta de ensino público de qualidade. O primeiro desses gargalos diz respeito à ausência de regulação do SNE, que mantém indefinida a concepção de regime de colaboração que deve nortear a mobilização dos mecanismos de articulação.[507] O segundo concerne às estruturas tripartites de pactuação federativa, compostas por uma pluralidade de instâncias, sem representação paritária e cujas relações não estão definidas, o que pode dificultar a coesão entre as medidas aprovadas em cada arena. O terceiro, não menos importante, diz respeito aos instrumentos de coordenação nacional da política, que

---

[507] A propósito: "(…) sem desconsiderar a importância do aparato normativo e documental existente regulando esse regime [de colaboração], compreendemos que as normas e os documentos dispersos não conseguem imprimir a sistematicidade necessária a esse regime, como seria possível por meio de uma norma nacional específica e única. E, no movimento de sistematização desta norma, não há como fugir da complexidade da discussão política e teórica a respeito deste regime, pois, os problemas relacionados com a frágil implementação do regime de colaboração vinculam-se a causas maiores" (LAGARES; CAVALCANTE; ROCHA, 2018, p. 16).

permaneceram em estratos intermediários de integração e com escassa coordenação por concertação, em contraste com o SUS e o Suas.

O quadro acima encerra o trabalho de documentação das três políticas sociais que contam com previsão normativa de organização sob a forma de sistema. De um lado, mostra como estão institucionalizadas as políticas estruturantes de saúde e de assistência social, que já contam com sistemas únicos implantados. De outro, aponta quais são os elementos sistêmicos presentes na política educacional e as lacunas a serem colmatadas na regulamentação do SNE. Resta avaliar o que a evolução dessas políticas e sua progressiva confluência para o mesmo modelo institucional[508] dizem acerca da construção do Estado social ao longo de mais três décadas de vigência da Constituição, tema da seção que encerra este capítulo.

6.5 Palavras finais: o Estado social como ponto de partida e de chegada do estudo dos sistemas

O estudo dos sistemas de políticas públicas principiou com a discussão sobre o Estado social e se encerra nesse mesmo tema. Como enunciado na introdução, as transformações engendradas nas políticas públicas voltadas à efetivação dos direitos sociais à saúde, à assistência social e à educação não constituem apenas aprimoramentos de políticas setoriais. São, antes de tudo, o processo aluvial de construção do Estado social brasileiro à luz da Constituição de 1988 que, entre muitas funções, tem a tarefa de reverter um legado conservador-corporativista de bem-estar social, excludente de grandes contingentes populacionais alijados do mercado formal de trabalho e da correlata proteção social.

A concepção e a institucionalização de sistemas de políticas públicas se assentam sobre dois pactos que expressam as ambições normativas da Constituição. O primeiro é um pacto de solidariedade social que, orientado pelos objetivos fundamentais da República, requer a reorganização da tríade Estado-mercado-família para universalizar direitos sociais, implementar políticas sociais de caráter desmercadorizante e mitigar a estratificação social produzida pelo mercado. O segundo é um pacto federativo, por meio do qual União, estados, Distrito Federal e municípios, guiados pelo pacto de solidariedade social já referido,

---

[508] Vale notar que as propostas de regulamentação do SNE em discussão no Congresso Nacional (cf. supra 5.8) reforçam a tendência à aproximação desses arranjos.

articulam-se de forma estável e cooperativa para a consecução de objetivos comuns e superação de desigualdades sociais e regionais.

Como argumenta Franzese (2010, p. 196), os sistemas de políticas públicas "(...) parecem ser uma fórmula criada pela federação brasileira para conciliar a tensão entre federalismo e Estado de Bem-Estar Social". O modelo institucional, inicialmente restrito à política sanitária, ganhou escala e, dessa forma, vem alterando o cenário de políticas sociais regidas por lógicas particulares em prol de um repertório mais abrangente de arranjos e de soluções para a estruturação de políticas sociais brasileiras. Usando a dicotomia proposta por Unger (2017), o espraiamento do modelo de sistemas por diversas políticas sociais converte soluções desviantes ou excepcionais em soluções dominantes de provisão de políticas de bem-estar social no Brasil.

A convergência de desenhos jurídico-institucionais favorece o desenvolvimento de capacidades estatais análogas em distintas áreas de políticas públicas. Conforme essa nova institucionalidade das políticas setoriais estruturantes se expande e se sedimenta, também se reconfigura a capacidade global do Estado para promover transformações em múltiplas esferas (SKOCPOL, 1985, p. 17). E, nesse caso, essa reconfiguração se faz de modo a conferir um sentido nacional e equitativo às políticas de bem-estar social, por meio de mecanismos de articulação federativa que favoreçam a cooperação e a tomada de decisões conjuntas.

No entanto, essa reconfiguração do Estado social lida com pressões simultâneas de expansão e contenção de políticas sociais.[509] E, ao desafio de definir e efetivar direitos sociais, segundo os parâmetros constitucionalizados, soma-se o de estabelecer novos padrões de relações intergovernamentais. Essa sobreposição forma quatro gargalos à institucionalização de sistemas de políticas públicas e à qualificação de suas ofertas.

O primeiro deles é a dificuldade de ultrapassar patamares iniciais básicos de provisão social. Conquanto o paradigma de bem-estar social orientador dessas políticas não aponte apenas para programas de menor elegibilidade – isto é, oferecidos em condições piores do que as que seriam acessadas por meio do trabalho e da contratação de serviços privados –, persistem dificuldades para atender às necessidades sociais de maior complexidade e incrementar a qualidade da oferta. Com isso, limita-se o potencial das políticas sociais para promover a

---

[509] Cf. *supra* 2.9.

desmercadorização e efetivar a igualdade de *status* a todos os cidadãos e cidadãs.

O segundo gargalo está nas relações intergovernamentais estabelecidas nessas políticas. Apesar do aprimoramento das estruturas e instrumentos de articulação federativa, em nenhum dos sistemas analisados há equilíbrio de forças entre as três esferas e nenhum deles conta com uma estrutura decisória que se possa qualificar como supragovernamental, o que mantém margem para que o governo federal drible as instâncias de pactuação federativa (GRIN; BERGUES; ABRUCIO, 2018).

O terceiro, novamente ligado às relações intergovernamentais, diz respeito à larga utilização de relações diretas entre a União e os municípios, sem a mediação dos estados. Essa estratégia contribui para a capilarização de políticas sociais, mas esbarra nos limites das capacidades municipais de implementação dessas políticas. De outra senda, o engajamento dos estados como coordenadores, cofinanciadores e executores de políticas sociais varia entre políticas de diferentes áreas e entre estados atuando na mesma área social, a mostrar que os instrumentos nacionais de coordenação são menos potentes na indução de ações estaduais.[510] Esse é um elemento que dificulta o atendimento a situações de maior complexidade, a regionalização de serviços e a qualificação de suas ofertas.[511]

O quarto está na dimensão econômico-financeira das políticas sociais. Em diferentes graus, a base normativa dessas políticas sociais passa por recorrentes alterações das normas que regulam seu financiamento, sempre marcadas por incertezas quanto à sustentabilidade da política. Essas oscilações, mais intensas nas áreas que não contam com vinculação constitucional de recursos, podem levar a uma estagnação programática das políticas de bem-estar social.

Sem negar esses impasses nem as insuficiências que uma fotografia atual do Estado brasileiro expõe, o filme da construção dos três sistemas avaliados mostra transformações e aprendizados significativos desde 1988, incidindo sobre as quatro dimensões das políticas públicas. Na dimensão substantiva, houve ampliação do acesso e da cobertura oferecida pelas políticas sociais, com o progressivo estabelecimento de padrões nacionais de oferta pública de ações e serviços. Na dimensão

---

[510] Cf. *supra* 3.6.2 e 4.10, e ainda Abrucio (2010, p. 51), Jaccoud (2020b, p. 30) e Leandro (2020).
[511] Sobre a importância do reforço à colaboração entre estados e municípios na educação básica, *vide* Abrucio e Segatto (2014, p. 56-57).

estruturante, destaca-se a reconfiguração das relações federativas por meio da descentralização-municipalização, do fortalecimento da função coordenadora da União e da criação de estruturas de pactuação federativa. Na dimensão instrumental, os instrumentos de articulação se diversificaram e passaram a ser aplicados de forma contínua, não apenas em programas limitados no tempo. Na dimensão legitimadora, ampliaram-se os canais de participação e controle social, com a instalação de conselhos e realização de conferências. Portanto, usando as palavras de Clune (2021, p. 50), apesar da atmosfera de desventura associada à implementação de políticas públicas, resultados impressionantes foram obtidos nas diversas áreas.

Desde 2016, os dois pactos referidos no início deste tópico vêm sendo tensionados por reformas que visam reverter o modelo de provisão social e de federalismo cooperativo constitucionalizados em 1988, o que afeta diretamente a capacidade de organização e a sustentabilidade das políticas estruturantes da saúde, da assistência social e da educação. Ainda assim, essas políticas sociais seguem como sustentáculo da proteção social brasileira e têm nos elementos que lhes conferem caráter sistêmico o esteio de sua estabilidade e de sua continuidade. A clareza em torno do legado dessas políticas e de sua capacidade de resposta às necessidades sociais de expressiva parcela da população será essencial para orientar novos debates sobre a legitimidade e a efetividade do Estado social no Brasil.

CONSIDERAÇÕES FINAIS

Este trabalho examinou a institucionalização dos sistemas de políticas públicas, tendo como propósito não só aprofundar o conhecimento a respeito das áreas específicas selecionadas para estudo, como também contribuir para o aprendizado acerca desse modelo institucional. Para tanto, desenvolveu-se um estudo comparativo entre os percursos de construção do SUS, do Suas e do SNE – este último, ainda inconcluso e de desfecho incerto. O contexto que enlaça as transformações nas diferentes áreas e lhes confere sentido comum é o de efetivação do Estado social à luz da Constituição de 1988, que assumiu a tarefa de implementar novos modelos de provisão social e de relações federativas, incorporando compromissos que refletiram a atuação estratégica de minorias progressistas durante a Constituinte, mas que não foram isentos de ambiguidades e de disputas no período subsequente.

As indagações que guiaram o desenvolvimento da pesquisa trataram dos caminhos de institucionalização de um sistema único ou sistema nacional e, em seguida, da capacidade de resiliência desses arranjos. A primeira pergunta de pesquisa mirava os fatores explicativos dos diferentes resultados alcançados pelo Estado brasileiro na institucionalização de sistemas de políticas públicas. A segunda pergunta versou sobre a existência de uma capacidade de resiliência comum aos diversos sistemas. Os dois temas estão imbricados, pois a institucionalização de uma política pública é condicionada pelas fontes de resiliência institucional e, ao mesmo tempo, molda como essas mesmas fontes se expressarão em novos estágios do desenvolvimento institucional.

A análise conjunta das políticas selecionadas para estudo e sua inserção no contexto mais amplo de efetivação do Estado social foram apresentadas no capítulo sexto deste trabalho, que já tem caráter conclusivo. Então, mais do que reiterar o conteúdo daquele capítulo, estas considerações finais sintetizam os achados da pesquisa relacionados ao modelo institucional avaliado.

De forma sucinta: o que este trabalho concluiu acerca da institucionalização de sistemas de políticas públicas?

A primeira conclusão é a de que fatores jurídico-institucionais explicam a variação dos resultados alcançados pelo Estado brasileiro em seus esforços de organizar sistemas de políticas públicas voltados para a efetivação de direitos sociais. Ainda que se possa cogitar do impacto de fatores de outra natureza (v.g., econômicos, políticos etc.), não examinados nesta pesquisa, a trajetória jurídico-institucional de cada área explica as condições favoráveis e os gargalos à implementação dos sistemas únicos ou sistemas nacionais. Embora nenhum dos quatro fatores examinados – o legado das políticas anteriores, a base constitucional dos sistemas, as estruturas tripartites de pactuação federativa e os instrumentos de coordenação nacional das políticas públicas – explique, isoladamente, as diferenças entre as áreas, todos eles se mostraram relevantes para os resultados encontrados.

Em primeiro lugar, quanto ao legado das políticas prévias, a distribuição de competências anterior à Constituição de 1988 influencia as condições de institucionalização dos arranjos estudados. O pioneirismo da União na ocupação do espaço da política pública favorece a formação de um sistema, porque garante um legado de recursos institucionais para a coordenação nacional da política, encontra um cenário de menor institucionalização de políticas subnacionais – e, por conseguinte, de menores pontos de veto, custos de conversão e dificuldades de coordenação em torno de um modelo nacional – e molda o próprio interesse da União em incentivar a descentralização de atribuições, organizando o sistema por meio da desagregação de competências e recursos. O pioneirismo subnacional, no qual a formação de sistemas exige agregação de arranjos subnacionais e a ampliação das responsabilidades do nível central, leva ao cenário oposto: cria uma condição inicial de menores recursos institucionais para a União exercer sua função coordenadora, exige a desconstituição ou a reforma de políticas heterogêneas previamente sedimentadas nas esferas regionais e locais e, ademais, pode moldar a resistência da União a assumir novas funções.

Em segundo lugar, a base constitucional das políticas sociais é relevante como fator explicativo da institucionalização dos sistemas, seja ao impelir e condicionar reformas na direção do modelo institucional em referência, seja ao criar diferentes condições de estabilidade e continuidade de ações e serviços nas fases de retração dessas políticas públicas.

Nas fases de expansão de políticas de bem-estar social, as normas constitucionais (re)definem a dimensão substantiva de direitos e políticas sociais e, ao fazê-lo, estabelecem agendas de reformas institucionais com diferentes propensões à continuidade ou descontinuidade das políticas anteriores. Nas dimensões estruturante e instrumental, essas normas moldam e aprofundam a cooperação federativa e a atribuição de responsabilidades, criando e retroalimentando mecanismos que reduzem incertezas relacionadas à oferta da provisão social e ao seu custeio. Ainda na dimensão estruturante, a previsão constitucional de adoção do modelo de sistema único (ou sistema nacional) não elimina dificuldades e disputas em torno da efetivação desse arranjo, mas cria uma referência específica para a organização da política que mitiga divergências quanto ao formato institucional a ser adotado e desencadeia transformações na direção do sistema.

Em fases que têm por tônica a retração de políticas sociais, a regulação constitucional é uma importante fonte de resiliência de arranjos sistêmicos. A regulação constitucional mais densa de uma política social, conquanto não bloqueie medidas que acarretem retração da oferta de políticas sociais e sobrerresponsabilização de entes subnacionais em detrimento da União, mitiga o alcance dessas reformas. Políticas que contam com regulação constitucional mais densa quanto à sua dimensão econômico-financeira conseguem manter garantias jurídicas mínimas de estabilidade de seu financiamento, o que, ao menos em parte, preserva as condições de desenvolvimento e de continuidade dos sistemas em períodos de retração, em comparação com áreas que não contam com semelhantes garantias.

Passando ao tema dos mecanismos de articulação, as estruturas tripartites de pactuação federativa moldam as perspectivas de institucionalização de um sistema. Seja como precursores de um sistema ou já como parte da institucionalidade desse arranjo, colegiados tripartites criam condições estáveis para a negociação e a cooperação federativa, o que favorece a construção de consensos em torno de políticas de alcance nacional e a adaptabilidade dessas políticas a novas circunstâncias e aos *feedbacks* da implementação. A ausência ou o não funcionamento dessas estruturas, em contraste, reduz a possibilidade de os entes subnacionais influenciarem decisões de alcance nacional que os afetam, torna o próprio diálogo federativo objeto de disputas e reforça a lógica dispersiva e compartimentalizada entre diversos níveis federativos nas decisões concernentes às políticas públicas, com dificuldades crescentes à convergência federativa para um modelo nacional.

Finalmente, os instrumentos de coordenação nacional das políticas públicas também se mostraram cruciais para os diferentes cursos de construção institucional na direção dos sistemas e em seus resultados. O emprego de instrumentos que visem a níveis mais elevados de integração – compatibilização de objetivos e estratégias, formas de atuação conjunta e responsabilização mútua dos níveis de governo –, de forma concomitante à expansão de políticas sociais, favorece o desenvolvimento das políticas estruturantes em referência. Para tanto, a combinação entre instrumentos de direção, de indução e de concertação proporciona a homogeneização da oferta de políticas sociais, a redução de assimetrias e a estabilidade desses arranjos jurídico-institucionais. Já a prevalência de instrumentos de indução e concertação, sem a presença de instrumentos de direção, pode ser uma via exitosa para a organização de sistemas, mas diminui sua capacidade de resiliência em caso de mudança na agenda governamental. A seu turno, a predominância de instrumentos de direção desvinculada de instrumentos de indução e concertação, ou com menor emprego destes últimos, dá azo à formação ou manutenção de políticas heterogêneas que, a longo prazo, elevam custos de conversão, pontos de veto e problemas de coordenação para a implementação de sistemas.

Dadas as múltiplas possibilidades de entrelaçamento dos fatores acima descritos, o caminho que leva à institucionalização de sistemas não é uniforme. E, cabe ressaltar, parte dos fatores que justificam a adoção desse modelo institucional também explica a dificuldade de implantação desses arranjos. Nas duas situações, lida-se com legados de políticas heterogêneas e fragmentadas que não são revertidos em razão da insuficiência de mecanismos de articulação que confiram coesão nacional às políticas implementadas em território nacional. Ainda assim, diferentes rotas de reformas institucionais vêm encaminhando diversas políticas sociais para o mesmo formato institucional de provisão de bem-estar social, o que leva a indagar sobre a aptidão da institucionalidade jurídica desse modelo para assegurar políticas estruturantes dotadas de condições de estabilidade e de continuidade.

Apesar das diferenças de legado e de configuração jurídico-institucional dos diversos arranjos sistêmicos – aqui assumindo que, mesmo sem o SNE, a educação básica conta com um arranjo sistêmico embrionário –, o modelo institucional dos sistemas de políticas públicas proporciona uma capacidade de resiliência comum às diversas áreas que o adotam. A interdependência federativa ínsita à ordenação sistêmica de políticas sociais desencadeia mecanismos de autorreforço que aprofundam compromissos recíprocos entre os vários níveis federativos e impõem crescentes constrangimentos à adoção de outros formatos institucionais e às ações unilaterais de um nível federativo. Assim – e sem entrar em aspectos relacionados à sustentação política desses arranjos –, pode-se reconhecer uma capacidade de resiliência advinda do modelo dos sistemas, e não das peculiaridades de cada política setorial.

A dinâmica que leva ao desenvolvimento dessa capacidade de resiliência é semelhante entre as várias áreas de ação governamental. Políticas públicas organizadas por meio de padrões nacionais uniformes de provisão social, executadas de forma descentralizada, elevam as responsabilidades de execução e custeio por parte dos entes subnacionais, ao mesmo tempo em que ampliam a ação coordenadora do governo federal. A oferta de políticas sociais torna-se mais aderente às diretrizes fixadas nacionalmente e também mais dependente dos incentivos federais. Em contrapartida, os entes subnacionais reivindicam garantias institucionais de participação no processo decisório da política nacional e de conservação e/ou ampliação do comprometimento da esfera federal com a continuidade dos programas implementados. A ampliação da provisão social em conformidade com a política nacional, a estruturação de obrigações recíprocas, o desenvolvimento de interesses na manutenção dos compromissos assumidos pelos demais entes federados e a estruturação de processos de tomadas de decisão conjunta acabam por impor limites à modificação desses arranjos, o que contribui para preservar a estabilidade dos sistemas e a continuidade de suas ações.

Todavia, afirmar que a institucionalidade jurídica dos sistemas desencadeia uma forma comum de resiliência entre diversas áreas não significa que essa capacidade tenha a mesma extensão e intensidade em todas as políticas. A qualidade da base jurídica e sua densidade institucional determinam o quanto a dinâmica descrita no parágrafo acima poderá, em cada política específica, promover estabilidade e continuidade de ações. Quanto maior a interdependência promovida pelo desenho institucional e quanto mais seus mecanismos de articulação impeçam ações unilaterais, maior a capacidade de resiliência. Já a fragilidade na interdependência das políticas e nos mecanismos de articulação que organizam as ações dos diversos entes federativos torna os sistemas mais vulneráveis a reformas que os distanciem do paradigma de bem-estar social que orientou sua construção ou que desnaturem sua institucionalidade mínima.

O estudo do desenvolvimento e da resiliência dos sistemas demonstrou que, desde 1988, há uma reorganização do direito social na direção de um modelo unificado de estruturação de políticas públicas que formam o núcleo-duro do bem-estar social. Ao percorrer as transformações normativas e organizacionais que moldaram os sistemas únicos, foi possível enxergar a dimensão da empreitada de reorganização do Estado brasileiro e os caminhos trilhados para a consecução desse resultado. Foi igualmente possível reconhecer o potencial dos sistemas de políticas públicas para efetivar o pacto de solidariedade social e o pacto federativo positivados pela Constituição. Esse potencial justifica a continuidade de estudos jurídicos que tratem desse modelo institucional.

REFERÊNCIAS

ABICALIL, Carlos Augusto. O federalismo e o Sistema Nacional de Educação: Uma oportunidade fecunda. *Retratos da Escola*, [s. l.], v. 6, n. 10, p. 21-38, 2012. DOI: 10.22420/rde.v6i10.168. Disponível em: https://retratosdaescola.emnuvens.com.br/rde/article/view/168. Acesso em: 28 jan. 2022.

ABICALIL, Carlos Augusto et al. O Sistema Nacional de Educação. *Revista Brasileira de Política e Administração da Educação: Periódico científico editado pela ANPAE*, Brasília, DF, v. 31, n. 2, p. 451-456, maio/ago. 2015. DOI: https://doi.org/10.21573/vol31n22015.61739. Disponível em: https://seer.ufrgs.br/rbpae/article/view/61739. Acesso em: 23 set. 2021.

ABRAMO, Marta Wendel; LÍCIO, Elaine Cristina. Papel da união na coordenação federativa da política de educação básica. *In*: JACCOUD, Luciana (org.). *Coordenação e relações intergovernamentais nas políticas sociais brasileiras*. Brasília, DF: IPEA, 2020. p. 81-111.

ABREU, Rogério Messias Alves de. *Reforma sanitária*: o processo de constitucionalização do Sistema Único de Saúde. 2009. 111 f. Dissertação (Mestrado em Direito Político e Econômico) – Universidade Presbiteriana Mackenzie, São Paulo, 2009.

ABRUCIO, Fernando Luiz. A coordenação federativa no Brasil: a experiência do período FHC e os desafios do governo Lula. *Revista de Sociologia e Política*, Curitiba, n. 24, p. 41-67, out. 2005. Disponível em: https://doi.org/10.1590/S0104-44782005000100005. Acesso em: 1 jun. 2021.

ABRUCIO, Fernando Luiz. A dinâmica federativa da educação brasileira: diagnóstico e propostas de aperfeiçoamento. *In*: OLIVEIRA, Romualdo Portela de; SANTANA, Wagner (org.). *Educação e federalismo no Brasil*: combater as desigualdades, garantir a diversidade. Brasília, DF: UNESCO, 2010. p. 39-70.

ABRUCIO, Fernando Luiz. Bolsonarismo e Educação: quando a meta é desconstruir uma política pública. *In*: AVRITZER, Leonardo; KERCHE, Fábio; MARONA, Marjorie. *Governo Bolsonaro*: retrocesso democrático e degradação política. São Paulo: Autêntica, 2021. E-book, edição do Kindle.

ABRUCIO, Fernando Luiz. Os barões da federação. *Lua Nova: Revista de Cultura e Política*, São Paulo, n. 33, p. 165-183, 1994. DOI: https://doi.org/10.1590/S0102-64451994000200012. Disponível em: https://www.scielo.br/j/ln/a/KW8TCLTZW86HPNLZVGdrztD/?lang=pt&format=pdf. Acesso em: 30 set. 2021.

ABRUCIO, Fernando Luiz *et al*. Combate à COVID-19 sob o federalismo bolsonarista: um caso de descoordenação intergovernamental. *Revista de Administração Pública*, Rio de Janeiro, v. 54, n. 4, p. 663-677, jul./ago. 2020. DOI: http://dx.doi.org/10.1590/0034-761220200354. Disponível em: http://www.scielo.br/scielo.php?script=sci_arttext&pid=S0034-76122020000400663&lng=en&nrm=iso. Acesso em: 14 abr. 2021.

ABRUCIO, Fernando Luiz; COSTA, Valeriano Mendes Ferreira. *Reforma do Estado e o contexto federativo brasileiro*. São Paulo: Fundação Konrad Adenauer, 1999.

ABRUCIO, Fernando Luiz; FRANZESE, Cibele; SANO, Hironobu. Coordenação e cooperação no federalismo brasileiro: avanços e desafios. *In*: CUNHA, Alexandre dos Santos; MEDEIROS, Bernardo Abreu de; AQUINO, Luseni (org.). *Estado, instituições e democracia*: república. Brasília, DF: Ipea, 2010. p. 177-212. (Série Eixos Estratégicos do Desenvolvimento Brasileiro, livro 9, v. 1).

ABRUCIO, Fernando Luiz; SEGATTO, Catarina Ianni. O Manifesto dos Pioneiros e o federalismo brasileiro: percalços e avanços rumo a um sistema nacional de educação. *In*: CUNHA, Célio da; GADOTTI, Moacir; BORDIGNON, Genuíno; NOGUEIRA, Flávia (org.). *O Sistema Nacional de Educação*: diversos olhares 80 anos após o Manifesto. Brasília, DF: Ministério da Educação, 2014. p. 40-57.

AGENOR, Thiago. Tendências normativas da SNAS/MC para o SUAS na Pandemia da COVID-19. *In*: SPOSATI, Aldaíza (org.). *Suas e proteção social na pandemia Covid-19*: Nota Técnica do Nepsas. São Carlos: Pedro & João Editores, 2020. p. 70-82.

AGUIAR, Márcia Angela da S. Avaliação do Plano Nacional de Educação 2001-2009: questões para reflexão. *Educação & Sociedade*, Campinas, v. 31, n. 112, p. 707-727, jul./set. 2010. DOI: https://doi.org/10.1590/S0101-73302010000300004. Disponível em: http://www.scielo.br/scielo.php?script=sci_arttext&pid=S0101-73302010000300004&lng=en&nrm=iso. Acesso em: 10 mar. 2021.

AITH, Fernando Mussa Abujamra. *Direito à saúde e democracia sanitária*. São Paulo: Quartier Latin, 2017.

AITH, Fernando Mussa Abujamra. *Teoria geral do direito sanitário brasileiro*. 2006. 458 f. Tese (Doutorado em Serviços de Saúde Pública) – Faculdade de Saúde Pública, Universidade de São Paulo, São Paulo, 2006.

ALEXANDER, Ernest R. Interorganizational coordination: theory and practice. *Journal of Planning Literature*, v. 7, n. 4, p. 328-343, 1993.

ALMEIDA, Debora Rezende de. Resiliência institucional: para onde vai a participação nos Conselhos Nacionais de Saúde e dos Direitos da Mulher? *Caderno CRH*, Salvador, v. 33, p. 1-24, e020004, 2020. Disponível em: https://doi.org/10.9771/ccrh.v33i0.33281. Acesso em: 19 ago. 2021.

ALMEIDA, Maria Hermínia Tavares de. Federalismo e Políticas Sociais. *Revista Brasileira de Ciências Sociais*, São Paulo, v. 28, n. 10, p. 88-108, jun. 1995.

ARANTES, Rogério Bastos; COUTO, Cláudio Gonçalves. A constituição sem fim. *In*: DINIZ, Simone; PRAÇA, Sérgio (org.). *Vinte anos de constituição*. São Paulo: Paulus, 2008. p. 31-60.

ARANTES, Rogério Bastos; COUTO, Cláudio Gonçalves. Construção democrática e modelos de Constituição. *Dados – Revista de Ciências Sociais*, Rio de Janeiro, v. 53, n. 3, p. 545-585, 2010. Disponível em: http://www.scielo.br/pdf/dados/v53n3/a02v53n3.pdf. Acesso em: 17 jul. 2017.

ARANTES, Rogério Bastos; COUTO, Cláudio Gonçalves. 1988-2018: Trinta anos de constitucionalização permanente. *In*: MENEZES FILHO, Naércio; SOUSA, Andre Portela (org.). *A Carta*. Para entender a Constituição brasileira. São Paulo: Todavia, 2019. p. 13-52.

ARAÚJO, Carmem Emmanuely Leitão; CUNHA, Eleonora Schettini Martins. Análise de mudanças em políticas públicas: a perspectiva neoinstitucionalista. *Conhecer: debate entre o público e o privado*, Fortaleza, v. 9, n. 22, p. 170-187, 2019. DOI: 10.32335/2238-0426.2019.9.22.1030. Disponível em: https://revistas.uece.br/index.php/revistaconhecer/article/view/1030. Acesso em: 23 ago. 2021.

ARAÚJO, Gilda Cardoso de. *Município, federação e educação*: história das instituições e das ideias políticas no Brasil. 2005. 331 f. Tese (Doutorado) – Universidade de São Paulo, São Paulo, 2005.

ARGUELHES, Diego Werneck. Entre ideias e instituições: considerações sobre Mangabeira Unger e a "situação constitucional" do Brasil. *Revista de Direito Administrativo*, Rio de Janeiro, v. 257, p. 73-89, maio/ago. 2011.

ARIZNABARRETA, Koldo Echebarria. Capital social, cultura organizativa y transversalidad en la gestión pública. *In*: CONGRESO INTERNACIONAL DEL CLAD SOBRE LA REFORMA DEL ESTADO Y LA ADMINISTRACIÓN PÚBLICA, 6., Buenos Aires, 5-9 nov. 2001. *Anais* [...]. Buenos Aires: CLAD, 2001. Disponível em: https://www.yumpu.com/es/document/read/39623200/capital-social-cultura-organizativa-y-g-pablica-facultad-de-. Acesso em: 23 ago. 2021.

ARRETCHE, Marta. A Política da Política de Saúde no Brasil. *In*: LIMA, Nísia Trindade; GERSCHMAN, Silvia; EDLER, Flavio Coelho; Manuel Suárez, Julio. *Saúde e democracia*. história e perspectivas do SUS. Rio de Janeiro: FIOCRUZ, 2005. p. 285-306.

ARRETCHE, Marta. *Democracia, federalismo e centralização no Brasil*. Rio de Janeiro: Fiocruz, 2015.

ARRETCHE, Marta. Democracia e redução da desigualdade econômica no Brasil: a inclusão dos *outsiders*. *Revista Brasileira de Ciências Sociais*, São Paulo, v. 33, n. 96, p. 1-23, e339613, 2018. DOI: http://dx.doi.org/10.17666/339613/2018. Disponível em: http://www.scielo.br/scielo.php?script=sci_arttext&pid=S0102-69092018000100508&lng=en&nrm=iso. Acesso em: 9 abr. 2019.

ARRETCHE, Marta. Emergência e desenvolvimento do Welfare State: teorias explicativas. *Revista Brasileira de Informação Bibliográfica em Ciências Sociais (BIB)*, São Paulo, v. 39, p. 3-40, 1995. Disponível em: https://anpocs.com/index.php/bib-pt/bib-39/452-emergencia-e-desenvolvimento-do-welfare-state-teorias-explicativas/file. Acesso em: 19 mar. 2020.

ARRETCHE, Marta. *Estado federativo e políticas sociais*: determinantes da descentralização. 3. ed. Rio de Janeiro: Revan; São Paulo: Fapesp, 2011.

ARRETCHE, Marta. Federalismo e igualdade territorial: uma contradição em termos? *Dados – Revista de Ciências Sociais*, Rio de Janeiro, v. 53, n. 3, p. 587-620, 2010. DOI: https://doi.org/10.1590/S0011-52582010000300003. Disponível em: http://www.scielo.br/scielo.php?script=sci_arttext&pid=S0011-52582010000300003&lng=en&nrm=iso. Acesso em: 19 mar. 2020.

ARRETCHE, Marta. Federalismo e políticas sociais no Brasil: problemas de coordenação e autonomia. *São Paulo em Perspectiva*, São Paulo, v. 18, n. 2, p. 17-26, jun. 2004a. DOI: https://doi.org/10.1590/S0102-88392004000200003. Disponível em: http://www.scielo.br/scielo.php?script=sci_arttext&pid=S0102-88392004000200003&lng=en&nrm=iso. Acesso em: 29 maio 2020.

ARRETCHE, Marta. Federalismo e relações intergovernamentais no Brasil: a reforma de programas sociais. *Dados: Revista de Ciências Sociais*, Rio de Janeiro, v. 45, n. 3, p. 431-458, 2002. Disponível em: https://doi.org/10.1590/S0011-52582002000300004. Acesso em: 1 abr. 2022.

ARRETCHE, Marta. Mitos da Descentralização: Mais Democracia e Eficiência nas Políticas Públicas? *Revista Brasileira de Ciências Sociais (RBCS)*, São Paulo, v. 11, n. 31, jun. 1996. Disponível em: http://www.anpocs.com/images/stories/RBCS/rbcs31_03.pdf. Acesso em: 17 ago. 2021.

ARRETCHE, Marta. Políticas sociais no Brasil: descentralização em um Estado federativo. *Revista Brasileira de Ciências Sociais*, São Paulo, v. 14, n. 40, p. 111-141, jun. 1999. DOI: https://doi.org/10.1590/S0102-69091999000200009. Disponível em: http://www.scielo.br/scielo.php?script=sci_arttext&pid=S0102-69091999000200009&lng=en&nrm=iso. Acesso em: 15 nov. 2020.

ARRETCHE, Marta. Toward a unified and more equitable system: health reform in Brazil. *In*: KAUFMAN, Robert R.; NELSON, Joan M. (ed.). *Crucial needs, weak incentives*: social sector reform, democratization, and globalization in Latin America. Washington: Woodrow Wilson Center Press, 2004b. p. 155-188.

AZEVEDO, Fernando de *et al*. O Manifesto dos pioneiros da Educação Nova (1932). *In*: AZEVEDO, Fernando de *et al*. *MANIFESTO dos pioneiros da Educação Nova (1932) e dos educadores (1959)*. Recife: Fundação Joaquim Nabuco: Massangana, 2010. p. 33-66. Disponível em: http://www.dominiopublico.gov.br/download/texto/me4707.pdf. Acesso em: 16 fev. 2021.

BARBOSA, Pedro Mendes Rufino. Desenvolvimento conceitual e teórico sobre os regimes de bem-estar latino-americanos. *Administração Pública e Gestão Social*, Viçosa, v. 12, n. 2, abr./jul. 2020. Disponível em: file:///C:/Users/Cliente/Downloads/5514-Texto%20do%20artigo-43811-1-10-20200331.pdf. Acesso em: 16 fev. 2021.

BARRETTO, Elba Siqueira de Sá. O ensino fundamental na política nacional de educação: alguns aportes. *Em Aberto*, Brasília, DF, v. 7, n. 38, p. 12-21, abr./jun. 1988.

BARRIENTOS, Armando. Latin America: towards a liberal-informal welfare regime. *In*: GOUGH, Ian; WOOD, Geof (org.). *Insecurity and welfare regimes in Asia, Africa and Latin America*: social policy in development contexts. 3. ed. Cambridge: Cambridge University Press, 2004.

BARROS, Maria Elizabeth Diniz; PIOLA, Sergio Francisco. O financiamento dos serviços de saúde no Brasil. *In*: MARQUES, Rosa Maria; PIOLA, Sergio Francisco; ROA, Alejandra Carrillo (org.). *Sistema de saúde no Brasil*: organização e financiamento. Rio de Janeiro: ABrES; Brasília, DF: Ministério da Saúde: OPAS/OMS no Brasil, 2016. p. 101-138.

BARTHOLO, Letícia *et al*. *As transferências monetárias federais de caráter assistencial em resposta à Covid-19*: mudanças e desafios de implementação. Brasília, DF: Ipea, 2020. (Nota Técnica nº 72).

BERGEL, Jean-Louis. *Teoria Geral do Direito*. Tradução de Maria Ermantina Galvão. São Paulo: Martins Fontes, 2001.

BERCOVICI, Gilberto. A Problemática da Constituição Dirigente: algumas considerações sobre o caso brasileiro. *Revista de informação legislativa*, Brasília, DF, v. 36, n. 142, p. 35-51, abr./jun. 1999.

BERCOVICI, Gilberto. *Desigualdades regionais, Estado e Constituição*. São Paulo: Max Limonad, 2003.

BERNARDI, Bruno Boti. O conceito de dependência da trajetória (Path Dependence): definições e controvérsias teóricas. *Perspectivas*, São Paulo, v. 41, p. 137-167, jan./jun. 2012.

BICHIR, Renata. Novas agendas, novos desafios: reflexões sobre as relações entre transferência de renda e assistência social no Brasil. *Novos estudos CEBRAP*, São Paulo, n. 104, p. 111-136, mar. 2016. Disponível em: https://www.scielo.br/j/nec/a/M5XFdvfnt QWHTHFZk7FKwwJ/?lang=pt. Acesso em: 23 set. 2021.

BICHIR, Renata Mirandola; SIMONI JÚNIOR, Sérgio; PEREIRA, Guilherme. Sistemas Nacionais de Políticas Públicas e seus efeitos na implementação: o caso do Sistema Único de Assistência Social (Suas). *Revista Brasileira de Ciências Sociais*, São Paulo, v. 35, n. 102, p. 1-23, 2020. Disponível em: https://doi.org/10.1590/3510207/2020. Acesso em: 9 jun. 2022.

BOAVENTURA, Edivaldo. O município e a educação. *In*: BOAVENTURA, Edivaldo (org.). *Políticas municipais de educação*. Salvador: Edufba, 1996.

BOBBIO, Norberto. *Da estrutura à função*: novos estudos de teoria do direito. Barueri: Manole, 2007.

BOLSONARO diz que governador que fechar o estado deve bancar o auxílio emergencial. *Universo on line*, 27 fev. 2021. Disponível em: https://www.band.uol.com.br/noticias/bolsonaro-diz-que-governador-que-fechar-o-estado-deve-bancar-o-auxilio-emergencial-16325604. Acesso em: 14 nov. 2021.

BOUCKAERT, Geert. Public sector reform in Central and Eastern Europe. *Administrative Culture*, [s. l.], v. 10, p. 94-104, 2010.

BRASIL. *Anais do I Simpósio Nacional de Assistência Social*. Brasília, DF: Centro de Documentação e Informação, Coordenação de Publicações, 1989a.

BRASIL. Assembleia Nacional Constituinte. *Anteprojeto da Comissão da Família, da Educação, Cultura e Esportes, da Ciência e Tecnologia e da Comunicação*. v. 206. Brasília, DF, jun. 1987a. Disponível em: https://www.camara.leg.br/internet/constituicao20anos/DocumentosAvulsos/vol-206.pdf. Acesso em: 1 abr. 2021.

BRASIL. Assembleia Nacional Constituinte. *Anteprojeto da Comissão da Ordem Social*. v. 187. Brasília, DF, jun. 1987b. Disponível em: https://www.camara.leg.br/internet/constituicao20anos/DocumentosAvulsos/vol-187.pdf. Acesso em: 4 jun. 2020.

BRASIL. Assembleia Nacional Constituinte. *Atas da Comissão da Ordem Social*. Brasília, DF, 1987c. Disponível em: http://www.senado.leg.br/publicacoes/anais/constituinte/7_Comissao_De_Ordem_Social.pdf. Acesso em: 25 set. 2021.

BRASIL. Assembleia Nacional Constituinte. *Atas da Comissão de Sistematização*. Brasília, DF, 1987d. Disponível em: http://www.senado.leg.br/publicacoes/anais/constituinte/9a_Sistematizacao.pdf. Acesso em: 3 out. 2020.

BRASIL. Assembleia Nacional Constituinte. *Atas da Subcomissão de Educação, Cultura e Esportes*. Brasília, DF, 1987e. Disponível em: http://www.senado.leg.br/publicacoes/anais/constituinte/8a_Sub._Educacao,_cultura_e_esporte.pdf. Acesso em: 16 fev. 2021.

BRASIL. Assembleia Nacional Constituinte. *Atas da Subcomissão de Saúde, Seguridade e do Meio Ambiente*. Brasília, DF, 1987f. Disponível em: http://www.senado.leg.br/publicacoes/anais/constituinte/7b_Subcomissao_De_Saude,_Seguridade_E_Meio_Ambiente.pdf. Acesso em: 16 maio 2020.

BRASIL. Assembleia Nacional Constituinte. *Emendas ao Projeto de Constituição (B)*. v. 312. Brasília, DF, ago. 1988a.

BRASIL. Assembleia Nacional Constituinte. *Emendas do Centrão*: Emendas apresentadas. Brasília, DF, 1988b. Disponível em: https://www2.camara.leg.br/atividade-legislativa/legislacao/Constituicoes_Brasileiras/constituicao-cidada/o-processo-constituinte/plenario/vol255_centrao_aprovadas.pdf. Acesso em: 26 out. 2021.

BRASIL. Assembleia Nacional Constituinte. *Resolução nº 2, de 1987*. Dispõe sobre o Regimento Interno da Assembleia Nacional Constituinte. Brasília, DF, 1987g. Disponível em: https://www2.camara.leg.br/atividade-legislativa/legislacao/Constituicoes_Brasileiras/constituicao-cidada/publicacoes/regimento-interno-da-assembleia-nacional/resolucao-2-1987. Acesso em: 12 jun. 2020.

BRASIL. Assembleia Nacional Constituinte. *Resolução nº 3, de 6 de janeiro de 1988*. Altera o Regimento Interno da Assembleia Nacional Constituinte. Brasília, DF, 1988c. Disponível em: https://www2.camara.leg.br/atividade-legislativa/legislacao/Constituicoes_Brasileiras/constituicao-cidada/publicacoes/regimento-interno-da-assembleia-nacional/resolucao-3-1987. Acesso em: 12 jun. 2020.

BRASIL. Assembleia Nacional Constituinte. *Substitutivo do Relator da Comissão da Família, da Educação, Cultura e Esportes, da Ciência e Tecnologia e da Comunicação*. v. 204. Brasília, DF, 1987h. Disponível em: https://www.camara.leg.br/internet/constituicao20anos/DocumentosAvulsos/vol-204.pdf. Acesso em: 25 set. 2021.

BRASIL. Assembleia Nacional Constituinte. *Substitutivo do Relator da Comissão da Ordem Social*. Brasília, DF, 1987i. Disponível em: https://www.camara.leg.br/internet/constituicao20anos/DocumentosAvulsos/vol-183.pdf. Acesso em: 25 set. 2021.

BRASIL. Assembleia Nacional Constituinte. *Substitutivo II do Relator da Comissão da Família, da Educação, Cultura e Esportes, da Ciência e Tecnologia e da Comunicação*. Brasília, DF, 1987j. Disponível em: https://www.camara.leg.br/internet/constituicao20anos/DocumentosAvulsos/vol-205.pdf. Acesso em: 25 set. 2021.

BRASIL. Assembleia Nacional Constituinte. *Substitutivo II do Relator da Comissão da Ordem Social*. Brasília, DF, 1987k. Disponível em: https://www.camara.leg.br/internet/constituicao20anos/DocumentosAvulsos/vol-185.pdf. Acesso em: 25 set. 2021.

BRASIL. Câmara dos Deputados. *Dossiê do Projeto de Lei nº 1.258*. Fixa as diretrizes e bases da Educação Nacional. Brasília, DF, 1988d.

BRASIL. Câmara dos Deputados. *Dossiê do Projeto de Lei nº 3.099*. Dispõe sobre a Lei Orgânica da Assistência Social, suas definições, princípios e diretrizes, determina competências gerais em cada esfera de governo, benefícios e serviços, fontes de financiamento e dá outras providências. Brasília, DF, 1989b.

BRASIL. Câmara dos Deputados. *Dossiê do Projeto de Lei nº 4.100, de 1993*. Dispõe sobre a organização da Assistência Social e dá outras providências. Brasília, DF, 1993a.

BRASIL. Câmara dos Deputados. *Dossiê do Projeto de Lei nº 4.155, de 1998*. Aprova o Plano Nacional de Educação. v. 1. Brasília, DF, 1998a.

BRASIL. Câmara dos Deputados. *Dossiê do Projeto de Lei n. 4.155, de 1998*. Aprova o Plano Nacional de Educação. v. 2. Brasília, DF, 1998b.

BRASIL. Câmara dos Deputados. *Proposta de emenda à Constituição nº 157, de 1993*. Altera o inciso IV do artigo 167 e acrescenta parágrafo ao artigo 198 da Constituição Federal. Brasília, DF, 1993b. Disponível em: https://www.camara.leg.br/proposicoesWeb/prop_mostrarintegra%3Bjsessionid=B8199BCBC10EFD1D557CF15C072E518E.proposicoesWebExterno2?codteor=1242943&filename=Dossie+-PEC+157/1993. Acesso em: 13 jun. 2020.

BRASIL. Câmara dos Deputados. Proposta de emenda à Constituição n. 256, de 1995. Outorga competência à União, para instituir contribuição provisória sobre movimentação ou transmissão de valores e de créditos e direitos de natureza financeira. *Diário da Câmara dos Deputados*, Brasília, DF, ano L, n. 033, p. 05974-06216, 22 nov. 1995a. Disponível em: http://imagem.camara.gov.br/Imagem/d/pdf/DCD22NOV1995.pdf#page=65. Acesso em: 13 jun. 2020.

BRASIL. Congresso Nacional. Proposta de emenda à Constituição nº 169/1993. Altera o inciso IV do artigo 167 e o artigo 198 da Constituição Federal e, prevê recursos orçamentários a nível da União, Estados e Municípios para a manutenção do Sistema Único de Saúde com o financiamento das redes pública, filantrópicas e conveniadas. *Diário do Congresso Nacional*: Seção I, Brasília, DF, 10 set. 1993c. Disponível em: http://imagem.camara.gov.br/Imagem/d/pdf/DCD10SET1993.pdf#page=33. Acesso em: 13 jun. 2020.

BRASIL. Conselho Nacional de Saúde. *CNS responde ministra Rosa Weber e envia à AGU informações sobre impactos da EC 95 no combate ao Covid-19*. Notícia publicada em 3 de abril de 2020, com última atualização em 7 de maio de 2020a. Disponível em: https://conselho.saude.gov.br/ultimas-noticias-cns/1093-cns-responde-ministra-rosa-weber-e-envia-a-agu-informacoes-sobre-impactos-da-ec-95-no-combate-ao-covid-19. Acesso em: 7 jun. 2020.

BRASIL. [Constituição (1988)]. *Constituição da República Federativa do Brasil de 1988*. Brasília, DF: Presidência da República, 1988e. Disponível em: http://www.planalto.gov.br/ccivil_03/constituicao/constituicao.htm. Acesso em: 12 jun. 2020.

BRASIL. *Decreto nº 1.232, de 30 de agosto de 1994*. Dispõe sobre as condições e a forma de repasse regular e automático de recursos do Fundo Nacional de Saúde para os fundos de saúde estaduais, municipais e do Distrito Federal, e dá outras providências. Brasília, DF: Presidência da República, 1994a. Disponível em: http://www.planalto.gov.br/ccivil_03/decreto/1990-1994/D1232.htm. Acesso em: 13 jun. 2020.

BRASIL. *Decreto nº 4.682, de 24 de janeiro de 1923*. Crea, em cada uma das empresas de estradas de ferro existentes no paiz, uma caixa de aposentadoria e pensões para os respectivos empregados. Rio de Janeiro: Presidência da República, 1923. Disponível em: http://www.planalto.gov.br/ccivil_03/decreto/historicos/dpl/DPL4682-1923.htm. Acesso em: 13 jun. 2020.

BRASIL. *Decreto nº 6.949, de 25 de agosto de 2009*. Promulga a Convenção Internacional sobre os Direitos das Pessoas com Deficiência e seu Protocolo Facultativo, assinados em Nova York, em 30 de março de 2007. Brasília, DF: Presidência da República, 2009a. Disponível em: http://www.planalto.gov.br/ccivil_03/_ato2007-2010/2009/decreto/d6949.htm. Acesso em: 13 jun. 2020.

BRASIL. *Decreto nº 7.508, de 28 de junho de 2011*. Regulamenta a Lei nº 8.080, de 19 de setembro de 1990, para dispor sobre a organização do Sistema Único de Saúde – SUS, o planejamento da saúde, a assistência à saúde e a articulação interfederativa, e dá outras providências. Brasília, DF: Presidência da República, 2011a. Disponível em: http://www.planalto.gov.br/ccivil_03/_Ato2011-2014/2011/Decreto/D7508.htm. Acesso em: 13 jun. 2020.

BRASIL. *Decreto nº 91.450, de 18 de julho de 1985*. Institui a Comissão Provisória de Assuntos Constitucionais. Brasília, DF, 1985a. Disponível em: http://www.planalto.gov.br/ccivil_03/decreto/1980-1989/1985-1987/D91450.htm. Acesso em: 13 jun. 2020.

BRASIL. *Decreto nº 94.657, de 20 de julho de 1987*. Dispõe sobre a criação do Programa de Desenvolvimento de Sistemas Unificados nos Estados (SUDS), e dá outras providências. Brasília, DF: Presidência da República, 1987l. Disponível em: http://www.planalto.gov.br/ccivil_03/decreto/1980-1989/1985-1987/D94657.htm. Acesso em: 13 jun. 2020.

BRASIL. *Decreto-Lei nº 72, de 21 de novembro de 1966*. Unifica os Institutos de Aposentadoria e Pensões e cria o Instituto Nacional de Previdência Social. Brasília, DF: Presidência da República, 1966. Disponível em: http://www.planalto.gov.br/ccivil_03/Decreto-Lei/1965-1988/Del0072.htm. Acesso em: 13 jun. 2020.

BRASIL. *Emenda constitucional nº 10, de 4 de março de 1996*. Altera os arts. 71 e 72 do Ato das Disposições Constitucionais Transitórias, induzidos pela Emenda Constitucional de Revisão n. 1, de 1994. Brasília, DF: Presidência da República, 1996a. Disponível em: http://www.planalto.gov.br/ccivil_03/constituicao/Emendas/Emc/emc10.htm. Acesso em: 13 jun. 2020.

BRASIL. *Emenda constitucional nº 12, de 15 de agosto de 1996*. Outorga competência à União, para instituir contribuição provisória sobre movimentação ou transmissão de valores e de créditos e direitos de natureza financeira. Brasília, DF: Presidência da República, 1996b. Disponível em: http://www.planalto.gov.br/ccivil_03/constituicao/Emendas/Emc/emc12.htm. Acesso em: 13 jun. 2020.

BRASIL. *Emenda constitucional nº 14, de 12 de setembro de 1996*. Modifica os arts. 34, 208, 211 e 212 da Constituição Federal e dá nova redação ao art. 60 do Ato das Disposições constitucionais transitórias. Brasília, DF: Presidência da República, 1996c. Disponível em: http://www.planalto.gov.br/ccivil_03/constituicao/emendas/emc/emc14.htm. Acesso em: 12 jun. 2020.

BRASIL. *Emenda constitucional nº 20, de 15 de dezembro de 1998*. Modifica o sistema de previdência social, estabelece normas de transição e dá outras providências. Brasília, DF: Presidência da República, 1998c. Disponível em: http://www.planalto.gov.br/ccivil_03/constituicao/emendas/emc/emc20.htm. Acesso em: 13 jun. 2020.

BRASIL. *Emenda constitucional nº 21, de 18 de março de 1999*. Prorroga, alterando a alíquota, a contribuição provisória sobre movimentação ou transmissão de valores e de créditos e de direitos de natureza financeira, a que se refere a art. 74 do Ato das Disposições Constitucionais Transitórias. Brasília, DF: Presidência da República, 1999. Disponível em: http://www.planalto.gov.br/ccivil_03/constituicao/Emendas/Emc/emc21.htm. Acesso em: 13 jun. 2020.

BRASIL. *Emenda constitucional nº 26, de 27 de novembro de 1985*. Convoca Assembléia Nacional Constituinte e dá outras providências. Brasília, DF: Presidência da República, 1985b. Disponível em: http://www.planalto.gov.br/ccivil_03/Constituicao/Emendas/Emc_anterior1988/emc26-85.htm. Acesso em: 15 jun. 2020.

BRASIL. *Emenda constitucional nº 29, de 13 de setembro de 2000*. Altera os arts. 34, 35, 156, 160, 167 e 198 da Constituição Federal e acrescenta artigo ao Ato das Disposições Constitucionais Transitórias, para assegurar os recursos mínimos para o financiamento das ações e ações e serviços públicos de saúde. Brasília, DF: Presidência da República, 2000a. Disponível em: http://www.planalto.gov.br/ccivil_03/constituicao/emendas/emc/emc29.htm. Acesso em: 13 jun. 2020.

BRASIL. *Emenda constitucional nº 31, de 14 de dezembro de 2000*. Altera o Ato das Disposições Constitucionais Transitórias, introduzindo artigos que criam o Fundo de Combate e Erradicação da Pobreza. Brasília, DF: Presidência da República, 2000b. Disponível em: http://www.planalto.gov.br/ccivil_03/constituicao/Emendas/Emc/emc31.htm. Acesso em: 13 jun. 2020.

BRASIL. *Emenda constitucional nº 37, de 12 de junho de 2002*. Altera os arts. 100 e 156 da Constituição Federal e acrescenta os arts. 84, 85, 86, 87 e 88 ao Ato das Disposições Constitucionais Transitórias. Brasília, DF: Presidência da República, 2002a. Disponível em: http://www.planalto.gov.br/ccivil_03/constituicao/Emendas/Emc/emc37.htm. Acesso em: 13 jun. 2020.

BRASIL. *Emenda constitucional nº 42, de 19 de dezembro de 2003*. Altera o Sistema Tributário Nacional e dá outras providências. Brasília, DF: Presidência da República, 2003a. Disponível em: http://www.planalto.gov.br/ccivil_03/constituicao/Emendas/Emc/emc37.htm. Acesso em: 13 jun. 2020.

BRASIL. *Emenda constitucional nº 51, de 14 de fevereiro de 2006*. Acrescenta os §§ 4º, 5º e 6º ao art. 198 da Constituição Federal. Brasília, DF: Presidência da República, 2006a. Disponível em: http://www.planalto.gov.br/ccivil_03/Constituicao/Emendas/Emc/emc51.htm. Acesso em: 13 jun. 2020.

BRASIL. *Emenda constitucional nº 53, de 19 de dezembro de 2006*. Dá nova redação aos arts. 7, 23, 30, 206, 208, 211 e 212 da Constituição Federal e ao art. 60 do Ato das Disposições Constitucionais Transitórias. Brasília, DF: Presidência da República, 2006b. Disponível em: http://www.planalto.gov.br/ccivil_03/constituicao/Emendas/Emc/emc95.htm#art3. Acesso em: 13 jun. 2020.

BRASIL. *Emenda constitucional nº 59, de 11 de novembro de 2009*. Acrescenta § 3º ao art. 76 do Ato das Disposições Constitucionais Transitórias para reduzir, anualmente, a partir do exercício de 2009, o percentual da Desvinculação das Receitas da União incidente sobre os recursos destinados à manutenção e desenvolvimento do ensino de que trata o art. 212 da Constituição Federal, dá nova redação aos incisos I e VII do art. 208, de forma a prever a obrigatoriedade do ensino de quatro a dezessete anos e ampliar a abrangência dos programas suplementares para todas as etapas da educação básica, e dá nova redação ao § 4º do art. 211 e ao § 3º do art. 212 e ao caput do art. 214, com a inserção neste dispositivo de inciso VI. Brasília, DF: Presidência da República, 2009b. Disponível em: http://www.planalto.gov.br/ccivil_03/constituicao/emendas/emc/emc59.htm. Acesso em: 12 jun. 2020.

BRASIL. *Emenda constitucional nº 63, de 4 de fevereiro de 2010*. Altera o § 5º do art. 198 da Constituição Federal para dispor sobre piso salarial profissional nacional e diretrizes para os Planos de Carreira de agentes comunitários de saúde e de agentes de combates às endemias. Brasília, DF: Presidência da República, 2010a. Disponível em: http://www.planalto.gov.br/ccivil_03/constituicao/Emendas/Emc/emc63.htm. Acesso em: 13 jun. 2020.

BRASIL. *Emenda constitucional nº 85, de 26 de fevereiro de 2015*. Altera e adiciona dispositivos na Constituição Federal para atualizar o tratamento das atividades de ciência, tecnologia e inovação. Brasília, DF: Presidência da República, 2015a. Disponível em: http://www.planalto.gov.br/ccivil_03/constituicao/Emendas/Emc/emc85.htm. Acesso em: 13 jun. 2020.

BRASIL. *Emenda constitucional nº 86, de 17 de março de 2015*. Altera os arts. 165, 166 e 198 da Constituição Federal, para tornar obrigatória a execução da programação orçamentária que especifica. Brasília, DF: Presidência da República, 2015b. Disponível em: http://www.planalto.gov.br/ccivil_03/constituicao/Emendas/Emc/emc86.htm. Acesso em: 13 jun. 2020.

BRASIL. *Emenda constitucional nº 95, de 15 de dezembro de 2016*. Altera o ato das Disposições Constitucionais Transitórias, para instituir no Novo Regime Fiscal, e dá outras providências. Brasília, DF: Presidência da República, 2016a. Disponível em: http://www.planalto.gov.br/ccivil_03/constituicao/Emendas/Emc/emc95.htm#art3. Acesso em: 13 jun. 2020.

BRASIL. *Emenda constitucional nº 103, de 12 de novembro de 2019*. Altera o sistema de previdência social e estabelece regras de transição e disposições transitórias. Brasília, DF: Presidência da República, 2019a. Disponível em: http://www.planalto.gov.br/ccivil_03/constituicao/emendas/emc/emc103.htm. Acesso em: 13 jun. 2020.

BRASIL. *Emenda constitucional nº 108, de 26 de agosto de 2020*. Altera a Constituição Federal para estabelecer critérios de distribuição da cota municipal do Imposto sobre Operações Relativas à Circulação de Mercadorias e sobre Prestações de Serviços de Transporte Interestadual e Intermunicipal e de Comunicação (ICMS), para disciplinar a disponibilização de dados contábeis pelos entes federados, para tratar do planejamento na ordem social e para dispor sobre o Fundo de Manutenção e Desenvolvimento da Educação Básica e de Valorização dos Profissionais da Educação (Fundeb); altera o Ato das Disposições Constitucionais Transitórias; e dá outras providências. Brasília, DF: Presidência da República, 2020b. Disponível em: http://www.planalto.gov.br/ccivil_03/constituicao/emendas/emc/emc108.htm. Acesso em: 13 jun. 2021.

BRASIL. *Emenda constitucional nº 109, de 15 de março de 2021*. Altera os arts. 29-A, 37, 49, 84, 163, 165, 167, 168 e 169 da Constituição Federal e os arts. 101 e 109 do Ato das Disposições Constitucionais Transitórias; acrescenta à Constituição Federal os arts. 164-A, 167- A, 167-B, 167-C, 167-D, 167-E, 167-F e 167-G; revoga dispositivos do Ato das Disposições Constitucionais Transitórias e institui regras transitórias sobre redução de benefícios tributários; desvincula parcialmente o superávit financeiro de fundos públicos; e suspende condicionalidades para realização de despesas com concessão de auxílio emergencial residual para enfrentar as consequências sociais e econômicas da pandemia da Covid-19. Brasília, DF: Presidência da República, 2021a. Disponível em: http://www.planalto.gov.br/ccivil_03/constituicao/Emendas/Emc/emc109.htm. Acesso em: 13 jun. 2021.

BRASIL. *Emenda constitucional de revisão nº 1, de 1 de março de 1994*. Acrescenta os arts. 71, 72 e 73 ao Ato das Disposições Constitucionais Transitórias. Brasília, DF: Presidência da República, 1994b. Disponível em: http://www.planalto.gov.br/ccivil_03/constituicao/Emendas/ECR/ecr1.htm. Acesso em: 13 jun. 2020.

BRASIL. *Exposição de Motivos nº 273, de 13 de outubro de 1995*. Brasília, DF, 1995b. Disponível em: https://www2.camara.leg.br/legin/fed/emecon/1996/emendaconstitucional-14-12-setembro-1996-372814-exposicaodemotivos-148871-pl.html. Acesso em: 25 set. 2021.

BRASIL. *Exposição de Motivos nº 33, de 3 de novembro de 2010*. Brasília, DF, 2010b. Disponível em: https://www.camara.leg.br/proposicoesWeb/prop_mostrarintegra;jsessionid=node014hufl4fazqmmd2qouhd44ewb13913983.node0?codteor=831421&filename=PL+8035/2010. Acesso em: 10 ago. 2021.

BRASIL. *Lei nº 6.229, de 17 de julho de 1975*. Dispõe sobre a organização do Sistema Nacional de Saúde. Brasília, DF: Presidência da República, 1975. Disponível em: http://www.planalto.gov.br/ccivil_03/leis/L6229.htm. Acesso em: 13 jun. 2020.

BRASIL. *Lei nº 6.439, de 1 de setembro de 1977*. Inclui o sistema Nacional de Previdência e Assistência Social e dá outras providências. Brasília, DF: Presidência da República, 1977. Disponível em: http://www.planalto.gov.br/ccivil_03/leis/L6439.htm. Acesso em: 13 jun. 2020.

BRASIL. *Lei nº 8.080, de 19 de setembro de 1990*. Dispõe sobre as condições para a promoção, proteção e recuperação da saúde, a organização e o funcionamento dos serviços correspondentes e dá outras providências. Brasília, DF: Presidência da República, 1990a. Disponível em: http://www.planalto.gov.br/ccivil_03/leis/l8080.htm#:~:text=LEI%20N%C2%BA%208.080%2C%20DE%2019%20DE%20SETEMBRO%20DE%201990.&text=Disp%C3%B5e%20sobre%20as%20condi%C3%A7%C3%B5es%20para,correspondentes%20e%20d%C3%A1%20outras%20provid%C3%AAncias. Acesso em: 12 jun. 2020.

BRASIL. *Lei nº 8.142, de 28 de dezembro de 1990*. Dispõe sobre a participação da comunidade na gestão do Sistema Único de Saúde (SUS) e sobre as transferências intergovernamentais de recursos financeiros na área da saúde e dá outras providências. Brasília, DF: Presidência da República, 1990b. Disponível em: http://www.planalto.gov.br/ccivil_03/leis/L8142.htm. Acesso em: 13 jun. 2020.

BRASIL. *Lei nº 8.742, de 7 de dezembro de 1993*. Dispõe sobre a organização da Assistência Social e dá outras providências. Brasília, DF: Presidência da República, 1993d. Disponível em: http://www.planalto.gov.br/ccivil_03/leis/l8742.htm. Acesso em: 12 jun. 2020.

BRASIL. *Lei nº 12.435, de 6 de julho de 2011*. Altera a Lei nº 8.742, de 7 de dezembro de 1993, que dispõe sobre a organização da Assistência Social. Brasília, DF: Presidência da República, 2011b. Disponível em: http://www.planalto.gov.br/ccivil_03/_Ato2011-2014/2011/Lei/L12435.htm. Acesso em: 12 jun. 2020.

BRASIL. *Lei nº 12.466, de 24 de agosto de 2011*. Acrescenta arts. 14-A e 14-B à Lei nº 8.080, de 19 de setembro de 1990, que "dispõe sobre as condições para a promoção, proteção e recuperação da saúde, a organização e o funcionamento dos serviços correspondentes e dá outras providências", para dispor sobre as comissões intergestores do Sistema Único de Saúde (SUS), o Conselho Nacional de Secretários de Saúde (Conass), o Conselho Nacional de Secretarias Municipais de Saúde (Conasems) e suas respectivas composições, e dar outras providências. Brasília, DF: Presidência da República, 2011c. Disponível em: http://www.planalto.gov.br/ccivil_03/_Ato2011-2014/2011/Lei/L12466.htm. Acesso em: 13 jun. 2020.

BRASIL. *Lei nº 12.858, de 9 de setembro de 2013*. Dispõe sobre a destinação para as áreas de educação e saúde de parcela da participação no resultado ou da compensação financeira pela exploração de petróleo e gás natural, com a finalidade de cumprimento da meta prevista no inciso VI do caput do art. 214 e no art. 196 da Constituição Federal; altera a Lei nº 7.990, de 28 de dezembro de 1989; e dá outras providências. Brasília, DF: Presidência da República, 2013a. Disponível em: http://www.planalto.gov.br/ccivil_03/_Ato2011-2014/2013/Lei/L12858.htm. Acesso em: 13 jun. 2020.

BRASIL. *Lei nº 13.005, de 25 de junho de 2014*. Aprova o Plano Nacional de Educação – PNE e dá outras providências. Brasília, DF: Presidência da República, 2014. Disponível em: http://www.planalto.gov.br/ccivil_03/_ato2011-2014/2014/lei/l13005.htm. Acesso em: 12 jun. 2020.

BRASIL. *Lei complementar nº 141, de 13 de janeiro de 2012*. Regulamenta o § 3º do art. 198 da Constituição Federal para dispor sobre os valores mínimos a serem aplicados anualmente pela União, Estados, Distrito Federal e Municípios em ações e serviços públicos de saúde; estabelece os critérios de rateio dos recursos de transferências para a saúde e as normas de fiscalização, avaliação e controle das despesas com saúde nas 3 (três) esferas de governo; revoga dispositivos das Leis nºs 8.080, de 19 de setembro de 1990, e 8.689, de 27 de julho de 1993; e dá outras providências. Brasília, DF: Presidência da República, 2012. Disponível em: http://www.planalto.gov.br/ccivil_03/leis/lcp/lcp141.htm. Acesso em: 12 jun. 2020.

BRASIL. Ministério da Assistência Social. Conselho Nacional de Assistência Social. *Relatório final da 4ª Conferência Nacional de Assistência Social*. Brasília, DF, 2003b. Disponível em: https://www.ipea.gov.br/participacao/images/pdfs/conferencias/Assistencia_social_IV/relatorio_regulamento_deliberacoes_4_conferencia_assistencia_social.pdf. Acesso em: 30 nov. 2020.

BRASIL. Ministério da Previdência e Assistência Social. Conselho Nacional de Assistência Social. *Resolução nº 204, de 4 de dezembro de 1997*. Aprova a Norma Operacional Básica - NOB, nos termos acordados na reunião extraordinária do CNAS, em 02 de dezembro de 1997, e num prazo de 60 dias, proceder a avaliação da sua implementação. Brasília, DF, 1997a.

BRASIL. Ministério da Previdência e Assistência Social. Conselho Nacional de Assistência Social. *Resolução nº 207, de 16 de dezembro de 1998*. Aprova por unanimidade a Política Nacional de Assistência Social – PNAS e a Norma Operacional Básica da Assistência Social – NOB2. Brasília, DF, 1998d. Disponível em: http://www.mds.gov.br/webarquivos/legislacao/assistencia_social/resolucoes/1998/Resolucao%20CNAS%20no%20207-%20de%2016%20de%20dezembro%20de%201998.pdf. Acesso em: 12 jun. 2020.

BRASIL. Ministério da Saúde. *Nota Informativa nº 9/2020-SE/GAB/SE/MS*. Orientações para manuseio medicamentoso precoce de pacientes com diagnóstico da COVID-19. Brasília, DF, 2020c. Disponível: https://portalarquivos.saude.gov.br/images/pdf/2020/May/21/Nota-informativa---Orienta----es-para-manuseio-medicamentoso-precoce-de-pacientes-com-diagn--stico-da-COVID-19.pdf. Acesso em: 15 abr. 2021.

BRASIL. Ministério da Saúde. *Nota Informativa nº 17/2020-SE/GAB/SE/MS*. Orientações do Ministério da Saúde para manuseio medicamentoso precoce de pacientes com diagnóstico da COVID-19. Brasília, DF, 2020d. Disponível: http://antigo.saude.gov.br/images/pdf/2020/August/12/COVID-11ago2020-17h16.pdf. Acesso em: 15 abr. 2021

BRASIL. Ministério da Saúde. *Portaria nº 95, de 26 de janeiro de 2001*. Brasília, DF, 2001a. Disponível em: https://bvsms.saude.gov.br/bvs/saudelegis/gm/2001/prt0095_26_01_2001.html. Acesso em: 13 jun. 2020.

BRASIL. Ministério da Saúde. *Portaria nº 545, de 20 de maio de 1993*. Estabelece normas e procedimentos reguladores do processo de descentralização da gestão das ações e serviços de saúde, através da Norma Operacional Básica – SUS 01/93. Brasília, DF, 1993e. Disponível em: https://bvsms.saude.gov.br/bvs/saudelegis/gm/1993/prt0545_20_05_1993.html. Acesso em: 13 jun. 2020.

BRASIL. Ministério da Saúde. *Portaria nº 373, de 27 de fevereiro de 2002*. Brasília, DF, 2002b. Disponível em: https://bvsms.saude.gov.br/bvs/saudelegis/gm/2002/prt0373_27_02_2002.html. Acesso em: 13 jun. 2020.

BRASIL. Ministério da Saúde. *Portaria nº 399, de 29 de fevereiro de 2006*. Divulga o Pacto pela Saúde 2006 – Consolidação do SUS e aprova as Diretrizes Operacionais do Referido Pacto. Brasília, DF, 2006c. Disponível em: https://bvsms.saude.gov.br/bvs/saudelegis/gm/2006/prt0399_22_02_2006.html. Acesso em: 13 jun. 2020.

BRASIL. Ministério da Saúde. *Portaria nº 699, de 30 de março de 2006*. Regulamenta as Diretrizes Operacionais dos Pactos Pela Vida e de Gestão. Brasília, DF, 2006d. Disponível em: https://bvsms.saude.gov.br/bvs/saudelegis/gm/2006/prt0699_30_03_2006.html. Acesso em: 13 jun. 2020.

BRASIL. Ministério da Saúde. *Portaria nº 1.180, de 22 de julho de 1991*. Brasília, DF, 1991. Disponível em: https://www.camara.leg.br/proposicoesWeb/prop_mostrarintegra%3Bjsessionid=B575C1BCBF0DAF61B84A0552D4847EC0.proposicoesWeb2?codteor=655930&filename=LegislacaoCitada+-PL+5203/2009. Acesso em: 13 jun. 2020.

BRASIL. Ministério da Saúde. *Portaria nº 2.023, de 23 de novembro de 2004*. Define que os municípios e o Distrito Federal sejam responsáveis pela gestão do sistema municipal de saúde na organização e na execução das ações de atenção básica, e dá outras providências. Brasília, DF, 2004a. Disponível em: https://bvsms.saude.gov.br/bvs/saudelegis/gm/1996/prt2203_05_11_1996.html. Acesso em: 13 jun. 2020.

BRASIL. Ministério da Saúde. *Portaria nº 2.203, de 05 de novembro de 1996*. Brasília, DF, 1996d. Disponível em: https://bvsms.saude.gov.br/bvs/saudelegis/gm/1996/prt2203_05_11_1996.html. Acesso em: 13 jun. 2020.

BRASIL. Ministério da Saúde. *Relatório final da 8ª Conferência de Saúde*. Brasília, DF, 1986. Disponível em: http://bvsms.saude.gov.br/bvs/publicacoes/8_conferencia_nacional_saude_relatorio_fin al.pdf. Acesso em: 3 jul. 2018.

BRASIL. Ministério da Saúde. Sistema Único de Saúde. *Descentralização das ações de saúde*: a ousadia de cumprir e fazer cumprir a lei. Brasília, DF, 1993f. Disponível em: https://bvsms.saude.gov.br/bvs/publicacoes/cd09_02.pdf. Acesso em: 13 jun. 2020.

BRASIL. Ministério da Saúde. *Relatório final da 9ª Conferência de Saúde*. Brasília, DF, 1992. Disponível em: http://bvsms.saude.gov.br/bvs/publicacoes/9_conferencia_nacional_saude_relatorio_final.pdf. Acesso em: 5 jun. 2020.

BRASIL. Ministério da Saúde; ORGANIZAÇÃO PAN-AMERICANA DA SAÚDE (OPAS). *Financiamento público de saúde*. Brasília: Ministério da Saúde, 2013. (Série Ecos – Economia da Saúde para a Gestão do SUS; Eixo 1, v. 1). Disponível em: https://bvsms.saude.gov.br/bvs/publicacoes/financiamento_publico_saude_eixo_1.pdf. Acesso em: 23 out. 2021.

BRASIL. Ministério do Desenvolvimento Social. *Censo SUAS 2017*: análise dos componentes sistêmicos da política nacional de assistência social. Brasília, DF: MDS, Secretaria de Avaliação e Gestão da Informação; Secretaria Nacional de Assistência Social, 2018a. Disponível em: https://aplicacoes.mds.gov.br/sagirmps/ferramentas/docs/Censo%20SUAS%202017%20(1).pdf. Acesso em: 10 jun. 2020.

BRASIL. Ministério do Desenvolvimento Social e Agrário. *Programa Criança Feliz*: a intersetorialidade na visita domiciliar. Brasília, DF, 2017a. Disponível em: http://www.mds.gov.br/webarquivos/publicacao/crianca_feliz/A_intersetorialidade_na_visita_domiciliar_2.pdf. Acesso em: 25 set. 2021.

BRASIL. Ministério do Desenvolvimento Social e Combate à Fome. *Censo SUAS 2012*: CRAS, CREAS, Centros POP, Gestão Municipal, Gestão Estadual, Conselhos Municipais, Conselhos Estaduais e Unidades de Acolhimento. Brasília, DF, 2013b. Disponível em: https://www.mds.gov.br/webarquivos/publicacao/assistencia_social/Livros/CensoSUAS_2012.pdf. Acesso em: 25 set. 2021.

BRASIL. Ministério do Desenvolvimento Social e Combate à Fome. Conselho Nacional de Assistência Social. *Resolução nº 145, de 15 de outubro de 2004*. Aprova a Política Nacional de Assistência Social. Brasília, DF, 2004b. Disponível em: http://www.mds.gov.br/cnas/legislacao/resolucoes/arquivos-2004/resolucoes-cnas-2004/. Acesso em: 12 jun. 2020.

BRASIL. Presidência da República. *Mensagem de Veto nº 9, de 9 de janeiro de 2001*. Brasília, DF, 2001b. Disponível em: http://www.planalto.gov.br/ccivil_03/leis/mensagem_veto/2001/mv0009-01.htm. Acesso em: 25 set. 2021.

BRASIL. Presidência da República. *Mensagem de Veto nº 277, de 8 de agosto de 2017*. Brasília, DF, 2017b. Disponível em: http://www.planalto.gov.br/ccivil_03/_ato2015-2018/2017/Msg/VEP-277.htm. Acesso em: 25 set. 2021.

BRASIL. Presidência da República. *Mensagem de Veto nº 374, de 2 de julho de 2020*. Brasília, DF, 2020e. Disponível em: http://www.planalto.gov.br/ccivil_03/_ato2019-2022/2020/Msg/VEP/VEP-374.htm. Acesso em: 25 set. 2021.

BRASIL. Presidência da República. *Mensagem de Veto nº 378, de 7 de julho de 2020*. Brasília, DF, 2020f. Disponível em: http://www.planalto.gov.br/ccivil_03/_ato2019-2022/2020/Msg/VEP/VEP-378.htm. Acesso em: 25 set. 2021.

BRASIL. Presidência da República. *Mensagem de Veto nº 672, de 1990*. Diário Oficial da União, Brasília, DF, p. 1782, 18 set. 1990c.

BRASIL. Presidência da República. *Mensagem de Veto nº 680, de 19 de setembro de 1990*. Brasília, DF, 1990d. Disponível em: http://www.planalto.gov.br/ccivil_03/leis/Mensagem_Veto/anterior_98/Vep680-L8080-90.pdf. Acesso em: 13 jun. 2020.

BRASIL. Secretaria de Assistência Social. *Portaria SAS nº 26, de 16 de outubro de 1997*. Aprova sistemática operacional para financiamento das ações de assistência social, que compõem o sistema de proteção social no campo das políticas sociais. Brasília, DF, 1997b.

BRASIL. Secretaria de Assistência Social. *Portaria SAS nº 33, de 5 de dezembro de 1997*. Aprova Sistemática Operacional para Financiamento das Ações de Assistência Social, que compõem o Sistema de Proteção Social no campo das Políticas Sociais. Brasília, DF, 1997c.

BRASIL. Secretaria de Assistência Social. *Portaria SAS nº 35, de 26 de dezembro de 1997*. Aprova Norma Operacional Básica que disciplina o processo de descentralização político-administrativo das três esferas de governo no campo da política de assistência social. Brasília, DF, 1997d.

BRASIL. Senado Federal. *Comissão Parlamentar de Inquérito da Pandemia*: relatório final. Relatório votado em 26 de outubro de 2021. Brasília, DF, 2021b. Disponível em: https://senadofederal-my.sharepoint.com/personal/cpipandemia_arquivos_senado_leg_br/_layouts/15/onedrive.aspx?id=%2Fpersonal%2Fcpipandemia%5Farquivos%5Fsenado%5Fleg%5Fbr%2FDocuments%2FRelat%C3%B3rio%20Final%2FRelatorio%5FFinal%5Faprovado%2Epdf&parent=%2Fpersonal%2Fcpipandemia%5Farquivos%5Fsenado%5Fleg%5Fbr%2FDocuments%2FRelat%C3%B3rio%20Final. Acesso em: 13 nov. 2021.

BRASIL. Senado Federal. *Parecer SF nº 20543.19355-05, de 25 de novembro de 2020*. Brasília, DF, 2020g. Disponível em: https://legis.senado.leg.br/sdleg-getter/documento?dm=8908468&ts=1631737926465&disposition=inline. Acesso em: 25 set. 2021.

BRASIL. Senado Federal. *Parecer SF nº 21228.58956-72, de 23 de fevereiro de 2021*. Relator Senador Márcio Bittar. Brasília, DF, 2021c. Disponível em: https://legis.senado.leg.br/sdleg-getter/documento?dm=8928881&ts=1632944943570&disposition=inline. Acesso em: 21 nov. 2021.

BRASIL. Senado Federal. *Parecer SF nº 48, de 11 de novembro de 2021*. Brasília, DF, 2021d.

BRASIL. Supremo Tribunal Federal. *Ação Cível Originária nº 701/AL*. Autor: Estado de Alagoas. Réu: União. Data do ajuizamento: 13 nov. 2003. Brasília, DF, 2003c. Disponível em: http://portal.stf.jus.br/processos/detalhe.asp?incidente=2182394. Acesso em: 22 jun. 2020.

BRASIL. Supremo Tribunal Federal. *Ação Cível Originária nº 660/AM*. Autor: Estado do Amazonas. Réu: União. Data do ajuizamento: 30 dez. 2002. Brasília, DF, 2002c. Disponível em: http://portal.stf.jus.br/processos/detalhe.asp?incidente=2082844. Acesso em: 22 jun. 2020.

BRASIL. Supremo Tribunal Federal. *Ação Cível Originária nº 648/BA*. Autor: Estado da Bahia. Réu: União. Data do ajuizamento: 22 out. 2002. Brasília, DF, 2002d. Disponível em: http://portal.stf.jus.br/processos/detalhe.asp?incidente=2064114. Acesso em: 22 jun. 2020.

BRASIL. Supremo Tribunal Federal. *Ação Cível Originária nº 683/CE*. Autor: Estado do Ceará. Réu: União. Data do ajuizamento: 8 ago. 2003. Brasília, DF, 2003d. Disponível em: http://portal.stf.jus.br/processos/detalhe.asp?incidente=2152286. Acesso em: 22 jun. 2020.

BRASIL. Supremo Tribunal Federal. *Ação Cível Originária nº 661/MA*. Autor: Estado do Maranhão. Réu: União. Data do ajuizamento: 6 jan. 2003. Brasília, DF, 2003e. Disponível em: http://portal.stf.jus.br/processos/detalhe.asp?incidente=2083234. Acesso em: 22 jun. 2020.

BRASIL. Supremo Tribunal Federal. *Ação Cível Originária nº 3.385/MA*. Relator: Min. Celso de Mello. Data da decisão: 20 abr. 2020. Diário da Justiça Eletrônico 99, Brasília, DF, 23 abr. 2020. Publicação em: 24 abr. 2020. Brasília, DF, 2020h. Disponível em: http://portal.stf.jus.br/processos/downloadPeca.asp?id=15342938537&ext=.pdf. Acesso em: 22 jun. 2020.

BRASIL. Supremo Tribunal Federal. *Ação Cível Originária nº 722/MG*. Autor: Estado de Minas Gerais. Réu: União. Data do ajuizamento: 12 maio 2004. Brasília, DF, 2004c. Disponível em: http://portal.stf.jus.br/processos/detalhe.asp?incidente=2220289. Acesso em: 22 jun. 2020.

BRASIL. Supremo Tribunal Federal. *Ação Cível Originária nº 718/PA*. Autor: Estado do Pará. Réu: União. Data do ajuizamento: 29 abr. 2004. Brasília, DF, 2004d. Disponível em: http://portal.stf.jus.br/processos/detalhe.asp?incidente=2217642. Acesso em: 22 jun. 2020.

BRASIL. Supremo Tribunal Federal. *Ação Cível Originária nº 658/PE*. Autor: Estado de Pernambuco. Réu: União. Data do ajuizamento: 18 dez. 2002. Brasília, DF, 2002e. Disponível em: http://portal.stf.jus.br/processos/detalhe.asp?incidente=2082412. Acesso em: 22 jun. 2020.

BRASIL. Supremo Tribunal Federal. *Ação Cível Originária nº 700/RN*. Autor: Estado do Rio Grande do Norte. Réu: União. Data do ajuizamento: 14 nov. 2003. Brasília, DF, 2003f. Disponível em: http://portal.stf.jus.br/processos/detalhe.asp?incidente=2182611. Acesso em: 22 jun. 2020.

BRASIL. Supremo Tribunal Federal. *Ação Cível Originária nº 669/SE*. Autor: Estado de Sergipe. Réu: União. Data do ajuizamento: 15 maio 2003. Brasília, DF, 2003g. Disponível em: http://portal.stf.jus.br/processos/detalhe.asp?incidente=2123837. Acesso em: 22 jun. 2020.

BRASIL. Supremo Tribunal Federal. *Ação Direta de Inconstitucionalidade nº 877/DF*. Relator: Min. Ilmar Galvão. Tribunal Pleno. Data da decisão: 05 out. 1995. Brasília, DF, 1995c. Diário da Justiça, Brasília, DF, 27 out. 1995, p. 36331. Disponível em: http://redir.stf.jus.br/paginadorpub/paginador.jsp?docTP=AC&docID=266575. Acesso em: 22 jun. 2020.

BRASIL. Supremo Tribunal Federal. *Ação Direta de Inconstitucionalidade nº 5.633/DF*. Requerentes: Associação dos Magistrados Brasileiros e outros. Intimados: Presidente da República e outros. Data do ajuizamento: 16 dez. 2016. Brasília, DF, 2016b. Disponível em: http://portal.stf.jus.br/processos/detalhe.asp?incidente=5112200. Acesso em: 22 jun. 2020.

BRASIL. Supremo Tribunal Federal. *Ação Direta de Inconstitucionalidade nº 5.658/DF*. Requerente: Partido Democrático Trabalhista. Intimados: Congresso Nacional e outros. Data do ajuizamento: 15 fev. 2017. Brasília, DF, 2017c. Disponível em: http://portal.stf.jus.br/processos/detalhe.asp?incidente=5132872. Acesso em: 22 jun. 2020.

BRASIL. Supremo Tribunal Federal. *Ação Direta de Inconstitucionalidade nº 5.680/DF*. Requerente: Partido Socialismo e Liberdade. Intimados: Congresso Nacional e outros. Data do ajuizamento: 24 mar. 2017. Brasília, DF, 2017d. Disponível em: http://portal.stf. jus.br/processos/detalhe.asp?incidente=5157574. Acesso em: 22 jun. 2020.

BRASIL. Supremo Tribunal Federal. *Ação Direta de Inconstitucionalidade nº 5.715/DF*. Requerente: Partido dos Trabalhadores. Intimados: Congresso Nacional e outros. Data do ajuizamento: 05 jun. 2017. Brasília, DF, 2017e. Disponível em: http://portal.stf.jus.br/ processos/detalhe.asp?incidente=5203351. Acesso em: 22 jun. 2020.

BRASIL. Supremo Tribunal Federal. *Ação Direta de Inconstitucionalidade nº 5.734*. Requerente: Confederação Nacional Dos Trabalhadores em Educação. Intimado: Câmara dos Deputados e outro. Data do ajuizamento: 23 jun. 2017. Brasília, DF, 2017f. Disponível em: http://portal. stf.jus.br/processos/detalhe.asp?incidente=5215453. Acesso em: 22 jun. 2020.

BRASIL. Supremo Tribunal Federal. *Ação Direta de Inconstitucionalidade* nº 6.341/DF. Requerente: Partido Democrático Trabalhista. Intimado: Presidente da República. Data do ajuizamento: 23 mar. 2020. Brasília, DF, 2020i. Disponível em: http://portal.stf.jus.br/ processos/detalhe.asp?incidente=5880765. Acesso em: 22 jun. 2020.

BRASIL. Supremo Tribunal Federal. *Agravo Regimental no Recurso Extraordinário nº 896.076/SC*. Relator: Min. Luiz Fux, Primeira Turma. Data da decisão: 14 out. 2016. Diário da Justiça Eletrônico 232: Brasília, DF, 28 out. 2016c. Publicação em: 03 nov. 2016. Disponível em: http://portal.stf.jus.br/processos/downloadPeca.asp?id=310638554&ext=. pdf. Acesso em: 22 jun. 2020.

BRASIL. Supremo Tribunal Federal. *Agravo Regimental no Recurso Extraordinário nº 639.337/ SP*. Relator: Min. Celso de Mello. Segunda Turma. Data da decisão: 23 ago. 2011. Diário da Justiça Eletrônico 177: Brasília, DF, 14 set. 2011d. Publicação em: 15 set. 2011. Disponível em: http://redir.stf.jus.br/paginadorpub/paginador.jsp?docTP=AC&docID=627428. Acesso em: 22 jun. 2020.

BRASIL. Supremo Tribunal Federal. *Agravo Regimental no Recurso Extraordinário nº 850.215/PB*. Relatora: Min. Carmen Lúcia. Segunda Turma. Data da decisão: 07 abr. 2015. Diário da Justiça Eletrônico 079: Brasília, DF, 28 abr. 2015c. Publicação em: 29 abr. 2015. Disponível em: http://portal.stf.jus.br/processos/downloadPeca.asp?id=15333745430&ext=. pdf. Acesso em: 22 jun. 2020.

BRASIL. Supremo Tribunal Federal. *Mandado de Injunção nº 448-0/RS*. Relator: Min. Marco Aurélio. Redator para o Acórdão: Min. Moreira Alves. Tribunal Pleno. Data da decisão: 05 set. 1994. Diário da Justiça: Brasília, DF, p. 24871, 06 jun. 1997e. Disponível em: http://redir.stf.jus.br/paginadorpub/paginador.jsp?docTP=AC&docID=81821. Acesso em: 22 jun. 2020.

BRASIL. Supremo Tribunal Federal. *Medida Cautelar na Ação Direta de Inconstitucionalidade nº 1.749*. Relator: Min. Octavio Gallotti. Tribunal Pleno. Data da decisão: 18 dez. 1997. Diário da Justiça: Brasília, DF, p. 11, 24 out. 2003h. Disponível em: http://redir.stf.jus. br/paginadorpub/paginador.jsp?docTP=AC&docID=347247. Acesso em: 22 jun. 2020.

BRASIL. Supremo Tribunal Federal. *Medida Cautelar na Ação Direta de Inconstitucionalidade nº 5.595*. Relator: Min. Ricardo Lewandowski. Data da decisão: 31 ago. 2017. Diário da Justiça Eletrônico 198: Brasília, DF, 01 set. 2017g. Publicação em: 04 set. 2017. Disponível em: http://portal.stf.jus.br/processos/downloadPeca.asp?id=312629019&ext=.pdf. Acesso em:22 jun. 2020.

BRASIL. Supremo Tribunal Federal. *Medida Cautelar na Arguição de Descumprimento de Preceito Fundamental nº 662*. Relator: Min. Gilmar Mendes. Data da decisão: 03 abr. 2020. Diário da Justiça Eletrônico 085: Brasília, DF, 06 abr. 2020. Publicação: 07 abr. 2020. Brasília, DF, 2020j. Disponível em: http://portal.stf.jus.br/processos/downloadPeca.asp?id=15342832909&ext=.pdf. Acesso em: 22 jun. 2020.

BRASIL. Supremo Tribunal Federal. *Recurso Extraordinário nº 567.985/MT*. Relator: Min. Marco Aurélio. Redator para o Acórdão: Min. Gilmar Mendes. Tribunal Pleno. Data da decisão: 18 abr. 2013. Diário da Justiça Eletrônico 194: Brasília, DF, 02 out. 2013. Publicação em: 03 out. 2013. Brasília, DF, 2013c. Disponível em: http://redir.stf.jus.br/paginadorpub/paginador.jsp?docTP=TP&docID=4614447. Acesso em: 22 jun. 2020.

BRASIL. Supremo Tribunal Federal. *Recurso Extraordinário nº 580.963/PR*. Relator: Min. Gilmar Mendes. Tribunal Pleno. Data da decisão: 18 abr. 2013. Diário da Justiça Eletrônico 225: Brasília, DF, 13 nov. 2013. Publicação em: 14 nov. 2013. Brasília, DF, 2013d. Disponível em: http://redir.stf.jus.br/paginadorpub/paginador.jsp?docTP=TP&docID=4864062. Acesso em: 22 jun. 2020.

BRASIL. Supremo Tribunal Federal. Tribunal Pleno. *Tese de Repercussão Geral nº 500*. Data da tese: 22 maio 2019. Brasília, DF, 2019b. Disponível em: http://www.stf.jus.br/portal/jurisprudenciaRepercussao/abrirTemasComRG.asp. Acesso em: 21 jun. 2020

BRASIL. Supremo Tribunal Federal. Tribunal Pleno. *Tese de Repercussão Geral nº 793*. Data da decisão: 06 mar. 2015. Brasília, DF, 2015d. Disponível em: http://www.stf.jus.br/portal/jurisprudenciaRepercussao/abrirTemasComRG.asp. Acesso em: 21 jun. 2020.

BRASIL. Tribunal de Contas da União. *Referencial de controle de políticas públicas*. Brasília, DF: TCU, Gabinete da Ministra-Corregedora Ana Arraes; Secretaria de Planejamento, Governança e Gestão (Seplan). Brasília, DF, 2021e.

BRASIL. Tribunal de Contas da União. *Relatório de Acompanhamento TC nº 022.260/2019-6*. Acórdão nº 1048/2020. Relator: Min. Augusto Nardes. Plenário. Data da sessão: 29 abr. 2020. Brasília, DF, 2020k. Disponível em: https://tcu.jusbrasil.com.br/jurisprudencia/839023442/relatorio-de-acompanhamento-racom-2226020196/inteiro-teor-839023463?ref=feed. Acesso em: 21 jun. 2021.

BRASIL. Tribunal de Contas da União. *Relatório de Auditoria TC nº 012.170/2019-4*. Acórdão nº 1202/2020. Relator: Min. Marcos Bemquerer Costa. Data da sessão: 13 maio 2020. Brasília, DF, 2020l. Disponível em: https://pesquisa.apps.tcu.gov.br/#/documento/acordao-completo/*/NUMACORDAO%253A1202%2520ANOACORDAO%253A2020/DTRELEVANCIA%2520desc%252C%2520NUMACORDAOINT%2520desc/0/%2520. Acesso em: 10 jun. 2022.

BRASIL. Tribunal de Contas da União. *Relatório de Auditoria TC nº 027.767/2014-0*. Acórdão nº 2888/2015. Relator: Min. Augusto Nardes. Plenário. Data da sessão: 11 nov. 2015. Brasília, DF, 2015e. Disponível em: file:///C:/Users/Cliente/Downloads/2888-2015.pdf. Acesso em: 21 jun. 2021.

BRASIL. Tribunal de Contas da União. *Relatório de Levantamento nº 022.354/2017-4*. Relator: Min. Substituto André Luís de Carvalho. Plenário. Data da sessão: 05 dez. 2018. Brasília, DF, 2018c. Disponível em: https://tcu.jusbrasil.com.br/jurisprudencia/659617169/relatorio-de-levantamento-rl-2235420174/inteiro-teor-659617186. Acesso em: 21 jun. 2021.

BRETTAS, Gabriela Horesh. *O papel das organizações da sociedade civil na política pública de assistência social no Brasil*: dilemas e tensões na provisão de serviços. 2016. Dissertação (Mestrado em Análise de Políticas Públicas) – Escola de Artes, Ciências e Humanidades, Universidade de São Paulo, São Paulo, 2016.

BUCCI, Maria Paula Dallari. A Teoria do Estado entre o jurídico e o político. *In*: BUCCI, Maria Paula Dallari; GASPARDO, Murilo (org.). *Teoria do Estado*: sentidos contemporâneos. São Paulo: Saraiva, 2018. p. 27-74.

BUCCI, Maria Paula Dallari. *Fundamentos para uma teoria jurídica das políticas públicas*. 2. ed. São Paulo: Saraiva, 2021.

BUCCI, Maria Paula Dallari. Método e aplicações da abordagem Direito e Políticas Públicas (DPP). *REI – Revista Estudos Institucionais*, Rio de Janeiro, v. 5, n. 3, p. 791-832, dez. 2019a. DOI: https://doi.org/10.21783/rei.v5i3.430. Disponível em: https://estudosinstitucionais.com/REI/article/view/430/447. Acesso em: 5 fev. 2021.

BUCCI, Maria Paula Dallari. Notas para uma metodologia jurídica de análise de políticas públicas. *In*: FORTINI, Cristiana; ESTEVES, Júlio César dos Santos; DIAS, Maria Tereza Fonseca (org.). *Políticas Públicas*: possibilidades e limites. Belo Horizonte: Fórum, 2008. p. 225-260.

BUCCI, Maria Paula Dallari. O conceito de política pública em direito. *In*: BUCCI, Maria Paula Dallari (org.). *Políticas públicas*: reflexões sobre o conceito jurídico. São Paulo: Saraiva, 2006. p. 1-47.

BUCCI, Maria Paula Dallari. Os trinta anos da Constituição e as políticas públicas: a celebração interrompida. *In*: BOLONHA, Carlos *et al* (org.). *30 anos da Constituição de 1988*: uma jornada democrática inacabada. Belo Horizonte: Fórum, 2019b. p. 119-130.

BUCCI, Maria Paula Dallari. Pesquisa em direito e políticas públicas. *In*: QUEIROZ, Rafael Mafei Rabelo; FEFERBAUM, Marina (org.). *Metodologia da pesquisa em direito*. 2. ed. São Paulo: Saraiva, 2019c. v. 1. p. 361-378.

BUCCI, Maria Paula Dallari. Quadro de referência de uma política pública: primeiras linhas de uma visão jurídico-institucional. *Revista Eletrônica de Direito do Estado*, n. 122, 27 mar. 2016. Disponível em: http://www.direitodoestado.com.br/colunistas/maria-paula-dallari-bucci/quadro-de-referencia-de-uma-politica-publica-primeiras-linhas-de-uma-visao-juridico-institucional. Acesso em: 5 fev. 2021.

BUCCI, Maria Paula Dallari; COUTINHO, Diogo Rosenthal. Arranjos jurídico-institucionais da política de inovação tecnológica: uma análise baseada na abordagem de direito e políticas públicas. *In*: COUTINHO, Diogo Rosenthal; FOSS, Maria Carolina; MOUALLEM, Pedro Salomon Bezerra (org.). *Inovação no Brasil*: avanços e desafios jurídicos e institucionais. São Paulo: Blucher, 2017. p. 313-340.

BUCCI, Maria Paula Dallari; GOMES, Fernando Alves Dourado. A piece of legislation for the guidance of public education policies in Brazil: the National Education Plan 2014-2024. *The Theory and Practice of Legislation*, Abingdon, England, v. 5, p. 277-301, 2017.

BUCCI, Maria Paula Dallari; VILARINO, Marisa Alves. A ordenação federativa da Educação brasileira e seu impacto sobre a formação e o controle das políticas públicas educacionais. *In*: ABMP; TODOS PELA EDUCAÇÃO. *Justiça pela qualidade na educação*. São Paulo: Saraiva, 2013. p. 117-150.

CANOTILHO, José Joaquim Gomes. *Constituição dirigente e vinculação do legislador*: contributo para a compreensão das normas constitucionais programáticas. Coimbra: Coimbra Editora, 2001.

CANOTILHO, José Joaquim Gomes. Estado pós-moderno e Constituição sem sujeito. *In*: CANOTILHO, José Joaquim Gomes. *"Brancosos" e interconstitucionalidade*: Itinerário dos discursos sobre a historicidade constitucional. 2. ed. Coimbra: Almedina, 2008. p. 131-162.

CARA, Daniel. Municípios no pacto federativo: Fragilidades sobrepostas. *Retratos da Escola*, Brasília, DF, v. 6, n. 10, p. 255-273, 2012. DOI: 10.22420/rde.v6i10.183. Disponível em: https://retratosdaescola.emnuvens.com.br/rde/article/view/183. Acesso em: 22 mar. 2022.

CARA, Daniel. O Custo Aluno-Qualidade Inicial como proposta de justiça federativa no PNE: Um primeiro passo rumo à educação pública de qualidade no Brasil. *Jornal de Políticas Educacionais*, Curitiba, v. 8, n. 16, p. 75-91, jul./dez. 2014. DOI: http://dx.doi.org/10.5380/jpe.v8i16.40314. Disponível em: https://revistas.ufpr.br/jpe/article/view/40314. Acesso em: 11 mar. 2021.

CARDOSO, Bruno Baranda. A implementação do Auxílio Emergencial como medida excepcional de proteção social. *Revista de Administração Pública*, Rio de Janeiro, v. 54, n. 4, p. 1052-1063, jul./ago. 2020. Disponível em: https://doi.org/10.1590/0034-761220200267 https://doi.org/10.1590/0034-761220200267x. Acesso em: 10 jan. 2022.

CARNEIRO, Douglas Gualberto. *Estado, organizações da sociedade civil e a política de Assistência social*: um olhar sobre o acolhimento institucional para idosos. 2018. 144 f. Dissertação (Mestrado) – Instituto de Pesquisa Econômica Aplicada, Brasília, DF, 2018.

CARVALHO, Déa Mara Tarbes de. Financiamento da assistência médico-hospitalar no Brasil. *Ciência & Saúde Coletiva*, Rio de Janeiro, v. 12, n. 4, p. 879-892, ago. 2007. DOI: https://doi.org/10.1590/S1413-81232007000400010. Disponível em: http://www.scielo.br/scielo.php?script=sci_arttext&pid=S1413-81232007000400010&lng=en&nrm=iso. Acesso em: 28 maio 2020.

CARVALHO, Gilson. A inconstitucional administração pós-constitucional do SUS através de normas operacionais. *Ciência & Saúde Coletiva*, Rio de Janeiro, v. 6, n. 2, p. 435-444, 2001. DOI: https://doi.org/10.1590/S1413-81232001000200012. Disponível em: http://www.scielo.br/scielo.php?script=sci_arttext&pid=S1413-81232001000200012&lng=en&nrm=iso. Acesso em: 1 jun. 2020.

CASTRO, Jorge Abrahão de; RIBEIRO, José Aparecido Carlos. *As políticas sociais e a Constituição de 1988*: conquistas e desafios. *In*: IPEA. Políticas sociais: acompanhamento e análise. Brasília, DF: IPEA, 2009. p. 17-96. Disponível em: https://www.ipea.gov.br/portal/index.php?option=com_content&view=article&id=5794&Itemid=9. Acesso em: 1 jun. 2020.

CASTRO, Marco Tulio de Barros e; MELLO, Maria Tereza Leopardi. Uma abordagem jurídica de análise de políticas públicas. *Revista de Estudos Empíricos em Direito*, São Paulo, v. 4, n. 2, p. 9-22, jun. 2017.

CENTRO DE ESTUDOS E PESQUISAS DE DIREITO SANITÁRIO (CEPEDISA). *A linha do tempo da estratégia federal de disseminação da COVID-19*. Estudo elaborado no âmbito do projeto de pesquisa "Mapeamento e análise das normas jurídicas de resposta à Covid-19 no Brasil" do Centro de Estudos e Pesquisas de Direito Sanitário (CEPEDISA) da Faculdade de Saúde Pública (FSP) da Universidade de São Paulo (USP), atualizado mediante solicitação da Comissão Parlamentar de Inquérito criada pelos Requerimentos do Senado Federal 1371 e 1372, de 2021, por meio do Ofício 57/2021-CPIPANDEMIA. São Paulo: CEPEDISA, 28 de maio de 2021. Disponível em: https://cepedisa.org.br/wp-content/uploads/2021/06/CEPEDISA-USP-Linha-do-Tempo-Maio-2021_v3.pdf. Acesso em: 25 set. 2021.

CENTRO DE ESTUDOS E PESQUISAS DE DIREITO SANITÁRIO (CEPEDISA); CONECTAS DIREITOS HUMANOS. *Direitos na pandemia*: mapeamento e análise das normas jurídicas de resposta à COVID-19 no Brasil. São Paulo: CEPEDISA, 23 de novembro de 2020. (Boletim, n. 9). Disponível em: https://cepedisa.org.br/publicacoes/. Acesso em: 26 set. 2021.

CLUNE, William H. A political model of implementation and implications of the model for public policy, research, and the changing roles of law and lawyers. *Iowa Law Review*, UW-Madison, v. 69, n. 47, p. 47-125, 1983.

CLUNE, William H. Law and Public Policy: Map of an Area. *Southern California Interdisciplinary Law Journal*, Los Angeles, v. 2, p. 1-39, 1993.

CLUNE, William. H. Legal Disintegration and a Theory of the State. *German Law Journal*, v. 12, p. 186-205, 2011.

CLUNE, William. H. Um modelo político de implementação para as políticas públicas: os papéis do direito e dos juristas. Tradução de Gabriela Azevedo Campos Sales, Bruno de Almeida Passadore, Elisa Martinez Gianella, e Kadra Regina Zeratin Rizzi. Revisão técnica da tradução Maria Paula Dallari Bucci. *Revista Brasileira de Políticas Públicas*, Brasília, DF, v. 11, n. 1, p. 20-82, 2021.

COHN, Amélia. Caminhos da Reforma Sanitária. *Lua Nova*, São Paulo, n. 19, p. 123-140, nov. 1989. DOI: https://doi.org/10.1590/S0102-64451989000400009. Disponível em: https://www.scielo.br/scielo.php?script=sci_arttext&pid=S0102-64451989000400009. Acesso em: 9 jun. 2020.

COLEGIADO NACIONAL DE GESTORES MUNICIPAIS DE ASSISTÊNCIA SOCIAL (CONGEMAS). *Posicionamento do CONGEMAS acerca da Portaria nº 2.362 de 20 de dezembro de 2019 do Ministério da Cidadania, na 2ª Reunião da Comissão Tripartite – CIT realizada no dia 12/02/2020*. Brasília, DF, 14 de fevereiro de 2020. Disponível em: http://www.congemas.org.br/posicionamento-do-congemas---portaria-n%C2%BA-2362-noticias. Acesso em: 25 set. 2021.

COLEGIADO NACIONAL DE GESTORES MUNICIPAIS DE ASSISTÊNCIA SOCIAL (CONGEMAS). FÓRUM NACIONAL DE SECRETÁRIOS DE ESTADO DA ASSISTÊNCIA SOCIAL (FONSEAS). *Manifestação conjunta sobre o corte de recursos para assistência social pelo Ministério da Cidadania*. Brasília, DF, 3 mar. 2020. Disponível em: http://www.congemas.org.br/congemas-e-fonseas-denunciam-reducao-de-recursos-na-assistencia-social-noticias. Acesso em: 17 ago. 2021.

COMISSÃO INTERGESTORES TRIPARTITE DO SISTEMA ÚNICO DE ASSISTÊNCIA SOCIAL (CIT SUAS). *Resumo Executivo da 170ª Reunião da Comissão Intergestores Tripartite*. 17 de abril de 2019a. Disponível em: http://blog.mds.gov.br/redesuas/wp-content/uploads/2019/05/Resumo-Executivo-170%C2%BA-CIT.pdf. Acesso em: 10 jun. 2022.

COMISSÃO INTERGESTORES TRIPARTITE DO SISTEMA ÚNICO DE ASSISTÊNCIA SOCIAL (CIT SUAS). *Resumo Executivo da 171ª Reunião da Comissão Intergestores Tripartite*. 21 de maio de 2019b. Disponível em: http://blog.mds.gov.br/redesuas/wp-content/uploads/2019/06/Resumo-Executivo-171%C2%AA-CIT.pdf. Acesso em: 10 jun. 2022.

CONCI, Luiz Guilherme Arcaro; TALPAI, Bruno. *O "cabo de guerra" da regulamentação do novo Fundeb*. 2022. No prelo.

CONFEDERAÇÃO NACIONAL DOS MUNICÍPIOS (CNM); CONSELHO NACIONAL DE SECRETARIAS MUNICIPAIS DE SAÚDE (CONASEMS); CONSELHO NACIONAL DE SECRETÁRIOS DE SAÚDE (CONASS). *Ofício Circular nº 97/2017_CNM/BSB*, de 18 de outubro de 2017. Brasília, DF, 2017. Disponível em: http://www.conass.org.br/wp-content/uploads/2017/10/C_0097_17_COAP_Regionalizac%CC%A7a%CC%83o.pdf. Acesso em: 30 maio 2020.

CONSELHO NACIONAL DE EDUCAÇÃO. Câmara de Educação Básica. *Parecer CEB/CNE nº 8/2010*. Estabelece normas para aplicação do inciso IX do artigo 4º da Lei nº 9.394/96 (LDB), que trata dos padrões mínimos de qualidade de ensino para a Educação Básica pública. Aprovado em 5 de maio de 2010. Brasília, DF, 2010. Disponível em: http://portal.mec.gov.br/index.php?option=com_docman&view=download&alias=5368-pceb008-10&category_slug=maio-2010-pdf&Itemid=30192. Acesso em: 26 set. 2021.

CONSELHO NACIONAL DE EDUCAÇÃO. Câmara de Educação Básica. *Parecer CEB/CNE nº 3/2019*. Reexame do Parecer CNE/CEB nº 8/2010, que estabelece normas para a aplicação do inciso IX do artigo 4º da Lei nº 9.394/96 (LDB), que trata dos padrões mínimos de qualidade de ensino para a Educação Básica pública. Aprovado em: 26 mar. 2019. Brasília, DF, 2019. Disponível em: http://portal.mec.gov.br/index.php?option=com_docman&view=download&alias=110291-pceb003-19-1&category_slug=abril-2019-pdf&Itemid=30192. Acesso em: 26 set. 2021.

CONSELHO NACIONAL DE SAÚDE. *Resolução nº 002, de 26 de abril de 1991*. Brasília, DF, 1991. Disponível em: https://conselho.saude.gov.br/resolucoes/reso_91.htm. Acesso em: 13 jun. 2020.

CONSELHO NACIONAL DE SECRETÁRIOS DE EDUCAÇÃO (CONSED); UNIÃO NACIONAL DOS DIRIGENTES MUNICIPAIS DE EDUCAÇÃO (UNDIME). *Nota Técnica CONSED/UNDIME em defesa do FUNDEB*. Brasília, DF, abril de 2019.

CONSELHO NACIONAL DE SECRETÁRIOS DE EDUCAÇÃO (CONSED). *Nota em defesa da PEC 15/2015*. Brasília, DF, 18 de julho de 2020. Disponível em: https://campanha.org.br/acervo/nota-do-consed-em-defesa-da-pec-152015/. Acesso em: 25 set. 2021.

CONSELHO NACIONAL DE SECRETÁRIOS DE EDUCAÇÃO (CONSED). *Consed se posiciona contra dispositivos da PEC Emergencial*. Brasília, DF, 23 de fevereiro de 2021. Disponível em: http://www.consed.org.br/portal/noticia/consed-se-posiciona-contra-dispositivos-da-pec-emergencial. Acesso em: 29 mar. 2021.

CONSELHO NACIONAL DE SECRETÁRIOS DE SAÚDE (CONASS). *CONASS 25 anos*. Brasília, DF: CONASS, 2007.

CONSELHO NACIONAL DE SECRETÁRIOS DE SAÚDE (CONASS). *Nota à imprensa* – fim da vinculação: uma ameaça aos direitos. Brasília, DF, 2021. Disponível em: https://www.conass.org.br/wp-content/uploads/2021/02/Conass-PEC-Auxilio-emergencial.pdf. Acesso em: 30 nov. 2021.

CORDEIRO, Hésio. *Sistema Único de Saúde*. Rio de Janeiro: Ayuri, 1991.

COUTINHO, Diogo Rosenthal. O direito nas políticas públicas. *In*: MARQUES, Eduardo; FARIA, Carlos Aurélio Pimenta de (org.). *A política pública como campo multidisciplinar*. São Paulo: Editora Unesp; Rio de Janeiro: Editora Fiocruz, 2013. p. 181-200.

COUTO, Berenice Rojas; YAZBEK, Maria Carmelita; RAICHELIS, Raquel. A Política Nacional de Assistência Social e o Suas: apresentando e problematizando fundamentos e conceitos. *In*: COUTO, Berenice Rojas; YAZBEK, Maria Carmelita; SILVA, Maria Ozanira da Silva e; RAICHELIS, Raquel. *O Sistema Único de Assistência Social no Brasil*: uma realidade em movimento. São Paulo: Cortez, 2010. p. 32-65.

CURY, Carlos Roberto Jamil. Sistema Nacional de Educação: desafio para uma educação igualitária e federativa. *Educação & Sociedade*, Campinas, v. 29, n. 105, p. 1187-1209, set./dez. 2008.

DAVIES, Nicholas. FUNDEB: a redenção da educação básica? *Educação & Sociedade*, Campinas, v. 27, n. 96, p. 753-774, out. 2006. DOI: https://doi.org/10.1590/S0101-73302006000300007. Disponível em: http://www.scielo.br/scielo.php?script=sci_arttext&pid=S0101-73302006000300007&lng=en&nrm=iso. Acesso em: 22 mar. 2021.

DEUBEL, André-Noël Roth. Neo-institucionalismo y transformación democrática del Estado. *In*: ENDARA, Gustavo (coord.). *El rol del Estado*: contribuciones al debate. Quito: Senplades/FES-ILDIS, 2015. p. 13-59.

DIMOULIS, Dimitri. Introdução. *In*: VIEIRA, Oscar Vilhena *et al*. *Resiliência constitucional*: compromisso maximizador, consensualismo político e desenvolvimento gradual. São Paulo: Direito GV, 2013. p. 7-10.

DOURADO, Luiz Fernandes. A institucionalização do sistema nacional de educação e o plano nacional de educação: proposições e disputas. *Educação & Sociedade*, Campinas, v. 39, n. 143, p. 477-498, 2018.

DOURADO, Daniel de Araújo; DALLARI, Sueli Gandolfi; ELIAS, Paulo Eduardo Mangeon. Federalismo sanitário brasileiro: perspectiva da regionalização do Sistema Único de Saúde. *Revista de Direito Sanitário*, São Paulo, v. 12, n. 3, p. 10-34, mar. 2013. Disponível em: http://www.revistas.usp.br/rdisan/article/view/688. Acesso em: 7 fev. 2018.

DOURADO, Daniel de Araujo; RIBEIRO, Tatiane Bomfim. Controvérsias sobre a cloroquina/hidroxicloroquina. *In*: CEPEDISA; CONECTAS. *Direitos na pandemia*: mapeamento e análise das normas jurídicas de resposta à Covid-19 no Brasil. São Paulo: Cepedisa: Conectas, 2020. (Boletim 2). p. 8-10. Disponível em: https://repositorio.usp.br/directbitstream/29dbfee8-05bb-4159-a03d-b66250da7c0e/HEP_11_2020.pdf. Acesso em: 13 nov. 2021.

DRAIBE, Sônia. A política social no período FHC e o sistema de proteção social. *Tempo Social*, São Paulo, v. 15, n. 2, p. 63-101, nov. 2003. DOI: http://dx.doi.org/10.1590/S0103-20702003000200004. Disponível em: http://www.scielo.br/scielo.php?script=sci_arttext&pid=S0103-20702003000200004&lng=en&nrm=iso. Acesso em: 12 out. 2020.

DRAIBE, Sônia Miriam. As políticas sociais do regime militar brasileiro: 1964-84. *In*: PINTO, Almir Pazzianotto; D'ARAUJO, Maria Celina; SOARES, Gláucio Ary Dillon (org.). *21 ANOS de regime militar*: balanços e perspectivas. Rio de Janeiro: Fundação Getúlio Vargas, 1994. p. 271-309.

DRAIBE, Sônia M. Estado de bem-estar, desenvolvimento econômico e cidadania: algumas lições da literatura contemporânea. *In*: HOCHMAN, Gilberto; ARRETCHE, Marta; MARQUES, Eduardo (org.). *Políticas públicas no Brasil*. Rio de Janeiro: Fiocruz, 2007. E-book.

DUARTE, Clarice Seixas. O Sistema Nacional de Educação (SNE) e os entraves à sua institucionalização: uma análise a partir da abordagem direito e políticas públicas. *REI – Revista Estudos Institucionais*, Rio de Janeiro, v. 5, n. 3, p. 942-976, dez. 2019. DOI: https://doi.org/10.21783/rei.v5i3.436. Disponível em: https://estudosinstitucionais.com/REI/article/view/436. Acesso em: 12 jan. 2020.

DUARTE, Clarice Seixas; MASCARENHAS, Fábio Sampaio. O financiamento da educação brasileira e a Emenda Constitucional nº 95 de 2016. *In*: DUARTE, Clarice Seixas (coord.). *Projeto de Pesquisa*: Mecanismos jurídicos de articulação, institucionalização e controle de políticas públicas educacionais primordiais para o acesso à educação básica de qualidade – Relatório Técnico Científico. São Paulo: Programa de Pós-Graduação Stricto Sensu em Direito Político e Econômico da Universidade Presbiteriana Mackenzie, 2018. p. 50-73. Disponível em: https://dspace.mackenzie.br/handle/10899/19870. Acesso em: 21 mar. 2022.

DUARTE, Clarice Seixas; MELO, Andressa Silva. Em busca de um padrão nacional de qualidade: inclusão do Custo Aluno Qualidade inicial (CAQi) no FUNDEB como mecanismo para redução das desigualdades regionais no oferecimento da educação básica. *In*: DUARTE, Clarice Seixas *et al*. *Mecanismos jurídicos de articulação, institucionalização e controle de políticas públicas educacionais primordiais para o acesso à educação básica de qualidade*. Relatório Técnico Científico. São Paulo: Universidade Presbiterana Mackenzie, 2018. p. 73-107. Disponível em: https://dspace.mackenzie.br/bitstream/handle/10899/19870/6305_2016_0_78.pdf?sequence=1&isAllowed=y. Acesso em: 25 set. 2021.

DUARTE, Marisa R. T.; SANTOS, M. Rosimary Soares. Sistema Nacional de Educação e relações intergovernamentais no Brasil. *Educação & Sociedade*, Campinas, v. 35, n. 129, p. 1115-1136, out./dez. 2014. DOI: https://doi.org/10.1590/ES0101-73302014143803. Disponível em: http://www.scielo.br/scielo.php?script=sci_arttext&pid=S0101-73302014000401115&lng=en&nrm=iso. Acesso em: 19 mar. 2020.

DWECK, Esther. A agenda neoliberal em marcha forçada. *In*: AVRITZER, Leonardo; KERCHE, Fábio; MARONA, Marjorie. *Governo Bolsonaro*: retrocesso democrático e degradação política. São Paulo: Autêntica, 2021. E-book. Edição do Kindle.

ESCOREL, Sarah; NASCIMENTO, Dilene Raimundo do; EDLER, Flavio Coelho. As origens da reforma sanitária e do SUS. *In*: LIMA, Nísia Trindade; GERSCHMAN, Silvia; EDLER, Flavio Coelho; Manuel Suárez, Julio. *Saúde e democracia*: história e perspectivas do SUS. Rio de Janeiro: FIOCRUZ, 2005. p. 59-81.

ESPING-ANDERSEN, Gosta. As três economias políticas do welfare state. *Lua Nova*, São Paulo, n. 24, p. 85-116, set. 1991. Disponível em: http://www.scielo.br/scielo.php?script=sci_arttext&pid=S0102-64451991000200006&lng=en&nrm=iso. Acesso em: 23 mar. 2019.

ESPING-ANDERSEN, Gosta. *Fundamentos sociales de las economias postindustriales*. Barcelona: Editorial Ariel, 2000.

EWALD, François. A concept of social law. *In*: TEUBNER, Gunther (ed.). *Dilemmas of Law in the Welfare State*. New York, Berlin: Walter de Gruyter, 1988. p. 40-75.

EWALD, François. "What Do You Want Me to Regret?": An Interview with François Ewald. *Los Angeles Review of Books*, 3 nov. 2017. Entrevista a Johannes Boehme. Disponível em: https://lareviewofbooks.org/article/what-do-you-want-me-to-regret-an-interview-with-francois-ewald/#!. Acesso em: 5 maio 2021.

FAGNANI, Eduardo. *Política Social no Brasil (1995-2002)*: Entre a cidadania e a caridade. 2005. 604 f. (Tese de Doutorado) – Instituto de Economia, Universidade Estadual de Campinas, Campinas, 2005.

FAGNANI, Eduardo. Tensão entre paradigmas: notas sobre a política social no Brasil (1988/2008). *Ciência & Saúde Coletiva*, Rio de Janeiro, v. 14, n. 3, p. 710-712, jun. 2009. DOI: https://doi.org/10.1590/S1413-81232009000300004. Disponível em: http://www.scielo.br/scielo.php?script=sci_arttext&pid=S1413-81232009000300004&lng=en&nrm=iso. Acesso em: 20 abr. 2021.

FALEIROS, Vicente de Paula; SILVA, Jacinta de Fátima Senna da; VASCONCELLOS, Luiz Carlos Fadel de; SILVEIRA, Rosa Maria Godoy. *A construção do SUS*: histórias da Reforma Sanitária e do processo participativo. Brasília, DF: Ministério da Saúde, 2006.

FARENZENA, Nalú. A Emenda da obrigatoriedade: mudanças e permanências. *Retratos da Escola*, Brasília, DF, v. 4, n. 7, p. 197-209, jul./dez. 2010.

FARENZENA, Nalú; LUCE, Maria Beatriz. Políticas Públicas de Educação no Brasil: reconfigurações e ambiguidades. *In*: MADEIRA, Ligia Mori (org.). *Avaliação de Políticas Públicas*. Porto Alegre: UFRGS/CEGOV, 2014. p. 195-215.

FERNANDES, José Henrique Paim; NOGUEIRA, Jaana Flávia Fernandes. Plano de Ações Articuladas: melhoria da educação e redução das desigualdades. *In*: MELLO, Janine; RIBEIRO, Vanda Mendes; LOTTA, Gabriela; BONAMINO, Alicia; CARVALHO, Cynthia Paes de (org.). *Implementação de políticas e atuação de gestores públicos*: experiências recentes das políticas de redução das desigualdades. Brasília, DF: IPEA, 2020. p. 175-190.

FERREIRA, Stela da Silva. *NOB-RH Anotada e Comentada*. Brasília, DF: MDS, Secretaria Nacional de Assistência Social, 2011.

FIORE, Danilo Cesar. O Sistema Único de Saúde na Assembleia Nacional Constituinte (1987-1988): antecedentes e questões atuais. *In*: SEMINÁRIO DISCENTE DA PÓS-GRADUAÇÃO EM CIÊNCIA POLÍTICA DA USP, 4., 2014, São Paulo. *Anais* [...]. São Paulo: USP, 2014. Disponível em: http://conferencias.fflch.usp.br/sdpscp/IVsem/paper/viewFile/149/103. Acesso em: 1 jun. 2020.

FONTAINE, Guillaume. Paradigmas en disputa: los aportes del neo-institucionalismo al análisis de políticas públicas. *In*: ENDARA, Gustavo (coord.). *El rol del Estado*: contribuciones al debate. Quito: Senplades/FES-ILDIS, 2015. p. 61-119.

FÓRUM NACIONAL DE GOVERNADORES. *Fórum Nacional dos Governadores reivindica aprovação imediata do Novo FUNDEB*. Brasília, DF, 21 de fevereiro de 2020. Disponível em: https://static.congressoemfoco.uol.com.br/2020/02/carta.-fundeb.-8o-fo%CC%81rum.-1.pdf.pdf. Acesso em: 24 mar. 2021.

FÓRUM NACIONAL DE SECRETÁRIOS DE ESTADO DA ASSISTÊNCIA SOCIAL (FONSEAS). *Manifestação dos Gestores Estaduais e do Distrito Federal sobre a Portaria n. 2.362/19 do Ministério da Cidadania e a situação orçamentária do Sistema Único de Assistência Social no Brasil*. Brasília, DF, 18 de fevereiro de 2020. Disponível em: http://fonseas.org.br/fonseas-manifesta-posicionamento-sobre-a-portaria-n-2-36219-e-a-grave-situacao-do-orcamento-da-assistencia-social/. Acesso em: 26 set. 2021.

FRANZESE, Cibele. *Federalismo cooperativo no Brasil*: da Constituição de 1988 aos sistemas de políticas públicas. 2010. 210 f. Tese (Doutorado em Administração Pública e Governo) – Escola de Administração de Empresas de São Paulo, Fundação Getúlio Vargas, São Paulo, 2010.

FRANZESE, Cibele; ABRUCIO, F. L. Efeitos recíprocos entre federalismo e políticas públicas no Brasil: os casos dos Sistemas de Saúde, de Assistência Social e de Educação. *In*: HOCHMAN, Gilberto; FARIA, Carlos Aurélio Pimenta (org.). *Federalismo e políticas públicas no Brasil*. Rio de Janeiro: Ed. Fiocruz, 2013. Livro eletrônico. [p. 361-386]

FUNCIA, Francisco Rózsa. Implicações da Emenda Constitucional n. 86/2015 para o processo de financiamento do Sistema Único de Saúde. *Revista Consensus*, Brasília, DF, v. 15, p. 36-40, abr./jun. 2015. Disponível em: http://www.conass.org.br/consensus/implicacoes-da-emenda-constitucional-n-862015-para-o-processo-de-financiamento-sistema-unico-de-saude/. Acesso em: 7 jun. 2020.

GARGARELLA, Roberto. Latin American Constitutionalism: Social Rights and the "Engine Room" of the Constitution. *Notre Dame Journal of International & Comparative Law*, v. 4, n. 1, Article 3, 2014. Disponível em: https://scholarship.law.nd.edu/cgi/viewcontent.cgi?article=1023&context=ndjicl. Acesso em: 11 jun. 2020.

GARGARELLA, Roberto. Too Much "Old" in the "New" Latin American Constitutionalism. *In*: SEMINAR IN LATIN AMERICA ON CONSTITUTIONAL AND POLITICAL THEORY, 2015, Rio de Janeiro. *Anais* [...]. Rio de Janeiro: Yale Law School, 2015. Disponível em: https://law.yale.edu/sites/default/files/documents/pdf/SELA15_Gargarella_CV_Eng_20150512.pdf. Acesso em: 2 fev. 2020.

GASPARDO, Murilo. Democracia participativa e experimentalismo democrático em tempos sombrios. *Estudos Avançados*, São Paulo, v. 32, n. 92, p. 65-88, 2018. Disponível em: https://doi.org/10.5935/0103-4014.20180006. Acesso em: 13 set. 2021.

GOLDEMBERG, José. *O repensar da educação no Brasil*. São Paulo: IEA/USP, maio 1993. (Coleção Documentos; Série Educação para a cidadania, nº 3). Mimeografado.

GOMES, Fábio de Barros Correia. Impasses no financiamento da saúde no Brasil: da constituinte à regulamentação da emenda 29/00. *Saúde debate*, Rio de Janeiro, v. 38, n. 100, p. 6-17, mar. 2014. DOI: https://doi.org/10.5935/0103-104.20140001. Disponível em: http://www.scielo.br/scielo.php?script=sci_arttext&pid=S0103-11042014000100006&lng=en&nrm=iso. Acesso em: 25 maio 2020.

GOMES, Sandra. *Fatores Explicativos das Diferentes Estratégias de Municipalização do Ensino Fundamental nos Governos Subnacionais do Brasil (1997-2000)*. 2008. 265 f. Tese (Doutorado em Ciência Política) – Faculdade de Filosofia, Letras e Ciências Humanas, Universidade de São Paulo, São Paulo, 2008.

GOMES, Sandra. O impacto das regras de organização do processo legislativo no comportamento dos parlamentares: um estudo de caso da Assembléia Nacional Constituinte (1987-1988). *Dados – Revista de Ciências Sociais*, Rio de Janeiro, v. 49, n. 1, p. 193-224, 2006. DOI: http://dx.doi.org/10.1590/S0011-52582006000100008. Disponível em: http://www.scielo.br/scielo.php?script=sci_arttext&pid=S0011-52582006000100008&lng=en&nrm=iso. Acesso em: 16 maio 2020.

GOMES, Sandra. Políticas nacionais e implementação subnacional: uma revisão da descentralização pós-Fundef. *Dados – Revista de Ciências Sociais*, Rio de Janeiro, v. 52, n. 3, p. 659-690, 2009. DOI: https://doi.org/10.1590/S0011-52582009000300004. Disponível em: http://www.scielo.br/scielo.php?script=sci_arttext&pid=S0011-52582009000300004&lng=en&nrm=iso. Acesso em: 1 jun. 2020.

GONTIJO, José Geraldo Leandro. Relações intergovernamentais e políticas públicas: notas sobre os domínios de política e suas particularidades como variável independente. *Perspectivas: Revista de Ciências Sociais*, São Paulo, v. 47, p. 89-105, jan./jun. 2016. Disponível em: https://periodicos.fclar.unesp.br/perspectivas/article/view/6201. Acesso em: 1 out. 2021.

GOODIN, Robert E. "Institutions and Their Design". *In*: GOODIN, Robert E (eds.). *The Theory of Institutional Design*. Cambridge: Cambridge University Press, 1996.

GRIN, Eduardo José. Regime de Bem-estar Social no Brasil: Três Períodos Históricos, Três Diferenças em Relação ao Modelo Europeu Social-democrata. *Cadernos Gestão Pública e Cidadania*, São Paulo, v. 18, n. 63, p. 186-204, jul./dez. 2013.

GRIN, Eduardo José. *Rotas federativas para a promoção de capacidades estatais municipais*: uma análise da experiência brasileira. 2016. 406 f. Tese (Doutorado em Administração Pública e Governo) – Escola de Administração de Empresas de São Paulo, São Paulo, 2016.

GRIN, Eduardo José; ABRUCIO, Fernando Luiz. Quando nem todas as rotas de cooperação intergovernamental levam ao mesmo caminho: arranjos federativos no Brasil para promover capacidades estatais municipais. *Revista do Serviço Público*, Brasília, DF, v. 69, edição especial, p. 85-122, dez. 2018.

GRIN, Eduardo; BERGUES, Martina; ABRUCIO, Fernando. Policy decision-making no Brasil: arenas de pactuação intergovernamental e salvaguardas federativas. *In*: CONGRESO INTERNACIONAL DEL CLAD SOBRE LA REFORMA DEL ESTADO Y DE LA ADMINISTRACIÓN PÚBLICA, 23, 6 a 9 nov. 2018, Guadalajara, México. *Anais* [...]. Guadalajara, México: CLAD, 2018.

HADDAD, Fernando. *O Plano de Desenvolvimento da Educação*: razões, princípios e programas. Brasília, DF: Instituto Nacional de Estudos e Pesquisas Educacionais Anísio Teixeira, 2008.

HALL, Peter A.; TAYLOR, Rosemary C. R. As três versões do neo-institucionalismo. *Lua Nova*, São Paulo, n. 58, p. 193-223, 2003. DOI: http://dx.doi.org/10.1590/S0102-64452003000100010. Disponível em: http://www.scielo.br/scielo.php?script=sci_arttext&pid=S0102-64452003000100010&lng=en&nrm=iso. Acesso em: 6 maio 2018.

HARDIN, Russell. "Why a Constitution?" *In*: GROFMAN, Bernard; WITTMAN, Donald (ed.). *The Federalist Papers and the New Institutionalism*. New York: Agathon, 1989.

HAURIOU, Maurice. *A Teoria da Instituição e da Fundação*: Ensaio de Vitalismo Social. Tradução de José Ignacio Coelho Mendes Neto. Porto Alegre: Sergio Antonio Fabris Editor, 2009.

HOCHMAN, Gilberto. Saúde pública e federalismo: desafios da Reforma Sanitária na Primeira República. *In*: HOCHMAN, Gilberto; FARIA, Carlos Aurélio Pimenta (org.). *Federalismo e políticas públicas no Brasil*. Rio de Janeiro: Ed. Fiocruz, 2013. p. 303-327. Disponível em: https://www.academia.edu/4864769/Sa%C3%BAde_P%C3%BAblica_e_Federalismo_desafios_da_Reforma_Sanit%C3%A1ria_na_Primeira_Rep%C3%BAblica_2013_. Acesso em: 11 jun. 2020.

HOCHMAN, Gilberto; ARRETCHE, Marta; MARQUES, Eduardo (org.). *Políticas públicas no Brasil*. Rio de Janeiro: Fiocruz, 2007.

HUNTINGTON, Samuel P. *A Ordem Política nas Sociedades em Mudança*. Tradução de Pinheiro de Lemos. Revisão técnica [de] Renato Raul Boschi. Rio de Janeiro: Forense Universitária; São Paulo: Ed. da Universidade de São Paulo, 1975.

IKENBERRY, John G. *"History's Heavy Hand*: Institutions and the politics of the state. Paper prepared for a Conference on "New Perspective os Institution". Out. 1994. Disponível em: https://scholar.princeton.edu/sites/default/files/HistorysHeavyHand_0.pdf. Acesso em: 11 jun. 2020.

IMMERGUT, Ellen M. As regras do jogo: a lógica da política de saúde na França, na Suíça e na Suécia. *Revista Brasileira de Ciências Sociais*, São Paulo, n. 30, p. 1-34, 1996.

IMMERGUT, Ellen M. O núcleo teórico do novo institucionalismo. *In*: SARAVIA, Enrique; FERRAREZI, Elisabete (org.). *Políticas Públicas*. Brasília, DF: Escola Nacional de Administração Pública, ENAP, 2006. p. 155-195. (Coletânea, v. I).

INSTITUTO BRASILEIRO DE GEOGRAFIA E ESTATÍSTICA (IBGE). Coordenação de População e Indicadores Sociais. *As Entidades de assistência social privada sem fins lucrativos no Brasil*: 2014-2015: unidades de prestação de serviços socioassistenciais. Rio de Janeiro: IBGE, 2015.

INSTITUTO DE PESQUISA ECONÔMICA APLICADA (IPEA). *Políticas sociais*: acompanhamento e análise. Brasília, DF: Ipea, 2011. v. 19.

INSTITUTO DE PESQUISA ECONÔMICA APLICADA (IPEA). *Políticas sociais*: acompanhamento e análise. Assistência Social. Brasília, DF: Ipea, 2018.

INSTITUTO DE PESQUISA ECONÔMICA APLICADA (IPEA). *Políticas sociais*: acompanhamento e análise. Brasília, DF: Ipea, 2021. v. 28.

INSTITUTO NACIONAL DE ESTUDOS E PESQUISAS EDUCACIONAIS ANÍSIO TEIXEIRA (INEP). *Censo Escolar 2021*: divulgação dos resultados. Brasília, DF: Diretoria de Estatísticas Educacionais, 2022. Disponível em: https://download.inep.gov.br/censo_escolar/resultados/2021/apresentacao_coletiva.pdf. Acesso em: 12 fev. 2022.

JACCOUD, Luciana. Instrumentos de coordenação e relações intergovernamentais. *In*: JACCOUD, Luciana (org.). *Coordenação e relações intergovernamentais nas políticas sociais brasileiras*. Brasília, DF: Ipea, 2020a. p. 37-52.

JACCOUD, Luciana. Introdução. *In*: JACCOUD, Luciana (org.). *Coordenação e relações intergovernamentais nas políticas sociais brasileiras*. Brasília, DF: Ipea, 2020b. p. 11-34.

JACCOUD, Luciana; HADJAB, Patrícia Dario El-Moor; CHAIBUB, Juliana Rochet. Assistência social e segurança alimentar: entre novas trajetórias, velhas agendas e recentes desafios (1988-2008). *In*: INSTITUTO DE PESQUISA ECONÔMICA APLICADA (IPEA). *Políticas Sociais*: Acompanhamento e Análise. Vinte anos da Constituição Federal. Brasília, DF: Ipea, 2009. p. 175-250.

JACCOUD, Luciana; MENESES, Aérica; STUCHI, Carolina. Coordenação intergovernamental e comissões intergestores no SUAS. *In*: JACCOUD, Luciana (org.). *Coordenação e relações intergovernamentais nas políticas sociais brasileiras*. Brasília, DF: Ipea, 2020. p. 281-308.

JACCOUD, Luciana de Barros; STUCHI, Carolina Gabas. 30 anos da assistência social como direito: balanço e perspectivas. *In*: ANFIP (org.). *Análise da Seguridade Social* – Edição especial dos 30 anos da Constituição Federal. Brasília, DF: Anfip, 2018. v. 1, p. 1-198.

JACCOUD, Luciana; VIEIRA, Fabiola Sulpino. Autonomia, integralidade e desafios de coordenação no SUS. *In*: JACCOUD, Luciana (org.). *Coordenação e relações intergovernamentais nas políticas sociais brasileiras*. Brasília, DF: Ipea, 2020. p. 53-80.

JATENE, Adib. Pai da CPMF, Jatene diz que Lula e PT eram contra. [Entrevista cedida a] Josias de Souza. *Josias de Souza: Bastidores do Poder*, 15 de agosto de 2007.

JOHNS HOPKINS UNIVERSITY *et al*. *Global Health Security (GHS) Index*: Building Collective Action and Accountability. Baltimore, Maryland: Johns Hopkins University, 2019. Disponível em: https://www.ghsindex.org/wp-content/uploads/2020/04/2019-Global-Health-Security-Index.pdf. Acesso em: 4 jul. 2021.

KERSTENETZKY, Célia Lessa. *O Estado de Bem-Estar Social na Idade da Razão*: A reinvenção do Estado social no mundo contemporâneo. Rio de Janeiro: Elsevier, 2012.

KERSTENETZKY, Célia Lessa. *Políticas públicas sociais*. Rio de Janeiro: Centro de Estudos sobre Desigualdade e Desenvolvimento-CEDE, 2014. (Texto para discussão n. 92).

LAGARES, Rosilene; CAVALCANTE, Jemima G. Barreira; ROCHA, Damião. Regime de colaboração na educação: uma história em construção em um campo de disputa política e conceitual. *Research, Society and Development*, Vargem Grande Paulista, v. 7, n. 4, 2018. Disponível em: https://www.redalyc.org/articulo.oa?id=560659011004. Acesso em: 5 set. 2021.

LEANDRO, José Geraldo. O problema da coordenação federativa no âmbito do SUAS: uma análise dos pactos de aprimoramento da gestão. *In*: JACCOUD, Luciana (org.). *Coordenação e relações intergovernamentais nas políticas sociais brasileiras*. Brasília, DF: Ipea, 2020. p. 251-280.

LEVCOVITZ, Eduardo; LIMA, Luciana Dias de; MACHADO, Cristiani Vieira. Política de saúde nos anos 90: relações intergovernamentais e o papel das Normas Operacionais Básicas. *Ciência & Saúde Coletiva*, Rio de Janeiro, v. 6, n. 2, p. 269-291, 2001. DOI: https://doi.org/10.1590/S1413-81232001000200002. Disponível em: http://www.scielo.br/scielo.php?script=sci_arttext&pid=S1413-81232001000200002&lng=en&nrm=iso. Acesso em: 10 jun. 2020.

LÍCIO, Elaine Cristina. Coordenação do Bolsa Família nos sistemas de políticas públicas: uma análise sobre os instrumentos mobilizados. *In*: JACCOUD, Luciana (org.). *Coordenação e relações intergovernamentais nas políticas sociais brasileiras*. Brasília, DF: Ipea, 2020. p. 345-383.

LÍCIO, Elaine Cristina. *Para além da recentralização*: os caminhos da coordenação federativa do Programa Bolsa Família (2003-2010). 2012. 351 f. Tese (Doutorado) – Universidade de Brasília, Brasília, 2012.

LÍCIO, Elaine Cristina; BARTHOLO, Letícia; CAMPOS FILHO, Antonio Claret; PASSOS, Luana. Coordenação federativa para superação da miséria: as pactuações estaduais com o Programa Bolsa Família. *In*: JACCOUD, Luciana (org.). *Coordenação e relações intergovernamentais nas políticas sociais brasileiras*. Brasília, DF: Ipea, 2020. p. 413-441.

LÍCIO, Elaine Cristina; PONTES, Pedro. A agenda do Sistema Nacional de Educação e suas instâncias de pactuação: uma análise das propostas. *In*: JACCOUD, Luciana (org.). *Coordenação e relações intergovernamentais nas políticas sociais brasileiras*. Brasília, DF: Ipea, 2020a. p. 309-343.

LÍCIO, Elaine Cristina; PONTES, Pedro. Papel dos governos estaduais no ensino fundamental: coordenação intergovernamental importa? *In*: JACCOUD, Luciana (org.). *Coordenação e relações intergovernamentais nas políticas sociais brasileiras*. Brasília, DF: Ipea, 2020b. p. 387-412.

LIMA, Angela Dayrell de. As regras legais e o processo de descentralização da Assistência Social. *Revista Ser Social*, n. 12, p. 87-114, 2003.

LIMA, Giovanna de Moura Rocha. *Continuidade de políticas Públicas*: a constitucionalização importa? 2011. 73 f. Dissertação (Mestrado) – Escola de Administração de Empresas de São Paulo, Fundação Getúlio Vargas, São Paulo, 2011.

LIMA, João Alberto de Oliveira; PASSOS, Edilenice; NICOLA, João Rafael. *A gênese do texto da Constituição de 1988*. Brasília, DF: Senado Federal, 2013. v. 1.

LIMONGI, Fernando. O Novo Institucionalismo e os estudos legislativos: a literatura norte-americana recente. *Bib: Boletim Informativo e Bibliográfico de Ciências Sociais*, Rio de Janeiro, n. 37, p. 3-38, 1º sem. 1994.

LOWNDES, Vivien (2010). The Institutional Approach. *In*: STOKER, Gerry; MARSH, David (ed.). *Theory and Methods in Political Science*. Basingstoke: Palgrave Macmillan, 2010.

LUCCHESE, Patrícia T. Descentralização do financiamento e gestão da assistência à saúde no Brasil: a implementação do Sistema Único de Saúde – retrospectiva 1990/1995. *Planejamento e Políticas Públicas*, Brasília, DF, n. 14, p. 75-156, dez. 1996.

LUNARDI, Soraya; DIMOULIS, Dimitri. Teorias explicativas da Constituição brasileira. *In*: VIEIRA, Oscar Vilhena. *Resiliência Constitucional*: compromisso maximizador, consensualismo político e desenvolvimento gradual. São Paulo: Direito GV, 2013. p. 11-17.

LUTZ, Donald. Toward a theory of constitutional amendment. *The American Political Science Review*, Cambridge, United Kingdom, v. 88, n. 2, p. 355-370, jun. 1994. Disponível em: http://econweb.umd.edu/~wallis/398W/lutz_amendment_APSR_1994.pdf. Acesso em: 16 jul. 2017.

MACHADO, Maíra Rocha (org.). *Pesquisar empiricamente o direito*. São Paulo: Rede de Estudos Empíricos em Direito, 2017.

MAHONEY, James; THELEN, Kathleen. *Explaining Institutional Change*: Ambiguity, Agency, and Power. Nova Iorque: Cambridge University Press, 2010.

MARGARITES, Gustavo Conde. *A Constituição da Assistência Social como um Campo de Ação Estratégica no Estado Brasileiro*. 2019. 279 f. Tese (Doutorado) – Instituto de Filosofia e Ciências Humanas, Universidade Federal do Rio Grande do Sul, Porto Alegre, 2019.

MARQUES, Fernando Gonçalves. *A Assembléia Nacional Constituinte e a política de saúde no Brasil*. 2010. 120 f. Dissertação (Mestrado em Ciência Política) – Faculdade de Filosofia, Letras e Ciências Humanas, Universidade de São Paulo, São Paulo, 2010.

MARSHALL, Thomas Humprey. *Cidadania, classe social e status*. Tradução de Meton Porto Gadelha. Rio de Janeiro: Zahar, 1967.

MARTÍNEZ FRANZONI, Juliana. *Regímenes del Bienestar en América Latina*. Madrid, España: Fundación Carolina, maio 2007. (Documento de Trabajo n. 11).

MARTÍNEZ FRANZONI, Juliana. Welfare Regimes in Latin America: Capturing Constellations of Markets, Families and Policies. *Latin America Politics and Society (LAPS)*, Cambridge, United Kingdom, v. 50, n. 2, p. 67-100, 2008.

MARTINS, Paulo Sena. A política das políticas educacionais e seus atores. *Jornal de Políticas Educacionais*, Curitiba, v. 8, n. 15, p. 13-32, jan./jun. 2014. DOI: http://dx.doi.org/10.5380/jpe.v8i15.35739. Disponível em: https://revistas.ufpr.br/jpe/article/view/35739. Acesso em: 28 fev. 2021.

MARTINS, Paulo Sena. O financiamento da educação no PNE 2014-2024. *In*: GOMES, Ana Valeska Amaral Gomes; BRITTO, Tatiana Feitosa de (org.). *Plano Nacional de Educação*: construção e perspectivas. 1ª reimpressão. Brasília, DF: Câmara dos Deputados, Edições Câmara: Senado Federal, Edições Técnicas, 2015. p. 167-191.

MASSUDA, Adriano. Mudanças no financiamento da Atenção Primária à Saúde no Sistema de Saúde Brasileiro: avanço ou retrocesso? *Ciência & Saúde Coletiva*, Rio de Janeiro, v. 25, n. 4, p. 1181-1188, mar. 2020. Disponível em: https://doi.org/10.1590/1413-81232020254.01022020. Acesso em: 14 nov. 2021.

MELLO, Guiomar Namo de; SILVA, Rose Neubauer da. *Política Educacional no governo Collor*: antecedentes e contradições. São Paulo: FUNDAP/IESP, 1992.

MELO, Marcus André. Hiperconstitucionalização e qualidade da democracia: mitos e realidade. *In*: MELO, Carlos Ranulfo; SÁEZ, Manuel Alcántara (org.). *A democracia brasileira*: balanço e perspectivas para o século 21. Belo Horizonte: Ed. UFMG, 2007. p. 237-266.

MELO, Marcus André. Mudança constitucional no Brasil, dos debates sobre regras de emendamento na constituinte à "megapolítica". *Novos estudos CEBRAP*, São Paulo, n. 97, p. 187-206, nov. 2013. Disponível em: https://doi.org/10.1590/S0101-33002013000300012. Acesso em: 1 abr. 2022.

MELO, Marcus André. O Jogo das Regras: A Política da Reforma Constitucional de 1993/96. *Revista Brasileira de Ciências Sociais*, São Paulo, v. 12, n. 33, [p. 1-17], fev. 1997. Disponível em: http://anpocs.com/images/stories/RBCS/33/rbcs33_05.pdf. Acesso em: 23 set. 2021.

MENDES, Áquilas; FUNCIA, Francisco Rózsa. O SUS e seu financiamento. *In*: MARQUES, Rosa Maria; PIOLA, Sergio Francisco; ROA, Alejandra Carrillo (org.). *Sistema de saúde no Brasil*: organização e financiamento. Rio de Janeiro: ABrES; Brasília, DF: Ministério da Saúde: OPAS/OMS no Brasil, 2016. p. 139-168.

MENEZES, Amanda Olimpio de. *Mudanças institucionais da seguridade social no Brasil*: uma análise comparada entre o Sistema Único de Saúde e o Sistema Único de Assistência Social. 2012. 149 f. Dissertação (Mestrado em Ciência Política) – Universidade de Brasília, Brasília, 2012.

MENICUCCI, Telma Maria Gonçalves. A implementação da reforma sanitária: a formação de uma política. *In*: HOCHMAN, Gilberto; ARRETCHE, Marta; MARQUES, Eduardo (org.). *Políticas públicas no Brasil*. Rio de Janeiro: Fiocruz, 2007. p. 303-325.

MENICUCCI, Telma Maria Gonçalves; COSTA, Luciana Assis; MACHADO, José Ângelo. Pacto pela saúde: aproximações e colisões na arena federativa. *Ciência & Saúde Coletiva*, Rio de Janeiro, v. 23, n. 1, p. 29-40, jan. 2018. DOI: https://doi.org/10.1590/1413-81232018231.17902015. Disponível em: http://www.scielo.br/scielo.php?script=sci_arttext&pid=S1413-81232018000100029&lng=en&nrm=iso. Acesso em: 29 maio 2020.

MENICUCCI, Telma Maria Gonçalves; D'ALBUQUERQUE, Raquel. Política de saneamento vis-à-vis à política de saúde: encontros, desencontros e seus efeitos. *In*: HELLER, Léo (org.). *Saneamento como política pública*: um olhar a partir dos desafios do SUS. Rio de Janeiro: Centro de Estudos Estratégicos da Fiocruz, 2018. p. 9-58. Disponível em: https://cee.fiocruz.br/?q=Futuros-do-Brasil%20E2%80%93%20Textos-para-debate. Acesso em: 29 jun. 2019.

MESQUITA, Ana Cleusa S.; PAIVA, Andrea Barreto de; JACCOUD, Luciana. Instrumentos financeiros de coordenação no SUAS. *In*: JACCOUD, Luciana (org.). *Coordenação e relações intergovernamentais nas políticas sociais brasileiras*. Brasília, DF: IPEA, 2020. p. 183-213.

MESTRINER, Maria Luiza. *O Estado entre a filantropia e a assistência social*. 4. ed. São Paulo: Cortez, 2011.

MORAES, Fabiana Vicente de. Entes Federativos e o SUAS: responsabilidades na pandemia. *In*: SPOSATI, Aldaíza (org.). *Suas e proteção social na pandemia Covid-19*: Nota Técnica do Nepsas. São Carlos: Pedro & João Editores, 2020. p. 57-69.

NERI, Marcelo. Alvorada, um projeto acima de qualquer governo. *Revista Conjuntura Econômica*, Rio de Janeiro, v. 56, n. 8, p. 141, ago. 2002. Disponível em: https://bibliotecadigital.fgv.br/ojs/index.php/rce/article/view/30913/29728. Acesso em: 23 set. 2021.

NÚCLEO DE ESTUDOS DE POLÍTICAS PÚBLICAS (NEPP). *Brasil 1987*: Relatório sobre a Situação Social do País. Campinas: Unicamp, 1989.

OBINGER, Herbert; LEIBFRIED, Stephan; CASTLES, Francis G. (org.). *Federalism and the Welfare State*: New World and European Experiences. New York: Cambridge University, 2005.

OLIVEIRA, João Batista Araújo e. Avanços e impasses na educação: à guisa de balanço. *Revista do Legislativo*, Belo Horizonte, n. 21, p. 16-27, jan./mar. 1998.

OLIVEIRA, Mauro Márcio. *Fontes de informações sobre a Assembléia Nacional Constituinte de 1987*: quais são, onde buscá-las e como usá-las. Brasília, DF: Senado Federal, Subsecretaria de Edições Técnicas, 1993. Disponível em: https://www.senado.leg.br/publicacoes/anais/constituinte/fontes.pdf. Acesso em: 25 set. 2021.

OLIVEIRA, Vanessa; FERNANDEZ, Michelle. Política de Saúde no Governo Bolsonaro: desmonte e negacionismo. *In*: AVRITZER, Leonardo; KERCHE, Fábio; MARONA, Marjorie. *Governo Bolsonaro*: retrocesso democrático e degradação política. São Paulo: Autêntica, 2021. E-book. Edição do Kindle.

OSTROM, Elinor. *Understanding Institutional Diversity*. Princeton: Princeton University Press, 2005.

OUVERNEY, Assis Mafort; RIBEIRO, José Mendes; MOREIRA, Marcelo Rasga. O COAP e a Regionalização do SUS: os diversos padrões de implementação nos estados brasileiros. *Ciência & Saúde Coletiva*, Rio de Janeiro, v. 22, n. 4, p. 1193-1207, 2017. Disponível em: https://doi.org/10.1590/1413-81232017224.03002017. Acesso em: 2 nov. 2021.

PAIM, Jairnilson Silva. Ações integradas de saúde (AIS): por que não dois passos atrás. *Cadernos de Saúde Pública*, Rio de Janeiro, v. 2, n. 2, p. 167-183, jan./jun. 1986. DOI: https://doi.org/10.1590/S0102-311X1986000200005. Disponível em: http://www.scielo.br/scielo.php?script=sci_arttext&pid=S0102-311X1986000200005&lng=en&nrm=iso. Acesso em: 24 abr. 2020.

PAIVA, Andrea Barreto de *et al*. *O Novo Regime Fiscal e suas implicações para a política de assistência social no Brasil*. Brasília, DF: Ipea, 2016. (Nota Técnica nº 27).

PAIVA, Andrea Barreto de; GONZALEZ, Roberto; BENEVIDES, Rodrigo. Instrumentos financeiros de coordenação no SUS. *In*: JACCOUD, Luciana (org.). *Coordenação e relações intergovernamentais nas políticas sociais brasileiras*. Brasília, DF: IPEA, 2020. p. 149-213.

PALOTTI, Pedro Luca de Moura. *Coordenação federativa e a "armadilha da decisão conjunta"*: as comissões de articulação intergovernamental das políticas sociais. 2012. 151 f. Dissertação (Mestrado) – Universidade Federal de Minas Gerais, Belo Horizonte, 2012.

PALOTTI, Pedro Luca de Moura; MACHADO, José Ângelo. Coordenação federativa e a "armadilha da decisão conjunta": as comissões de articulação intergovernamental das políticas sociais no Brasil. *Dados – Revista de Ciências Sociais*, Rio de Janeiro, v. 2, n. 57, p. 399-441, abr./jun. 2014.

PARADIS, Clarisse. Os Desafios do Bem-estar na América Latina, as Políticas de Igualdade de Gênero e as Respostas Governamentais para a "Crise do Cuidado". *Revista Sul-Americana de Ciência Política*, Pelotas, v. 5, n. 2, p. 323-339, 2019.

PASSOS, Luana; KERSTENETZKY, Celia Lessa; MACHADO, Danielle Carusi. *Regime de cuidados no Brasil*: uma análise à luz de três tipologias. Rio de Janeiro: Centro de Estudos sobre Desigualdade e Desenvolvimento-CEDE, 2019. (Texto para discussão n. 146). Disponível em: https://www.ie.ufrj.br/images/IE/grupos/cede/tds/TD146.pdf. Acesso em: 19 abr. 2021.

PAULA, Dalvit Greiner de; NOGUEIRA, Vera Lúcia. Escola pública e liberalismo no Brasil imperial: construção do estado e abandono da nação. *História da Educação [online]*, Porto Alegre, v. 21, n. 53, p. 182-198, set./dez. 2017. Disponível em: https://doi.org/10.1590/2236-3459/57191. Acesso em: 8 fev. 2022.

PEREIRA, Carlos. A Política Pública como Caixa de Pandora: Organização de Interesses, Processo Decisório e Efeitos Perversos na Reforma Sanitária Brasileira - 1985-1989. *Dados – Revista de Ciências Sociais*, Rio de Janeiro, v. 39, n. 3, p. 423-478, 1996. Disponível em: https://doi.org/10.1590/S0011-52581996000300006. Acesso em: 25 out. 2021.

PEREIRA, Potyara Amazoneida Pereira. A assistência social prevista na Constituição de 1988 e operacionalizada pela PNAS e pelo SUAS. *SER Social*, Brasília, n. 20, p. 63-84, 14 ago. 2009a.

PEREIRA, Potyara Amazoneida Pereira. *Política social*: temas e questões. 2. ed. São Paulo: Cortez, 2009b.

PERES, Paulo Sérgio. Comportamento ou instituições? A evolução histórica do neo-institucionalismo da ciência política. *Revista Brasileira de Ciências Sociais*, São Paulo, v. 23, n. 68, p. 53-71, out. 2008. Disponível em: http://www.scielo.br/scielo.php?script=sci_arttext&pid=S0102-69092008000300005&lng=en&nrm=iso. Acesso em: 4 maio 2018.

PETERS, B. Guy. *Institutional theory in Political Science*: the "new institutionalism". Londres: Pinter, 1999.

PETERS, B. Guy. *The Search for Coordination and Coherence in Public Policy*: Return to the Center? 2004. Disponível em: http://userpage.fu-berlin.de/ffu/akumwelt/bc2004/download/peters_f.pdf. Acesso em: 26 set. 2021.

PIERSON, Paul. Coping with permanent austerity: welfare state restructuring in affluent democracies. *Revue française de sociologie*, Paris, France, v. 43, n. 2, p. 369-406, 2002.

PIERSON, Paul. Fragmented Welfare States: federal institutions and development of social policy, *Governance*, Hoboken, Nova Jersey, USA, v. 8, n. 4, p. 449-478, out. 1995. Disponível em: https://onlinelibrary.wiley.com/doi/abs/10.1111/j.1468-0491.1995.tb00223.x. Acesso em: 11 jun. 2020.

PIERSON, Paul. *Politics in time*: history, institutions and social analysis. Princeton: Princeton University Press, 2004. Livro eletrônico.

PIERSON, Paul. Public Policies as Institutions. *In*: SHAPIRO, Ian; SKOWRONEK, Stephen; GALVIN, Daniel (ed.). *Rethinking Political Institutions*. The Art oh the State. New York: New York University Press, 2006. p.114-133.

PIERSON, Paul. Retornos crescentes, dependência da trajetória (*path dependence*) e o estudo da política. Tradução de Paula Regina de Jesus Pinsetta Pavarina. *Idéias: Revista do Instituto de Filosofia e Ciências Humanas da Unicamp*, Campinas, v. 6, n. 2, p. 335-392, jul./dez. 2015. Disponível em: https://periodicos.sbu.unicamp.br/ojs/index.php/ideias/article/view/8649473/16028. Acesso em: 9 jun. 2020.

PIERSON, Paul; SKOCPOL, Theda. Institucionalismo histórico en la ciencia política contemporánea. *Revista Uruguaya de Ciencia Política*, Montevideo, v. 17, n. 1, p. 7-38, dic. 2008. Disponível em: http://www.scielo.edu.uy/pdf/rucp/v17n1/v17n1a01.pdf. Acesso em: 9 jun. 2020.

PILATTI, Adriano. *A Constituinte de 1987-1988*: progressistas, conservadores, ordem econômica e regras do jogo. Rio de Janeiro: Editora PUC-Rio, 2008.

PIMENTA, Aparecida Linhares. *Saúde de Amparo*: a construção de espaços coletivos de gestão. 2006. 418 f. Tese (Doutorado em Ciências Médicas) – Faculdade de Ciências Médicas, Universidade Estadual de Campinas, Campinas, 2006. Disponível em: http://repositorio.unicamp.br/jspui/bitstream/REPOSIP/309145/1/Pimenta_AparecidaLinhares_D.pdf. Acesso em: 9 jun. 2020.

PINHEIRO, Maria Francisca. *O público e o privado na educação na Constituinte*. Texto apresentado na V Conferência Brasileira de Educação – CBE, 1988.

PINHEIRO, Maria Francisca. O público e o privado na educação: um conflito fora de moda? *In*: FÁVERO, Osmar. *A educação nas constituintes brasileiras*. 1823-1988. Campinas: Autores Associados, 2014. p. 255-291.

PINHEIRO, Marina Brito *et al*. *O financiamento federal dos serviços socioassistenciais no contexto da Covid-19*. Brasília, DF: Ipea, 2020. (Nota Técnica nº 80).

PINTO, Élida Graziane. Guerra fiscal de despesas na pactuação federativa do SUS: um ensaio sobre a instabilidade de regime jurídico do piso federal em saúde. *In*: SANTOS, Alethele de Oliveira; LOPES, Luciana Tolêdo. *Coletânea Direito à Saúde*: dilemas do fenômeno da judicialização da saúde. Brasília, DF: CONASS, 2018. p. 92-107.

PINTO, Élida Graziane. 'Museu de grandes novidades' da PEC Emergencial. *Consultor Jurídico*, 9 mar. 2021. Disponível em: https://www.conjur.com.br/2021-mar-09/contas-vista-museu-grandes-novidades-pec-emergencial. Acesso em: 16 nov. 2021.

PINTO, Élida Graziane *et al*. *Nota Técnica sobre a destinação privada dos recursos do Fundeb e oferta irregular de ensino*. 13 dez. 2020. Disponível em: https://www.conjur.com.br/dl/nota-tecnica-fundeb.pdf. Acesso em: 16 mar. 2021.

PINTO, Élida Graziane; BAHIA, Alexandre Melo Franco de Moraes; SANTOS, Lenir. O financiamento da saúde na Constituição de 1988: um estudo em busca da efetividade do direito fundamental por meio da equalização federativa do dever do seu custeio mínimo. *Revista de Direito Administrativo e Constitucional*, Belo Horizonte, v. 16, n. 66, p. 209-237, out./dez. 2016. Disponível em: http://www.revistaaec.com/index.php/revistaaec/article/view/366. Acesso em: 13 nov. 2021.

PINTO, José Marcelino de Rezende. A Política Recente de Fundos para o Financiamento da Educação e Seus Efeitos no Pacto Federativo. *Educação & Sociedade*, Campinas, v. 28, n. 100 – Especial, p. 877-897, out. 2007.

PIOLA, Sérgio Francisco; VIEIRA, Fabíola Sulpino. *As emendas parlamentares e a alocação de recursos federais no Sistema Único de Saúde*. Rio de Janeiro: Ipea, 2019. (Texto para Discussão, n. 2497).

PONTES, Pedro Arthur de Miranda Marques; LÍCIO, Elaine Cristina. *Mapeando o Debate sobre o Sistema Nacional de Educação*: o que dizem as propostas sobre a criação de uma nova instância de pactuação. Brasília, DF: Ipea, 2020. (Texto para Discussão n. 2599).

PORTO, Rafael Vasconcelos; SALES, Gabriela Azevedo Campos. Gênero e Proteção Previdenciária ao Trabalho Rural no Brasil. *Revista Síntese Direito Previdenciário*, Brasília, DF, v. 19, n. 96, p. 63-78, maio/jun. 2020.

PRADO, Mariana Mota. O paradoxo das reformas do estado de direito: quando reformas iniciais se tornam obstáculos para reformas futuras. *Revista de Sociologia Política*, Curitiba, v. 21, n. 45, p. 73-90, mar. 2013. DOI: https://doi.org/10.1590/S0104-44782013000100007. Disponível em: http://www.scielo.br/scielo.php?script=sci_arttext&pid=S0104-44782013000100007&lng=en&nrm=iso. Acesso em: 28 mar. 2020.

PRADO, Mariana Mota; TREBILCOCK, Michael J. Path Dependence, Development, and the Dynamics of Institutional Reform (April 30, 2009). *University of Toronto Law Journal*, U Toronto, 2009. (Legal Studies Research Paper n. 09-04). Disponível em: https://ssrn.com/abstract=1415040. Acesso em: 9 jun. 2020.

RANIERI, Nina Beatriz Stocco. Federalismo educacional no Brasil: contradições, desafios e possibilidades. *Revista de Direito Constitucional e Internacional*, São Paulo, v. 28, n. 119, p. 13-29, maio/jun. 2020. Disponível em: https://dspace.almg.gov.br/handle/11037/37447. Acesso em: 27 maio 2020.

ROCHA, Carlos. Neoinstitucionalismo como modelo de análise para as políticas públicas: algumas observações. *Civitas*, Porto Alegre, v. 5, n. 10, p. 11-28, jan./jun. 2005. DOI: http://dx.doi.org/10.15448/1984-7289.2005.1.32. Acesso em: 15 maio 2021.

ROCHA, Rudi. A Saúde na Constituição de 1988: 30 Anos de SUS e os Desafios pela Frente. *In*: MENEZES FILHO, Naércio; SOUSA, André Portela (org.). *A Carta*. Para entender a Constituição brasileira. São Paulo: Todavia, 2019. Livro eletrônico.

RODRIGUEZ NETO, Eleutério. *Saúde*: promessas e limites da Constituição. Rio de Janeiro: Ed. Fiocruz: Edições Livres, 2019. (Coleção Memória Viva). Disponível em: https://www.arca.fiocruz.br/handle/icict/36610. Acesso em: 9 jun. 2020.

RUIZ, Isabela. *Institucionalidade jurídica e retrocesso nas políticas públicas*: uma análise do Sistema Único de Assistência Social. 2021. Dissertação (Mestrado em Direito do Estado) – Faculdade de Direito, Universidade de São Paulo, São Paulo, 2021.

RUIZ, Isabela; BUCCI, Maria Paula Dallari. Quadro de problemas de políticas públicas: uma ferramenta para análise jurídico-institucional. *REI – Revista Estudos Institucionais*, Rio de Janeiro, v. 5, n. 3, p. 1142-1167, set./dez. 2019. DOI: https://doi.org/10.21783/rei.v5i3.443. Disponível em: https://estudosinstitucionais.com/REI/article/view/443. Acesso em: 30 mar. 2020.

SALDAÑA, Paulo; BRANT, Danielle; CARAM, Bernardo. Governo tenta adiar Fundeb para 2022 e quer dividir recurso com Renda Brasil. *Folha de S. Paulo*, São Paulo, 18 jul. 2020. Disponível em: https://www1.folha.uol.com.br/educacao/2020/07/governo-tenta-adiar-fundeb-para-2022-e-quer-dividir-recurso-com-renda-brasil.shtml. Acesso em: 23 set. 2021.

SALES, Gabriela Azevedo Campos. A construção da Assistência Social no Brasil: notas sobre as leis n. 12.435/11 e 12.470/11. *Universitas Jurídica*, São José do Rio Preto, v. 5, n. 9, p. 01-29, jan./jun. 2011.

SALES, Gabriela Azevedo Campos. *A construção da assistência social no Brasil*: uma abordagem jurídica. 2012. 334 f. Dissertação (Mestrado em Direito) – Faculdade de Direito, Pontifícia Universidade Católica de São Paulo, São Paulo, 2012. Disponível em: https://tede2.pucsp.br/handle/handle/5880. Acesso em: 9 jun. 2020.

SALES, Gabriela Azevedo Campos. *Constitucionalização de políticas públicas*: uma análise do Sistema Único de Saúde brasileiro. 2018. Monografia (Conclusão do Corso di Alta Formazione in Giustizia Costituzionale e Tutela Giurisdizionale dei Diritti) – Università di Pisa, Pisa, 2018a.

SALES, Gabriela Azevedo Campos. Financiamento da saúde pública no Brasil: evolução constitucional e perspectivas. *In*: CALZO, Antonello Lo; ROMBOLI, Roberto (org.). *Esperienze in tutela dei diritti fondamentali a confronto*. Pisa: Pisa University Press, 2018b. v. 1. p. 219-228.

SALES, Luís Carlos; SILVA, Magna Jovita Gomes de Sales e. A movimentação das matrículas no ensino fundamental no estado do Piauí. *Educação & Realidade*, Porto Alegre, v. 38, n. 4, p. 1283-1301, dez. 2013. DOI: http://dx.doi.org/10.1590/S2175-62362013000400015. Disponível em: http://www.scielo.br/scielo.php?script=sci_arttext&pid=S2175-62362013000400015&lng=en&nrm=iso. Acesso em: 23 mar. 2021.

SANO, Hironobu. *Articulação horizontal no federalismo brasileiro*: os Conselhos de secretários estaduais. 2008. 307 f. Tese (Doutorado em Administração Pública e Governo) – Escola de Administração de Empresas de São Paulo, São Paulo, 2008.

SANTOS, Ricart César Coelho dos. *Financiamento da Saúde Pública no Brasil*. Belo Horizonte: Fórum, 2016.

SARTORI, Giovanni. *Comparative constitutional engineering*. Nova York: New York University Press, 1997.

SÁTYRO, Natália Guimarães Duarte; CUNHA, Eleonora Schettini Martins. *A trajetória da Política de Assistência Social no Brasil pós-88*: a importância das instituições e das ideias. 2014. Disponível em: https://maissuas.files.wordpress.com/2014/08/a-trajetc3b3ria-da-polc3adtica-de-assistc3aancia-social-no-brasil-pc3b3s-88-a-importc3a2ncia-das-instituic3a7c3b5es-e-das-ideias.pdf. Acesso em: 23 out. 2021.

SAVIANI, Dermeval. *Educação brasileira*: estrutura e sistema. 10. ed. Campinas: Autores Associados, 2008.

SAVIANI, Dermeval. O Plano de Desenvolvimento da Educação: Análise do Projeto do MEC. *Educação & Sociedade*, Campinas, v. 28, n. 100 - Especial, p. 1231-1255, out. 2007.

SAVIANI, Demerval. Sistema Nacional de Educação articulado ao Plano Nacional de Educação. *Revista Brasileira de Educação*, Rio de Janeiro, v. 15, n. 44, p. 380-393, maio/ago. 2010. Disponível em: https://www.scielo.br/j/rbedu/a/KdGRyTzTrq88q5HyY3j9pbz/?lang=pt&format=pdf. Acesso em: 20 ago. 2021.

SCHAPIRO, Mario G. Do Estado desenvolvimentista ao Estado regulador? transformação, resiliência e coexistência entre dois modos de intervenção. *REI – Revista Estudos Institucionais*, Rio de Janeiro, v. 4, n. 2, p. 574-614, dez. 2018. DOI: https://doi.org/10.21783/rei.v4i2.305. Disponível em: https://estudosinstitucionais.emnuvens.com.br/REI/article/view/305/267. Acesso em: 20 ago. 2021.

SCHEFFER, Mário; AITH, Fernando. Sistema de Saúde Brasileiro. *In*: MARTINS, Milton de Arruda *et al.* (ed.). *Clínica médica*. São Paulo: Manole, 2016. v. 1. p. 355-365.

SCHNABEL, Joahnna. Committed to Coordination? Intergovernmental Councils as a Federal Safeguard. *Swiss Political Science Review*, Nova Jersey, USA, v. 23, n. 2, p. 191-206, 2017.

SENA, Paulo. O Sistema Nacional de Educação (SNE) e o Custo Aluno-Qualidade (CAQ): as metas estruturantes para o cumprimento do PNE subiram no telhado? *In*: GOMES, Ana Valeska Amaral (org.). *Plano Nacional de Educação*: olhares sobre o andamento das metas. Brasília, DF: Câmara dos Deputados, Edições Câmara, 2017. p. 274-304.

SERRA, José. Saúde: a vinculação necessária. *Folha de S. Paulo*, São Paulo, 9 jul. 2000. Disponível em: https://www1.folha.uol.com.br/fsp/opiniao/fz0907200008.htm. Acesso em: 25 maio 2020.

SETA, Marismary Horsth de; OCKÉ-REIS, Carlos Octávio; RAMOS, André Luis Paes. Programa Previne Brasil: o ápice das ameaças à Atenção Primária à Saúde? *Ciência & Saúde Coletiva*, Rio de Janeiro, v. 26, suppl 2, p. 3781-3786, 2021. Disponível em: https://doi.org/10.1590/1413-81232021269.2.01072020. Acesso em: 22 nov. 2021.

SIMILI, Ivana Guilherme. *Mulher e política*: a trajetória da primeira-dama Darcy Vargas (1930-1945). São Paulo: UNESP, 2008.

SKOCPOL, Theda. Bringing the State back in: strategies of analysis in current research. *In*: EVANS, Peter B.; RUESCHEMEYER, Dietrich; SKOCPOL, Theda (org.). *Bringing the State back in*. Cambridge: Cambridge University Press, 1985. p. 3-37.

SOARES, Márcia Miranda; MACHADO, José Angelo. *Federalismo e políticas públicas.* Brasília, DF: Enap, 2018.

SOLLA, Jorge José Santos Pereira. Avanços e limites da descentralização no SUS e o Pacto de Gestão. *Revista Baiana de Saúde Pública*, Salvador, v. 30, n. 2, p. 332-348, jul./dez. 2006.

SOUZA, Alberto de Mello e. Crise de Estado e descentralização educacional no Brasil: resistências, inovações e perspectivas. *Planejamento e Políticas Públicas*, Brasília, DF, n. 10, p. 1-31, 1993.

SOUZA, Celina. Estado da Arte da Pesquisa em Políticas Públicas. *In*: HOCHMAN, Gilberto; ARRETCHE, Marta; MARQUES, Eduardo. *Políticas Públicas no Brasil.* Rio de Janeiro: Fiocruz, 2007. p. 65-85.

SOUZA, Celina. Instituições e mudanças: reformas da Constituição de 1988, federalismo e políticas públicas. *In*: HOCHMAN, Gilberto; FARIA, Carlos Aurélio P. de (org.). *Federalismo e políticas públicas no Brasil.* Rio de Janeiro: Fiocruz, 2013. p. 91-118.

STEIN, Rosa Helena. *Descentralização como instrumento de ação política*: O caso da Assistência Social. 1997. Dissertação (Mestrado) – Departamento de Serviço Social, Universidade de Brasília, Brasília, 1997.

STEINMO, Sven. Historical Institutionalism. *In*: DELLA PORTA, Donatella (ed.). *The approaches and methodologies in the social sciences*: a pluralist perspective. Cambridge: Cambridge University Press, 2008. p. 118-138. DOI: 10.1017/CBO9780511801938.008. Disponível em: https://www.researchgate.net/publication/238092065_Historical_Institutionalism. Acesso em: 1 jun. 2020.

STREECK, Wolfgang; THELEN, Kathleen. *Beyond continuity*: Institutional change in advanced political economies. New York: Oxford University Press, 2005.

STUCHI, Carolina Gabas. O reconhecimento do Direito à Assistência Social. *In*: OLIVINDO, Karoline Aires Ferreira; ALVES, Sandra Mara Campos; ALBUQUERQUE, Simone Aparecida (org.). *Olhares sobre o Direito à Assistência Social.* Brasília, DF: Fiocruz: MDS, 2015. v. 1. p. 107-124.

SUMIYA, Lilia Asuca. *Governo Federal em contexto de descentralização*: os programas de formação de professores do ensino fundamental (1995-2002). 2005. 136 f. Dissertação (Mestrado) – Programa de Administração Pública e Governo, FGV-EAESP, São Paulo, 2005.

TAMANINI, Paulo Augusto; SOUZA, Maria do Socorro. Sistema Nacional de Educação: entre rastros, avanços e retrocessos. *Jornal de Políticas Educacionais*, Curitiba, v. 12, n. 11, 1 jul. 2018. DOI: http://dx.doi.org/10.5380/jpe.v12i0.58656. Disponível em: https://revistas.ufpr.br/jpe/article/view/58656. Acesso em: 22 mar. 2022.

TERTO, Daniela Cunha; CASTRO, Alda Maria Duarte Araújo; SANO, Hironobu. O Plano de Ações Articuladas no contexto do federalismo brasileiro: instrumento de colaboração intergovernamental? *Educação*, Porto Alegre, v. 40, n. 3, p. 396-404, set./dez. 2017.

THELEN, Kathleen. Historical Institutionalism in Comparative Politics. *Annual Review of Political Science*, Stanford, n. 2, p. 369-404, 1999.

THELEN, Kathleen; STEINMO, Sven. Historical Institutionalism in comparative politics. *In*: STEINMO, Sven *et al.* (ed.). *Structuring Politics*, Historical Institutionalism in Comparative Analysis. New York: Cambridge University Press, 1992. p. 1-32.

TODOS PELA EDUCAÇÃO. *Análise do todos sobre a regulamentação do novo Fundeb.* 16 de dezembro de 2020. Disponível em: https://todospelaeducacao.org.br/noticias/lei-de-regulamentacao-do-novo-fundeb-emenda-constitucional-108-2020/. Acesso em: 22 abr. 2022.

TOLEDO, Carlos José Teixeira de. *Desenho jurídico-institucional de políticas públicas*: a carreira docente como elemento estrutural da educação básica. 2019. 296 f. Tese (Doutorado) – Universidade de São Paulo, São Paulo, 2019.

TSEBELIS, George. Processo decisório em sistemas políticos: veto players no presidencialismo, parlamentarismo, multicameralismo e multipartidarismo. *Revista Brasileira de Ciências Sociais*, São Paulo, v. 12, n. 34, p. 89-118, 1997. Disponível em: http://www.anpocs.com/images/stories/RBCS/34/rbcs34_06.pdf. Acesso em: 10 jun. 2020.

TSEBELIS, George; NARDI, Dominic. A Long Constitution is a (Positively) Bad Constitution: Evidence from OECD Countries. *British Journal of Political Science*, Cambridge, v. 1, n. 2, p. 1-22, nov. 2014.

UNDIME. *Fundeb permanente*: aprovação urgente para garantir o direito à educação. Brasília, DF, 2020a. Disponível em: https://undime.org.br/uploads/documentos/phpKPR6Pl_5eea5d4957736.pdf. Acesso em: 16 mar. 2021.

UNDIME. *Posicionamento Público*: aprovação do PL 4372/2020 de regulamentação do Fundeb na Câmara. Brasília, DF, 2020b. Disponível em: https://undime.org.br/noticia/11-12-2020-19-53-posicionamento-publico-aprovacao-do-pl-4372-2020-de-regulamentacao-do-fundeb-na-camara. Acesso em: 16 mar. 2021.

UNDIME. *Posicionamento Público*: Relatório da PEC 186/2019 traz graves prejuízos à população brasileira. Brasília, DF, 24 fev. 2021. Disponível em: https://convivaeducacao.org.br/fique_atento/2770. Acesso em: 29 mar. 2021.

UNGER, Roberto Mangabeira. *O movimento de estudos críticos do direito*: outro tempo, tarefa maior. Tradução de Lucas Fucci Amato. Belo Horizonte: Letramento: Casa do Direito, 2017.

VALENTE, Sergio Ruy David Polimeno. *Políticas públicas e a visão jurídico-institucional*: o caso do saneamento básico no Brasil. 2018. 149 f. Dissertação (Mestrado) – Universidade de São Paulo, São Paulo, 2018.

VASCONCELLOS, Jorge. Texto com proposta de adiamento do Fundeb para 2021 circula na Câmara. *Correio Brasiliense*, Brasília, DF, 19 jul. 2020. Disponível em: https://www.correiobraziliense.com.br/app/noticia/politica/2020/07/19/interna_politica,873335/texto-com-proposta-de-adiamento-do-fundeb-para-2021-circula-na-camara.shtml. Acesso em: 18 abr. 2021.

VAZQUEZ, Daniel Arias. Mecanismos Institucionais de Regulação Federal e seus Resultados nas Políticas de Educação e Saúde. *Dados – Revista de Ciências Sociais*, Rio de Janeiro, v. 57, n. 4, p. 969-1005, out./dez. 2014. DOI: https://doi.org/10.1590/00115258201430. Disponível em: http://www.scielo.br/scielo.php?script=sci_arttext&pid=S0011-52582014000400969&lng=en&nrm=iso. Acesso em: 18 abr. 2020.

VAZQUEZ, Daniel Arias. Modelos de classificação do Welfare State: as tipologias de Titmuss e Esping-Andersen. *Pensamento & Realidade*, São Paulo, v. 21, p. 42-59, 2007.

VENTURA, Deisy de Freitas Lima; AITH, Fernando Mussa Abujamra; REIS, Rossana Rocha. Editorial. *Direitos na pandemia: mapeamento e análise das normas jurídicas de resposta à Covid-19 no Brasil*, São Paulo, Boletim 4, p. 2-4, 2020. Disponível em: https://cepedisa.org.br/publicacoes/. Acesso em: 13 nov. 2021.

VIACAVA, Francisco; OLIVEIRA, Ricardo Antunes Dantas de; CARVALHO, Carolina de Campos; LAGUARDIA, Josué; BELLIDO, Jaime Gregório. SUS: oferta, acesso e utilização de serviços de saúde nos últimos 30 anos. *Ciência & Saúde Coletiva*, Rio de Janeiro, v. 23, n. 6, p. 1751-1762, jun. 2018. DOI: https://doi.org/10.1590/1413-81232018236.06022018. Disponível em: https://www.scielo.br/scielo.php?script=sci_arttext&pid=S1413-81232018000601751&lng=pt&tlng=pt. Acesso em: 10 jun. 2020.

VIANA, Ana Luiza d'Ávila; HEIMANN, Luiza S.; LIMA, Luciana Dias de; OLIVEIRA, Roberta Gondim de. Mudanças significativas no processo de descentralização do sistema de saúde no Brasil. *Cadernos de Saúde Pública*, Rio de Janeiro, v. 18 (suplemento), p. 139-151, 2002.

VIEIRA, Fabiola Sulpino. *Direito à Saúde no Brasil*: seus contornos, judicialização e a necessidade da macrojustiça. Brasília, DF: Ipea, 2020. (Texto para Discussão n. 2547).

VIEIRA, Fabiola Sulpino; BENEVIDES, Rodrigo Pucci de Sá e. O Direito à Saúde no Brasil em tempos de crise econômica, ajuste fiscal e reforma implícita do estado. *Revista de Estudos e Pesquisas sobre as Américas*, Brasília, DF, v. 10, n. 3, p. 1-28, 2016.

VIEIRA, Oscar Vilhena; BARBOSA, Ana Laura Pereira. Do compromisso maximizador à resiliência constitucional. *Novos estudos CEBRAP*, São Paulo, v. 37, n. 3, p. 375-393, 2018. DOI: https://doi.org/10.25091/S01013300201800030003. Disponível em: https://www.scielo.br/j/nec/a/5FvZYmsfBmZcwKT57ctZY9C/?lang=pt. Acesso em: 8 jul. 2021.

WEIR, Margaret. Ideas and the politics of bounded innovation. *In*: STEINMO, Sven; THELEN, Kathlen; LONGSTRETH, Frank (ed.). *Structuring Politics*: historical institutionalism in comparative analysis. Cambridge: Cambridge University Press, 1992. p. 188-216.

WRIGHT, Deil S. *Understanding intergovernmental relations*. 2. ed. California: Brooks/Cole Publishing Company, 1992.

YUNES, João. O SUS na lógica da descentralização. *Estudos Avançados*, São Paulo, v. 13, n. 35, p. 65-70, 1999. Disponível em: http://www.revistas.usp.br/eav/article/view/9457. Acesso em: 10 jun. 2020.

Esta obra foi composta em fonte Palatino Linotype, corpo 10
e impressa em papel Offset 75g (miolo) e Supremo 250g (capa)
pela Gráfica Formato, em Belo Horizonte/MG.